한국 선리논쟁의 연구

김호귀

생각의 바른 길잡이

TOPAMIN

한국 선리논쟁의 연구

김 호 귀

【 머리말 】

　송대에는 선종의 종지에 대하여 단전심인(單傳心印) 불립문자(不立文字) 직지인심(直指人心) 견성성불(見性成佛)이라는 말이 정착되었다. 이것은 깨침을 추구하는 선종의 종지를 대변한 것일 뿐만 아니라 깨침에 대한 정의(定義)를 논하기 어려움을 드러낸 말이기도 하다. 선종에서는 이들 종지를 추구하고 실현하는 방법을 선수행이라고 말한다. 선수행은 인도에서 불교의 발생과 그 역사를 함께 해왔다. 선종에서 선수행이 다양하게 전개되면서 깨침과 더불어 그에 상응하는 이론과 설명도 종파의 분화와 시대의 변천과 인물의 출현 기타 등에 연유하여 무수한 선리가 등장하여 선자들에게 교육의 방식으로 단련되었는가 하면, 선자가 깨친 경지를 표현하는 선리(禪理)로 제기되었다.

　그들 선리는 선종오가의 출현과 함께 각 종파에 따른 특수한 선풍의 진작에 따라서 더욱더 다양하고 세련된 기관(機關)으로 전개되었다. 9세기 중반부터 10세기 중반에 걸쳐 출현한 선종오가는 이와 같은 선리의 발전에 크게 공헌하였다. 따라서 특수한 선리의 전개는 선종오가의 특징과 가풍을 고스란히 보여주는 시금석의 역할로도 전승되었다.

　이들 선리는 국가와 시대와 종파에 상관없이 널리 파급되면서 더욱더 확충되었다. 한편 선리의 보편화로 말미암아 이들 선리에 대하여 다양한 선자들이 나름대로 안목을 가지고 특수하게 활용하는 과정에서 선리가 출현하던 본래의 의도와 다른 방식으로 전개되는가 하면, 종파를 초월하여 선종오가의 공통적인 방편과 수단으로 응용되면서 더욱더 풍부한 의미를 지니게 되었다. 아울러 송대에는 선종오가의 수많은 선리에 대하여 종파별로 분류하고 정리한 문헌이 출현하여 선리에 대한 연구와 주석서도 출현하였다.

이와 같은 선리에 대하여 한국 선종사에서 그 연원은 나말여초에 선법이 수입되면서부터 비롯되었다. 구산선문(九山禪門)이 출현하던 시대에 의도적으로 선교차별을 주장한 진귀조사설(眞歸祖師說)을 비롯하여 위앙종의 교의를 현창했던 표상현법(表相現法) 등은 이후에 전개되는 본격적인 서막이었다.

이와 같은 선리의 추구는 고려시대의 『선문보장록』의 선교차별에 대한 주장을 비롯하여, 『선문강요집』에서는 선종오가 가운데서 임제종과 운문종의 선리에 대한 논의가 제기되었다. 이후로 선리에 대한 천착은 『염송설화』의 다양한 공안의 해설과 함께 꾸준히 전개되었다.

이후 환성지안의 『선문오종강요』는 선종오가에 대한 종합적인 선리의 탐구를 보여주었다. 그로부터 백파긍선은 『선문오종강요사기』를 비롯하여 『선문수경』을 통하여 선종오가의 선리에 대한 깊은 안목으로 가지로 비평을 가하였다. 백파긍선의 이와 같은 이해에 대하여 이후로 다양한 방면에서 많은 사람에 의하여 각자 개성 있는 선리의 이해가 속출하였다.

본서에서는 한국의 선종사에서 전개되었던 이들 선리에 대한 이해의 관점에 따른 상충으로 도출된 논쟁에 대하여 그 논쟁의 발생과 전개와 전승에 대하여 연구하였다. 여기에서는 선리논쟁과 관련이 깊은 몇몇 문헌을 살펴보고, 이들 문헌에 근거하여 본격적으로 대두된 선리논쟁의 전개에 대하여 주목하였다.

　그 결과에 해당하는 제3장에서 논의한 대목은 각각, 「환성지안의 선리 이해 고찰」(『한국선학』63), 「조선 후기 선리비판의 근원에 대한 고찰」(『한국선학』62), 「우담홍기의 『선문증정록』에 보이는 선리비판 고찰」(『선문화연구』29,), 「『선원소류』에 나타난 선리논쟁의 고찰」(『동아시아불교문화』43), 「『선문재정록』에 나타난 선리논쟁의 성격 고찰」(『원불교사상과 종교문화』85), 「조선 후기 선리논쟁의 양상과 성격의 고찰」(『불교연구』54), 「조선 후기 선리논쟁의 착종과 날줄」(『한국교수불자연합학회지』28-1)을 참고하였다.

　조선 후기에 출현했던 이들 선리논쟁의 전개는 한국선의 성격이 선종으로서 수행을 강조했던 이면에 올바른 안목의 구비를 위하여 선리에도 깊은 관심을 지니고 있었음을 보여준 것이었다. 이것은 올바른 깨침으로 나아가기 위해서는 돈오 이후의 점수가 필요하다고 강조했던 보조지눌의 수증관과 통하는 점이기도 하다. 이들 선리논쟁의 의의는 언어도단이라고 말하는 선종에서 부득불 언어에 의존할 수밖에 없었던 것처럼, 올바른 선수행으로 올바른 깨침에 나아가기 위해서는 우선 선리에 대한 올바른 이해가 필요했음을 시사해준 것이었다.

2022년 12월 저자 합장

【차 례】

제1장 선리의 논쟁점

선의 종지에 대하여 불립문자(不立文字)이고 교외별전
(敎外別傳)이라고 말하면서도, 실제로는 불리문자(不離文
字) 교내별전(敎內別傳)이라고 말해도 좋을 만큼 언설과
문자의 방편을 통해서 정법안장(正法眼藏)이 전승되었던
것이 사실이다. 그런 만큼 언설과 문자는 선의 종지를 표
현하고 전수하는 방식으로 필요불가결한 요소이다. 이와
같은 언설과 문자로 이루어진 선문헌에는 선의 교의(敎義)
를 비롯하여 선의 역사 · 문화 · 수행 · 사상 · 행위 · 문
답 등 다양한 소재가 담겨 있다.

따라서 선종의 역사와 사상과 문화는 선의 문헌을 벗어
나서는 불가능하다. 그 때문에 선문헌에 기록된 내용에 따
라서 그 영향을 받아 선의 역사가 전개되는가 하면, 다시
선의 역사로부터 선의 문헌이 영향을 받아 새롭게 간행되
기도 한다. 또한 그 내용은 누가 기록했는가에 따라서 상
반된 내용으로 기록되는가 하면, 상반된 내용으로 해석되
기도 한다. 그 결과 동일한 선리(禪理)의 기록에 대해서도
그것을 해석하고 활용하는 견해마다 다를 수밖에 없다.

선리의 논쟁은 바로 이런 점에서 가장 첨예한 모습을 보
여주고 있다. 선리의 논쟁은 인도선의 경우에 수많은 선법
의 창출과 그 전승과 해석과 실천의 결과를 보여주었다.
그러나 보리달마(菩提達磨)로부터 시작되는 중국선의 역사
에서는 더욱 분명한 이슈를 가지고 나름대로 선리의 논쟁
이 일어났음을 보여주고 있다. 그것은 가령 법맥(法脈)의
정통(正統)과 방계(傍系)에 대한 기준이 되는 도구였을 뿐

만 아니라, 자파에 대한 긍지와 타파에 대한 공격의 빌미가 되기도 하였다. 가령 달마의 선법을 누가 계승했는가 하는 점은 중국 초기선종의 역사에서 가장 두드러진 논쟁이었다. 소위 8세기 중국의 선종사에서 불거진 북종(北宗)과 남종(南宗)의 정통과 방계의 논쟁이 그것이었다.

나아가서 남종의 역사에서 다시 당말(唐末) 및 오대(五代) 초기에 형성된 선종오가(禪宗五家)의 분립은 각 문정(門庭)의 교화방편에 따른 선리의 이해가 각 종파로 전승된 법맥의 문제와 결부됨으로써 자파의 우월성을 강조하는 전등사서와 어록의 출현으로 인하여 더욱더 다양하고 폭넓은 선리의 논쟁으로 드러났다. 가령 인도의 제27대 조사 반야다라(般若多羅)의 예언으로부터 비롯되어 마조도일(馬祖道一: 709-788)의 홍주종(洪州宗) 세력을 과시하기 위하여 출현한 천왕도오(天王道悟)의 날조된 법맥의 주장은 선종법맥에 대한 논쟁으로까지 불거진 것이었다. 또한 조동종(曹洞宗)에서 출현한 오위사상(五位思想)이 보편화됨에 따라서 조동종 이외의 다른 종파로까지 전개됨으로써 오위의 정통논쟁과 오위의 교의에 대한 논쟁이 오랫동안 지속되었던 것도 또한 선리논쟁의 역사를 화려하게 장식해 주었다. 또한 명대 말기 청대 초기에 『오종원(五宗原)』으로부터 비롯된 임제종 중심의 선종사의 인식에 대한 문제도 주목된다. 한편 법맥 내지 선리뿐만 아니라 수행의 측면에서도 12세기 중반 송대에 새롭게 출현한 묵조선(黙照禪)과 간화선(看話禪)의 수증관도 논쟁의 중요한 이슈로 등장하였다. 이를테면 묵조선 측에서는 간화선 측을 향하여 대오선(待悟禪) 내지 제자선(梯子禪)이라고 비판하였는가 하면, 간화선 측에서는 묵조선 측을 향하여 암증선(暗證禪) 내지 묵조사선(黙照邪禪)이라고 서로 비판한 것이 그것이었다.

이와 같이 다양한 중국선종의 선리논쟁 뿐만 아니라 한국선에서도 마찬가지의 선리논쟁의 역사가 등장하였다. 가령 나말 및 여초에 출현한 구산문(九山門)의 교의 가운데서 선과 교의 차별 · 일치 · 융합의 문제가 있었지만, 그것은 선의 측면에서 교학과 비교한 일방적인 방식으로 모습으로 전개되었다. 그와는 달리 본격적인 선리의 논쟁으로는 고려 중기 이후부터 임제종(臨濟宗) 중심으로 전승되어온 까닭에 임제종지에 대한 이해와 해석과 적용의 문제가 두드러졌다.

그 연원은 물론 임제종의 세력이 주축을 형성했던 까닭에 『임제록(臨濟錄)』에 근거한 삼구의 해석과 적용에서 찾아볼 수가 있다. 임제삼구에 대하여 분양무덕(汾陽無德: 947-1024)의 어록에 보이는 이해와 그것에 대하여 각범혜홍(覺範慧洪: 1071-1128)이 『임제종지(臨濟宗旨)』를 통해서 보여주고 있는 삼구(三句)와 삼현(三玄)과 삼요(三要) 등에 대한 논의가 발생하였는데, 그것은 이윽고 고려 후반기에 진정국사(眞靜國師) 천책(天頙: 1206-1294)의 『선문강요집(禪門綱要集)』이라는 찬술로 계승되었다. 이로써 『선문강요집』에 보이는 삼구의 해석방식의 모습은 임제의 삼구를 중심으로 전개되었다는 점에서 중국에서 등장했던 선리의 논쟁에 대해서는 비교적 단순하고 분명하면서도 오랫동안 지속되었다.

『선문강요집』의 내용은 임제종의 종지와 운문종의 종지

에 국한되어 있다. 그러나 특히 임제종의 종지에 대한 선
리의 논쟁은 조선시대 초기 구곡각운(龜谷覺雲)의 『염송설
화(拈頌說話)』에서 널리 인용 및 논의되었고, 이후 조선시
대 후기에 이르러 크게 부각되었다. 백파긍선(白坡亘璇:
1767-1852)은 58세(1824) 때 『선문오종강요사기(禪門五
宗綱要私記)』를 통해서 선종오가의 선리에 대하여 나름대
로 견해를 피력하였다. 그리고 이후 60세(1826)에는 다시
『선문수경(禪文手鏡)』을 저술하여 임제삼구를 중심으로 삼
처전심(三處傳心)과 삼종선(三種禪) 등에 임제삼구의 선리
를 응용함으로써 그것이 기폭제가 되어 이후로 선리논쟁이
본격적으로 전개되었다.

　백파긍선의 선리에 대하여 제일 먼저 비판을 가한 인물
은 초의의순(草衣意恂: 1786-1866)이다. 초의는 『선문사
변만어(禪門四辨漫語)』에서 선리에 대한 백파의 견해에 대
하여 여러 가지 점에서 반박하고 그 증거를 제시하였다.
이후에 우담홍기(優曇洪基: 1822-1881)는 백파 문중에
속하는 인물이면서도 『소쇄선정록(掃灑先庭錄)』 곧 『선문
증정록(禪門證正錄)』을 통하여 초의와 다른 관점에서 백파
를 비판하였다. 따라서 초의와 우담이 백파의 견해를 비판
한 것은 전혀 별개의 것에 속한 문제였다. 그런 만큼 어느
한 사람만의 문제가 아니라 선문의 전체에 걸친 보편적인
양상으로 전개되었다. 그러자 다시 백파의 문중에 속하는
설두유형(雪竇有炯: 1824-1881)은 『선원소류(禪源遡流)』
를 통하여 백파의 견해를 옹호하고, 초의와 우담의 견해에
대하여 다시 반박을 가하였다.

　이후에 다시 축원진하(竺源震河: 1861-1926)는 『선문

재정록(禪文再正錄)』을 통하여 백파의 견해를 비롯하여 우담과 설두의 견해까지 언급하면서 타당하지 못한 점을 지적하였다. 다만 초의의 견해에 대해서는 특별히 언급하지 않았다. 그런데 진하는 이전에 초의와 우담과 설두가 각각 강도 높게 비판한 태도와 다르게 비교적 미약한 비판을 가하고, 궁극에는 그 비판을 수용하고자 하는 건설적인 입장을 취하였다. 진하는 이전의 선리비판에 대한 종합적인 태도를 취함으로써 전체적으로 비판적인 계승을 지향하였다.

한국선종사에서 출현한 이와 같은 선리논쟁은 두 가지 관점으로 파악해볼 수가 있다.

첫째는 횡적으로 드러난 착종(錯綜)의 관점이다. 백파가 『선문수경』에서 임제삼구에 근거하여 선리에 대한 여러 관점을 내세운 것에 대하여 초의는 일곱 가지 주제에 대하여 비판을 하였고, 백파의 견해에 대하여 우담은 초의와 다른 시각에서 네 가지 주제에 대하여 비판을 하였으며, 설두는 백파의 견해를 옹호하며 초의의 견해에 대해서는 여덟 가지에 대하여 반박하였고, 우담의 비판에 대해서는 네 가지 주제에 대하여 반박하였다. 이후에 축원은 한편으로는 기존의 백파와 우담과 설두의 견해에 대하여 비판을 가하면서도, 또 한편으로는 백파와 초의와 우담과 설두의 사가(四家)의 견해를 종합적으로 수렴하는 입장을 보여주었다.

둘째는 종적으로 드러난 일관된 주제에 대한 구심점이다. 백파로부터 축원에 이르기까지 통시적으로 끊임없이 이들 논쟁을 관통하는 주제는 임제삼구(臨濟三句), 삼처전심(三處傳心), 조사선(祖師禪)·여래선(如來禪)·격외선(格外禪)·의리선(義理禪)의 관념과 배대, 살(殺)·활

(活)의 적용 등으로 연결되는 일련의 개념들에 대한 착종이다. 백파는 조사선(격외선, 제일구)과 여래선(격외선, 제이구)과 의리선(격내선, 제삼구)의 삼종선으로 분류하였다. 그리고 삼처전심 가운데서 제이처전심에 해당하는 염화미소(활인검)는 격외선으로 임제종과 운문종이 속하고, 제일처전심인 분반좌(살인도)와 제삼처전심인 곽시쌍부는 여래선으로 조동종과 위앙종과 법안종이 속하며, 의리선에는 선종오가 가운데는 해당하는 종파가 없다고 보았다.

백파의 견해에 대하여 초의는 삼처전심 모두 제일구에 속한다고 말한다. 그리고 인명(人名)에 의거하면 조사선과 여래선이고, 법(法)에 의거하면 격외선과 의리선이라고 하여 백파의 삼종선에 대하여 양중의 이종선 개념을 내세운다.

초의의 견해에 대하여 우담은 백파의 삼종선 자체는 부정하지 않으면서도 그 의미에 대해서는 비판하였다. 우담은 삼처전심을 모두 조사선이고 격외선이며 교외별전이고 제일구로 간주하기 때문이었다. 그리고 제이구인 여래선은 여래가 증득하고 설법한 교내의 의리이며, 제삼구인 의리선은 교내의 언교에 빠져 교학의 여래선을 증득하지 못한 것이라고 말하였다.

초의와 우담의 견해에 대하여 설두는 여래의 삼처전심의 경우에 제일처는 분반좌이고 살인도에 해당하고, 제이처는 염화미소이고 활인검에 해당하며, 제삼처는 곽시쌍부이고 살·활(殺·活)를 함께 제시한 것이라고 말하였다. 또한 백파의 살인도와 활인검의 개념을 수용하여 그것을 우열의 근거로 삼아서 살·활이 나뉘어 전수됨으로써 비로소 여래선과 조사선 이선의 우열에 대한 변별이 생겨났다고 말하였다. 또한 인(人)에 의거하면 여래선과 조사선이고, 법(法)에 의거하면 의리선과 격외선이지만, 이 격외선 가운데에 여래선과 조사선이 들어있다고 말하였다.

위의 사가(四家)에 대하여 축원은 '의리와 격외에는 모두 여래선과 조사선의 이선이 갖추어져 있어서 조사선과 여래선을 각각 격외선과 의리선의 관계로 논할 수 없다고 부정하였다. 왜냐하면 의리선이 의리(義理)의 지해에 불과할지라도 가히 의리를 가지고도 그것을 활용하는 측면에 따라서 여래선과 조사선으로 배대가 가능하기 때문이라고 말하였다.

이처럼 조선 후기에 촉발된 선리논쟁의 양상은 횡적으로는 인물들 간의 비판과 옹호와 반박으로 착종된 모습을 보여주었지만, 종적으로는 삼구와 삼처전심과 선의 분류와 살·활이 서로 일정 부분 관련된 모습으로 선리논쟁의 전체를 관통하는 통시적인 주제가 포함되어 있었다.

이처럼 한국선의 역사에서 출현한 선리논쟁은 13세기부터 임제삼구에 대한 해석의 방식이 그 연원이 되어 20세기 초에 이르기까지 수백 년 동안에 걸쳐 전개되었다. 그러한 과정에서 단순히 임제삼구에 그치지 않고 여래의 삼처전심과 달마의 삼처전심, 그리고 삼처전심과 관련한 조사선(祖師禪)과 여래선(如來禪)의 배대, 삼구와 삼현과 삼요의 관계, 살인도(殺人刀)와 활인검(活人劍)의 적용, 삼구와 일구의 관계, 의리선(義理禪)과 격외선(格外禪)의 적용 등 선리논쟁의 범위에 대해서도 점차 널리 확장되어 갔다.

특히 중국 선종사에서 출현했던 남종과 북종의 정통논쟁 및 명말 청초에 전개된 법맥의 논쟁보다도 오랜 세월에 걸쳐 전개되었고, 또한 문정(門庭)의 우월의식을 중심으로 전개되었던 논쟁의 양상에 비하여, 조선 후기의 백여 년에 걸친 치열한 논쟁은 순수한 선리논쟁의 역사였다는 점에 그 의의를 부여할 수가 있다.

이제 여기에서는 조선 후기에 전개된 한국선의 선리논쟁에 있어서 그 연원에 해당하는 문헌에 대하여, 우선 중국 선문헌으로 선종오가의 선리를 집대성한 『인천안목』에 대하여 그 개요를 살펴본다. 그리고 한국의 선문헌으로 조선 후기 선리논쟁의 연원이 되었던 고려시대에 출현한 진정천책의 『선문강요집』 및 조선시대에 출현한 환성지안의 『선문오종강요』의 내용을 고찰해본다. 이어서 조선 후기 선리논쟁의 본격적인 연원이 되는 백파긍선의 『선문오종강요사기』를 비롯하여, 이후에 선리논쟁에 직접 관계가 있는 백파긍선의 『선문수경』, 초의의순의 『선문사변만어』, 우담홍기의 『선문증정록』, 설두유형의 『선원소류』, 축원진하의 『선문재정록』 등 몇 가지 문헌을 중심으로 하여 그 문헌에 보이는 논쟁의 관점과 그 구체적인 내용의 전개가 착종과 날줄의 종횡으로 펼쳐진 면모에 대하여 살펴보고자 한다.

제2장 선리논쟁의 배경

Ⅰ. 『선문강요집』

송대의 찬술문헌인 회암지소(晦巖智昭)의 『인천안목』[1]에서는 중국에서 당말 오대 초에 형성된 선종오가에 대하여 임제종, 운문종, 조동종, 위앙종, 법안종의 순서대로 종파를 분류하고 각각에 해당하는 선리를 종합적으로 기록하였다. 그리고 해당 부분의 처음에는 종파의 종조에 대한 약전을 기술하고, 해당 종파의 조사들의 교의 및 게송 등 비교적 중시되는 교의를 정리하였다. 『인천안목』의 끝부분에는 「종문잡록(宗門雜錄)」이라는 제목으로 선종사에서 전승되어 온 간단한 교의 및 강요 등을 수록하였고, 이어서 보유사항을 기술하였다. 맨 말미에는 영은사(靈隱寺)의 혜소대사(慧昭大師) 가광(可光)의 「발문」이 수록되어 있다. 기타 권말에는 「후서」 등이 수록되어 있다.[2] 이 가운데서 회암지소가 『인천안목』을 편찬하려는 의도와 그 성격에 대해서는 「서문」에 드러나 있다.

「인천안목서」
내[智昭]가 제방을 유행할 때 이르는 곳마다 정성을 다

---

1) 『인천안목』은 6권으로 구성되어 있는데, 『大正新脩大藏經』 제48권 ; 『禪宗全書』 제32권 기타에 수록되어 전한다. 대혜종고의 제4세에 해당하는 晦巖智昭가 1188년에 편찬한 것으로, 선종오가의 종지에 대한 강요서의 성격을 지니고 있다. 1258년에는 物初大觀이 중수하였고, 이것이 1317년에 재간되었다. 大正新脩大藏經은 이하 大正藏으로 표기한다.
2) 『人天眼目』 卷6, (大正經48, p.333中)

하여 존숙들에게 오종의 강요 및 그 명목에 대하여 물었다. 그러나 그들 중에는 왕왕 그것을 모르는 자들이 있었다. 이에 스승의 지위에 있으면서도 강요의 어구는 물론이고 그 명목조차 모르는 것에 개탄의 생각이 들었다. 하물며 강요의 지결(旨訣)인들 어찌 알고 있겠는가. 그러니 그들이야말로 어찌 후대의 사람들을 이끌어 의심을 결택하고 잘못을 없애줄 수가 있겠는가. 이후로 나는 강요에 뜻을 둔 지가 거의 20여 년이 되었다. 그동안 혹 유실된 것을 발견하기도 하고, 망가진 비문을 찾아내기도 하며, 존숙들로부터 칭제(稱提)를 듣기도 하고, 노납들의 게송을 얻기도 하였다. 이리하여 무릇 본 오종강요는 필록한 그대로 저장해 두었다. 그래서 책으로 엮을 만큼 상당한 분량이 되었지만 교정하고 가다듬을 겨를이 없었다. 이렇게 늑장만 부리다가 천태만년산사(天台萬年山寺)에서 비로소 마음을 내어 종류별로 편찬하여 오종으로 나누었다. 그리고 '인천안목'이라고 이름하였다. 여기에 수록한 말들은 모두 한결같이 선배들이 지은 것이지 내가 사사로이 감히 증감을 하지 않고 그대로 모은 것들이다. 이에 역대의 모든 대노(大老)들이 중생을 위하여 베풀어 놓은 것일 뿐 내가 억측으로 지은 것은 절대 아니다. 그러니 세상에 도움이 될지언정 어찌 책망할 수 있겠는가. 만약 남을 지도하는 위치에 있는 스승들이 이것을 무시한다면 정사(正邪)를 가릴 수 없을 것이다. 그러니 유식(有識)하고 박문(博聞)한 사람이라면 반드시 그 가치를 인정해 줄 것이다. 송 희순 무신(1188) 12월 월산회암 지소가 서문을 쓰

다.[3]

「서문」의 내용을 살펴보면, 지소는 제방을 유행할 때 이르는 곳마다 정성을 다하여 존숙들에게 오종의 강요 및 그명목에 대하여 물었다. 그러나 그들 중에는 왕왕 그것을 모르는 자들이 있었다. 이에 스승의 지위에 있으면서도 강요의 어구는 물론이고 그 명목 및 강요의 旨訣조차 모르는 것에 개탄의 생각이 들었다. 그와 같은 상황으로는 후대의 사람들을 이끌어 의심을 결택하고 잘못을 없애줄 수가 없다는 생각을 하였다.

이후로 지소는 20여 년 동안 오종의 강요에 뜻을 두고서 그것을 수집하려고 노력하였는데, 혹 유실된 것을 발견하기도 하고, 망가진 비문을 찾아내기도 하며, 존숙들로부터 자세한 설명을 듣기도 하고, 노납들의 게송을 얻기도 하였다. 이리하여 오종강요를 필록하면서 저장해 두었다. 그러다가 인연이 닿아서 천태산의 만년산사(萬年山寺)에서 비로소 종류별로 편찬하여 오종으로 나누고 거기에다 『인천안목』이라는 제목을 붙였다.

그리고 지소는 여기에 수록한 말들은 모두 한결같이 선배들이 지은 것이지 사사롭게 증감을 하지 않았고, 역대의

---

3) 『人天眼目』「序文」, (大正經48, p.300上) "人天眼目序 予遊方時 所至 盡誠 咨扣尊宿五宗綱要 其間件目 往往亦有所未知者 因慨念 旣據師位 而綱宗語句 尚不知其名 況旨訣乎 將何以啓迪後昆 剔抉疑膜邪 於是有 意於綱要 幾二十年矣 或見於遺編 或得於斷碣 或聞尊宿稱提 或獲老衲 垂頌 凡是五宗綱要者 卽筆而藏諸 雖成巨軸 第未暇詳定 晚抵天台萬年 山寺 始償其志 編次類列 分爲五宗 名之曰人天眼目 其辭皆一 依前輩 所作 弗敢增損 然是集也 乃從上諸大老 利物施爲 旣非予胸臆之論 俾 行於世 有何誚焉 若其執拂柄據師位者 外是則無以辯驗邪正也 有識博 聞者 必垂印可 宋 淳熙 戊申(1188) 季冬 越山晦巖 智昭 序"

모든 존숙이 중생을 위하여 베풀어 놓은 것일 뿐 지소가 억측으로 지은 것은 절대 아님을 밝히고 있다. 이로써 남을 지도하는 위치에 있는 스승으로 하여금 종의(宗義)에 대한 정(正)과 사(邪)를 가릴 수 있기를 바라는 마음으로 작업을 하였다.

그런데 이 『인천안목』에 수록된 교의 및 그 내용에 대해서는 이설이 많은 것도 사실이다. 그 때문에 보다 이 『인천안목』의 자료를 활용할 경우에는 더욱더 엄밀한 고증이 필요한 책이기도 하다. 그러나 당나라 말기부터 오대 초기의 100여 년 동안에 형성된 선종오가에 대한 기본적인 교의를 집대성했다는 점에서 그 의의를 찾아볼 수 있다. 그로부터 영향을 받아서 이후에 우리나라에서는 찬술의 연대가 고려시대로 추정되는 『선문강요집』 및 조선 후기에 환성지안(喚醒志安)이 『인천안목』에 수록된 내용과 구성을 참고하여 『선문오종강요』를 저술하게 됨으로써 한국의 선종사에서도 선종오가의 교의에 대한 이해를 계승할 수 있는 계기를 열어주었다.

이와 더불어 고려에서도 선리에 대한 관심이 촉발되어, 소위 『선문강요집』은 임제종과 운문종의 교의에 대하여 심도 있는 논의가 진행되어 있다. 특히 임제의 삼구에 대한 견해는 구체적이고도 면밀하게 설명되어 있다. 고려의 천태종 승려인 천책(天頙: 1206-1277)이 쓴 것으로 알려져 있다.4) 그러나 진정국사 천책은 그 생몰의 연대가 확실하지 않다. 탄생 연도에 대해서는 1206년 내지 1209년의 학

---

4) 『禪門綱要集』의 저자에 대해서는 김영욱 옮김, 『禪門四辨漫語』, (한글본 『한국불교전서』 조선13, pp.16-17의 주석 참조.

설이 있고, 입적 연도는 1293에 『선문보장록(禪門寶藏錄)』에 「서문」을 붙인 점으로 보아 그 이후인 것으로 짐작된다.

천책의 속성은 신(申)씨로 고려의 태조 때 공신이었던 신염달(申厭達)의 11대손이다. 법명은 천책(天頙)이고, 자는 몽차(蒙且)인데 약관의 나이에 예부시(禮部試)에 급제하였다. 23세 때 원묘국사(圓妙國師) 요세(了世)를 친견하고 천태종으로 출가하였다. 38세 때 동백련사(東白蓮社)의 주지를 지냈고, 이후 만덕산(萬德山) 백련사(白蓮社)의 주지를 지냈다. 이후 문사(文士)들과 많은 교유가 있었다. 1293년에는 「선문보장록서」를 썼다. 이후 『선문보장록』은 1307년 이혼(李混)이 발문(跋文)을 붙여 간행하였다. 기타 정오(丁午)가 「서문」을 붙이고, 이안(而安)이 사재를 털어서 간행한 『호산록(湖山錄)』이 있다.

『선문강요집』은 「삼성장(三聖章)」, 「이현화(二賢話)」, 「일우설(一愚說)」, 「산운편(山雲篇)」, 「운문삼구(雲門三句)」 등 5장으로 구성되어 있고, 권말에 「발문」이 붙어 있다. 이 가운데 「삼성장」, 「이현화」, 「일우설」은 임제종지에 대한 강요이고, 「산운편」, 「운문삼구」은 운문종지에 대한 강요이다.[5]

임제삼구에 대하여 호월상인(皓月上人)이 "무릇 설법하는 데 있어서 일구에는 삼현을 갖추고, 일현에는 삼요를 갖추어야 한다. 거기에는 현도 있고, 요도 있으며, 조도 있고, 용도 있으며, 권도 있고 실도 있다는데 그것이 무슨

---

[5] 나머지 선종오가에 대한 부분은 생략되어 있는데 그것이 의도적이었는지 아닌지는 확인되지 않고 있다.

뜻입니까."라고 질문하자, 청풍장로[天頙]는 다음과 같이 답변한다.

> 임제의 종지는 일구 중에 삼현을 갖추었고, 일현 중에 삼요를 갖추었다. 현도 있고 요도 있는 것은 마치 일체 중생이 뜨거운 바다 가운데서 만나는 청량한 적멸의 법 당과 같다.6)

이것은 삼구에 대한 거시적인 이론에 해당한다. 곧 일구어에 삼현문을 갖추고, 일현문에 삼요를 갖추었으며, 권이 있고 실이 있으며, 조가 있고 용이 있다는 것이다. 이에 대한 구체적인 문답은 다음에 보인다. 그러나 삼구를 개별적으로 보는 문답의 경우는 다음과 같다.

> 풍법사가 답하였다. 내가 일찍이 대혜의 『종문무고』를 보니, 임제는 제일구를 통해서 깨달으면 조사와 부처의 스승이 되고, 제이구를 통해서 깨달으면 인간과 천상계의 스승이 되지만, 제삼구를 통해서 깨닫는 것은 자신조차 구제하지 못한다고 말했습니다.7)

---

6) 『禪門綱要集』, (韓國佛教全書6, p.850中) "臨濟宗旨云 所言一句中具 三玄 一玄中具三要 有玄有要者 一切衆生 熱惱海中 淸凉寂滅法幢也 " 이 대목은 각범혜홍의 말을 인용한 것이다. 『指月錄』 卷14, (卍新 續藏83, p.701下) "一句中具三玄門 一玄中具三要路 細看即是陷虎機 忽轟一聲塗毒鼓 偸心死盡眼麻迷 石女夢中毛卓竪" 韓國佛敎全書는 이하 韓佛全으로 표기한다.

7) 『禪門綱要集』, (韓佛全6, p.850中-下) "答余昔閱宗門武庫 臨濟云 第 一句薦得 堪與祖佛爲師 第二句薦得 與人天爲師 第三句薦得 自救不 了" 『宗門武庫』는 대혜의 저술이다. 『大慧普覺禪師宗門武庫』, (大正 藏47, p.946上)

이 경우는 임제삼구가 각각 다른 측면으로 해석되는 것을 말한 것으로 이심전심(以心傳心) 및 이법인법(以法印法)의 방식으로 깨닫는 것은 제일구이고, 방(棒)·할(喝), 양미동목(揚眉動目) 등을 통해서 깨닫는 것은 제이구에 해당하며, 언설과 해석을 통해서 깨닫는 것은 제삼구에 해당한다는 것이다. 나아가서 삼현에 대해서는 다음과 같이 설명한다.

> 호월이 물었다. "제일현은 어떠합니까?"
> 청풍이 답하였다. "전기조응(全機照應)이다. 건곤에 삼라만상이 인드라망과 같고, 운문의 함개건곤에 대입할 수 있다."
> 호월이 물었다. "제이현은 어떠합니까?"
> 청풍이 답하였다. "종횡으로 묘용(妙用)이다. 편의에 따라서 수단으로 사용하고, 말마다 모두 사랑스럽고, 구절마다 온전히 참되다. 이것은 운문소양의 수파응기이다."
> 호월이 물었다. "제삼현은 어떠합니까?"
> 청풍이 답하였다. "기용제시(機用齊施)다. 사람과 경계를 모두 잊고, 범부와 성인의 식정이 다하였다"[8]

청풍의 입장으로는 제일현은 대기를 나타내고, 제이요는 대용을 나타내며, 제삼현은 대기와 대용을 함께 나타내므

---

8) 『禪門綱要集』, (韓佛全6, p.851上) "問如何是第一玄 答全機照應故也 乾坤之內萬像森羅 如因陁羅綱 可配雲門函盖乾坤也 問第二玄 答妙用 縱橫 隨冝下手也 言言堪愛 句句全眞 此乃昭陽 隨波應機也 問第三玄 答機用齊施 人境俱忘 凡聖情盡也"

로 주관과 객관의 개념을 초월하면 범부와 성인에 차이가 없다고 말한다. 곧 청풍은 불·법·도를 삼현으로 나타내어 각각 전기조응(全機照應), 묘용자재(妙用自在), 기용제시(機用齊施)라고 말한다. 여기에서 삼구의 강요는 삼현이고, 삼현의 강요는 삼요라고 설명한다. 「이현화」의 경우에는 호월상인이 구와 현과 요가 같은 것인가 다른 것인가의 물음에 청풍은 "때로는 같고 때로는 다르며, 때로는 같고 다름이 없다."고 다음과 같이 답한다.

> 구(句)는 언구의 구로서 차별을 나타낸다. 현(玄)은 유현의 현으로서 무분별을 나타낸다. 요(要)는 생요(省要)의 요로서 복잡하지 않다는 것이다. 그런데 현과 요는 구에 있고, 권(權)과 실(實)은 현에 있으며, 조(照)와 용(用)은 요에 있다. 이에 저마다 자리해야 할 곳이 있으니 뒤얽히면 안 된다.9)

곧 청풍은 구와 현과 요가 딱히 어떤 하나로 정해져 있지 않다는 입장을 취한다. 곧 구에는 현과 요가 들어있고, 현에는 권과 실이 들어있으며, 요에는 조와 용이 들어있어서 제각각 해당하는 자리가 없는데, 곧 삼구를 설명하는 규식이 따로 정해져 있지 않다는 주장이다.

기타 삼요에 대해서 청풍은 숭제혜의 말을 인용하여 "제일요는 대기원응(大機圓應)이고, 제이요는 대용전창(大用全彰)이며, 제삼요는 기용제시(機用齊施)다."고 말한다.10)

---

9) 『禪門綱要集』, (韓佛全6, p.851中) "句言句之句 句詮差別 玄幽玄之玄 玄不可辨 要省要之要 要不在多 玄要在句 權實在玄 照用在要 各有收當 不應莽鹵"

이것은 곧 제일구에서 기와 용의 역할을 설명한 것에 해당한다. 그래서 "대기는 원응으로써 뜻을 삼으므로 대용의 기이다. 이미 접촉하여 이미 발생해 있으므로 대용이라 한다. 대용은 직절로써 의미를 삼는데, 이것이 곧 대기의 용이다."[11]고 말한다. 곧 청풍은 기관이 움직이지 않은 때를 대기라 하고, 기관에 일촉(一觸)하여 움직이는 때를 대용이라 한다. 대기는 걸림이 없는 것이고, 대용은 바로 작용하는 것으로 의미를 삼는다. 이것을 다음과 같이 비유한다.

백장이 대기를 얻고, 황벽이 대용을 얻었던 것은 몸소 마조의 일할(一喝)을 계승한 것인데, 그것이 분명하게 임제의 종지가 되었다. 이것이 그 증거다.[12]

나아가서 삼현의 방편문에 대하여 청풍은 다음과 같이 말한다.

혹 삼요인을 들어 곧장 물에다 찍으면 완연히 문채가 이루어져 전변하는데, 그것을 삼현이라 한다. 현이란 뒤섞이고 정색(正色)이 바랜 빛깔이다. 청백(靑白)은 창(蒼)이고, 창흑(蒼黑)은 현(玄)이다. 청·백·검정의 세 가지 빛깔이 뒤섞인 것을 볼 수는 있으나, 그것을 변화

10) 『禪門綱要集』, (韓佛全6, p.851中) "第一要 大機圓應 第二要 大用全彰 第三要 機用齊施"
11) 『禪門綱要集』, (韓佛全6, p.851中-下) "大機以圓應爲義 是大用之機 旣觸旣發之時 謂之大用 大用以直截爲義 是大機之用"
12) 『禪門綱要集』, (韓佛全6, p.851下) "如百丈得大機 黃蘗得大用 莫不親承馬祖一喝 赫然臨齊本宗 此其證也"

시킬 수는 없는 것에 비유한 것이다.[13]

　삼현은 방편문으로서 청풍은 임제가 전통적인 삼교의 가르침을 근거로 하면서도 삼현의 독자적인 의의를 말한 것으로 간주하고 있다. 청풍은 고탑주(古塔主, 薦福承古)가 처음으로 삼현의 명칭을 세웠음을 말한다.

　　첫째는 체중현이고, 둘째는 용중현인데 또한 구중현이라고도 하고, 셋째는 의중현인데 또한 현중현이라고도 한다. 처음의 둘(체중현과 용중현)은 뒤에 있는 의중현을 설명한 것이다. 삼현 가운데 앞에 있는 체중현과 용중현의 경우에는 또한 의중현과 구중현을 상대로 간주하여 의중현과 구중현을 설명한 것이기도 한데, 이것은 원래 체중현에서 유출된 것이다.[14]

　이상에서 삼현을 체중현(體中玄), 용중현(用中玄, 句中玄), 의중현(意中玄, 玄中玄)이라고 말하고 있다. 체중현과 용중현은 본체와 작용의 관계에 있다. 그리고 체중현(본체)과 용중현(작용)보다 더 현현한 것을 의중현(일현)이라고 말한다. 따라서 본체나 작용보다 더 현한 것이 의중현의 일현이다. 그렇지만 궁극적으로는 그 일현의 근원지(根源地)는 역시 체중현이라는 주장이다.

---

13) 『禪門綱要集』, (韓佛全6, p.851下) "或提三要印 直向水上搭却 宛成文彩 轉名三玄 玄雜壞色 青白爲蒼 蒼黑爲玄 三者混然可見 而不可變之 之比也"
14) 『禪門綱要集』, (韓佛全6, p.852上) "一體中 二用中 亦名句中 三意中 亦名玄中 初二體用爲對 明後一玄 玄於前二 又以意句爲對 明此二玄 體中所流也"

청풍은 언설을 통하여 주고받는 것을 방편의 삼구로 간
주하는데, 곧 진흙에 조당을 찍듯이 흔적이 그대로 나타나
는 것이 삼구라는 것이다. 삼구는 삼요가 변한 것이지만,
삼구 중에는 여전히 현과 요가 존재한다는 말이다. 이러한
삼구의 설명에 대하여 「일우설」에서는 스스로 우부를 자청
하는 노승 곧 일우가 임제의 삼구에 대하여 다음과 같이
말한다.

> 제일요는 조(照)를 설명한 것인데, 대기원응(大機圓應)
> 하기 때문에 이는 주(主)다. 일천 성인이 출현하여도
> 그 미묘함을 다할 수는 없다. 제이요는 용(用)을 설명
> 한 것인데, 대용전창(大用全彰)하기 때문에 빈(賓)이다.
> 밝은 거울이 거울대에 놓여 있어 미개인이나 문명인을
> 가리지 않고 모두 비춘다. 제삼요는 조용동시(照用同
> 時)인데, 기용제시(機用齊施)이므로 이는 주빈(主賓)이
> 다. 사람들로 하여금 손뼉 치며 깔깔 웃게 한다.15)

우부(愚夫) 곧 일우(一愚)의 말에 의하면 제일현은 체중
현이고, 제이현은 구중현이며, 제삼현은 현중현에 해당한
다는 것이다. 그래서 모든 설법은 일구 중에 삼현을 갖추
고, 일현 중에 삼요를 갖추고 있다는 것이다. 일우는 구와
현과 요를 분별해야 한다고 말하는데, 구는 명신(名身),
구신(句身), 자신(字身)의 차별적인 명칭이라는 것이다.
　일우는 현에 대해서는 뒤섞이고 정색이 바랜 빛깔로서

---

15) 『禪門綱要集』, (韓佛全6, p.853下) "第一要明照 即大機圓應 是主也
　　千聖出興 難窮其妙 第二要明用 即大用全彰 是賓也 明鏡當臺 胡漢皆
　　沉 第三要明照用同時 即機用齊施 是主賓也 令人撫掌呵呵大笑"

파랗고도 흰 것을 푸르다 하고, 푸르면서 검은 것을 현이
라고 말한다. 또한 요에 대해서는 생요(省要)로서 그물의
벼리와 같고, 문은 지도리와 같다고 말한다. 이에 다음과
같이 말한다.

> 만약 제일구만을 논한다면 요를 먼저 말하고 현을 뒤에
> 말하는 것이 적당하고 당연하다. 그러나 먼저 강요를
> 들면 현은 반드시 그것을 따르게 되니, 어찌 다시 특별
> 히 든 뒤에야 현을 밝히겠는가? 더구나 일반적으로 삼
> 구를 논할 때 삼현과 방편과 실제를 먼저 말하고, 삼요
> 와 비춤과 작용을 뒤에 갖추어 말하는 것이 진실로 당
> 연하다. 종교에 본디 삼현과 삼요의 이론이 없었거늘
> 임제가 외부의 이론을 빌려 처음으로 명칭을 세워 가풍
> 을 나타내고, 이어서 방편과 실제, 비춤과 작용을 들어
> 증거를 삼았다. 그러므로 옛것을 들어서 지금의 것을
> 밝히는 것이다. 방편과 실제는 방편적인 가르침이고, 실
> 제적인 가르침이다. 비춤과 작용은 대개 종교 가운데
> 옛글들이다.16)

일우는 제일구만을 논한다면 요를 먼저 말하고 현을 뒤
에 말하는 것이 당연하다고 설명한다. 강요를 먼저 말하면
현은 당연히 따라오는 것이라고 한다. 그렇지만 일반적으

---

16) 『禪門綱要集』. (韓佛全6, p.854下) "若止論第一句 則先要後玄 少似
當然 然先擧綱要 則玄必從之 何更特擧然後明玄 況此汎論三句 先三
玄權實 後三要照用 而備言之固其宜也 宗敎本無三玄三要之說 臨濟
借他外說 始立名言 以顯家風 連擧權實照用爲證 所以擧古明今 權實
乃權實敎 照用蓋亦宗敎中古語"

로 구를 말할 때는 삼현을 먼저 말하고 삼요를 뒤에 말한
다. 그리고 일우는 삼구에 대하여 낱낱의 비유를 들어 학
인을 이해시켜 준다.

Ⅱ. 『선문오종강요』

이전에 『인천안목』으로부터 『선문강요집』을 통해서 전승
되어 오던 선종오가의 선리에 대하여 환성지안(喚醒志安:
1644-1729)은 한국선종사에 처음으로 본격적인 그 강요
서에 해당하는 『선문오종강요(禪門五宗綱要)』를 내놓았다.
여기에 그 문하인 북해함월(北海涵月, 海源涵月:
1691-1770)은 다음과 같이 「서문」을 붙여두었다.

「선문오종강요 서문」
대개 가지라면 뿌리 없는 가지가 없고, 물줄기라면 샘
이 없는 물줄기가 없다. 일법이 나뉘어 양종이 되었고,
양종은 다시 오파가 되었다.[17] 그 지파(枝派)와 본원
(本源)이 있는 것은 진실로 알 수가 있을 것이다. 대저
대각세존은 다자탑전분반좌(多子塔前分半座)하였는데,
이것이 제일처전심으로 殺人劍이었고, 영산회상거염화
(靈山會上擧拈華)하였는데, 이것이 제이처전심으로 활
인검(活人刀)이었으며, 사라쌍수간곽시쌍부(沙羅雙樹間
槨示雙趺)하였는데, 이것이 제삼처전심으로 살활동시
(殺活同時)였다. 이 소식은 마하가섭으로부터 이래로
한 사람이 한 사람에게만 전승하여 조계에 이르렀다.
조계의 문하에 두 사람이 있었다. 한 사람은 남악회양
으로서 활인검을 종지로 삼아 잡화포(雜貨鋪)를 열었
다. 또 한 사람은 청원행사였는데 살인도를 종지로 삼

---

[17] 여기에서 '일법'은 보리달마에 의해 전승된 최상승선법이고, '양종'은
신수 계통의 북종선법과 혜능 계통의 남종선법이며, '오파'는 양종 가
운데 남종에서 분화한 위앙종·임제종·조동종·운문종·법안종을 말한다.

아 진금포(眞金鋪)를 열었다. 이것이 일법이 나뉘어 살(殺)과 활(活)의 양종이 된 것이다. 후자인 청원문하에서는 일종이 출현하였는데 조동종이었고, 전자인 남악문하에서 4종이 출현하였는데 임제종 · 운문종 · 위앙종 · 법안종이었다.18) 이것이 곧 양종이 나뉘어 오파(五派)가 된 것이다. 오파의 가풍은 모두 무(無) 가운데서 묘곡(妙曲)을 창출(唱出)하고 성조(聲調)를 개환(改換)하여 명상(名相)이 파다(頗多)하여 제편(諸篇)으로 산재하였다. 그 때문에 학자들이 그 오묘함을 궁구하지 못한 것이 병통이었다. 이에 환성화상께서는 제편(諸篇) 가운데서 요의(要義)를 채집하여 오종강요(五宗綱要)라는 이름을 붙였다. 이에 북해함월 제가 간행[繡梓]코자 한 것은 마땅히 이것이 소실되지 않도록 하여 이 책이 내내 잘못된 점을 바로잡고 누락된 것을 보충하는 역할을 하게끔 하려는 것이다. 그리하여 운문삼구에 대해서는 청산수(靑山叟)의 해석을 인용하였고, 조동오위에 대해서는 형계사(荊溪師)의 주석을 인용하여 그 뜻을 통하게 하고 그 요점을 드러내게 하였다. 모두 이전 시대 현성들의 저술에 의거한 것이지 눈꼽만치도 자의적으로 억측한 견해는 없다. 나 함월이 환성스승의 지위에 기대어 불병(拂柄)을 잡은 것은 밖으로 드러낼 것이 아무것도 없는 주제에 단지 종풍을 변험(辨驗)하

---

18) 실제로는 청원행사의 계통에서 조동종 · 운문종 · 법안종이 출현하였고 남악회양의 계통에서 임제종과 위앙종이 출현하였다. 본 「서문」의 내용은 법맥의 전승문제와 관련하여 『선가귀감』의 운문종 천왕도오 부분과 함께 검토할 필요가 있다. 왜냐하면 『선가귀감』에서는 선종오가 가운데 조동종을 제외한 나머지 네 종파를 모두 마조의 법맥에 연결하고 있기 때문이다.

려는 것뿐이다. 만약 본원(本源)에 투철한 자가 있다면 이와 같은 갈등은 전혀 없었을 것이다. 이전에 채집한 것을 이제 비로소 간행[壽梓]한 것은 까마귀 머리를 참새 머리로 잘못 알아 기르는 것과 같이 괜히 오종강요에 대하여 비방만 초래하지나 않을까 두려울 뿐이다. 북해함월[19]이 지은 서(序)를 숭정기원(1644) 이후로 두 번째에 해당하는 기사년(1749)[20]의 가을 어느 날에 남원 양일하가 쓰다.[21]

---

[19] 北海涵月(涵月海源 : 1691-1770)은 자는 千頃이고 속성은 李씨이고 함흥 출신이다. 14세 때 釋丹에게 출가하고 英智에게 구족계를 받았다. 靈巖과 月華와 定慧 등에게 참문하고, 華嚴과 拈頌에 뛰어났는데, 喚醒志安에게 법을 받았다. 오랫동안 강백으로 이름을 떨치고 널리 자비실천에 힘썼다. 탑은 안변 釋王寺에 있고, 碑는 해남 대흥사에 있다. 翫月軌泓, 鶴坡六彰, 永松祖印 등 20여 명의 제자가 있었다. 『天鏡集』 3권 및 기타 저술이 전한다. 법맥은 다음과 같다. 淸虛休靜(1520-1604) - 鞭羊彦機(1581-1644) - 楓潭義諶(1592-1665) - 月潭雪霽(1632-1704) - 喚醒志安(1664-1729) - 涵月海源(北海涵月: 1694-1770)

[20] 1644년에 淸이 건국된 이후로 첫 번째 기사년은 1689년이고, 두 번째 기사년은 1749년에 해당한다.

[21] 『禪門五宗綱要』, (韓佛全9, p.459上-中) "禪門五宗綱要序 盖枝無本之枝 派無源之派 一法分爲丙宗 兩宗亦爲五派 其枝派有本源 固可知也 夫大覺世尊 多子塔 前分半座 是第一處傳心 殺人劒也 靈山會上擧拈花 是第二處傳心 活人刀也 沙羅雙樹間槨示雙趺是第三處傳心 殺活同時也 此箇消息 自迦葉以來 人傳一人 而至于曹溪 曹溪下有二人焉 一曰南岳懷讓 宗其活而開雜貨鋪也 二曰淸源行思 宗其殺而開眞金鋪也 此乃一法 分殺 活兩宗者也 源下出一宗 曰曹洞 岳下出四宗 曰臨濟 曰雲門曰潙仰曰法眼 此乃兩宗分爲五派者也 五派之家 盡向無中 唱出妙曲 改聲換調 名相頗多 散在諸篇故 學者未窺其奧而病矣 喚惺 和尙採集諸篇中要義 曰五宗綱要 余欲繡梓 宜圖不朽 而正其僞補其闕 於雲門三句 引靑山叟之解 於洞五位 引荊溪師之註 通其義顯其要 皆依前賢之述 而少無胸臆之見也 踞師位執拂柄者 外是則無以辨驗宗風矣 若有箇漢 透徹本源 則伊麼葛藤也無着處 前之採集 今之壽梓 烏頭養雀 恐招其謗爾 北海涵月 序 崇禎 紀元後 再己巳秋 南原 梁一廈 書"

북해함월의 이 「서문」을 통해서 환성지안이 『선문오종강요』를 저술한 그 성격과 의의와 구성 등에 대하여 엿볼 수가 있다. 환성지안(1664-1729년)은 설암추붕(雪庵秋鵬)과 더불어 월담설제(月潭雪霽)의 제자이다. 속성은 정(鄭)씨이고 춘천 출신이다. 15세에 미지산(彌智山) 용문사에서 낙발하고 상봉정원(霜峰淨源)에게 구족계를 받았다. 17세에 월담설제에게 나아가고, 27세에 벽암각성(碧巖覺性)의 제자인 모운진언(慕雲震言)의 화엄법회에서 두각을 드러냈다. 대둔산에서 공양을 베풀 때 허공에서 세 번 그의 이름을 부르는 소리에 세 번 답변을 한 인연으로 자를 삼락(三諾)이라고 하고, 호를 환성(喚醒)이라고 하였다. 지리산 및 금강산 등 제방을 유행하며 신통을 드러냈고, 금산사에서 화엄법회를 크게 열었다. 후에 무고를 당하여 제주도로 유배되어 그곳에서 입적하였다. 사법제자는 19명이었다.

『선문오종강요』 및 『환성집』 등이 전한다. 『선문오종강요』는 직접 여러 전적에서 선종의 다섯 종파에 대한 요의를 발췌하여 지은 것으로 임제종에 대해서는 기(機)와 용(用)을 해명한 것이라 하고, 운문종에 대해서는 절(截)과 단(斷)을 해명한 것이라 하며, 조동종에 대해서는 향상(向上)을 해명한 것이라 하고, 위앙종에 대해서는 체(體)와 용(用)을 해명한 것이라 하며, 법안종에 대해서는 유심(唯心)을 해명한 것이라는 견해를 보였다. 이것은 선종오가의 각각의 종지에 대한 환성지안의 뛰어난 안목이기도 하다. 또한 그의 144편의 시문을 제자 성눌이 편록한 『환성집』은 뒷부분의 행장을 제외하면 모두 시로 구성되어 있다.

시의 형식은 5언 내지 7언으로 구성된 절구와 율시로서
선의 경지를 소박한 자연의 아름다움으로 승화시켜 보여주
고 있다.

『선문오종강요』는 환성지안(1664-1729)[22]이 찬술한
선종오가에 대한 일종의 강요서에 해당한다. 『선문오종강
요』는 일찍이 송대에 회암지소의 『인천안목』을 바탕으로
하고 『선문강요집』의 내용을 보충한 것이다. 따라서 『인천
안목』의 내용을 요약하면서 일부 내용에 대해서는 독창적
으로 덧붙인 부분도 있지만, 일반적으로 『인천안목』의 연
장선에서 파악해볼 필요가 있다. 그러나 『인천안목』의 경
우 각 종파의 교의에 대하여 충실하게 반영하지 못한 점이
있는가 하면, 일부는 왜곡하여 인용함으로써 후대에 문제
점을 노출하기도 하였다.

환성지안은 그와 같은 점을 감안하면서도 그와 같은 입
장을 크게 벗어나지는 못하였다. 그 까닭은 『선문강요집』
및 『선가귀감』에도 드러나 있듯이 임제종에 대한 긍지가
지나쳐서 자칫 우월주의 모습으로 드러났던 임제종의 교의
가 팽배하던 시기임을 간과해서는 안 된다. 그것은 북해함
월이 붙인 그 「서문」에도 잘 나타나 있다. 그러나 환성지
안은 그와 같은 맹점을 그대로 수용한 것은 아니었다. 특
히 임제종과 조동종의 교의에 대해서는 비교적 많은 지면
을 할애하여 자세하게 언급하고 있는 것은 그 하나의 예이
다. 그러면서도 『선문오종강요』는 우리나라에서 간행된 선
종오가에 대한 종합적인 강요서의 성격으로는 최초라는 점

---

22) 그 법맥으로 보면 청허휴정 - 편양언기 - 풍담의심 - 월담설제 -
환성지안으로 계승되었다.

에 그 의의를 부여할 수가 있다. 이로써 『선문오종강요』는
위로 『선문강요집』을 잇고, 이하로는 조선 후기에 『선문수
경』을 비롯한 『선문사변만어』 등을 통하여 오랫동안 제기
되었던 선 논쟁에 대한 중계역할을 하는 근거가 되었다.

1. 조선 후기 선종과 환성지안

조선시대 불교의 상황은 일반적으로 알려져 있다시피 순
탄하지 못했다.23) 이와 같은 상황은 성종과 연산군과 중종
을 거치면서 더욱 심해졌다.24) 이런 가운데 청허휴정을 중
심으로 하는 선풍이 그 명맥을 유지하여 자못 그 법계가
융성하였다.25) 이와 같은 청허의 선은 송운유정(宋雲惟政)

---

23) 태종대에는 종파의 감축, 엄격한 도첩제의 실시, 왕사 및 국사제도
폐지, 능사제의 폐지 등이 있었고, 종파의 감축으로는 조계종(총지종과
조계종), 남산종, 천태종(천태소자종과 천태법사종), 화엄종(도문종과
화엄종), 자은(유가)종, 중신종(중도종과 신인종), 시흥종 등이 있었다.
세종대에는 7종 가운데 조계종과 총지종과 천태종은 선종으로, 화엄종
과 자은종과 중신종과 시흥종은 교종으로 통폐합하였으며, 연산군 및
중종대에는 선교의 양종마저 폐지되었다.

24) 사찰은 기방으로 변하였고 헐리었으며 불상을 녹여 무기를 만들기도
하였다. 이와 같이 불교의 명맥이 끊길 위기에 碧松智嚴은 대혜와 고
봉의 간화선풍을 고취시키면서 禪敎를 雙修하였다. 이러한 때에 명종
왕대에 문정왕후가 등장하여 이미 실추된 불교를 재흥시키고자 普雨
를 등용하여 팔도의 禪敎를 맡겨 고목에 꽃이 피는 듯 하였다. 그러나
문정왕후의 죽음으로 다시 유생들에게 짓밟혔다. 이때 敬聖一禪과 芙
蓉靈觀이 禪敎를 진작하려 노력하였으나 이것마저도 물거품이 되고
말았다.

25) 임진왜란을 계기로 널리 알려진 청허휴정은 선종사에 있어서 스러져
가던 선풍을 새롭게 진작시키는 감로와 같은 존재였다. 청허는 『禪敎
訣』과 『禪敎釋』 및 『心法要抄』 등을 저술하여 이전의 퇴락을 만회하
려고 크게 노략하였다. 이들 저술을 통하여 선교통합과 선교일치를 주
장하였고, 무자화두와 정토사상과 염불을 강조하는가 하면 『禪家龜鑑』
을 저술하여 교외별전의 선풍을 고취시켰다.

과 편양언기(鞭羊彦機) 등이 등장하여 선풍을 계승하고 참선과 염불을 동일시하기도 하였다. 이후 근근이 소요태능(逍遙太能)과 중관해안(中觀海眼) 및 정관일선(靜觀一禪)을 통하여 계승되어갔다.

광해군 때에는 부휴선수(浮休善修)가 부용영관의 제자로서 선풍을 진작하였고, 그 문하에 벽암각성(碧巖覺性)이 배출되었다. 현종대에는 출가를 금지하고 승려의 도성출입이 금지되자 백곡처능(白谷處能)이 나타나 이에 항거하였다. 숙종왕대에는 벽암각성과 취미수초(翠微守初)가 문호를 넓히고 선교를 융합하여 선정일치의 종풍을 진작하였다. 한편 백암성총(栢菴性聰)은 많은 경전을 간행하고 선수행과 정토수행을 쌍수(雙修)하였다. 또한 월담설제(月潭雪霽)의 문하에 환성지안(喚醒志安: 1644-1729)은 『선문오종강요(禪門五宗綱要)』를 찬술하여 선풍을 널리 드날렸다. 또한 월저도안(月渚道安)의 문하인 사암채영(獅巖采永)은 『해동불조원류(海東佛祖源流)』를 저술하여 사라져가는 법계의 본말을 밝혔다.

묵암최눌(黙菴最訥)은 유선일규(儒禪一揆)를 주장하여 유생들의 배불의 잘못을 지적하기도 하였다. 특히 선이란 개개인의 마음이 무란무치(無亂無痴)하고 적적낭랑(寂寂朗朗)한 일단의 자성광명이라고 하여 유교의 사서삼경(四書三經)에서 말하는 내용의 특징과 다른 것이 아님을 밝히고 있다. 연담유일(蓮潭有一)은 『임하록(林下錄)』에서 일심(一心)에 대하여 "성인이나 범부나 짐승의 일심은 한결같이 허철영명(虛徹靈明)하고 탁연독존(卓然獨尊)하여 불생불멸하고 예나 지금이나 허공처럼 존재하지 않는 곳이 없

으며 시간적으로도 단절된 적이 없다."26)고 하였다. 이것
은 『기신론』의 일심을 말한 것으로서 절대유심(絶對唯心)
을 주장하였고, 객관적인 지옥과 극락이 존재한다는 것을
증명하려 하였다. 유일은 참선의 공부는 심경(心境)을 불
식(拂拭)하여 순일무잡한 경지가 되는 것에 있다고 하였으
며, 나아가서 노장사상까지도 끌어들여 선을 제접하였다.

이런 와중에 18세기 이후에 주로 기존의 어록과 저술에
대한 재해석 내지는 재평가였다. 첫째는 공안에 대하여 재
해석의 입장에서 출현한 공안집이다. 둘째는 선리의 논쟁
으로는 임제삼구(臨濟三句)의 선리에 대한 재해석이었다.

환성지안은 설암추붕(雪庵秋鵬)과 더불어 월담설제의 사
법제자였다. 속성은 정(鄭)씨이고, 춘천 출신이다. 15세에
미지산(彌智山) 용문사에서 낙발하고, 성봉정원(霜峰淨源)
에게 구족계를 받았다. 17세에 월담설제에게 참하였다. 27
세에 벽암각성의 제자인 모운진언(慕雲震言)의 화엄법회에
서 법좌에 올라 명성을 크게 떨쳤다. 대둔산에서 공양을
베풀 때 허공에서 세 번 그의 이름을 부르는 소리가 울리
자 세 번 답변하였다. 그래서 자(字)를 삼락(三諾)이라고
하고, 호를 환성(喚醒)이라고 하였다. 지리산, 금강산 등
여러 곳을 유행하며 신통을 드러냈고, 금산사에서 화엄법
회를 크게 열기도 하였다. 후에 무고를 당하여 제주도로
유배되어 그곳에서 입적하였다. 법을 이은 제자들만 해도
19명이었다.27)

저술로는 환성이 직접 여러 전적에서 선종의 다섯 종파

---

26) 『蓮潭大師林下錄』 卷4, (韓佛全10, p.281下) "聖凡人畜皆同　虛徹靈
　　明　卓然獨存　不生不滅　亘古亘今"
27) 『喚惺詩集』「喚惺和尙行狀」, (韓佛全9, pp.475下-476下)

에 대한 요의를 발췌하여 지은 『선문오종강요(禪門五宗綱要)』가 있다. 『선문오종강요』는 임제종에 대해서는 기(機)와 용(用)을 해명한 것이라 하고, 운문종에 대해서는 절단(截斷)을 해명한 것이라 하며, 조동종에 대해서는 향상(向上)을 해명한 것이라 하고, 위앙종에 대해서는 체(體)와 용(用)을 해명한 것이라 하며, 법안종에 대해서는 유심(唯心)을 해명한 것이라 하여 각 종파의 교의를 간략하게 발췌하였다. 그리고 제자인 성눌(聖訥)이 환성지안의 144편의 시문을 편록한 『환성집』의 마지막 부분에는 그「환성화상행장」이 수록되어 있다.

2. 『선문오종강요』의 구성

조선시대 선법의 경우 거의가 새로운 선법의 교의 내지 선리를 출현시키지 못하고 기존의 선법에 대한 교의 및 선리에 대한 재해석이 이루어졌다. 그 때문에 전통의 선법에 대한 심도있는 연구와 그에 따른 새로운 관점에 대한 방향을 제시하는 기회가 되기도 하였다. 이런 입장에서 『선문오종강요』는 당시 불교가 처하고 있던 시대적인 한계 내지 불교 내부에서의 시대인식을 반영한 것이기도 하다. 그 이유는 당시까지 전승되어 오던 소위 선종 오가의 교의28)에

---

28) 가령 晦巖智昭 編 『人天眼目』 6권.3권 (1188)을 비롯하여 希叟紹曇 撰 『五家正宗贊』 4권 (1254), 語風圓信.郭凝之 編 『五家語錄』 5권 (1630), 임제종과 조동종의 특징을 강조한 三山燈來 撰 性統編 『五家宗旨纂要』 3권 (1703), 東嶺圓慈의 『五家參詳要路門』 5권 (1788) 등은 한편으로는 각각 편찬자들의 견해이기도 하면서 다른 한편으로는 唐代에 형성되고 전승된 五家라는 틀을 벗어나지 못하고 이전의 것을 답습하는 한계점을 노출시키고 있기 때문이다.

대한 재해석을 반영하고 있기 때문이다.29) 이와 같은 점을 감안하면서 그 구체적인 편제내용을 살펴보기로 한다.

본 『선문오종강요』는 이전의 『선문강요집』을 계승한 것으로 보인다.30) 왜냐하면 1689년 간행된 『선문오종강요』는 풍법사(風法師, 淸風長老)와 호월선객(胡月禪客)을 그대로 등장시켜 논의한 점이 그렇다. 또한 내용으로 보아도 5개 종파에 걸쳐 29개 항목을 통하여 이 논의의 논지를 계승하고 있기 때문이다.31) 이런 점으로 보아 편찬자의 의도가 단순한 편집에 불과하다는 비판을 면할 수는 없을 것이다. 나아가서 『人天眼目』의 내용을 선별적으로 그대로 수록한 점도 부정할 수 없다. 그럼에도 불구하고 『선문오종강요』가 지니고 있는 몇 가지 특징을 언급하자면 다음과 같다.

첫째는 조선시대에 등장한 선종오가에 대한 전적 가운데 종합적인 강요서로서는 거의 유일한 것이라 점이다.

둘째는 이전의 선종오가와 관련된 전적에서는 볼 수 없는 몇 가지 교의(敎義)가 본서에서만 발견된다는 점이다.

---

29) 특히 그 순서를 임제종, 운문종, 조동종, 위앙종, 법안종으로 배열하고 있는 것은 이전의 『禪門綱要集』이 임제종과 운문종에 대해서만 기록하고 있는 입장이 그대로 반영된 것으로 보인다.

30) 1689년 간행된 本書는 風法師와 月禪客을 그대로 등장시켜 논의한 점에서 그렇다. 또한 내용으로 보아도 이 논의의 논지를 계승하고 있기 때문이다. 淸風長老 撰, 『禪門綱要集』(1531)은 임제의 三玄三要와 운문의 三句에 대한 강요를 皓月上人의 물음에 답하는 형식을 취하여 서술한 책이다. 이것은 白坡亘璇의 『禪文手鏡』과 草衣意恂의 『禪門四辨漫語』와 優曇洪基의 『掃灑先庭錄』(후에 『禪門證正錄』이라 개칭)과 雪竇有炯의 『禪源遡流』(『楷正錄』)와 竺源震河의 『禪門再證錄』 등 조선 후기 선리논쟁의 발단이 되기도 하였다.

31) 이 점은 이후 1824년에 白坡亘璇이 『五宗綱要私記』를 남긴 것과도 그 궤를 같이 하고 있다.

셋째는 서문에서 북해함월(北海涵月)이 지적하고 있는
바처럼 운문삼구에 대해서는 청산수(靑山臾)의 해석을 인
용하고, 조동오위에 대해서는 형계사(荊溪師)의 주석을 인
용하여 그 뜻이 통하고 그 요점이 드러나게 했다는 점이
다.

넷째는 임제의 삼구와 삼현과 삼요에 대하여 나름대로의
구체적인 설명을 붙이고 있다는 점이다. 우선 전체적인 구
성을 살펴보면 도표와 같다.[32]

이 가운데 북해함월(北海涵月)이 쓴 서문을 보면 오가
가운데 조동종을 제외한 나머지 네 종파를 모두 남악의 문
하로부터 출현한 것으로 기술하고 있다.[33] 이것은 선종 종
파에 대한 역사인식의 부족이라기보다는 당시까지 전승되
고 있던 교의에 대한 자파 내의 견해에 대한 옹호 내지 답
습으로 보인다. 그러나 결국은 송대부터 전통적인 견해로

禪門五宗綱要序									
임제종	明機用	운문종	明截斷	조동종	明向上	위앙종	明體用	법안종	明唯心
宗風의 성격		宗風의 성격		宗風의 성격		宗風의 성격		宗風의 성격	
내용	三句 三玄 三要 四料揀 四賓主 四照用 四大式 八棒		三句 抽顧 一字關 巴陵三句		偏正五位 功勳五位 君臣五位 曹山三墮 大陽明安和尙釋 洞山三種滲漏 洞山唱導三綱要		三種生		六相 詔國師四料揀 圜悟五家宗要
	三種師子語								
	汾陽三句								
	巖頭四藏鋒								
	六祖問答								
	十無問答								
	四異類								
	趙州三門								
	刊記								

32)
33) 이와 같은 견해는 일본의 선종사에서도 보인다. 虎關師鍊이 저술한 『
　　五家辨』 1권에서는 覺範慧洪의 설에 논거하면서, 오가의 종파가 모두
　　남악의 계보에서 출현했다고 주장한다.

이어져 오던 청원행사와 남악회양의 양대 법맥을 인정하고
있다.34) 나아가서 『선문오종강요』의 성격에 대하여 철저하
게 객관적인 입장에 근거했다는 주장도 피력하고 있다.35)
그러면서도 본 『선문오종강요』의 의도가 전체적인 특징에
대하여 五派의 오묘한 뜻을 궁구하도록 하려는 것에 있음
을 알 수가 있다.36)

3. 『선문오종강요』의 사상

1) 임제종의 교의

임제종풍의 특징에 대해서는 다음과 같이 기(機)와 용
(用)을 해명하는 것으로 정의하였다.

맨손에 단도를 들고 살불살조하며 현요에서 고금을 분

---

34) 北海涵月(涵月海源), 「禪門五宗綱要序」, (韓佛全9, p.459上) ; 北海涵
月(涵月海源), 『天鏡集』, (韓佛全9, p.620下) "이 소식은 마하가섭으로
부터 이래로 사람이 一人에게만 전승하여 조계에 이르렀다. 조계의 문
하에 두 사람이 있었다. 한 사람은 남악회양으로서 활인검을 종지로
삼아 雜貨鋪를 열었다. 또 한 사람은 청원행사였는데 살인도를 종지로
삼아 眞金鋪를 열었다. 이것이 일법이 나뉘어 살·활의 양종이 된 것이
다."
35) 北海涵月(涵月海源), 「禪門五宗綱要序」, (韓佛全9, p.459上), "운문삼
구에 대해서는 靑山臾의 해석을 인용하였고, 조동오위에 대해서는 荊
溪師의 주석을 인용하여 그 뜻을 통하게 하고 그 요점을 드러내게 하
였다. 모두 이전의 현성들의 저술에 의거한 것이지 조금도 자의적으로
억측한 견해는 없다."
36) 北海涵月(涵月海源), 「禪門五宗綱要序」, (韓佛全9, p.459上), "五派의
가풍은 모두 無 속에서 妙曲을 唱出하고 聲調를 改換하였으므로 名相
이 頗多하고 諸篇으로 산재되었다. 때문에 학자들이 그 오묘함을 궁구
하지 못한 것이 병통이었다."

별해 내고 주빈에서 용과 뱀을 증험해내며 금강보검을
쥐고서 죽목(竹木)에 붙은 정령을 쓸어버리며 사자의
전위(全威)를 떨치고 호리(狐狸)의 심장과 쓸개를 찢어
버린다. 임제종풍을 알고자 하는가? 청천에 벽력이 치
는 소리 우렁차고 평지에 파도가 일어난다.37)

이와 같은 성격을 지닌 임제종지의 구체적인 교의로 삼
구·삼현·삼요·사요간·사빈주·사조용·사대식·팔방 등을 언급
하고 있다. 그러나 이것은 비단 임제종풍에만 한정되는 것
이 아니라 모든 대상에게 해당하는 것이라 하여 임제종지
에 대한 대단한 긍지를 강조하고 있다.

위의 삼구와 삼현으로부터 내지 팔방에 이르기까지의
갖가지 법은 임제종풍에게만 한정된 특정한 것이 아니
다. 위로는 제불로부터 아래로는 중생에 이르기까지 모
든 분상에 해당되는 事이다. 그러므로 만약 이러한 설
법을 벗어난다면 모두가 다 망어일 뿐이다.38)

임제의 삼구가 무엇인지 그 구체적인 것에 대해서는 『임
제록』의 어느 부분에도 나타나 있지 않다. 다만 비유를 통
하여 공안으로서 제기되어 있을 뿐이다.

---

37) 『禪門五宗綱要』, (韓佛全9, p.459下) "赤手單刀 殺佛殺祖 辨古今於
玄要驗龍蛇於主賓 操 金剛寶劒 掃除竹木精靈 奮獅子全威 震裂狐狸心
膽要識臨濟宗麽 靑天轟霹歷 平地起波濤"
38) 『禪門五宗綱要』, (韓佛全9, p.461下) "上三句三玄 乃至八棒等法 非
特臨濟風 上自諸佛 下至衆生 皆分上事 若離此說法 皆是妄語"

임제가 상당설법을 하였을 때 승이 물었다. "어떤 것이 제일구입니까?" 임제가 대답하였다. "삼요의 인을 깨친 즉 빨간 점이 우뚝 나타난다. 主와 賓을 나누려는 것조차 용납되지 않는다. (승이) 물었다. "어떤 것이 제이구입니까." 임제가 말했다. "(根本智이고 絕對智인) 문수보살이 어찌 (後得智이고 方便智인) 무착의 질문을 용납하겠느냐? 그러나 방편의 후득지가 어찌 일체를 끊어버리는 근본지와 모순이 되겠느냐." (승이) 물었다. "어떤 것이 제삼구입니까." 임제가 말했다. "무대 위에 꼭두각시 놀리는 것을 잘 보아라. 줄을 당겨서 활동시키는 것은 모두가 무대속에 사람이 있어서 하는 것이다." 임제가 또 말했다. "각 일구의 말은 삼현문을 갖추지 않으면 안 된다. 일현문은 삼요를 갖추지 않으면 안 된다. 거기에는 방편도 있고 작용도 있다. 그대들은 이것을 어찌해야 알 수가 있겠는가."[39]

여기에서 제일구는 언어 · 비유 · 상징 이전의 진실한 의미이고 삼요는 일념에 제일구가 갖추어진 진불(眞佛)이며 인개(印開)는 불심인(佛心印)이 개현된 것이다. 그래서 삼요인개(三要印開)가 되어 진불이 구현되면 성불의 여부 내지 해탈의 여부에 구애되지 않는 진여의 입장으로서 제각각 절대진실한 입장이 되는 것이다.

---

39) 『臨濟錄』, (大正藏47, p.497上) "上堂 僧問 如何是第一句 師云 三要印開朱點側 未容擬議主賓分 問如何是第二句 師云 妙解豈容無著問 漚和爭負截流機 問如何是第三句 師云 看取棚頭弄傀儡 抽牽都來裏有人 師又云 一句語須具三玄門 一玄門須具三要 有權有用 汝等諸人 作麼生會 下座"

제이구는 진불의 모습을 구현하고 있는 양미순목(揚眉瞬目)·방(棒)·할(喝) 내지 어묵동정(語黙動靜)의 행위이다. 이러한 제스처 내지 위의(威儀)는 선교방편으로 일상의 행위와 괴리되지 않는다. 구화(漚和)는 방편의 범어이고 절류기(截流機)는 번뇌가 단절된 것으로 해탈이다. 그래서 구화쟁부절류기(漚和爭負截流機)는 구화(漚和)가 어찌 절류기(截流機)와 모순되겠느냐는 의미이다. 곧 중하근기를 위하여 이런저런 방편지과 차별지를 구사하는 것이 절대의 해탈인 평등지와 절대지에 거슬리겠는가 하는 것이다.

제삼구는 제일구로도 통하지 않고 제이구로도 어쩔 수 없는 둔근기의 구도자를 위하여 스승이 구체적인 방편을 구사하는 것이다. 마치 괴뢰사(傀儡師)가 갖가지로 조화를 부리는 것과 같다. 임제는 삼구를 설하고 그것을 정리하여 '일구어 속에는 모름지기 삼구가 구비되어 있어야 한다. 일현문에 모름지기 삼요가 구비되어 있어야 한다. 그래서 때로는 방편[權은 實의 상대어]도 있어야 하고, 때로는 제자에게 필요한 행위를 하도록 시키는 것[用]도 있어야 한다고 말한다. 여기에서 권(權)은 실(實)의 상대어이고 용(用)은 제자의 깜량을 살피는 것[照]의 상대어이다.

이와 같은 임제의 설법에 대하여 환성지안은 풍법사 곧 청풍장로의 말을 빌려서 다음과 같이 말한다.40) 곧 제일구에 대해서는 '삼요인을 찍고 뗀즉 빨간 점이 우뚝 나타난다는 것은 선조후용(先照後用)이고 주(主)와 빈(賓)을 나누려고 하는 것조차 용납되지 않는다는 것은 선용후조(先

---

40) 『禪門五宗綱要』, (韓佛全9, pp.459下-460上) "前句則先照後用 後句則先用後照 … 前句現乎實 後句示其權第三句 … 逢羅漢說羅漢 逢餓鬼說餓鬼"

用後照)이다.'고 말한다. 그리고 제이구에 대해서는 '근본
지인 문수보살이 어찌 무착의 질문을 용납하겠느냐 하는
전구(前句)는 실(實)을 드러냈고, 방편의 후득지가 일체를
끊어버리는 근본지와 어찌 모순이 되겠느냐 라고 말한다.
제삼구에 대해서는 '나한을 만나면 나한을 설해주고 아귀
를 만나면 아귀를 설해준다.'고 하여 응병여약(應病與藥)의
방편을 구사하는 것이라 말한다.41)

　한편 삼현(三玄)에 대해서도 임제는 구체적으로 열거한
적도 없고 비유로 표현한 적도 없다. 다만 "각 일구의 말
에 삼현문을 갖추지 않으면 안 된다. 일현문에 삼요를 갖
추지 않으면 안 된다. 거기에는 방편도 있고 작용도 있다.
그대들은 이것을 어찌해야 알 수가 있겠는가."라고 하여
일체의 권실(權實)을 구비하지 않으면 안 된다고 말할 뿐
이다. 이에 대하여 환성지안은 "첫째 체중현은 삼세와 일
념 등이고, 둘째 구중현은 경절과 언구 등이며, 셋째 현중
현은 양구와 방할 등이다. 또 각각 체중현·용중현·의중
현이라고도 한다."42) 고 말하여 삼현을 삼구와 동일한 선
상에 올려놓고 있다.

　또한 삼요(三要)에 대해서는 삼구 및 삼현과 관련시켜
설명하고 있다. 먼저 삼요의 각각에 대하여 대기원응(大機
圓應)·대용전창(大用全彰)·기용제시(機用齊施)라고 표
현하고, 뜻으로 보면 조용동시(照用同時)이지만 특별히 명

---

41) 곧바로 위음왕불 이전 및 비로자나불의 향상경지에 들어간 機로서
　　大摠持를 얻는 것은 제일구에 해당되고, 방과 할은 제이구이며, 지금
　　이 자리에서 문답하고 있는 상황은 제삼구라는 것이다.
42) 『禪門五宗綱要』, (韓佛全9, p.460上) "一體中玄 三世一念等 二句中
　　玄 徑截言句等 三玄中玄 良久捧喝等 亦名體中玄 用中玄 意中玄"

칭만 다를 뿐이라고 말한다.43) 여기에서 기(機)는 기관(機關)이라 말한다. 그래서 불촉(不觸)하여 불발(不發)일 때를 일러 대기(大機)라고 하는데 원응(圓應)으로 의(義)를 삼는 것을 대용지기(大用之機)라고 하고, 이미 촉(觸)하여 이미 발(發)할 때를 대용(大用)이라고 하는데 직절(直截)로써 의(義)를 삼는 것을 대기지용(大機之用)이라고 말한다. 따라서 일요(一要)를 획득할 경우마다 그에 따라 곧 이에 삼현(三玄)을 초(超)하고 삼구(三句)를 월(越)한다는 것이다.

임제는 이들 셋의 관계에 대하여 학인을 접득하는 시설로 활용하였다.44) 그러나 환성지안은 이들 삼구와 삼현과 삼요의 관계에 대하여 "구(句)는 언구(言句)의 구로서 이 구의 설명에는 차별이 있다. 현(玄)은 유현(幽玄)의 현으로서 이 현은 변별할 수가 없다. 요(要)는 생요(省要)의 요로서 이 요는 다(多)일 수가 없다. 현과 요는 구에 있고, 권과 실은 현에 있으며, 조와 용은 요에 있어서 각각에 해당하는 바가 있으므로 마땅히 무시해서는 안 된다."45)고 말한다.

---

43) 『禪門五宗綱要』, (韓佛全9, p.460上) "一大機圓應 二大用全彰 三機用齊施 意與照用同時 特名異耳"

44) 곧 삼현은 體中玄·句中玄·玄中玄이다. 體中玄은 言中에 추호도 떨어지지 않고 사물의 있는 그대로의 眞相.道理를 드러내고 있는 句. 句中玄은 分別情識에 떨어지지 않는 實語로서 언어에 구애가 없이 잘 그 玄奧를 깨우쳐내는 句. 玄中玄은 모든 相對的인 논리.언구의 질곡을 벗어난 현묘한 句. 三要는 汾陽善昭에 의하면, 제일요는 분별조작이 없는 언어이고, 제이요는 千聖이 그대로 玄要에 들어가는 것이며, 제삼요는 언어를 超絶한 것이다. 또한 慈明楚圓이 설명을 가한 三玄·三要도 있다.(『人天眼目』卷1 (大正藏48, p.302中)

45) 『禪門五宗綱要』, (韓佛全9, p.460中) "句言句之句 句詮差別 玄幽玄之玄 玄不可辨 要省要之要要不在多 玄要在句 權實在玄 照用不要 各

다시 말하자면 이것은 삼구와 삼현과 삼요에 대한 구체적인 접화방식을 보여주는 것이기도 하다. 나아가서 사요간·사빈주·사조용 등은 철저하게 하·중·상을 대비하여 4종의 근기인을 출격(出格)시키는 방편으로 제시하고 있는데 이것은 회암지소(晦巖智昭)의 견해를 벗어나지 않고 있다.46)

그러나 새롭게 정리(正利)는 소림면벽의(少林面壁) 부류이고, 평상(平常)은 화산타고(禾山打鼓)의 부류이며, 본분(本分)은 신승불회(山僧不會)의 부류이고, 공가(貢假)는 달마불식(達磨不識)의 부류라는 사대식(四大式)을 제시하고, 이에 대하여 '이 사대식은 삼요를 벗어나지 않는다.'47)고 주를 붙이고 있다.

정리(正利)의 경우는 소림면벽한 달마의 좌선행위야말로 깨침의 모습으로서 좌선 그대로가 정전(正傳)을 추구하는 모습임을 드러내는 것이야말로 널리 중생을 교화하는 모습임을 여실하게 보여준다는 것이다.

평상(平常)의 경우는 천차만별의 다양한 행위에서 향상도리(向上道理)를 보여주는 행위로서 평상심의 현현으로서

有攸當 不應莽鹵"

46) 『禪門五宗綱要』, (韓佛全9, pp.460下-461中) 이에 대해서는 四料揀 (『人天眼目』 卷1, 大正藏48, p.300中-下), 四賓主 (『人天眼目』 卷1, 大正藏48, p.303上-中), 四照用 (『人天眼目』 卷1, 大正藏48, p.304上-下), 四喝 (『人天眼目』 卷1, 大正藏48, p.302中-下) 참조.

47) 『禪門五宗綱要』, (韓佛全9, p.461中) "四大式 此四大式 不出三玄 正利少林面壁類 平常禾山打皷類 本分山僧不會類 貢假達摩不識類" 이외에 喚醒志安은 "觸令返玄捧·接掃從正捧·靠玄傷正捧·順宗旨捧·有虛實捧·盲枷瞎捧·苦責捧·掃除凡聖捧" 등 八捧을 제시하고 '이에 대한 주석은 『인천안목』에 있으므로 그것을 살펴서 설하면 될 것이다.'고 주해를 붙이고 있는데, 『인천안목』의 어디에도 이에 해당하는 부분을 찾아볼 수가 없다.

본래성불의 모습을 나타내고 있다.48)

본분(本分)의 경우는 알고 모르는 것과는 관계가 없이 그저 그렇게 완전하다는 것을 보여주고 있다. 임제의 말을 빌리자면 "불도 따로 없고 중생도 따로 없으며 고(古)라고 해야 할 것도 따로 없고 금(今)이라고 해야 할 것도 따로 없다. 그러므로 그 도리를 터득하는 얻는 자는 시절을 경력하지 않고 터득하는 것이어서 수증(修證)이 없고, 득실(得失)도 없으며, 일체시(一切時)에 항상 여일하다."49)는 도리이다.

공가(貢假)의 경우는 달마의 일화에 잘 나타나 있는 모습이다. 곧 일체의 유위형상은 무위법과는 달라서 복덕은 될지언정 공덕은 되지 않는다는 모습이다. 달마는 그와 武帝와 같은 유위복덕의 소유자가 아니기 때문에 진정 유위의 형상에 얽매인 그와 같은 자신을 모른다는 것이었다.

2) 운문종의 교의

운문종풍에 대해서는 절단(截斷)을 해명하는 것이라 하여 다음과 같이 말한다.

검(劍)과 봉(鋒) 끝에 길이 있고, 철벽과 같아 나아갈 문이 없으며, 높이 치켜세워 뒤집어 길바닥에 내동댕이

---

48) 禾山은 禾山無殷(884-960)이다. 禾山打鼓는 禾山解打鼓라고도 한다. 화산은 누가 무엇을 물어도 오직 '解打鼓'라고만 답변하였다는 것이다. 모든 사실은 하나의 진실로 통한다는 것이다.

49) 『臨濟錄』, (大正藏47, p.498中) "山僧見處 無佛無衆生 無古無今 得者便得 不歷時節 無修無證無得無失 一切時中更無別法"

치고, 갈등을 싹뚝 잘라버린다. 그러므로 상정(常情)의 견해로 보자면 너무 신속하여 미칠 수가 없고, 사량의 열염(烈焰)이 어찌 발이나 붙여보겠는가. 운문종풍을 알고자 하는가. 주장자가 높이 하늘 위로 뛰어오르고 찻잔 속에서 제불이 법을 시설한다.」50)

이와 같은 운문종지에 대하여 환성지안은 먼저 원명대사 연밀이 체계화시킨 운문삼구를 소개하고51) 나아가서 청산유 선사의 견해를 곁들이고 있다. 아울러 원명대사 연밀의 제자인 보안도(普安道) 선사는 운문의 삼구어(三句語)에 각각 게송을 붙이고 나름대로 하나의 게송을 더 붙여 네 게송으로 정리하였다.

이에서 언급하고 있는 운문의 삼구는 다음과 같다.

제일구는 상자의 뚜껑을 덮듯이 진여가 하늘과 땅을 덮고 포용하는 것[函蓋乾坤]으로 일체의 존재 모두가 진여 그 자체라는 것이고, 제이구는 온갖 번뇌를 절단해 버리는 것[截斷衆流]으로 미혹의 근원을 절단하고 곧바로 진여 그 자체가 되어버리는 곳에 참선 학도의 요결

---

50) 『禪門五宗綱要』, (韓佛全9, p.461下) "劒鋒有路 鐵壁無門 掀翻露布 葛藤剪却 常情見解 迅電不及 思量烈焰 寧容湊泊 要識雲門宗麼 柱杖子(足+孛)跳上天 盞子裡諸佛設法"
51) 『人天眼目』 卷2, (大正藏48, p.312上-中) 특히 『禪門綱要集』, (韓佛全6, pp.858-859)에서는 운문의 삼구에 대하여 자세한 설명이 나타나 있다. 『선문강요집』은 임제종과 운문종의 교의에 대해서만 三聖章·二賢話·第二篇·一愚說(임제종지), 雲篇·雲門三句(운문종지)로 나누어 설명하고 있다.

이 있다는 것이며, 제삼구는 파도와 물결을 따르는 것
[隨波逐浪]으로 학인의 지도는 각기 상황에 근기에 따
라 응하여 적절히 자재해야 함을 뜻하는 것이다.52)

이에 대한 청산수(靑山臾) 선사의 견해는 다음과 같다.

혼연(渾然)하여 무위(無爲)이면서도 지나침과 미치지
못함이 없는 것을 천중(天中) 곧 태극의 원기(元氣)라
고 한다. 이에서 천지가 나뉜[剖判] 것이다. 가볍고 맑
으며 양(陽)의 성품을 천(天)이라고 하고, 지고(至高)
하고 무상(無上)한 것을 건(乾)이라고 한다. 저 덮고
[蓋] 중탁(重濁)하며 음(陰)의 성품을 지(地)라고 하
고, 만물이 진열되어 있는 것을 곤(坤)이라 한다. 함
(函)처럼 이재(二材) 이미 갈라진즉 인재(人材)가 되어
만물의 최령(最靈)이 된다. 소위 눈으로 저울의 눈금을
가늠하는 것은 이에 인재(人材)가 하는 바로서 최령의
모범이기도 하다. 『음부경(陰符經)』에서 '심(心)은 물
(物)에서 생겨나고 기(機)는 목(目)에 있다.'고 말하고,
이에 대한 주석에서는 '천하의 기(機)는 심(心)과 목
(目)처럼 가까운 것이 없다. 심(心)이 이미 발생되니
기(機)가 목(目)으로 드러난다. 그런즉 목기(目機)는
이에 목(目)에 보이는 바 기(機)이다.'고 말한다. 수량
(銖兩)은 경중(輕重)으로 사(事)에 있어서 목기(目機)
에 상응하는 것을 말한다. 마치 물(物)에 있어서 저울

---

52) 『禪門五宗綱要』, (韓佛全9, pp.461下-462上) "一函盖乾坤 二截斷衆
流 三隨波逐浪"

로 재는[權衡] 양(量)과 같다. 그래서 혹 가볍다든가
무겁다든가 하여 각기 그에 해당하는 용도를 따르는 것
이다. 이미 인재(人材)가 있은즉 사시(四時의) 운행이
있어 만물이 일어난다. 춘(春)은 사시(四時)의 머리에
해당하는 것으로 만물을 생성시킨다. 만물이 곧 연(緣)
이다. 이 삼재(三材: 天地·人材·四時)와 사시(四時: 春·
夏·秋·冬)는 모두 태극(太極)의 원기(元氣)로부터 함양
훈도(涵養熏陶)의 은력(恩力)을 품수한 것이다. 일촉
(一鏃)은 능투(能透)의 뜻으로 타파하는 것을 투(透)라
고 한다. 관(關)은 난투(難透)의 뜻이다. 그런즉 천중이
란 일구이다. 함개건곤이란 체와 용이다. 목기수량은 용
이다. 불섭춘연은 체이다. 일촉도 또한 일구이지만 특별
히 초(初)와 후(後)가 같지 않을 뿐이다. 삼관(三關)은
곧 위에서 나열한 삼구이다.53)

이에 덕산원명의 제자인 보안도 선사는 다시 삼구어에
각각 게송을 붙였으며,54) 또한 별도로 다음과 같은 일구를

---

53) 『禪門五宗綱要』, (韓佛全9, p.462上) "渾然無爲 而無過不及之謂天中
卽太極元氣也 於是天地剖判焉 輕淸陽爲天 至高而無上 是乾也 若盖重
濁 陰爲地 萬物所陳列 是坤也 如函二材旣剖卽有人材 而爲萬物之最靈
所謂目機銖兩 乃人材之所爲 最靈之效也 陰符經云 心生於物 機在於目
註云天下之機 莫近乎心目心旣發矣 機現乎目 則目機 乃目所見機 銖兩
猶輕重 言目機之應於事 猶權衡之量於物 或輕或重 各隨其用也 旣有人
材 而卽有四時行 而萬物興焉 春居四時之首 而生成萬物 萬物卽緣也
此三材四時 皆裹太極元氣 涵養熏陶之恩 力也 一鏃 能透義 破則透也
關者 難透義也 然則天中者 一句也 函盖乾坤者 體用也 目機銖兩 用也
不涉春緣 體也 一鏃亦一句也 特初後不同爾 三關卽前所列底三句也"
54) 『人天眼目』 卷2, (大正藏48, p.312上) "普安道頌三句 乾坤幷萬象 地
獄及天堂 物物皆眞現 頭頭總不傷 堆山積嶽來 一一盡塵埃 更擬論玄妙
冰消瓦解摧 辨口利詞問 高低總不虧 還如應病藥 診候在臨時"

내세웠다.

　　사람에게 삼구를 거창해준다고 한들
　　어찌 거기에 일체가 갖추어졌겠는가
　　혹여 어찌하여 그렇느냐고 묻는다면
　　남악과 천태와 같다고 말해주겠다.55)

　한편 추고(抽顧)56) · 일자관(一字關) · 파릉삼구(巴陵三句) · 사운문(嗣雲門) 등에 대하여 『인천안목』에 수록된 내용을 인용하여 제시하고 있다. 이 가운데 추고(抽顧)에 대해서는 다음과 같이 말한다.

　　운문은 항상 승을 대면할 때 눈으로 그들을 응시하였다.[顧] 그리고는 살펴보라[鑑]고 말하든지 혹은 떨쳐 내버려라[咦]고 말했다. 그래서 제자들은 그런 행위에 대하여 고감이(顧鑑咦)라고 기록하였다. 후에 제자인 원명선사가 고(顧)라는 글자를 빼고 단지 감이(鑑咦)라고만 불렀다. 그 때문에 총림에서는 그것을 가리켜 고(顧)를 뺐다는 의미에서 추고(抽顧)라고 하였다.」57)

　그리고 일자관(一字關)에 대해서는 '조(祖)'에 대해서만 간략하게 소개하고 '나머지는 10여 개의 문답이 인천안목

---

55) 『禪門五宗綱要』, (韓佛全9, p.462中) "當人如擧唱 三句豈能該 有問如何事 南嶽與天台" 南邊은 남악을 상징하고 北邊은 천태를 상징한다.
56) 『人天眼目』卷2, (大正藏48, p.312中)
57) 『禪門五宗綱要』, (韓佛全9, p462中) "師每見僧以目顧之 卽曰鑑 或曰咦而錄者曰 顧鑑咦 後圓明刪去顧字但曰鑑咦 故叢林目之曰抽顧"

에 수록되어 있다.'58)는 짤막한 주석으로 대치하고 있다. 나아가서 파릉호감(巴陵顥鑑)의 삼구는 운문삼구를 이은 것이라 하여59) 다음과 같이 파릉의 삼구를 제시하고 있다.

승이 물었다. "제바종이란 어떤 것입니까?" 파릉이 말했다. "은주발 속에 소복하게 쌓여 있는 눈이다." (승이 물었다.) "취모검이란 무엇입니까?" 파릉이 말했다. "산호의 가지마다 달빛이 교교하다." (승이) 물었다. "조의(祖意)와 교의(敎意)는 같습니까 다릅니까." 파릉이 말했다. "닭은 추워지면 나무 위로 올라가고 오리는 추워지면 물속에 들어간다." 운문이 (파릉의) 이 말을 듣고 말했다. "훗날 노승의 제삿날에는 공양으로 이 삼전어(三轉語)만 읊어주면 노승은 만족하리라."60)

3) 조동종의 교의

조동종풍에 대해서는 향상을 해명하는 것이라 하여 다음과 같이 말한다.

방편으로 오위를 열어 삼근기를 잘 제접한다. 금강왕보

---

58)『人天眼目』卷2, (大正藏48, p.312中-下)
59)『人天眼目』卷2, (大正藏48, p.313上)
60)『禪門五宗綱要』, (韓佛全9, p.462下) "僧問如何是提婆宗 陵云銀椀裡盛雪問 如何是吹毛劍 陵云珊瑚枝枝撑着月 問祖意敎意 是同是別 陵云鷄寒上樹 鴨寒下水 雲門聞此語云 他日老僧忌辰 只擧此三轉語 供養老僧足矣"여기에서 提婆는 西天의 外道를 상대하는데 奮哉했지만 어떤 외도도 提婆처럼 지독하게 外道를 상대한 자는 없었다는 것에서 유래한다.

검을 비켜차고 제견(諸見)의 조림(稠林)을 베어버린다.
묘협(妙挾)을 홍통(弘通)하여 만기(萬機)의 천착(穿鑿)
을 잘라버린다. 위음나반은 눈 가득히 빛이 번쩍거리고
공겁이전이 항아리속의 풍월이다. 조동종풍을 알고자
하는가. 불조가 생겨나기 이전이요 공겁의 밖이어서 정
편(正偏)이 유무(有無)의 기(機)에 떨어지지 않는다.[61]

조동종에서 오위가 차지하고 있는 위상을 감안한 탓인지
편정오위(偏正五位) · 공훈오위(功勳五位) · 군신오위(君
臣五位) 등 3종의 오위를 소개하고 다음과 같이 몇 가지
항목을 통하여 나름대로 설명을 가하였다. 정중편(正中偏)
에 대해서는 발대심(發大心) · 강왕궁(降王宮) · 발명대사
(發明大事) · 탄생내소(誕生內紹) · 향(向), 편중정(偏中
正)에 대해서는 행대행(行大行) · 수고행(修苦行) · 조예
입작(造詣入作) · 조생오;소(朝生外紹) · 봉(奉), 정중래
(正中來)에 대해서는 증대과(證大果) · 성정각(成正覺) ·
투말후구불체법신(透末後句不滯法身) · 말생서은(末生捿
隱) · 공(功), 겸중지(兼中至)에 대해서는 열대강(裂大綱)
· 전법륜(轉法輪) · 설법이생(說法利生) · 화생심용(化生神
用) · 공공(共功), 겸중도(兼中到)에 대해서는 귀대처(歸
大處) · 입열반(入涅槃) · 퇴장어밀(退藏於密) · 내생불출
(內生不出) · 공공(功功) 등을 통하여 설명을 가하고 있
다.[62]

---

61) 『禪門五宗綱要』, (韓佛全9, p.462下) "權開五位 善接三根 橫抽寶劍
斬諸見稠林 妙恊弘通 截萬機穿鑿 威音那畔 滿目烟光 空劫已前 一壺
風月 要識曹洞宗麽 佛祖未生空劫外正偏不落有無機"
62) 『禪門五宗綱要』, (韓佛全9, pp.462下-464上)

그런데 여기에서 편정오위를 도식화한 것에 대해서는 이전의 전통적인 도식으로 간주되고 있는 동산양개의 「오위현결(五位顯訣)」63)과 약간 다른 모습을 보여주고 있다.

동산의 「오위현결」에서 제시한 도식은 순서대로 보면 '정(正)'은 흑원(黑圓 ●)으로 간주하고, 편(偏)을 백원(白圓 ○)으로 간주하여 각각 다음과 같이 나타낸다. 정위각편(正位却偏 正中偏)은 상반(上半)이 흑원(黑圓 ◓)이고, 편위각편영원양의(偏位雖偏亦圓兩意, 偏中正)는 하반(下半)이 흑원(黑圓 ◒)이며, 정위중래(正位中來, 正中來)는 백원(白圓) 속의 흑원(黑圓 ◉)이고, 편위중래(偏位中來, 偏中至)는 둘레가 흑원(黑圓)이고 중심은 백원(白圓 ◎)이며, 상겸대래(相兼帶來, 兼中到)는 옅은 흑원(黑圓 ●)이다. 그러나 본서에서는 각각 정중편은 상반이 흑원(◓)이고, 편중정은 하반이 흑원(◒)이며, 정중래는 일원상(○)이고, 겸중지는 둘레가 흑원이고 중심은 백원(◎)이며, 중도는 옅은 흑원(●)이다.64)

63) 『解釋洞山五位顯訣』, (大正藏47, p.541下) "正位却偏 就偏辨得是圓兩意 偏位雖偏亦圓兩意 緣中辨得是有語中無語 或有正位中來者 是無語中有語 或有偏位中來者 是有語中無語 或有相兼帶來者 這裡不說有語無語 語裡直須正面而去 這裡不得不圓轉 事須圓轉 然在途之總是病夫當人先須辨得語句正面而去 有語是恁麼來 無語是恁麼去 作家中不無言語 不涉有語無語 這箇喚作兼帶語 全無的的也 他智上座臨遷化時向人道 雲巖不知有 我悔當時不向而說 雖然如是 且不違於藥山蔡子 看他智上座合作麼生老婆也 南泉喚作異類中行 且密闍梨不知"

	『禪門五宗綱要』		洞山「五位顯訣」
正中偏	◓	正位却偏	◓
偏中正	◒	偏位雖偏亦圓兩意	◒
正中來	○<●?>	正位中來	◉
兼中至	○	偏位中來	○
兼中到	●	相兼帶來	●

64)

동산의 삼종삼루(三種滲漏)는 다음과 같다.

첫째, 견삼루(見滲漏) : 기(機)가 위(位)를 여의지는 않지만 독해(毒海)에 떨어지는 것이다. 그러므로 (이로부터 벗어나는) 묘(妙)는 전위(轉位)하는 데에 있다. 말하자면 견해가 소지(所知)에 막히는 것이다. 만약 전위(轉位)하지 못하면 곧 일색(一色)에만 앉아있는 꼴이다. 말한바 삼루(滲漏)란 곧 어(語) 가운데서는 선(善)을 다할 수 없다는 것이다. 만약 지리(至理)에 따라서 말하자면 그것이야말로 바야흐로 선(善)을 다할 수 있다는 것이다. 그러니 모름지기 종적을 잘 변별해야 현기묘용(玄機妙用)을 상속할 수가 있다. 둘째, 정삼루(情滲漏) : 지혜는 항상 향배(에 막혀 있고), 견해는 외골수에 치우쳐 있다. 말하자면 지혜의 경계가 원만하지 못하여 취사(取捨)에 막혀 있고 전후에 치우쳐 있어 감각(鑑覺)이 온전하지 못하는 것이다. 이것은 탁지(濁智)로서 유전(流轉)하는 도종변안사(途中邊岸事)일 뿐이다. 모름지기 구구(句句)가 양변에 떨어져서도 안 되고 정경(情境)에 막혀서도 안 된다. 셋째, 어삼루(語滲漏) : 묘(妙)를 체득했지만 종지를 상실하여 기(機)가 종시(終始)에 어두운 것이다. 학자들은 탁지(濁智)로 유전하면서 이 삼종삼루를 벗어나지 못하고 있다. 묘를 체득했지만 종지를 상실했다는 것은 어로(語路)에 막히고 구에서 종지를 상실하는 것이다. 기(機)가 종시(終始)에 어둡다는 것은 말하자면 당기(當機)가 암매(暗

昧)하여 단지 어중(語中)에만 머물러 있어 종지가 원만하지 못한 것이다. 구구(句句)가 모름지기 유어중무어(有語中無語)이고 무어중유어(無語中有語)이어야 비로소 묘지(妙旨)의 밀원(密圓)을 얻는다.65)

그리고 동산의 삼종강요(三種綱要)는 다음과 같다.

첫째, 고창구행(鼓唱俱行) : 고(鼓)란 격(擊)으로 이(理)를 절단(絕斷)하는 것이다. 창(唱)이란 방(放)으로 사(事)를 방개(放開)하는 것이다. 고(鼓)인즉 까마귀가 해상(海上)을 날고, 창(唱)이면 이에 토끼가 천중(天中)을 달린다. 이(理)를 고(鼓)하고 사(事)를 창(唱)하니 사(事0와 이(理)가 재거(齊擧)하고 명(明)과 암(暗)이 쌍창(雙彰)하니 파주(把住)와 방행(放行)이다. 그러니 전체가 자기의 대용을 말미암고 종횡으로 정편에 막힘이 없다. 둘째, 구쇄현로(鉤鎖玄路) : 비록 현창(玄唱)하고 현제(玄提)한다고 할지라도 혈맥은 단절되지 않게끔 하므로 금쇄(金鎖)이다. 셋째, 불타범성(不墮凡

---

65) 『禪門五宗綱要』, (韓佛全9, p.465上-中) "一見滲漏 機不離位 墮在毒海 妙在轉位也 謂見滯在所知 若不轉位 卽坐在一色 所言滲漏者 卽是語中不盡善也 若順至理而言 方能盡善也須辨來蹤 始得相續玄機妙用 二情滲漏 智常向背見處偏枯 謂智境不圓 滯在取舍 前後偏枯鑑覺不全 是濁智流轉途中邊岸事直須句句不落二邊 不滯情境 三語滲漏 體妙失宗 機昧終始 濁智流轉 不出此三種 體妙失宗者 滯在語路 句失宗旨機昧終始者 謂當機暗昧 只在語中宗旨不圓 句句須是有語中無語 無語中有語 始得妙旨密圓也" 다른 수록본에 전하는 동산의 삼종삼루는 다음과 같다. "若要辨驗眞僞 有三種滲漏 一見滲漏 謂機不離位 墮在毒海 二情滲漏 謂滯在向背 見處偏枯 三語滲漏 謂究妙失宗 機昧終始 學者濁智流轉 不出此三種 子宜知之"『瑞州洞山良价禪師語錄』, (大正藏47, p.526上) ;『人天眼目』卷3, (大正藏48, p.319上)

聖) 또한 불섭이사(不涉理事) : 위에서 명암이 교라(交
羅)하고 편정(偏正)이 호용(互用)하는 것은 쌍방(雙放)
이다. 지금 여기에서 사리(事理)가 불섭(不涉)하는 것
은 쌍수(雙收)이다.[66]

그런데 여기에 수록되어 있는 동산의 「삼종강요」는 『동
산록』에 수록되어 있는 동산의 「삼종강요」와 약간의 차이
가 있다.

또한 강요를 말하는 게송 3수가 있다.
첫째는 북을 치니 노래한 것인데, 게송은 다음과 같다.
금바늘과 쌍쇄를 갖추고 있으니[67]
좁은 길에도 감쪽같이 은신한다
보배의 문양을 멋지게 수놓으니
겹겹의 비단을 바늘이 꿰뚫었네
둘째는 쇠사슬과 넓은 길인데, 게송은 다음과 같다.
밝음 속에 또 어둠 섞여 있으니
수행교화 다해도 깨침은 어렵네[68]
세력이 다하여 진퇴를 찾아보니
쇠사슬 그물은 너무나 촘촘하네

---

66) 『禪門五宗綱要』, (韓佛全9, p.465上-中) "一敲唱俱行 敲者 擊也 絶
斷理也 唱者 放也放開事也 敲卽烏飛海上 唱乃兎走天中 敲理唱事 事
理齊擧 明暗雙彰 把住放行 全由自己大用 縱橫正偏不滯 二鉤鎖玄路
雖玄唱玄提 令血脉不絶 故銘鎖也 三不墮凡聖 又曰不涉 理事 前來明
暗交羅 偏正互用 是雙放也 今事理不涉 是雙收也"
67) 雙鎖는 무술에서 경지가 높아지면 두 사람이 서로 양 팔뚝을 서로
맞부딪치면서 단련하는 권법인데, 양손, 손가락, 어깨 등을 단련한다.
68) 功은 수행을 가리키고, 齊는 교화를 가리킨다.

셋째는 범성에 떨어지지 않는 것인데, 게송은 다음과 같다.

이사의 어디에도 얽매이지 않고
돌이켜 비추어도 아득히 어둡네
바람을 거슬러도 방법이 없으니
번갯불처럼 따라잡을 수도 없네[69]

말하자면 첫째의 게송은 지혜를 구비하고 번뇌장(惱障)과 소지장(所知障)을 떨쳐내니 미세한 번뇌마저 일어나지 않고, 불법의 진리를 오묘하게 풀어내니 곳곳에 그 교화가 퍼져간다는 뜻이다. 둘째는 명암과 수증이 서로 왕래하고 뒤섞이면서도 제각각의 모습을 펼쳐보이는 열린 관계[回互]이다. 셋째의 게송은 이(理)와 사(事)가 서로 간섭하지 않는 닫힌 관계[不回互]에 있다는 것이다.

이로써 보면 동산의 어록에 수록되어 전하는 부분은 더욱 현실적인 입장을 드러내고 있는 반면에, 『선문오종강요』에 수록되어 전하는 부분은 더욱 원리적이고 근원적인 입장을 드러내고 있다.

4) 위앙종의 교의

위앙종풍에 대해서는 체(體)와 용(用)을 해명하는 것이

---

69) 『瑞州洞山良价禪師語錄』, (大正藏47, p.526上) "又綱要偈三首 一敲唱俱行 偈云 金針雙鎖備 挾路隱全該 寶印當風妙 重重錦縫開 二金鎖玄路 偈云 交互明中暗 功齊轉覺難 力窮忘進退 金鎖網鞔鞔 三不墮凡聖(亦名理事不涉) 偈云 事理俱不涉 回照絶幽微 背風無巧拙 電火爍難追"

라 하여 다음과 같이 말한다.

> 스승과 제자가 노래로 화답하고 부자가 일가를 이루며
> 옆구리에 글자를 끼고 서로 두각(頭角)을 다툰다. 실중
> 에서 제자를 증험하여 잘 사자를 가려낸다. 이사구(離
> 四句)하고 절백비(絶百非)하여 한 주먹에 쳐부수며, 입
> 은 두 개이고 혓바닥은 한 개도 없지만 구곡(九曲)에
> 구슬이 널리 통한다. 위앙종풍을 알고자 하는가. 파손된
> 비석이 고로(古路)에 덩그러니 나뒹굴고 있다.[70]

'옆구리에 글자를 끼고'라는 것은 위산은 자신이 죽은 후
에 수고우(水牯牛)로 태어날 것인데 그 옆구리에 '위산승
모갑(潙山僧某甲)'이라는 다섯 글자가 씌어 있을 것이라는
예언한 것을 가리킨다.

'이사구하고 절백비하여 한 주먹에 쳐부수며'라는 것은
앙산이 꿈속에서 미륵의 내원중당으로 들어가는 꿈을 꾸었
다. 거기에서 제2좌가 되어 설법을 하였다. '마하연법은 이
사구하고 절백비합니다. 잘 들으시오.' 그랬더니 그 말을
듣고 대중이 모두 흩어져버린 것을 말한다. 이것은 대승법
을 소승이 감당할 수가 없다는 것을 암시한 것으로 이에
위산이 앙산을 성인의 경지에 들었다고 인가한 것을 가리
킨다.

'입은 두 개이고 혓바닥은 한 개도 없지만'이란 앙산혜적
의 임종게에 등정하는 언구로서 논리와 개념을 초월하여

70) 『禪門五宗綱要』, (韓佛全9, p.465下) "師北唱和 父子一家 脇下書字
頭角崢嶸 室中驗人 獅子腰折 離四句絶百非 一搥粉碎 有丙口無一舌九
曲珠通 要識潙仰宗麼 斷碑橫古路 鐵牛眠少室"

향상으로 나아가는 가르침을 상징한 것이다.71)

그런데 환성지안이 제시한 위앙종의 교의에 대해서 단지 삼종생(三種生)만 수록하고 기타 육명(六名)과 표상현법(表相現法) 등에 대해서는 주석을 통해서 간략하게 밝히고 있듯이 아예 생략해버렸다. 그리고 겨우 언급하고 있는 상생(想生)·상생(相生)·유주생(流注生)의 삼종생에 대해서도 단순인용으로 마치고 구체적인 설명은 없다. 삼종생은 다음과 같다.

상생(想生)은 능사심(能思心)이 잡란(雜亂)한 것이고, 상생(相生)은 소사심(所思心)이 역연(歷然)한 것이며, 미세한 유주(流注)는 모두 진구(塵垢)이다. 만약 이것을 모두 청정케 하면 바야흐로 자재하게 된다. 석불충(石佛忠) 선사가 말했다. "상생(想生)은 주관인 토끼가 달을 바라보는 것이고, 상생(相生)은 산하대지(의 객관세계)이며, 유주생(流注生)은 번뇌가 간단(間斷)이 없는 것이다.72)

---

71) 임종게는 다음과 같다. "제자들이여 반듯한, 눈이 다시 仰視한다. 두 입에 혀가 없는 것이, 우리의 종지이다. 一二三子 平目復仰視 兩口 一無舌 卽是吾宗旨"

72)『禪門五宗綱要』, (韓佛全9, p.465下) "想生 相生 流注生 想生卽能思 之心雜亂 相生卽所思之境歷然 微細流注 俱爲塵垢 若能淨盡 方得自在 石佛忠禪師云 想生兎子望月 相生山河大地 流注生無間斷."『人天眼目』卷4, (大正藏48, p.322中-下) 참조. "三種生 師謂仰山曰 吾以鏡智 爲宗要 出三種生 所謂想生相生流注生 楞嚴經云 想相爲塵 識情爲垢 二俱遠離 則汝法眼應時淸明 云何不成無上知覺 想生卽能思之心雜亂 相生卽所思之境歷然 微細流注 俱爲塵垢 若能淨盡方得自在後有僧問石 佛忠禪師 如何是想生 忠云 兎子望月 如何是相生 忠云 山河大地 如 何是流注生 忠云 無間斷 想生頌(石佛) 密密潛行世莫知 箇中已是涉多 岐 如燈焰焰空紛擾 急急歸來早是遲 相生 法不孤生仗境生 纖毫未盡遂

5) 법안종의 교의

법안종풍에 대해서는 유심(唯心)을 해명하는 것이라 하여 다음과 같이 말한다.

언(言) 속에 소리(響)가 있고 구(句) 속에 칼(鋒)을 감추고 있으며, 촉루(觸髏)로 항상 세계를 방어하고[干] 콧구멍으로 가풍을 갈아낸다.[磨觸] 바람을 일으키는 도리깨와[枷] 달빛을 머금은 모래섬에서[渚] 진심(眞心)을 드러내고, 푸른 대나무와 노란 꽃은 묘법을 뚜렷하게 드러낸다[宣明]. 법안종풍을 알고자 하는가. 바람에 쫓긴 조각구름은 고개를 넘어가고, 달빛 머금고 흐르는 물은 다리 밑을 지나가네.73)

먼저 법안종풍이 지니고 있는 특징은 선종을 표방하면서도 제반의 교학적인 입장을 가장 깊게 수용한 종파이다. 따라서 유식(唯識)·천태(天台)·화엄(華嚴)·정토(淨土)·선(禪)·밀교(密敎) 등의 관계에서 선의 정체성을 상실해버린 점과 아울러 정치세력과 결탁함으로써 순수 법안종의 성격을 지속시키지 못한 것이 그 큰 이유였다. 여기에 제시된 「육상(六相)」은 화엄도리에 대한 것이고, 「소

___
峰嶸 回光一擊便歸去 幽鳥忽聞雙眼明 流注生 塵塵聲色了無窮 不離如今日用中 金鎖玄關輕掣斷 故鄕歸去疾如風"
73) 『禪門五宗綱要』, (韓佛全9, p.465下) "言中有響 句裏藏鋒 髑髏常干世界鼻孔磨觸家風 風柯月渚 顯露眞心翠竹黃花 宣明妙法 要識法眼宗 麼風送斷雲歸嶺去 月和流水過橋來"

국사사요간(韶國師四料揀)」[74]은 천태교학에 대한 것이었다. 이런 점을 반영이라도 하듯이 법안종풍에서는 자파의 교의 뿐만 아니라 선종오가를 아울러 판별하는 원오오가종요(圓悟五家宗要) · 삼종사자어(三種師子語) · 분양삼구(汾陽三句) · 암두사장봉(巖頭四藏鋒) · 육조문답(六祖問答) · 십무문답(十無問答) · 사이류(四異類) · 조주삼문(趙州三門)의 내용으로 구성되어 있다.

먼저 천태덕소국사의 사요간[75]에서는 『종경록』을 인용하여 불묘(佛妙)의 증리(證理) · 증지(證智) · 증담단(證斷) · 증응(證應) 등의 용어만 언급하였다.

만약 성인이 친히 증(證)·견(見)·문(聞)의 경계에 의하면 그것에 4종이 있다. 첫째는 불문문(不聞聞)이고, 둘째는 불문불문(不聞不聞)이며, 셋째는 문불문(聞不聞)이고, 넷째는 문문(聞聞)이다. 천태교학의 해석에 의하면 처음 증도(證道)에 들어가 수도를 홀연히 버려서 유라 할 바가 없는 것을 불문(不聞)이라고 이름하고, 진리가 활개(豁開)하게 밝혀져 조(照)할 바가 없는 것을

---

74) 천태덕소국사의 종풍에 관한 『人天眼目』卷4, (大正藏48, p.324下)의 내용은 다음과 같다. "韶國師宗風 : 通玄峰頂不是人間 心外無法滿目靑山 韶國師四料揀(古德 百丈端) 聞聞(放) 密室開金鎖 閑步下松門 謾將無孔笛 吹出鳳遊雲(古德) 秋江淸淺時 白鷺和煙島 良哉觀世音 全身入荒草(百丈) 聞不聞(收) 古松搖般若 幽鳥哢眞如 況有歸眞處 長安豈久居/ 解語非干舌 能言豈是聲 不知常顯露 剛道有虧盈 不聞聞(明) 陽鳥啼聲喧 桃花笑臉開 芒鞋靑竹杖 終日自徘徊 波生元是水 空性逐方圓 除卻方圓器 胡孫夜簸錢 不聞不聞(暗) 夜月輝肝膽 松風貫髑髏 脫然聲色外 切忌犯當頭/ 理事兩俱忘 誰人敢度量 渾侖無縫罅 遍界不曾藏"
75) 『宗鏡錄』卷65, (大正藏48, p.780中)

문(聞)의 입장에 있어서 불문문(不聞聞)이라고 이름한
다. 이와 같이 대반열반을 증득했지만 문상(聞相)이 없
는 것을 불문불문(不聞不聞)이라고 이름한다. 증(證)이
일어나 혹(惑)이 소멸하는 것을 문불문(聞不聞)이라고
이름한다. 적이상조(寂而常照)이지만 두드리면 응하는
것을 문문(聞聞)이라고 이름한다. 초구(不聞聞)는 증지
(證智)이고, 차구(不聞不聞)는 증리(證理)이며, 제삼구
(聞不聞)는 증단(證斷)이고, 제사구(聞聞)는 증응(證
應)이다. 이와 사에 있어서 지(智)로 자타를 단(斷)하
고 처음 증지(智證)하는 가운데서 무결(無缺)을 구족하
는데, 이 하나의 묘증(妙證)으로 열반해(涅槃海)를 다
한다. 다시 불문문(不聞聞)은 요인(了因)을 증득하는
것이고, 문불문(聞不聞)은 연인(緣因)을 증득하는 것이
며, 불문불문(不聞不聞)은 정인(正因)을 증득하는 것이
고, 문문(聞聞)은 경계(境界)를 증득하는 것이다. 내지
이 사종을 생생(生生) · 생불생(生不生) · 불생생(不生
生) · 불생불생(不生不生)으로 설명하기도 한다. 또한
마찬가지로 사종문(四種聞)의 뜻을 다음과 같이 설명하
기도 한다. 첫째의 생생은 인연소생법이고, 둘째의 생불
생은 아(我)를 공이라 설하는 것이며, 셋째의 불생생은
가명(假名)이라고도 이름하고, 넷째의 불생불생은 중도
의(中道義)라고도 이름한다. 만약 이 사생(四生)이 무
생(無生)임을 능료(能了)한다면 바야흐로 성인의 견
(見) · 문(聞)의 경계에 통달한 것이다. 이 불취불사(不
取不捨)로써 일도지원(一道之原)에 통달하고 비유비공
(非有非空)으로써 제법지실(諸法之實)을 견(見)한다.[76]

『종경록』에 의하면 문문(聞聞)은 방(放)하는 것으로 증응(證應)이고, 문불문(聞不聞)은 수(收)하는 것으로 증단(證斷)이며, 불문문(不聞聞)은 명(明)하는 것으로 증지(證智)이고, 불분불문(不聞不聞)은 할(瞎)하는 것으로 증리(證理)이다. 원오극근의 오가종요(五家宗要)[77]에 대해서는 『인천안목』의 입장 그대로이다.

전기(全機)와 대용(大用) 그리고 방(棒)과 할(喝)이 교치(交馳)하고, 칼날 위에서 사람을 구하며, 번개불 속에서 교화의 손을 드리운다.(臨濟宗要) 북두성에 몸을 감추고 금풍에 몸체가 드러나며 삼구로 변별하고 일촉으로 허공을 가른다.(雲門宗要) 군(君)과 신(臣)의 합도(合道, 道合君臣·君臣道合)이고 편(偏)과 정(正)이 상자(相資)하며, 조도(鳥道)와 현도(玄途)이고, 금침(金針)과 옥선(玉線)이다.(曹洞宗要) 사(師)와 자(資)가 노래로 화답하고, 부(父)와 자(子)가 일가를 이루며, 명(明)과 암(暗)이 교치(交馳)하고, 어(語)와 묵(默)이 불로

---

76) 『宗鏡錄』 卷65, (大正藏48, p.780中) "又約聖人親證見聞之境 有其四種 所以大涅槃經云 約佛妙證 有四種聞 一不聞 聞二不聞不聞 三聞不聞 四聞聞 台敎釋云 初入證道 修道忽謝 無所可有 名爲不聞 眞明豁開 無所不照 卽是於聞 故名不聞聞 證得如是大般涅槃 無有聞相 故名不聞不聞 證起惑滅 名聞不聞 寂而常照 隨扣則應 名曰聞聞 初句證智 次句證理 第三句證斷 第四句證應 若事若理 智斷自他 於初智證之中 具足無缺 此一妙證 盡涅槃海 復次不聞聞 是證了因 聞不聞 是證緣因 不聞不聞 是證正因 聞聞 是證境界 乃至明四種 生生 生不生 不生生 不生不生 亦同四種聞義 一生生 是因緣所生法 二生不生 是我說卽是空 三不生生 是亦名爲假名 四不生不生 是亦名中道義 若能了此四生之無生 方達聖人見聞之境 是以不取不捨 達一道之原 非有非空 見諸法之實"

77) 『人天眼目』 卷6, (大正藏48, p.331上-中) 참조.

(不露)이다.(潙仰宗要) 소리를 듣고 깨치고 색을 보고
마음을 밝히며 句속에 칼날을 감추고 言속에 響이 있
다.(法眼宗要)78)

그리고 삼종사자화 · 분양삼구 · 암두사장봉 · 육조문답
· 십무문답에 대해서는 『인천안목』의 내용을 그대로 옮겨
놓고 있다. 다만 십무문답에서는 무봉탑(無縫塔)과 무공추
(無孔鎚)의 두 항목이 첨가되어 십이무문답(十二無問答)으
로 구성되어 있다. 이밖에 사이류(四異類)와 조주삼문(趙
州三門)은 환성지안의 견해가 돋보이는 부분이기도 하다.
사이류에서 이(異)는 무차별로서 평등이고 류(類)는 차별
로서 분별이다. 그리고 조주삼문은 누구의 게송인지 알 수
없다는 주석을 가하고 있다.

성품이 항상 윤회세계를 왕래하는 것을 류(類)라고 이
름한다. 그러나 성품은 결코 자실(自失)함이 없는 (여
여한) 것을 이(異)라고 이름한다. 보살의 형상은 육도
의 중생세계와 같은 것을 유(類)라고 이름한다. 그러나
자기는 윤회와 같지 않은 (진여나 상주법신 등과 같은)
것을 이(異)라고 이름한다. 사문이 피모대각(披毛戴角)
하는 것을 유(類)라고 이름한다. 그러나 분명하여 변역
이 없는 것을 이(異)라고 이름한다. 종문의 일체언어를
유(類)라고 이름한다. 그러나 지혜로도 이르지 못하는

---

78) 『禪門五宗綱要』, (韓佛全9, p.466上) "全機大用 棒喝交馳 劍刀上求
人 電光中垂手(臨濟)北斗藏身 金風體露 三句可辨 一鏃遼空(雲門) 君
臣合道 偏正相資 鳥道玄途 金針玉線(曹洞) 師資唱和 父子一家 明暗
交馳 語黙不露(潙仰) 聞聲悟道 見色明心 句裏藏鋒 言中有響(法眼)"

도리를 이(異)라고 이름한다.[79]

한국의 선종사를 통하여 소위 선종오가에 대한 개별적인
언급은 늘상 나타나고 전승되어 왔다. 그러나 오가에 대하
여 종합적인 교의(敎義)를 집대성한 자료는 찾아보기 어렵
다. 이것은 우리나라의 경우 어느 한 종파에 치우쳐 온 것
도 하나의 이유일 것이다. 그러나 보다 근원적인 이유는
수행과 깨침의 성격을 어떻게 이해하고 있는가 하는 점에
서 찾아야 할 것이다. 그것은 곧 각각의 수행과 깨침이 각
각의 경지에 머물지 않고 전체의 범주에 두루 통한다는 전
체불교적인 의식에서 비롯된 것이라 할 수가 있다. 이러한
흔적은 선종오가라는 말을 내세우면서도 곧장 어떤 임의의
종파, 가령 임제종의 경우 그 교의와 수행이 임제종 위주
로만 치우쳐 있다는 점에서도 알 수 있을 것이다.
   그 때문에 이와 같은 풍토에서 선의 종합적인 교의를 집
대성한다는 것은 결코 쉬운 일이 아니었다.[80] 그럼에도 불
구하고 환성지안에 의하여 선종오가에 대한 종합적인 찬술
이 가능했던 것은[81] 임제종과 운문종의 종지에 대해서만

---

79) 『禪門五宗綱要』, (韓佛全9, p.467上) "往來性常輪廻 名爲類 性不自
   失 名爲異 菩薩形似六道衆生 名爲類 自己不同輪廻 名爲異 沙門披手
   戴角 名爲類 明得不變易名爲異 宗門一切言語 名爲類 智不到處 名爲
   異"

80) 일찍이 당나라에서는 규봉종밀이 『都序』를 통해서 교학을 三敎로, 그
   리고 선을 三宗으로 판별했던 적이 있었다. 그것은 교와 선을 두루 섭
   렵하였을 뿐만 아니라 선과 교의 종사였기 때문에 가능한 일이었다.
   그러나 우리나라의 경우는 그와는 사뭇 다르다. 아직 본격적인 선풍과
   선의 교의가 확립되기 이전에 중국으로부터 선종오가의 선풍이 전래되
   었다. 이것은 우리나라에서 자생한 것이 아니라 중국으로부터 수입된
   까닭에 처음부터 종파적인 틀을 그대로 답습할 수밖에 없었다. 이것이
   야말로 개별적인 종파에 치우치게 된 가장 큰 이유였다.

언급했던 것으로 불완전하나마 이전의 『선문강요집』과 같
은 강요서가 있었기에 가능했을 것이다. 그것을 바탕으로
임제종지의 경우 삼구와 삼현과 삼요의 상호관계, 그리고
운문종의 삼구 및 조동종의 오위사상 등이 보다 폭넓게 주
해(註解)될 수가 있었다. 나아가서 『선문오종강요』는 위로
는 『선문강요집』을 잇고 이하로는 조산후기에 오랫동안 제
기되었던 선논쟁의 징검다리와 같은 역할을 할 수가 있었
다.

III. 『선문오종강요사기』

1. 백파긍선

『선문수경』은 백파긍선(白坡亘璇 : 1767-1852)의 저술로서, 속성은 이(李)씨이고, 백파는 법호이며, 긍선은 법명이다. 선사는 1767년 4월 11일에 전북 고창에서 출생하였다. 18세의 나이에 시헌장로를 은사로 출가하였고, 연곡화상을 계사로 사미계를 받았으며, 24세의 나이 때 설파상언(雪坡尙彦 : 1707-1791)에게서 구족계를 받았고, 법맥은 설파의 법손인 설봉거일(雪峰巨日 : 1678-1738)을 계승하였으며, 백파당(白坡堂)이라는 당호를 받았다. 이후 정읍의 용문동 및 충청도 운문사(雲門寺)에서 수행과 교화를 펼쳤고, 운문암에서 수선결사(修禪結社)를 하였다. 저술로는 56세 때부터 순차적으로 『수선결사문(修禪結社文)』, 『선문염송사기(禪門拈頌集私記)』, 『선문오종강요사기(禪門五宗綱要私記)』, 『대승기신론필삭기(大乘起信論筆削記)』, 『작법귀감(作法龜鑑)』, 『선문수경(禪文手鏡)』, 『금강팔해경(金剛八解鏡)』, 『고봉화상선요사기(高峰和尙禪要私記)』, 『육조대사법보단경요해(六祖大師法寶壇經要解)』, 『해동초조고려국사태고화상태고암가입과(海東初祖高麗國師太古和尙太古庵歌入科)』, 『식지변설(識智辨說)』을 지었다. 86세의 나이로 1852년 4월 24일에 입적했다. 백파의 법계는 서산휴정(西山休靜) → 편양언기(鞭羊彦機) → 풍담의심(楓潭義諶) → 월담설제(月潭雪霽) → 환성지안(喚醒志安) → 호암체정(虎巖體淨) → 설파상언(雪坡尙彦) → 퇴암태

관(退巖泰瓘) → 설봉거일(雪峯巨日) → 백파긍선(白坡亘
璇)이다.

2. 성격과 구성

조선시대의 중기의 선종계는 교단과 선법의 전승이 고려
시대의 경우처럼 법을 중심으로 전승되었던 것과 달리 인
물을 중심으로 전승되어 왔다. 그것은 교학의 쇠퇴가 초래
한 결과이기도 하였다. 그러나 조선시대 후기에는 다양한
사기(私記)의 출현과 더불어 기존의 교법에 대한 천착이
더욱더 깊어져 선법에 대한 연구도 점차 증대되었다. 이것
은 필연적으로 전통적인 선서(禪書)에 대한 연구와 강의와
저술 등의 형태로 드러났다. 그 가운데서도 백파긍선(白坡
亘璇: 1767-1852)은 다양한 분야에 걸쳐 많은 저술과 사
기(私記)를 통하여 교학과 선법에 대한 이해와 가르침을
널리 추구하였다.

본 『선문오종강요사기』는 바로 선법에 대한 올바른 이해
를 위한 기초적인 강요서이다. 일찍이 선종오가에 대하여
중국에서는 많은 강요서가 출현하였다. 그 가운데서도 『인
천안목』은 가장 다양한 선리를 집대성한 것으로서 우리나
라에까지 많은 영향을 끼쳤다. 그 때문에 『선문강요집』은
그 영향을 받아서 임제종지와 운문종지에 대한 선리의 강
요서로 주목된다. 이후 조선시대에 환성지안은 『인천안목』
을 참조하여 선종오가에 대한 간략한 강요서를 세상에 내
놓았다. 이에 대하여 백파긍선은 나름대로 안목을 통하여
비판할 것은 비판하면서 『선문오종강요사기(禪門五宗綱要

私記)』[82]를 저술하였다. 그 때문에 『사기』는 『인천안목』과
『선문강요집』과 『선문오종강요』로 이어지는 선종오가에 대
한 주석서의 성격을 지니고 있다.

그 판본으로는 동국대학교 도서관에 현재 다음과 같은
4종의 필사본이 전한다.

① 김환응(金幻應) 필사본 : 불분권(不分卷) 일책(一
冊), 15장(30쪽) 매 쪽마다 20행이고 글자의 수는 일정하
지 않다. 세로 25.2 가로 22.7 센티. 도광(道光) 4년
(1824) 갑신(甲申) 7월 일

② 경월(鏡月) 필사본 : 불분권 일책, 14장(28쪽) 매 쪽
마다 18행이고 글자의 수는 일정하지 않다. 세로 25.2 가
로 19.2 센티.

③ 전남 창평(昌平) 용흥사본 : 불분권 일책, 22장(44
쪽) 매 쪽마다 16행이고 글자의 수는 일정하지 않다. 세로
27.5 가로 21.1센티. 이 가운데 앞부분에 수록된 4장(8쪽)
분량은 임제삼구의 도록(圖錄)이 5쪽 분량이고, 기타 2쪽
분량이며, 1쪽은 공란이다. 기타 2쪽 분량에는 말후구최초
구(末後句最初句辨),   전수무전수이선부동(傳授無傳授二禪
不同) · 신훈본분역연(新熏本分亦然),   일촉파삼관유오의
(一鏃破三關有五義), 살활변(殺活辨) 등의 내용이 수록되
어 있다.

---

82) 여기에서 의거하는 『禪門五宗綱要私記』는 김호귀 역, 『선과 선리』(서
울: 하얀연꽃, 2013) pp.67-217로서, 일본 駒澤大學圖書館 소장 필사
본에 해당한다. 필사본은 총 100면 분량으로 1면당 20字 10行의 세로
쓰기이다. 다만 누락된 「三要」의 일부분과 「四料揀」의 일부분에 해당
하는 두 쪽 분량에 대해서는 동국대 도서관 金幻應 필사본 8쪽과 9쪽
에 의거하여 보충하였다. 이하에서 『禪門五宗綱要私記』는 『사기』로
표기한다.

④ 玉山 필사본 : 불분권 일책, 36장(72쪽) 매 쪽마다 10행이고 글자의 수는 일정하지 않다. 세로 22.0 가로 16.0 센티. 표제는『오종강기(五宗綱記)』이다.

본 백파의 『사기』 1권은 환성지안의 『선문오종강요』 1권에 대한 비판적 해설서의 성격을 지니고 있다. 그 때문에 기본적으로 『선문오종강요』의 범위를 벗어나지는 않고 있다. 그러나 『사기』에는 『선문오종강요』의 내용에 포함되지 않은 내용으로서 『인천안목』과 『선문강요집』의 내용까지 원용하고 있어서 전체적인 이해를 위해서는 『인천안목』과 『선문강요집』이라는 기존의 문헌이 반드시 필요하다.[83]

그러나 지나치게 임제종 위주로 구성되어 있는 점은 다른 문헌과 마찬가지의 입장이다.[84] 분량으로 분석해보면 오가의 각각에 대한 86쪽 분량 가운데서 임제종의 경우는 42쪽, 운문종의 경우는 9쪽, 조동종의 경우는 30쪽, 위앙종의 경우는 3쪽, 법안종의 경우는 3쪽 등으로 임제종의 분량이 거의 절반에 해당한다. 기타 전체의 구체적인 내용의 구성은 다음의 표와 같다.

임제종	운문종	조동종	위앙종	법안종
임제종지	운문종지	조동종지	위앙종지	법안종지
임제삼구	운문삼구	편종오위	삼종생	육상
삼현	추고	동산의 공훈오위	원상	천태덕소의 사요간
삼요	일자관	조산의 군신오위		
사요간	파릉삼구	조산의 삼종타		
사빈주		조산의 삼종삼루		
사조용		동산의 삼종강요		
사대식				

---

83) 필자가 조사해본 바에 의하면 『인천안목』이 인용된 대목은 적어도 120여 회 이상이다.

84) 백파는 본 『사기』를 비롯하여 『선문수경』, 『선요사기』, 『수선결사문』 등에서도 임제종의 종지를 중심으로 전개하고 있다.

사할			
사방			
팔방			
<잡록>			
원오극근의 오가종요(五家宗要)			
삼종사자(三種師子) 이야기			
분양선소의 삼구			
암두전활의 칼날을 감추는 네 가지[四藏鋒]			
육대조사(六祖大師)의 문답			
십무(十無)의 문답			
네 가지 다름과 같음[四異類]			
조주종심의 삼문(三門)			

3. 대기·대용의 구조

백파는 선종오가의 내용을 대기(大機)와 대용(大用)이라
는 하나의 기관(機關)을 통하여 전개하고 있다. 임제종의
종지는 물론이고, 운문종과 조동종과 위앙종과 법안종의
교의까지도 대기와 대용의 기관으로 일관하고 있는 것은
백파의 안목이 어디에 있는가를 분명하게 보여주고 있다.
일찍이 환성지안은 임제종지의 특징으로 "임제종지는 기
(機)와 용(用)을 해명한다."는 것으로 정의한 바 있다.[85]
이에 대하여 백파는 임제의 '삼구'에 대한 해석에 대해서는
다음과 같이 말한다.

上句 곧 "삼요인개주점착(三要印開朱點窄)"은 대기원응
(大機圓應)으로서 곧 살도저(殺到底)이다. 앞의 삼요인
개(三要印開)의 네 글자는 용(用)이고, 뒤의 주점착(朱
點窄)이라는 세 글자는 조(照)이다. 조(照)로써 주(主)

---

85) 『禪門五宗綱要』, (韓佛全9, p.459下) "臨濟宗 明機用"

를 삼으면서도 그것이 용(用)을 벗어나지 않는다. 그 때문에 선조후용(先照後用)이라고 말한다. 하구의 "미용의의주빈분(未容擬議主賓分)"은 대용직절(大用直截)로서 곧 활도저(活到底)이다. 앞의 미용의의(未容擬議)의 네 글자는 네 글자는 조(照)이고, 뒤의 주빈분(主賓分)의 세 글자는 용(用)이다. 용(用)으로써 주(主)를 삼으면서도 그것이 조(照)를 벗어나지 않는다. 그 때문에 선용후조(先用後照)라고 말한다.86)

대기와 대용의 출현에 대하여 '삼요(三要)'의 대목에서는 다음과 같이 말한다.

제일요는 선조후용이다. 대기는 원응으로써 의(義)를 삼는데, 이것은 곧 대용의 機이다. 그 때문에 백장은 대기를 터득하여 더 이상 부족함이 없었다. 제이요는 선용후조이다. 대용은 직절로써 의(義)를 삼는다. 지금 전창(全彰)이라고 말한 것은 단지 용(用)의 의(義)만 설명한 것으로 이것은 대기의 용이다. 그러므로 대용을 벗어나서 다시 대기는 없다. 그 때문에 황벽은 대용을 터득하여 더 이상 부족함이 없었다.87)

---

86)『사기』, p.5. "上句大機圓應卽殺到底也 上四字用 下三字照也 以照爲主而亦不離用 故爲先照後用 … 下句大用直截卽活到底也 上四字照 下三字用也 以用爲主而亦不離照 故爲先用後照"
87)『사기』, p.19. "第一要先照後用 大機以圓應 爲義是大用之機 故大機外更無大用也 故百丈得大機 而更無餘事也 第二要先用後照 大用以直截爲義今云全彰 但明用義也 是大機之用 故大用外更無大機也 故黃蘗<蘗?>得大用 而更無餘事也"

또한 '사조용' 부분에서는 선조후용은 대기가 원만하게 응용되고, 선용후조는 대용이 직절(直截)하며, 조·용동시와 조·용부동시는 기용제시(機用齊施)로 각각 해석하고 있다.[88] 이와 같은 대기와 대용은 일찍부터 백장과 황벽의 선기를 비유한 것이었다.

> 위산이 물었다. "마조가 배출한 84명의 선지식 가운데 대기를 터득한 사람은 몇 명이고 대용을 터득한 사람은 몇 명인가." 앙산이 말했다. "백장은 대기를 터득하였고, 황벽은 대용을 터득하였습니다."[89]

그러나 역대로 대기와 대용을 겸비한 것으로 비유한 인물은 임제의현에 대한 평가였다. 곧 임천종륜(林泉從倫)이 1296년에 『임제록』에 붙인 「서문」은 다음과 같다.

> 그 때문에 임제조사는 정법안으로 열반심을 해명하였고, 대지와 대자를 일으켜서 대기와 대용을 운용하였다.[90]

그 때문에 대기와 대용은 임제종지를 한마디로 정의한 용어이기도 하였다. 이에 근거하여 백파는 오가종요[91]에

---

88) 『사기』, pp.35-37.
89) 『袁州仰山慧寂禪師語錄』, (大正藏47, p.587中) "潙山云 馬祖出八十 四人善知識 幾人得大機 幾人得大用 師云 百丈得大機 黃檗得大用"
90) 『臨濟錄』, (大正藏47, p.495上) "故臨濟祖師以正法眼 明涅槃心 興大 智大慈 運大機大用"
91) 『禪門五宗綱要』, (韓佛全9, p.466上-中) "圓悟五家宗要 全機大用 棒 喝交馳 劍刃上求人 電光中垂手 臨濟 北斗藏身 金風體露 三句可辨 一"

대하여 붙인 원오극근의 해석에 대해서도 다음과 같이 대
기와 대용으로 평가하고 있다.

먼저 임제종지에 대해서는 "완전한 대기와 완전한 대용
이다"는 초구는 삼요를 언급한 것이다. "방과 할이 시시때
때로 드러난다"는 제이구는 사할과 팔방으로서 기와 용 아
님이 없다.[92]고 말한다.

십무(十無)의 문답[93]에 대해서는 다음과 같이 그 전체
를 기와 용으로 회통한다.

태평성대의 국가인 "무위국"의 경우에 '높은 곳에 누워
잠자는 복희의 세상이고'의 상구는 대기이고, '노래나
부르는 요순시절이다.'의 하구는 대용임을 알 수가 있
다. 눈금이 없는 저울인 "무성칭"의 경우에 '저울의 눈
금을 누가 변별하는가.'의 상구는 기인데 눈금[星]이 없
어서 변별하기 어려운 것이고, '눈금이 전혀 없어도 대
단히 분명하다.'의 하구는 용인데 무게가 분명한 까닭이
다. 뿌리가 없는 나무인 "무근수"의 경우에 '東皇의 힘
을 빌리지 않아도'의 상구는 대기이고, '처음부터 항상
우담발화는 항상 피어 있다.'의 하구는 대용이다. 밑바
닥이 없는 밥그릇인 "무저발"의 경우에 '깊이 처박아두

鏃遼空 雲門 君臣道合 偏正相資 鳥道玄途 金針玉線 曹洞 師資唱和
父子一家 明暗交馳 語黙不露 潙仰 聞聲悟道 見色明心 句裏藏鋒 言中
有響 法眼 五家改聲換調 展拓妙門 易俗移風千方百面 盡向無中唱出
曲爲初機若是俊流 不留朕迹 掀翻露布 截斷葛藤 然則千兵易得 一將難
求 入草尋人 聊通一綿 機前有准 擬向卽乖 句下無私 動成窠學 靈鋒寶
劒 覿面堂堂 滯殼迷封 不堪種草"
92)『사기』, p.86. "初句標擧三要 二句四唱八棒 無非機用"
93)『禪門五宗綱要』, (韓佛全9, pp.466下-467上) ;『人天眼目』卷6, (大
正藏48, pp.331下-332上) 참조.

고 일월광명 차단해도'의 상구는 기인데 해와 달을 감추어둔 것이고, '언제나 하늘과 땅에 드러나 있다.'의 하구는 용인데 하늘과 땅에 가득 쌓여있는 것이다. 줄이 없는 거문고인 "무현금"의 경우에 소리가 없는 가운데 소리가 나는 즉 기 가운데 용이 있는 것이므로 함부로 거문고를 타지 말라. 바닥이 없는 배인 "무저선"의 경우에 '흰 개구리밥 및 붉은 여뀌꽃 언덕에'의 상구는 대용이고, '텅 빈 배 달빛만 싣고 돌아오다.'의 하구는 대기이다. 무생의 노래인 "무생곡"의 경우에 비가 온 뒤의 연못은 대용직절이고, 가을날 물이 깊은 것은 대기원응이다. 그 때문에 한 곡조와 두 곡조가 同時가 되고, 비가 온 뒤에 물이 깊어진다. 이것은 일상사의 모습이므로 부동시(不同時)가 되는데 그것을 아는 사람이 없다. 구멍이 없는 피리인 "무공저"의 경우에 '등한히 한 곡조 불러대니'의 상구는 기인데 무심하게 한 곡조 부르는 것이고, '모두가 태평스런 봄날을 앞다투어 칭찬한다.'의 하구는 용인데 겁외의 본래인 태평가를 불러대니 사람들이 더불어 상찬(賞讚)하는 것이다. 절대 열 수가 없는 자물쇠인 "무수쇄"의 경우에 당겨서 열어주는 것은 용이고, 그 밖의 것은 모두 기이다. 밑바닥이 없는 바구니인 "무저람"의 경우에 '그러나 사방의 바닷물을 모두 끌어담고'의 상구는 용(用)인데 온갖 파도가 다투어 일어나는 것이고, '오방의 수미산을 다 포괄한다.'의 하구는 기인데 모양이 없어지고 명칭이 사라진 까닭이다. 기워 붙이지 않은 "무봉탑"의 경우에 '분명하게 층층이 높은 듯 우뚝하니'의 상구는 용에 즉한 기이고, '그 그

림자가 참으로 위풍당당하다.'의 하구는 기에 즉한 용이
다. 구멍이 없는 쇠망치인 "무공추"의 경우에 '천수대비
가 잡아당겨도 일어나지 못하지만'의 상구는 곧 기인데
관음의 신통력으로도 일으켜 세우지 못하는 것이고, '손
쉽게 조사관을 쳐부순다.'의 하구는 용인데 그것은 조사
관을 쳐부수기 때문이다.94)

나아가서 육대조사의 문답95)에 대해서는 승찬부터 혜능

---

94) 『사기』, pp.94-96. "無爲國 上句大機 下句大用可知 無星秤 上句機
無星難卜故 下句用斤兩分明故 無根樹 上句大機 下句大用 無底鉢 上
句機隱藏日月故 下句用滿貯乾坤故也 無弦琴 無聲中有聲 則機中有用
故莫妄彈 無底釭 上句大用 下句大機也 無生曲 雨過夜塘大用直截 秋
水深大機圓應故 爲一曲兩曲之同時 而雨過水深也 是常事故爲不同時無
人會也 無孔笛 上句機以無心吹一曲故 下句用吹起劫外本太平歌與人共
賞故也 無鬚鎖 掣開爲用 餘皆機也 無底籃 上句用千波競起故 下句機
相盡名亡故也 無縫塔 上句卽用之機 下句卽機之用也 無孔鎚 上句卽機
也 以觀音神力提不起故 下句用也 雖然能破祖師關故也"
95) 『禪門五宗綱要』, (韓佛全9, p.466下) 이것을 『人天眼目』卷6, (大正
藏48, p.331下)에 의하여 내용을 보충하면 다음과 같다. "달마조사의
문답은 一隻履이다. 구년의 面壁 冷坐에도 아는 자 없네. 五葉의 꽃
피니 遍界에 향 가득하다. 또 말했다. '鐵圍山을 밟아 부수어버린다.'
혜가조사의 문답은 一隻臂이다. 세 척만큼 높이 쌓인 눈발을 보아라.
사람들의 毛骨까지 한기가 스며든다. 또 말했다. '천하를 提攜한다.'
승찬조사의 문답은 一身罪이다. 나병 죄의 성품을 끝내 찾지 못했다.
그 죄는 본래 허물과 흠이 아니었네. 또 말했다. '눈동자에 힘줄이 생
겨 꽃이 피어나는 것에 견주었다.(抉目强生花)' 도신조사의 문답은 一
隻虎이다. 위엄과 웅혼은 시방세계에 떨쳐냈네. 설법과 자태는 삼세우
주에 요동친다. 또 말했다. '眼光이 百步에까지 威를 떨친다.' 홍인조
사의 문답은 一株松이다. 경계 및 풍모 애써 드러내지 않는다. 더욱더
無爲의 가풍을 굳세게 요구한다. 혜능조사의 문답은 一張碓이다. 有爲
의 關捩마저 밟아 부수어버리네. 이에 바야흐로 有와 無를 알게 된다.
六祖問答 達磨一隻履 九年冷坐無人識 五葉花開遍界香 又云 踏破鐵圍
山 二祖一隻臂 看看三尺雪 令人毛骨寒 又云 提攜天下 三祖一罪身 覓
之不可得 本自無瑕類 又云 抉目强生花 四祖一隻虎 威雄震十方 聲光
動寰宇 又云 眼光百步威 五祖一株松 不圖標境致 且要壯家風 六祖一

에 이르는 경우를 모두 다음과 같이 기와 용에 대비시켜 설명한다.

　제삼조 감지승찬의 "일신죄"의 경우 '나병 죄의 성품을 끝내 찾지 못했다. 그 죄는 본래 허물과 흠이 아니었네.'의 두 구도 또한 살도(殺到)의 상태를 설명한 것이다. 그 때문에 대기로서 온갖 소리가 들려와 번뇌를 통어한다. 제사조 대의도신의 "일척호"의 경우 '위엄과 웅혼은 시방세계에 떨쳐났고, 설법과 자태는 삼세우주에 요동친다.'의 두 구는 모두 활도(活到)의 상태를 설명한 것이다. 그 때문에 대용이므로 진동(震動) 역시 직절의 뜻이다. 제오조 대만홍인의 "일주송"의 경우 '경계 및 풍모 애써 드러내지 않는다.'의 상구는 잘못을 가려내는 것이고, '더욱더 무위가풍을 굳세게 요구한다.'의 하구는 사시가 불변한 까닭에 대기이고 복의(覆義)가 있는 까닭에 대용임을 여법하게 설명한 것이다. 제육조 대감혜능의 "일장대"의 경우 '유위의 빗장[關板]마저 밟아 부수어버리네.'의 상구는 대기가 원융한 것이고, '이에 바야흐로 유와 무를 알게 된다.'의 하구는 대용(有)이 직절(無)한 것이다.96)

張磓　踏著關板(捩)子　方知有與無"

96) 『사기』 pp.93-94. "一身罪二句亦明殺到底故爲大機也　類音來塵統也 一隻虎二句皆明活到底故爲大用而震動亦是直截義也　一株松上句揀非下 句正明四時不變故爲大機有履義故爲大用也　一張磓上句大機圓應下句大 用(有)直截(無)也一身罪二句亦明殺到底故爲大機也　類音來塵統也　一隻 虎二句皆明活到底故爲大用而震動亦是直截義也　一株松上句揀非下句正 明四時不變故爲大機有履義故爲大用也　　一張磓上句大機圓應下句大用 (有)直截(無)也"

한편 조주종심의 삼문97)에 대해서도 예외가 아니다. 곧 "문수는 대기원응을 문으로 삼고, 보현은 대용직절을 문으로 삼으로, 관음은 기·용제시를 문으로 삼는다."98)고 말한다. 구체적으로는 다음과 같다.

'문수보살의 면목'에 대해서는 "'만약 문수의 모습을 말하자면 두 가닥으로 머리카락 땋았고'의 두 구는 대기의 면목이 두두물물에 드러나 있지만 조금도 아곡(阿曲)된 도리가 없음을 가리킨다."고 말하고, 또한 "동림에는 푸른 숲이 빽빽하며 남악은 푸르게 우뚝 솟아있고'의 두 구는 기와 용을 여법하게 설명한 것이다. 상구는 대용이고 하구는 대기이다. 이것은 대용에 즉(卽)한 기(機)이기 때문이다."고 말한다. 또한 "'하늘가엔 달이 매달려 있으며 마당엔 비를 맞은 베짱이가 있네.'의 두 구는 기와 용이 회호하고 방참한 연유를 설명한 것이다. 상구는 살 가운데(하늘의 허공) 활이 갖추어져 있다.(매달려 있는 달) 때문에 대기원응이다. 하구는 활 가운데(마당에 내리는 비) 살이 갖추어져 있다.(비 맞은 베짱이) 때문에 대용직절이다. 상구의 내용은 그대로 알 수가 있다. 하구에서 마당은 곧 목전에 드러난 경계이므로 용이고, 비 또한 만물을 윤생(潤生)하므로 용이다. 베짱이는 광명이 없고 또한 무기력하므로 기이다. 이 중간의 사구 이하에 있는 이구도 모두 이 뜻과 동일하다."고 말한다. 또한 "'또다시 현묘한 모습을 찾자면 화살이 이미 신라를 지났다네.'의 두 구는 일체색의 경계를

---

97) 『禪門五宗綱要』, (韓佛全9, p.467上-中) ; 『五家宗旨纂要』卷中 「洞宗三解脫門」, (卍新續藏65, p.276中) 참조.
98) 『사기』, p.97. "文殊大機圓應 普賢大用直截 觀音機用齊施爲門"

벗어나서는 다시 대기의 현묘한 면목이 없음을 결론적으로 드러낸 것이다. 그 때문에 이것을 벗어나서 달리 문수의 면목을 찾는다면 곧 어그러지고 만다."고 말한다.[99]

'관음보살의 묘창'에 대해서는 "관음보살의 묘창은 원통법문을 증득하였기 때문에 기용제시(機用齊施)이다."고 말한다. 또한 "'원통의 문을 두드리고자 하나 원통의 문은 잠겨있지 않다네.'의 두 구는 기와 용이 구족된 원통법문이다."고 말한다. "'성루엔 기상 나팔소리 울리고 악사(岳寺)에는 저녁 종소리 들리네.'의 두 구는 기와 용을 여법하게 설명한다. 상구는 용이고 하구는 기이다. … 그 때문에 기용제시이다."고 말한다. 또한 "'학은 맑디맑은 밤중에 우는데 푸른 산봉우리를 흘러가는 샘물 소리라네.'의 두 구는 기와 용이 회호하고 방참한 연유를 설명한 것이다. 상구는 대용직절이고, 하구는 대기(푸른 산봉우리)원응(샘물 흐르는 소리)이다."고 말한다.[100]

'보현보살의 묘용'에 대해서는 "보현보살의 묘용은 묘용이기 때문에 대용이다."고 말한다. 곧 "보현의 진면목 알고자 하려면 우뚝 솟았지만 걸려있지 않네.'의 두 구는 대용은 늘상 일상사에 작용하고 있어서 본래부터 멀리 떠난 적이 없음을 가리킨다."고 말한다. 또한 "'담쟁이덩굴 정상에 걸쳐 있고 항아리 들고서 상련(祥蓮)을 딴다네.'의 두 구는 기와 용을 여법하게 설명한 것이다. 상구는 기이고 하구는 용이다. 이것은 대기에 즉한 용이기 때문이다."고 말한다. 또한 "'야로(野老)는 관솔로 등불을 밝히고 산동

---

100) 『사기』, pp.98-99.

(山童)은 달빛섞인 물 길어오네.'의 두 구는 기와 용이 회호하고 방참한 연유를 설명한 것이다. 상구는 대기(野老) 원응(松火)이고, 하구는 대용(山童)직절(月泉)이다. 불은 밝은 까닭에 원응이고, 달은 차가운 까닭에 직절이다."고 말한다.101)

이와 같이 백파는 『사기』를 통하여 대기와 대용을 바탕으로 오가의 전체에 걸친 교의를 해석하고 있다는 것이 하나의 특징으로 부각되어 있다.102)

4. 백파의 임제삼구관

『선문오종강요사기』는 환성지안의 『선문오종강요』를 중심으로 하여 선종오가의 낱낱의 교위에 대하여 백파긍선이 자신의 견해를 피력한 것이다. 그 가운데는 송대에 회암지소에 의하여 편찬된 『인천안목』의 교의와 고려시대 진정천책의 『선문강요집』의 교의와 조선 후기의 환성지안의 『선문오종강요』의 교의를 중심으로 하고, 더욱이 여기에다 청허휴정의 『선가귀감』 등에 보이는 선종오가의 기본적인 교의 등을 감안하여 철저하게 임제종파의 입장에 근거하여 선종오가의 정통과 방계를 평가한 저술이다.103) 그 때문에

---

101) 『사기』, pp.99-100.
102) 백파긍선은 기타의 저술에서 나름대로 하나의 원칙을 정하여 해석을 가한다. 가령 56세 때 저술한 『修禪結社文』은 수많은 인용문헌을 바탕으로 하여 수선의 원칙을 기준으로 하였고, 60세 때 저술한 『禪文手鏡』은 本分과 新熏을 기준으로 삼았으며, 79세 때 저술한 『六祖大師法寶壇經要解』는 眞空과 妙有를 기준으로 삼았다.
103) 조선 후기에 백파긍선은 나이 50대에는 『修禪結社文』, 『禪門拈頌集私記』, 『禪門五宗綱要私記』, 『大乘起信論筆削記』8권을 編校하였고, 60대에는 『禪文手鏡』, 『金剛八解鏡』, 『作法龜鑑』을 지었으며, 70대에는 『高峰和

임제종지의 내용이 주를 이루면서 기타 선종의 종파에 대한 우열의 단계를 매기고 있다.104) 곧 백파는 당시까지 전승되어 오던 소위 선종 오가의 교의105)에 대한 재해석을 반영하고 있는 셈이다.

본 『선문오종강요사기』는 아직 활자로 출간되지 않은 상태로서 필사본만이 전승되고 있다. 그 가운데 동국대학교 소장본 4종106)은 판별이 군데군데 난해한 대목이 보이는 까닭에 여기에서 정자체로 이루어져 있는 일본의 구택대학 (駒澤大學) 필사본에 근거하여 논의를 진행시켜가기로 한다. 구택대학 필사본 1권의 구성은 임제종 위주로 구성되어 있는 것은 다른 문헌과 마찬가지의 입장이다.107)

여기에서 의용하는 『선문오종강요사기』의 분량은 전체가

尙禪要私記』,『六祖大師法寶壇經要解』를 지었고, 80대에는『海東初祖高麗國師太古和尙太古庵歌入科』,『識智辨說』,『壇經要解』를 저술하였다.

104) 여기에서 백파는 大機와 大用이라는 사상의 기준을 전제하고 그것을 통하여 오가의 모든 교의를 비판하고 적용하였다. 나아가서 백파는 선종오가의 교의를 배열하는 것에 대해서도 조사선과 여래선과 의리선의 삼종선을 바탕으로 하여 각각에 그 우열을 보여주었다. 그러나 어디까지나 임제종을 최고의 가르침으로 내세우고 다른 가르침을 그 하위개념으로 내세웠다.

105) 이를테면 晦巖智昭 編,『人天眼目』6권.3권 (1188)을 비롯하여 希叟紹曇 撰,『五家正宗贊』4권 (1254), 語風圓信.郭凝之 編,『五家語錄』5권 (1630), 임제종과 조동종의 특징을 강조한 三山燈來 撰, 性統編,『五家宗旨纂要』3권 (1703), 東嶺圓慈,『五家參詳要路門』5권 (1788) 등은 한편으로는 각각 편찬자들의 견해이기도 하면서 다른 한편으로는 唐代에 형성되고 전승된 五家라는 틀을 벗어나지 못하고 이전의 것을 답습하는 한계점을 노출시키고 있기 때문이다.

106) ① 김환응 필사본 道光 4년(1824) 甲申 7월 일, ② 鏡月 필사본, ③ 전남 昌平 용흥사본, ④ 玉山 필사본 등이다.

107) 백파는 본 『선문오종강요사기』를 비롯하여 『선문수경』, 『선요사기』, 『수선결사문』 등에서도 임제종의 종지를 중심으로 전개하고 있다.

102쪽인데 그 가운데 오가 각각의 종풍과 관련된 분량 88
쪽 가운데 임제종의 경우는 44쪽, 운문종의 경우는 9쪽,
조동종의 경우는 30쪽, 위앙종의 경우는 3쪽, 법안종의 경
우는 3쪽 등으로서 임제종의 분량이 거의 절반에 해당한
다.[108]

본 『선문오종강요사기』 1권[109]은 『선문오종강요』 1권에
대한 비판적 해설서의 성격을 지니고 있기 때문에 기본적
으로 『선문오종강요』의 범위를 벗어나지는 않고 있다. 그
러나 『선문오종강요사기』에는 『선문오종강요』의 내용에 포
함되지 않은 내용으로서 『인천안목』과 『선문강요집』의 내
용까지 원용하고 있어서 전체적인 이해를 위해서는 『인천
안목』과 『선문강요집』[110]이라는 기존의 문헌에 대한 이해
가 반드시 필요하다.[111]

1) 본분삼구와 신훈삼구

백파가 『선문수경』의 23개 항목에서 제시한 가장 근본
적인 사상은 「임제삼구도설」에 근원을 두고 있다. 임제삼
구도설을 근거로 「향상본분진여」와 「향하신훈삼선」 사상이
이어진다. 여기에서 논자는 백파가 이상계와 현상계를 분

---

108) 기타 전체에 대한 구체적인 내용의 구성은 김호귀, 「『선문오종강요
    사기』의 구성과 大機·大用의 특징」(『한국선학』32, 2012,4) 참조.
109) 여기에서 의용하는 『선문오종강요사기』의 체재는 일본 駒澤大學圖
    書館所藏本에 의거한다. 총 100면 분량으로 1면당 20字 10行의 세로
    쓰기의 필사본이다.
110) 『선문강요집』의 저자에 대해서는 김영욱 옮김, 『선문사변만어』, (한
    글본 한국불교전서 조선13) pp.16-17의 주석 참조.
111) 왜냐하면 가령 『인천안목』을 인용한 대목만 해도 120여 회 이상이
    기 때문이다.

류하여, 이 두 가지가 단순한 두 가지만은 아닌 사상으로 전개하고 있다고 주장한다. 곧 「향상본분진여」는 이상계를, 「향하신훈삼선」으로는 현상계를 전개하고 있다.

백파는 이상계를 나타내는 「향상본분진여」에서 "부처와 조사, 백파가 근본적으로 다르지 않다"112)라고 주장한다. 즉, 이것은 부처와 조사, 백파가 모두 진공과 묘유를 갖추고 있다는 이론이다. 인간이 갖추고 있는 본분진여는 불변과 수연의 두 가지 측면을 지니고 있다. 여기서 수연은 바로 인연을 따라서 갖가지 변화를 일으키는 것으로 이것을 묘유로 보았으며, 절대로 변하지 않는 불변은 진공으로 보았던 것이다.113)

임제가 어떤 스님의 질문에 답하기를 "진불(眞佛) · 심청정(心淸淨) : (大機), 진법(眞法) · 심광명(心光明) : (大用), 진도(眞道) · 처처무애정광(處處無礙淨光) : (機用·妙有三要)"라고 하였다. 이 진불과 진법과 진도의 셋은 하나이고, 이것은 결국 공하여 실재라고 할 것이 없다는 것[眞空一竅]이다. 여기에서 진공일규라고 보는 것은 인연법에서 어긋나지 않는다는 것이다. 그리하여 묘유삼요(妙有三要)는 인연을 따르는 수연(隨緣)이고, 깨달음은 보리(菩提)이며, 조(照)이다. 진공일규(眞空一竅)는 변하지 않는 것으로 불변(不變)이고, 열반(涅槃)이며, 적(寂)이다.

이와 같은 진공과 묘유, 불변과 수연의 두 가지 작용을 모두 갖춘 것이 사람들의 본래면목이고, 부처도 그러하며,

---

112) 『禪文手鏡』, (韓佛全10, p.515中) "山僧今日見處 與佛祖不別"
113) 『禪文手鏡』, (韓佛全10, p.515中) "解曰本分眞如 有隨緣不變二義 此妙有三要 即隨緣也 菩提也 照也 此眞空一竅 即不變也" 요약 정리.

조사도 그러하다고 본 것이 백파의 견해다. 현상계를 나타내는 「향하신훈삼선」에서 백파는 임제삼구란 달마 스님이 서쪽에서 동토에 온 도리란 글자 없는 도리를 허공에 새기는 것이 제일구이고, 물에 찍는 것은 제이구이고, 진흙에다 찍는 것은 제삼구라고 비유하고 있다.

그리고 제일구에서 깨달으면 진공과 묘유를 깨달은 것으로 불조의 스승이며, 제이구에서 깨달으면 진공을 깨달은 것으로 인천의 스승이고, 제삼구에서 깨달으면 스스로마저 구제하지 못하므로 남의 스승이 될 수 없다는 주장이다. 이러한 임제삼구를 통해서 불교 전체를 판단한 것이 백파다.

백파는 이상계에서 묘유삼요를 따르는 수연이 있고, 변하지 않는 것으로 불변 진공이 있다고 하였다. 여기에서 이상계가 현상계와 소통하는 것에는 진공일규가 있으며, 이상계에서 현상계를 연결시키는 연결고리는 묘유삼요를 따르는 수연이 된다. 반면에 현상계에서 이상계와 소통하는 것에는 조사선 도리를 깨닫는 진공과 묘유가 있다. 따라서 현상계에서 이상계와 소통하는 것은 진공이 일규를 통하는 것이다.

그리하여 가상적인 이상계와 현상계의 선상에서 이상계에서는 수연이, 현상계에서는 진공이 일규를 통해서 하나로 귀결하고 있다. 그러므로 백파의 이상과 현실이 둘이 아닌 하나이고, 부처와 중생이 둘이 아니라는 논리가 적중하는 것이다. 백파는 궁극적으로 현상계와 이상계가 둘이 아니라고 보았다. 그것은 현상계와 이상계가 공존하는 가운데 현상계에서 이상계에 나아가기 위해서는 원만하여야

하고, 이상계가 현상계에 다가오기 위해서는 장애가 없어야 서로 원융할 수 있다. 백파는 이상계 문제보다 현상계 문제에 더 많은 비중을 실었다. 즉, 그것은 「의리선삼구송」에서 삼종선(三種禪)을 전개하고 있기 때문이다.

따라서 삼종을 조사선은 요, 여래선은 현, 의리선은 구로서 나타내고 있다. 그리고 玄과 要는 句에 속하며, 이 구는 다시 온총삼구라는 것이 포섭할 수 있다. 즉, 현과 요는 모두 구에 소속되어 있으나, 이 구는 또 다시 온총삼구에 소속되는 것이다.114)

백파는 임제의 삼구에 대해 제일구는 조사선, 제이구는 여래선, 제삼구는 의리선이라 규정하였다. 특히 위앙종, 법안종, 조동종이 제이구에 해당된다고 지적함으로써 훗날 선 이론 논쟁의 빌미를 마련했다.

이와 같은 임제삼구에 대하여 백파는 본 『사기』(58세)를 통하여 폭넓게 해석을 가하고 있다. 임제삼구를 들어서 자체의 삼구와 자체의 일구에 대한 관계, 그리고 나아가서 임제삼구를 다시 소량삼구(所量三句)와 능량삼구(能量三句), 이사삼구(理事三句)와 권실심구(權實三句), 신훈삼구(新熏三句)와 본분일구(本分一句) 등으로 나누어 임제삼구에 대하여 다양한 방면에서 설명을 가한다. 그리고 이후 2년 후(60세)에는 다시 『선문수경』을 통하여 그와 같은 임제삼구에 대하여 삼종선과 관련하여 견해를 전개하였다.115) 이 두 가지 경우의 성격을 보면 먼저 『사기』에서

---

114) 희철, 『조선 후기 선리논쟁 연구』, 해조음, 2012. pp.90-92.
115) 이런 까닭에 『선문수경』의 삼구를 이해하기 위해서는 『사기』에 보이는 삼구에 대한 다양한 이해가 먼저 필요하다. 『사기』의 임제삼구 이해를 바탕으로 하여 백파는 {선문수경}에서는 종지의 설명으로까지

보여준 임제삼구에 대한 평가는 삼구가 지니고 있는 그 자체에 대한 논의였다면, 이후에 『선문수경』에서의 평가는 그것을 응용시켜 전개했다는 특징이 엿보인다.116)

　백파는 삼구 전체를 일컫는 경우에는 우선 온총삼구(蘊總三句)의 의미로 설정한다. 이 경우 삼구는 불(佛)·법(法)·도(道)를 지칭한다. 이와 같이 낱낱의 경우에는 그것을 신훈삼구로 설정한다. 이에 대하여 『선문오종강요』의 대목에 대하여 다음과 같이 해석을 가한다.

　　처음부터 '자구불료'에 이르기까지는 개별적으로 모두 삼구를 언급한 것인데, 그 낱낱의 일구는 소량(所量)의 법체에 해당한다. 곧 불은 마음이 청정하기 때문에 본체이고, 법은 마음이 광명이기 때문에 작용이며, 도는 원통·무애하기 때문에 중간이다. 이 경우는 곧 신훈삼구에 해당한다.117)

　여기에서 말한 삼구와 일구의 관계에서 삼(三)과 일(一)처럼 서로 어떤 관계를 설정했을 경우에는 소량법체이고, 제목에서 말한 삼구처럼 그저 삼구로만 언급될 경우에는 능량칭형을 의미한다. "처음부터 자구불료에 이르기까

─────────

　그 해석의 범위를 확장하였다. 희철, 『조선 후기 선리논쟁 연구』, 해조음, 2012. 참조.
116) 여기에서는 임제삼구에 대한 백파의 해석을 고찰하는 데 있어서 여기에서는 『사기』에 국한시키기로 한다. 왜냐하면 임제삼구에 대한 가장 치밀하고 심도있는 저술에 해당하는 『선문수경』은 본 『사기』보다 2년 후에 출현한 저술이기 때문이다.
117) 『사기』 p.3. "自初至不<了+?> 別具擧三句　一句爲所量法體　佛是心淸故淨體也　法是心光明故用也　道是圓通無碍故中間也　此是新熏三句也"

지"118)는 곧 셋이 곧 하나가 되는 것은 모두 공이므로 실유가 아니라는 것으로 본분의 일구에 즉한 것이므로 신훈삼구가 본분일구에 즉한 경우를 가리킨다. 그 때문에 개별적인 신훈삼구 밖에 별도로 전체적인 삼구 곧 본분일구가 있다는 것이 아니다. 여기에서 삼구와 일구는 곧 소량의 법체에 해당하고, 제목에 있는 삼구는 곧 능량삼구로 평가한 것에 해당한다.

이 삼구와 일구가 다시 소량의 법체 가운데 제일구에 해당하는 경우에는 삼요 및 향상일규라 말하는데 상사(上士)가 그것을 듣는다. 마치 도장을 허공에다 찍는 것과 같기 때문에 불조의 스승이 된다. 이 삼구와 일구가 소량의 법체인 제이구에 해당하는 경우에는 삼현 및 향상일로라 말하는데 중사(中士)가 그것을 듣는다. 마치 수면 위에다 도장을 찍는 것과 같기 때문에 인·천의 스승이 된다. 이 삼구와 일구가 소량의 법체인 제삼구에 해당하는 경우에는 역시 신훈삼구라 말하는데 하사(下士)가 그것을 듣는다. 마치 진흙에다 도장을 찍는 것과 같기 때문에 남을 제도하기는커녕 자기도 구제하지 못한다.

곧 임제의 삼구에 대하여 백파는 임제삼구라는 전체적인 의미에서는 온총삼구라는 뜻에서 그것을 본분일구로 간주하고, 그 낱낱의 삼구에 대해서는 다시 본분삼구와 신훈삼구 및 이사삼구와 권실삼구로 분류한다.

백파는 임제삼구에 대하여 우선 삼구를 양중삼구(兩重三句)로 분류한다. 곧 본분삼구와 신훈삼구의 입장과 이사삼

---

118)『禪門五宗綱要』의 "若第一句薦得 堪與佛祖爲師 第二句薦得 堪與人天爲師 第三句薦得 自救不了"라는 대목을 가리킨다.

구와 권실삼구의 입장을 보여준다. 본분삼구는 제일구와 제이구와 제삼구를 가리키는 것으로 이들 각각에 대해서는 다음과 같이 말한다. 먼저 제일구에 대해서는 삼요(三要)를 설명한 것이라 말한다.[119]

여기에서 제일구에 해당하는 내용은 "삼요인개주점착(三要印開朱點窄) 미용의의주진분(未容擬議主賓分)"을 가리킨다.[120] 이에 제일구에서는 본래부터 영원히 삼구와 일구라는 두각(頭角)[121]을 벗어나 있는 까닭에 불·조의 스승이라 말한 것이다. 이것은 곧 제일구를 삼요라 평가한 것이다. 이 경우에 임제삼구는 본분의 일구에 즉한 것으로서 말하자면 신훈삼구가 본분일구에 즉한 경우이다. 그 때문에 신훈삼구 밖에 별도로 본분일구가 있다는 것이 아니다.[122]

제이구는 "묘희기용무착문(妙喜豈容無着問) 구화쟁부절류기(漚和爭負截流機)"[123]를 가리킨다. 상구[妙喜豈容無着問]는 일구로서 실(實)이고 본분(本分)이며 가리(家裡)이다. 그 때문에 무착선사의 질문조차 용납하지 않는 것은 중생과 부처가 평등하기 때문이다. 하구[漚和爭負截流機]는 삼현으로서 권(權)이고 신훈(新熏)이며 도중(途中)이

---

119) 『사기』, p.5. "第一句明三要不施戈甲單提無文印也 上句大機圓應卽殺到底也 上四字用 下三字照也 以照爲主而亦不離用 故爲先照後用 … 下句大用直截卽活到底也 上四字照 下三字用也 以用爲主而亦不離照 故爲先用後照"

120) 『禪門五宗綱要』, (韓佛全9, p.459下); 『人天眼目』 卷1, (大正藏48, p.301中-下)

121) 頭角은 집착하고 분별하며 차별하는 범부의 속성인 有所得心을 가리킨다.

122) 『사기』p.6. "第二句明三玄 爲物作則 故施設三玄戈甲 特完<宛?>成規模 卽分析未容擬議之處 隨之便用之句也"

123) 『禪門五宗綱要』, (韓佛全9, pp.459下-460上); 『人天眼目』 卷1, (大正藏48, p.301下)

다. 구화(漚和0는 번역하면 방편(方便)인데, 방편과 도중간(途中間)을 가지고는 무착의 절류지기(截流之機)를 감당하지 못하는데 그 까닭은 미(迷)와 오(悟)가 현격하게 다르기 때문이다.

위의 소량삼구가 여기 곧 제이구에 오면 그 명칭이 삼현으로 바뀌어 그 셋이 모두 뒤섞여버려서 볼 수는 있지만 변별할 수는 없다. 마치 도장을 수면 위에다 찍는 경우와 같기 때문이다. 그런데 일구가 여기에 오면 권·실의 향상이 되는데 그 향상은 어디까지나 곧 종문의 향상이다. 그 때문에 제이구에서는 삼구와 일구의 짐적(朕迹)조차 벗어나지 못하는 까닭에 인·천의 스승이 된다고 말한 것이다. 이것은 곧 제이구에 대해서는 삼현을 설명한 것이라 평가한 것이다.124)

제삼구는 "간취붕두농괴뢰(看取棚頭弄傀儡) 추견전차이두인(抽牽全借裡頭人)"125)을 가리킨다. 이 가운데 비록 본분의 어떤 사람 곧 꼭두각시를 줄을 통해서 작동하는 무대 뒤의 사람이 있지만, 그 밖의 모든 사람은 다만 겉으로 드러난 언설에만 집착하여 본분의 그 사람을 알지 못한다. 그래서 다만 꼭두각시만 보고 무대 뒤의 사람은 보지 못한다. 때문에 단지 방편뿐이고 진실은 없다. 이에 일우는 "무대 뒤의 사람이 어째서 임제노한인지 반드시 알아야 한다."126)고 말한다.

---

124)『사기』, p.7. "第三句明三句 卽頓悟漸修也 落草爲人 隨病與藥 <乃+?>事不獲已也 上句三句傀儡各不相 是故爲但今之隔別三句 下句指本分一句 是臨濟老漢故也"
125)『禪門五宗綱要』, (韓佛全9, p.460上) ;『人天眼目』卷1, (大正藏48, p.301下)
126)『禪門綱要集』, (韓佛全6, p.854上)

위에서 언급한 소량법체의 신훈삼구와 본분삼구는 여기 제삼구에 이르러서도 또한 여전히 신훈삼구와 본분삼구로 언급된다. 그러나 무릇 상즉(相卽)하는 관계는 아니다. 그 때문에 마치 도장을 진흙에다 찍는 것처럼 그 흔적이 온전하게 드러나 남아있다. 그래서 제삼구에서는 단지 신훈삼구만 이해할 뿐이지 본분일구는 이해하지 못하는 까닭에 남을 제도하기는커녕 자기조차 구제하지 못한다고 말한다. 이것은 곧 제삼구에 대해서는 신훈삼구가 곧 돈오·점수임을 설명한 것이라 평가한 것이다.

이에 이를 바탕으로 하여 다시 신훈삼구를 설정한다. 신훈삼구는 제일구와 제이구와 제삼구의 각각에 대하여 다시 삼구를 설정하고 그것을 본분삼구에 상대하여 방편의 입장에서 신훈삼구라 설정한다. 그 때문에 신훈삼구는 본분삼구의 낱낱에 대하여 그것을 구현하는 수단으로서 설정되어 있으므로 중생교화의 보살행으로 나타나 있다.[127]

이것은 임제의 본분일구에 다시 낱낱에 삼구가 들어있는 경우를 신훈삼구로 설정하여 각각 삼요와 삼현과 삼구로 나타낸 것이다. 그 때문에 격외선 가운데서도 제일구는 살·활을 함께 전승하여 끝내 몰파비(沒把鼻)이기 때문에 조사선으로 간주한다. 그런데 조사선에도 두 가지 경우가 있는데 임제종과 운문종을 제일구의 조사선에 배대하고, 이하에서 조동종과 위앙종과 법안종은 제이구의 여래선에 배대한다.

곧 첫째, 임제종의 경우 삼구와 일구를 투과하여 향상과

---

127) 『사기』, p.9. "蓋三句一句 俱圓俱泯 定當不得 是達摩所傳無文印字 在第一句名三要 在第二轉名三玄 在第三句亦名三句也 上三句中 前二句爲格外禪 後一句爲義理禪也"

존귀를 터득하였기 때문에 다시 대기대용(大機大用), 대용직절(大用直截), 기영제시(機用齊施)의 신훈삼구를 갖추고 있다. 그래서 한편으로는 대기와 원응을 긍정하지 않으면서도 다른 한편으로는 대용과 직절을 긍정하여 대기와 대용을 함께 시설하였다.

둘째, 운문종 또한 삼구와 일구의 두각(頭角0을 투탈하였기 때문에 제일구에 도달하였지만 무릇 절단(截斷)의 측면만 설명하였다. 그래서 아직 삼요를 구족하지 못한 까닭에 임제종에는 미치지 못한다.128)

우선 제일구에 대하여 소량의 삼구 곧 불ㆍ법ㆍ도가 '삼요인개주점착 미용의의주빈분'의 제일구에 있는 경우는 곧 삼요라 말한다. 그러나 이 요(要)는 삼(三)의 글자처럼 세 가지를 말하는 것이 아니다. 곧 낱낱의 요(要)로서 원만구족하지 않음이 없고, 다시는 부족함이 없다. 이에 허공에다 도장을 찍는 것과 같아서 끝내 그 흔적조차 없다.129)

다음으로 제이구에 대하여 소량의 삼구가 '묘해기용무착문 구화쟁부절류기'의 제이구에 오면 그 명칭이 삼현으로 바뀌어 그 셋이 모두 뒤섞여버려서 볼 수는 있지만 변별할 수는 없다. 마치 도장을 수면 위에다 찍는 경우와 같기 때문이다. 그런데 일구가 여기에 오면 권·실의 향상이 되는

---

128) 『사기』, p.9. 참조. "格外中第一句殺活兼傳 了沒巴<把?>鼻 故爲祖師禪 於中又有二種 臨濟宗透過三不得之向上尊貴故還具三得大機圓應 不伊麼也 得大用直截伊麼也 得機用齊施總得也 如是具足殺活故亦名雜華<貨?>舖 而能爲佛祖師 卽三處傳心圓具之正脈也 雲門宗亦透脫 三一之頭角故能到第一句 而但明截斷則三要未具 故不及臨齊宗" 내용 참조.
129) 『사기』, p.6.

데 그 향상은 어디까지나 곧 종문의 향상이다.130)

그 다음으로 제삼구에 대하여 소량의 삼구가 '간취봉두 농괴뢰 추견원시이두인'의 제삼구에 오더라도 또한 여전히 신훈삼구와 본분삼구로 언급된다. 그래서 무릇 삼(三)과 일(一)이 상즉(相卽)하는 관계는 아니다. 그 때문에 마치 도장을 진흙에다 찍는 것처럼 그 흔적이 온전하게 드러나 남아있다.131)

여기에서 각각 소량의 삼구132)는 본분삼구 가운데 제삼구 속에서 설정된 삼구로서 신훈삼구에 해당한다. 이것은 삼현의 경우에도 그대로 적용된다. 백파는 "일구마다 반드시 삼현문이 갖추어져 있다."133)는 것에 대하여 "제삼구에는 무릇 신훈의 삼구만 갖추어져 있는데 그 매 구마다 반드시 삼현문이 갖추어져 있다는 것이다. 그래서 그 제이구에서도 삼현을 설할 수가 있다."134)고 말한다.

이것은 삼현과 삼요와 삼구가 본분삼구의 가운데서 다시 방편의 신훈삼구로 드러나 있음을 설명한 것이다. 이를 통해서 백파는 제일구, 제이구, 제삼구로 설정된 본분삼구와 다시 그 각각에 설정된 삼구와 삼현과 삼요를 통하여 신훈삼구를 이끌어내고 있다.

---

130) 『사기』, p.7.
131) 『사기』, p.8.
132) 『禪門五宗綱要』, (韓佛全9, pp.459下-460上) 기타 『人天眼目』 卷1, (大正藏48. p.301中-下)
133) 『禪門五宗綱要』, (韓佛全9, p.460上) ; 『人天眼目』 卷1, (大正藏48, p.302上) ; 『臨濟錄』, (大正藏47, p.497上)
134) 『사기』, p.13. "一句中須具三玄門者 第三句但新之三句 每句中須具 第二句三玄而說之可也"

2) 이사삼구와 권실삼구

다음으로 백파는 임제삼구에 대하여 이사삼구와 권실삼 구의 양중삼구로 해석을 가한다. 이에 대해서는 삼현과 관 련시켜서 삼구의 의의를 잘 부각시켜주고 있다. 때문에 백 파는 삼현에 대하여 권(權)에 즉하여 실(實)을 설명하기도 하고, 실(實)의 입장에서 권(權)을 설명하기도 한다.135) 이것을 권·실삼구로 정의한다. 그래서 "일구마다 반드시 삼 현문이 갖추어져 있다."136)는 것은 제삼구에는 무릇 신훈 의 삼구만 갖추어져 있는데 그 매 구마다 반드시 삼현문이 갖추어져 있다는 것이다. 그래서 그 제이구에서도 삼현을 설할 수가 있다. 나아가서 "일현마다 반드시 삼요가 갖추 어져 있다."137)는 것은 제이구의 삼현 가운데도 매 현마다 또한 반드시 삼요가 갖추어져 있다는 것이다. 그래서 제일 구에서도 삼요를 설할 수가 있다.

그러나 무릇 제일구에서의 삼요는 금시(今時)나 본분(本 分)에 떨어지지 않는다. 그 때문에 모름지기 제이구에서의 삼현이어야 하는데 이 경우는 방편설[影顯]의 삼현이다. 그래서 제이구에서의 삼현은 이미 권이므로 언설의 방편 [有說]을 닮았다. 그러나 이 또한 권에 즉했지만 실을 설

---

135) 『사기』, p.13. "初句標指第三句 新熏途中以出來化門 師資唱和故也 一句中須具三玄門者 第三句但新之三句 每句中須具第二句三玄 而說之 可也 一玄中須具三要者第二句 三玄中 每一玄中 亦須具第一句 三要而 說之可也"

136) 『禪門五宗綱要』, (韓佛全9, p.460上) ;『人天眼目』卷1, (大正藏48, p.302上) ;『臨濟錄』, (大正藏47, p.497上)

137) 『禪門五宗綱要』, (韓佛全9, p.460上) ;『人天眼目』卷1, (大正藏48, p.302上) ;『臨濟錄』, (大正藏47, p.497上)

명한 것이므로 금시에 해당하는 것은 아니다. 그 때문에 이 또한 제삼구에서의 삼현으로서 방편설[影顯]이다. 그런 즉 저 제삼구에는 이미 삼현이 갖추어져 있다.

이리하여 이미 온전한 삼구이므로 매 구마다 각각 삼현을 갖추고 있다. 그리고 매 현마다 각각 삼요를 갖추고 있다. 그 때문에 제삼의 일구에는 삼구가 갖추어져 있고 삼현이 갖추어져 있으며 삼요가 갖추어져 있어서 더 이상 부족함이 없다. 또한 제이의 일구 가운데에도 삼구와 삼현과 삼요가 갖추어져 있어서 더 이상 부족함이 없다. 그리고 제일의 일구에도 삼구와 삼현과 삼요가 갖추어져 있어서 또한 더 이상 부족함이 없다.

그래서 백파는 모름지기 삼구와 삼요와 삼현의 세 가지는 필경에 심오[冥然]하여 모두가 하나의 기틀인 줄을 알아야 한다고 말한다. 이것은 일체중생이 빠져있는 열뇌의 바다 가운데서도 편안하게 휴식할 수 있는 청량한 진리[法幢]이다. 이 진리[법당]의 성립은 비유하면 마치 도독고(塗毒鼓)와 같다. 그래서 도독고를 한번 치면 그것을 듣는 자는 모두 죽는다. 이것이 곧 임제종 설법의 표준이다. 그런즉 무엇으로써 삼구와 삼현과 삼요의 심·천·본·말에 대하여 의의(擬議)하고 계교(計較)할 수 있겠는가. 그러면서도 심·천·본·말로써 분별하는 데에는 부득불 근기의 이(利)·둔(鈍)을 따르지 않을 수가 없으므로 권도 있고 실도 있다. 이것은 위의 일구마다 모름지기 삼현이 갖추어져 있어야 한다는 것을 결론지은 것이다.[138]

---

138) 『사기』, p.14. "須知句要玄三事 畢竟冥然摠一機 此是一切衆生熱惱海中 淸凉法幢也 此幢之立 比如塗毒鼓 撾之 則聞者皆死也 此是臨濟宗說法之標準 則何以句要玄深淺本末擬議計較哉 然卽以深淺本末分別

93

곧 이 경우는 권·실삼구가 등장하지 않으면 안되는 이유를 설명한 것이다. 다음으로 백파는 "조(照)도 있고 용(用)도 있다"는 경우에 대해서도 일현마다 모름지기 삼요가 갖추어져 있어야 한다는 것을 결론지은 것이라 말하여 사조용(四照用)의 경우에도 권·실삼구가 적용되고 있다고 해석한다. 말하자면 삼현이 이미 삼구에 갖추어져 있으므로 삼현에 갖추어져 있는 삼요도 또한 당연히 삼구에 들어 있다는 것이다. 이리하여 그 삼구는 원래 제삼구로서 건화문으로 갖추어 놓은 것이므로 삼구와 삼현과 삼요는 모두 스승이 노래하고 제자가 화답하는 말씀처럼 교화의 수단으로 이루어져 있다는 것이다.[139]

나아가서 백파는 삼현의 낱낱에 대해서는 다시 이·사삼구의 입장에서 해석을 가한다. 곧 삼현의 명(名)·상(相)에 해당하는 체중현 등은 각각 삼세와 일념의 경우처럼 명·상에 해당한다고 말한다. 여기에서 언급한 명·상은 "첫째 체중현은 삼세와 일념 등이고, 둘째 구중현은 경절과 언구 등이며, 셋째 현중현은 양구와 방과 할 등이다. 그리고 또한 각각 체중현·용중현·의중현이라고도 말한다."[140]는 것을 가리킨다.

처음의 경우는 체중현(體中玄)과 용중현(用中玄, 句中玄)의 두 가지를 서로 상대로서 설명한 것이고, 현중현(玄中玄, 意中玄)의 마지막 한 가지 경우는 앞의 두 가지 곧

者 隨機利鈍事 不獲已也 有權有實 結上一句 須具三玄"

139) 『사기』, p.15. 참조.
140) 『禪門五宗綱要』, (韓佛全9, p.460上) "一體中玄 三世一念等 二句中玄 徑截言句等 三玄中玄 良久捧<棒?>喝等 亦名體中玄 用中玄 意中玄"

실체(實體, 체중현)와 권용(權用, 용중현 곧 구중현)보다
현(玄)하여 무이원융(無二圓融)하기 때문에 현중현이라고
말한다. 이런 점으로 보면 처음 곧 제일현인 체중현과 제
이현인 구중현은 천(淺)이고, 나중 곧 제삼현인 의중현은
심(深)을 나타낸다.

그러나 뒤의 구중현과 의중현을 상대로 간주한다면 곧
구중현과 의중현이 체중현으로부터 유출된 것임을 설명한
것이다. 곧 능전의 언구 곧 구중현(용중현)과 소전의 의미
곧 의중현(현중현)은 모두 진여의 체(體, 체중현)로부터
유출된 것이기 때문이다. 이런 점으로 보면 처음 곧 제일
현인 체중현은 심(深)이고, 나중 곧 제이현인 구중현과 제
삼현 곧 의중현은 천(淺)을 나타낸다. 여기에서 백파는
이·사삼구를 신훈삼구로 정의한다.

여기에서 심(深)은 대개 제삼구 가운데의 삼구로서 무릇
이것은 이와 사가 격별한 신훈삼구이다. 그리고 지금 이
제이구 가운데의 삼현은 곧 위의 삼구에 도달한 입장에서
삼현이라 이름붙인 것이다. 그래서 일구에 즉한 삼구이기
때문에 현이라 말하는 것이지, 위의 삼구 밖에 별도로 삼
현이 있다는 것은 아니다. 그리고 삼현은 권이고, 일구는
실이기 때문에 또한 권·실의 삼구이기도 하다. 그 때문에
저 이·사의 삼구를 깨치는 것은 의리선이고, 이 권·실의 삼
구를 깨치는 것은 여래선이다. 그리고 이 권·실의 삼구에
즉하여 삼요를 철오하는 것은 조사선이다. 그런데 이 이·
사삼구와 권·실삼구의 양중삼구에 대하여 납자들은 대부분
알지 못한다.141)

---

141) 『사기』, pp.16-17. "深盖第三句中三句 但是理事隔別之新熏三句也

이것은 곧 삼현에 즉하여 이·사삼구를 깨치면 의리선이
고, 삼현에 즉하여 권·실삼구를 깨치면 여래선이며, 그 권·
실의 삼구에 즉하여 삼요를 깨치면 조사선이라는 말이기도
하다. 이에 의하면 이·사삼구와 권·실삼구는 신훈삼구에 해
당하는 것으로서 삼현에 해당하는 것으로 간주한다. 결국
백파는 삼현보다 삼요에 철오해야만 조사선의 범주에 속하
는 것으로 간주한다. 때문에 백파는 제일구는 삼요를 설명
한 것이고, 제이구는 삼현을 설명한 것이며, 제삼구는 신
훈삼구가 곧 돈오·점수임을 설명한 것이라 해석한다.

구체적으로 말하자면 제일구는 삼요를 설명한 것으로,
방편을 시설하지 않고 진실을 단제(單提)한 것이다.[142] 제
이구는 삼현을 설명한 것으로 곧 '중생을 위하여 법칙을
내세우는 까닭에 삼현이라는 방편을 시설한 것은 특별히
완전(宛轉)으로 성취된 규모이다.'[143]는 것이다. 제삼구는
신훈삼구가 곧 돈오·점수임을 설명한 것인데 곧 '보살행으
로 중생을 위하여 수병여약(隨病與藥)하는 것으로 일체사
에 대하여 소홀히 하지 않는 것이다.'는 것이 이에 해당한
다.[144]

今此第二句中三玄 卽前三句到名爲三玄 以卽一句之三句故名玄也 非前
三句外別有三玄也 三玄爲權 一句爲實故 又爲權實三句 故悟彼理事三
句者 爲義理禪 悟此權實三句者 爲如來禪 卽此權實三句 徹悟三要者
爲祖師禪也 卽此兩重三句 學者多昧故 今引明證而辨也"

142)『사기』, p.5. "第一句明三要不施戈甲單提無文印也 上句大機圓應卽
殺到底也 上四字用 下三字照也 以照爲主而亦不離用 故爲先照後用 …
下句大用直截卽活到底也 上四字照 下三字用也 以用爲主而亦不離照
故爲先用後照"

143)『禪門綱要集』, (韓佛全6, p.853下)

144)『사기』, p.7. "第三句明三句 卽頓悟漸修也 落草爲人 隨病與藥 <乃
+?>事不獲已也 上句三句傀儡各不相 是故爲但今之隔別三句 下句指本
分一句 是臨濟老漢故也"

여기에서 이제 백파는 삼구와 삼현과 삼요에 대한 관계를 사조용의 교의를 따라서 다음과 같이 설정하여 해석한다.

3) 임제삼구에 따른 선종오가

백파는 삼구를 임제종지의 교의에만 국한시키지 않고 선종오가 전체의 교의에 적용하여 해석한다. 우선 임제종지에 대해서는 위에서 언급한 바와 같이 본분삼구 가운데서는 제일구를 삼요와 향상일규에 배대하고, 제이구를 삼현과 향상일로에 배대하며, 제삼구를 신훈삼구에 배대하였다. 그리고 그 각각에 하여 허공과 수면과 진흙에 도장을 찍는 것에 비유하였다.

곧 이 삼과 일이 소량의 법체인 제일구에 해당하는 경우에는 삼요 및 향상일규라 말하는데 상사(上士)가 그것을 듣는다. 마치 도장을 허공에다 찍는 것과 같기 때문에 불조의 스승이 된다. 이 삼과 일이 소량의 법체인 제이구에 해당하는 경우에는 삼현 및 향상일로라 말하는데 중사(中士)가 그것을 듣는다. 마치 수면 위에다 도장을 찍는 것과 같기 때문에 인·천의 스승이 된다. 이 삼과 일이 소량의 법체인 제삼구에 해당하는 경우에는 역시 신훈삼구라 말하는데 하사(下士)가 그것을 듣는다. 마치 진흙에다 도장을 찍는 것과 같기 때문에 남을 제도하기는커녕 자기도 구제하지 못한다[145]는 것이다.

---

145) 『사기』, p.3-4. 此之三一 在第一句名爲三要及向上一竅 上士聞之 如印印空 故爲佛祖師 在第二句名爲三玄 及向上一路 中士聞之 如印印水 故爲人天師 在第三句亦名三句下士聞之 如印印泥故 自救不了也"

그리고 백파는 이것을 각각 사조용146)은 제일구의 삼요
에 포함되고, 사할(四喝)·사대식(四大式)147)은 제이구의
삼현에 포함되는데, 사요간148)·사빈주149)·팔방150) 등
도 또한 결국 제일구의 삼요 등에 포함된다는 것은 일찍부
터 임제종의 어구에서 두루 언급되는 내용이었다고 해석한
다.151)

백파는 이와 같은 삼구를 또한 제일구의 속성은 대기·원
응이고, 제이구의 속성은 대용·직절이며, 제삼구의 속성은
기·용제시의 신훈삼구로 정의한다. 그리고 나아가서 이것
을 운문종의 삼구와 관련시켜 해석한다. 곧 파릉삼구(巴陵
三句)152)를 인용하면서 그것을 운문삼구와 완전히 똑같
다153)고 평가한다.154) 여기에서 백파는 운문삼구를 임제

---

146) 『禪門五宗綱要』, (韓佛全9, p.461上-中) ; 『人天眼目』 卷1, (大正藏
　　48, p.304上-下) "先照後用 先用後照 照用同時 照用不同<時+?>" 참
　　조.
147) 『禪門五宗綱要』, (韓佛全9, p.461中) 正利, 平常, 本分, 貢假 등을
　　가리킨다.
148) 『禪門五宗綱要』, (韓佛全9, pp.460下-461上) ; 『人天眼目』 卷1,
　　(大正藏48, p.300中-下) "奪人不奪境 奪境不奪人 人境兩俱奪 人境俱
　　不奪" 참조.
149) 『禪門五宗綱要』, (韓佛全9, p.461上) ; 『人天眼目』卷1, (大正藏48,
　　p.303上-中) "賓中賓 . 賓中主 . 主中賓 . 主中主" 참조.
150) 『禪門五宗綱要』, (韓佛全9, p.461下)
151) 『사기』, p.3. "四照用攝 於三要 四喝 四大式 卽三玄 四料揀 四賓主
　　八棒等 亦攝在於三要等也 早已括盡當宗語句也"
152) 『人天眼目』 卷2, (大正藏48, p.313上) ; 『禪門五宗綱要』, (韓佛全9,
　　p.462下) "한 승이 파릉에게 물었다. '제바종이란 무엇입니까.' 파릉이
　　말했다. '은주발 속에 흰 눈이 가득하다.' 또 물었다. '취모검이란 무엇
　　입니까.' 파릉이 말했다. '산호 가지마다 달빛이 어려있다.' 또 물었다.
　　'선[祖意]과 교[敎意]는 같습니까 다릅니까.' 파릉이 말했다. '닭은 추
　　우면 횃대에 올라가고 오리는 추우면 물속에 들어간다.' 僧問巴陵 如
　　何是提婆宗 陵云 銀碗裏盛雪 問如何是吹毛劍 陵云 珊瑚枝枝撑著月
　　問祖意敎意是同是別 陵云 雞寒上機 鴨寒下水"

삼구에 맞추어 각각 다음과 같이 해석하였음을 볼 수가 있다.155)

截斷衆流	提婆宗	體	大機·圓應
水波逐浪	吹毛劍	用	大用·直截
函蓋乾坤	禪教同別	照用同時·照用不同時	大機·大用

　백파는 기타 선종오가에 대한 교의를 요약하여 앞에서 설정한 신훈삼구 가운데 제일구와 제이구는 격외선이고, 나중의 제삼구는 의리선으로 해석한다. 이 격외선 가운데서도 제일구는 살·활을 함께 전승하여 끝내 몰파비이기 때문에 조사선이라 말하면서 그 조사선에도 두 가지 경우가 있다고 말한다156)

　첫째, 임제종의 경우 삼과 일을 투과하여 향상과 존귀를 터득하였기 때문에 다시 신훈삼구를 갖추고 있다. 그래서 한편으로는 대기와 원응을 긍정하지 않으면서도 다른 한편

---

153) 파릉삼구를 운문삼구와 똑같다고 간주한 것은 백파긍선의 견해이다. 백파는 바로 이하 부분에서 첫째를 절단중류의 體句로, 둘째를 수파축랑의 用句로, 셋째를 함개건곤의 中句[體·用同時 및 體·用不同時]로써 그것을 설명한다. 그러나 이것은 앞의 운문삼구 대목에서 백파는 함개건곤을 중, 절단중류를 용, 수파축랑을 체로 간주한 것과 비교하면 차이가 보인다. 또한 백파는 이하에서 운문문언은 파릉호감을 늘상 인정하였다고 평가하는 부분과 비교하면 더욱더 그렇다.

154) 『사기』, p.49. "巴陵三句 名顯鑑嗣雲門 叢林號曰多口 正同"

155) 운문문언 선사의 배열은 함개건곤(中)·절단중류(用)·수파축랑(體)이고, 덕산연밀 선사의 배열은 절단중류(用)·함개건곤(中)·수파축랑(體)이며, 보안도 선사의 배열은 함개건곤(中)·수파축랑(體)·절단중류(用)이다. 그러나 운문삼구에 대한 백파긍선의 배열은 함개건곤(中)·절단중류(用)·수파축랑(體) 또는 절단중류(用)·수파축랑(體)·함개건곤(中)이다. 『사기』, p.44-47. 참조.

156) 『사기』, p.9. 임제종과 운문종을 제일구의 조사선에 배대한 것을 가리킨다. 이하에서 조동종과 위앙종과 법안종은 제이구의 여래선에 배대한다.

으로는 대용과 직절을 긍정하여 대기와 대용을 함께 시설하였는데[機·用齊施] 이것이 곧 충득(摠得)이다. 둘째, 운문종 또한 삼과 일의 두각을 투탈하였기 때문에 제일구에 도달하였지만 무릇 절단(截斷)의 측면만 설명하였다. 그래서 아직 삼요를 구족하지 못한 까닭에 임제종에는 미치지 못한다. 때문에 마조의 방전이다. 백파의 경우도 기존의 임제종 우위의 입장과 마찬가지로 임제종만 정통이고 나머지는 모두 방계라는 견해를 고수한다.

위의 인용문에서 말한 신훈삼구는 대기·대용, 대용·직절, 기·용제시를 가리킨다. 그리고 이 여래선에도 또한 세 종류의 심·천이 있음을 설명한다.

첫째, 조동종의 경우는 향상을 설명한다. 곧 공겁을 전초(全超)이기 때문에 사실 여래선은 아니다. 그렇지만 부득불 금시(今時)에 떨어지는 까닭에 여래선이라 말할 뿐이지 향상과 존귀에 합치되지 못해서 조사문중이 못 되는 것은 아니다. 그래서 아직 존귀라는 두각이 남아 있는 까닭에 아직 제일구의 조사선에 들어가지 못하고 다만 제이구인 여래선에 머물러 천상과 인간의 스승이 될 뿐이다. 이것은 무릇 살인도의 전심인 까닭에 진금포이지만, 삼처전심 가운데 다만 분반좌의 일처전심의 소식 뿐이다. 그래서 육조의 방전이다. 둘째, 위앙종의 경우는 단지 체·용만 설명한다. 그 때문에 삼현의 규모를 벗어나지 못하여 향상을 설명하지 못한다. 그래서 금시와 본분이 대적하는 상태이다. 이에 진금포에도 미치지 못하는 까닭에 또한 조동종에도 미치지 못한다.

그래서 백장의 방전이다. 셋째, 법안종의 경우는 단지
유심만 설명할 뿐이다. 곧 오직 용만 섭수하여 체로 돌
아가는 까닭에 또한 위앙종에도 미치지 못한다. 그래서
설봉의 방전이다.157)

그런즉 선종오종 가운데 임제종과 운문종의 두 종파는
제일구의 조사선에 해당하고, 조동종과 위앙종과 법안종의
세 종파는 제이구의 여래선에 해당한다는 것이다. 제삼구
의 의리선의 경우는 선종오가 가운데 들어가지도 못한다고
간주한다. 그 때문에 이에 따르자면 조사선과 여래선의 두
선을 깨친 자는 모두 불조의 적자이고, 두 선을 깨치지 못
하여 무릇 의리선에만 투득한 자는 단지 서자라는 것이 백
파의 해석이다.

이런 점에서 달리 백파는 "때문에 『선문강요집』과 『인천
안목』에는 모두 이와 같이 뛰어난 종파부터 하열한 종파에
이르는 것으로 편록되어 있다. 그런데도 『선가귀감』에서
운문종을 조동종 뒤에다 편집한 것은 도저히 이해할 수 없
는 처사이다."158)고 주장한다. 이것은 『선가귀감』159)에서
임제종, 조동종, 운문종, 위앙종, 법안종의 순서대로 설명
하였는데, 이것은 『선문오종강요』의 순서와는 다르다는 것

---

157) 『사기』, pp.10-11. "一曹洞宗明向上則全超空劫故不伊麽也不得不落
今時故伊麽也不得合爲總不得也 然猶滯尊貴頭角故未入第一句祖師禪但
得第二句如來禪而爲天人師也 此但殺人刀傳心故亦名眞金舖即三處傳中
但得分座一處消息故爲六祖傍傳也 二潙仰宗但明體用故未脫三玄之規模
未明向上則今本成敵猶未盡眞金舖故亦不及於曹洞宗也 故爲百丈傍傳也
三法眼宗 但明唯心 則唯攝用歸體 故亦不及於潙仰宗也 故爲雪峰傍傳
也"
158) 『사기』, p.11. "龜鑑中以雲門宗編於曹洞之下者 乍不可知也"
159) 『禪家龜鑑』, (韓佛全7, pp.644中-645下)

을 가리킨다.

3. 사조용과 사요간

1) 사조용

백파는 사조용(四照用)에 대하여 사조용은 삼요와 단지 명칭만 다를 뿐이지 뜻은 같다고 말한다. 그래서 요 곧 제 삼요 가운데는 차(遮)와 조(照)의 두 가지 뜻을 지니고 있기 때문에 단지 사조용이라고 말해도 사실은 셋일 뿐이라고 해석한다.

삼요와 사조용 등을 구족한 까닭에 살·활을 구비한 잡화포를 조사선이라 말하는데 이것이 곧 염화미소의 소식이다. 이 삼요는 곧 사조용으로서 특별히 명칭이 다를 뿐이다. 제일요는 선조·후용이다. 대기는 원응으로써 뜻을 삼는데, 이것은 곧 대용의 기(機)이다. 그 때문에 백장은 대기를 터득하여 더 이상 부족함이 없었다. 제이요는 선용·후조이다. 대용은 직절로써 뜻을 삼는다. 지금 전창(全彰)이라고 말한 것은 단지 용의 뜻만 설명한 것으로 이것은 대기의 용이다. 그러므로 대용을 벗어나서 다시 대기는 없다. 그 때문에 황벽은 대용을 터득하여 더 이상 부족함이 없었다. 제삼요는 곧 뒤의 두가지 조·용동시와 조·용부동시로서 조·용일시이다. 곧 쌍조는 조·용동시이고, 쌍민은 흔적도 없는 것으로 조·용부동시이다. 기와 용을 이미 일시에 제시한 것은 곧 반드시 차와 조의 두 가지 뜻이 있기 때문이다. 일요를 터득하면 그에 따라서 곧 제이구인 삼현을 초월하고, 제삼구인 삼구를 초월한다. 그러나 이 삼요는 마치 도장을 허공에다 찍는 것과 같아서 끝내 흔적이 없다. 마조의 일할이 바로 그 증거로서 곧 일할이 일할의 작용에 그치지 않는[一喝不作一喝用] 경우에 해당한다.160)

이 사조용에 대하여 보다 단적으로 말하자면 첫째의 선·조후용에 대해서는 "어떤 사람을 대기와 원응으로써 살핀다면 '그것은 인(人)의 위(位)'161)이기 때문이다. 그리고 선과 후를 말하는 것은 무릇 법체에 의거한 주변 곧 겸(兼, 後)과 중심 곧 정(正, 先)이지 시(時)에 의거한 선과 후가 아니다.162)고 말한다.

둘째의 선용·후조에 대해서는 "어떤 법을 대용과 직절로써 살핀다면 '그것은 법'163)의 광명이기 때문이다."고 말한다.164)

---

160) 『사기』, pp.19-20. "具足三要四照用等 故爲殺活具備 雜華<貨?>舖名祖師禪 卽拈花消息也 此三要卽四照用特名異也 第一要先照後用 大機以圓應 爲義是大用之機 故大機外更無大用也 故百丈得大機 而更無餘事也 第二要先用後照 大用以直截爲義今云全彰 但明用義也 是大機之用 故大用外更無大機也 故黃蘗<檗?>得大用 而更無餘事也 第三要卽後二照用一時雙照 則爲照用同時雙泯 無迹則爲不同時 以機旣一時齊施則 必有遮照二義故也 隨得一要便 乃超第二句三玄 越第三句三句也 然此三要如印印空 了無朕迹馬祖一喝 此其證也 卽一喝不作一喝用喝也"

161) 『禪門五宗綱要』, (韓佛全9, p.461中)

162) 『사기』, pp.35-36. "有人在大機圓應是人位故也 言先後者 但約法體兼(後)正(先)而非約時之先後也"

163) 『禪門五宗綱要』, (韓佛全9, p.461中)

164) 『사기』, p.36. "有法在大用直截 是法光明故也"

셋째의 조·용동시에 대해서는 "밭을 가는 것과 꼴을 빼앗는 것"[165]으로서 기용제시이다. 밭을 가는 농부의 소는 곧 용이다. 그러나 이미 말했듯이 밭을 가는 것이므로 기이다. 이것은 곧 용에 즉한 기이다. 그 때문에 선조·후용이다. 주린 사람의 밥을 빼앗는 것에서 곧 주린 사람에게 밥을 주는 것은 기이다. 그러나 이미 말했듯이 빼앗는 것이므로 용이다. 이것은 기에 즉한 용이다. 그 때문에 선용·후조이다. 이것은 사문이류이다.[166]

넷째는 조·용부동시에 대해서는 '질문도 있고 답변도 있는 것'[167]으로서 이 또한 기용제시이다. 대개 제시(齊施)에는 차와 조의 두 가지 뜻이 있다. 그 때문에 쌍조로서는 제삼 조·용동시가 되고, 쌍차로서는 제사 조·용부동시가 된다. 이것은 곧 종문이류이다. 영원히 기와 용의 모습을 벗어나 있기 때문에 만물이 그대로 오고 가며, 낱낱이 그대로 드러나 있으며, 옷 입고 밥 먹는 행위 그대로이다. 이

---

165) 『禪門五宗綱要』, (韓佛全9, p.461中)
166) 『사기』, p.36. "三照用同時 驅耕奪食 機用齊施 驅耕夫之牛則耕夫與牛是用 而旣云驅故爲機 此是卽用之機 故爲先照後用 奪飢人之食 則飢人與食是機 而旣云奪故爲用 此是卽機之用 故爲先用後照 是爲沙門異<類也+?>" 사문이류에 대해서는 조산본적이 수행납자를 위하여 제시한 네 가지 경계를 四種異類 가운데 하나이다. 異類는 중생이 깃들어 살고 있는 일체의 세간을 말한다. 곧 수행납자가 어떤 세간에 태어나더라도 그곳에 집착이 없이 깨침을 터득해야 할 것을 강조한 가르침이다. 첫째는 往來異類이다. 온갖 중생세간을 자유롭게 變易生死로 왕래하는 것이다. 둘 때는 菩薩同異類이다. 보살이 자신을 깨우치고나면 그 능력으로 이류세계에 태어나 그곳의 중생을 깨침으로 이끌어가는 자리이타의 보살행의 경계이다. 셋째는 沙門異類이다. 출가의 본분사를 밝혀서 어느 경지에도 구애되지 않는 헌헌대장부의 경지를 터득하는 것이다. 넷째는 宗門中異類이다. 자신의 터득한 향상의 경지에 안주하지 않고 집착도 없으며 자유자재한 작용을 구사하는 것이다.
167) 『禪門五宗綱要』, (韓佛全9, p.461中)

것은 일상사 그대로이기 때문에 질문도 있고 답변도 있고, 주인도 있고 손님도 있으며, 진흙과 물이 섞여 있고, 납자를 상대하여 제도해주는 모습이다.168)

2) 사요간

이처럼 백파는 사조용을 삼요와 동일시하여 해석을 가한다. 한편 사요간(四料揀)에 대해서도 삼요와 같은 입장에서 해석을 가한다.

이 사요간도 또한 임제의 삼구를 벗어나지 않는다. 사요간에서 '인(人)'은 본분의 본분일구이고, '경(境)'은 금시의 신훈삼구이다. 이것은 또한 범정(凡情, 境)과 성해(聖解, 人)라고도 말한다. … 그러면서 첫째의 탈인불탈경은 하근기를 대대(待對)하는 것으로 일구는 남겨두지 않고 다만 삼구만 남겨둔다. 이것은 무릇 건화문으로서 횡설수설한 것이다. 때문에 제삼구 가운데서 삼구로 사람을 제접한 즉 의리선이다. 둘째의 탈경불탈인은 중근기를 대대한 것으로 삼구는 없고 다만 일구만 있다. 이것은 곧 제이구로서 위앙종과 법안종의 종지이다. 이하의 셋째의 인경양구탈은 상근기를 대대한 것으로 삼구와 일구가 모두 없다. 제이구로서 조동의 종지인데, 위의 위앙종과 법안종과 더불어 여래선이다. 넷째의 인

---

168) 『사기』, p.37. "有問有答 亦機用齊施 盖齊示中 有遮照二義 故雙照 爲第三 雙遮爲第四也 是爲宗門異類也 永脫機用之規模故 物物拈來 一一端的 着衣喫飯也 是常事故 能有問有答 立主立賓 和泥合水 應機接物也"

경구불탈은 상상인을 대대한 것으로 삼구와 일구가 모두 들어있다. 이것은 제일구로서 조사선이다.169)

이런 까닭에 여기에서 범정(凡情)은 신훈삼구이고, 성해(聖解)는 본분일구로 드러나 있다. 그래서 범정에 머물러 있는 것은 의리선에 득입한 사람이고, 성해에 떨어져 있는 것은 여래선에 득입한 사람이다. 이에 백파는 이것이야말로 모두 납자의 큰 병폐로서 선성(先聖)이 그것을 불쌍하게 여겨 사요간을 시설하였다고 해석한다.

이 사요간의 경우에는 먼저[初]는 의리선을 가지고 범부의 무명의 쐐기를 뽑아주려는 것이고, 중간[中]은 여래선을 가지고 의리선의 쐐기를 뽑아주려는 것이며, 나중[後]은 조사선을 가지고 여래선의 존귀라는 쐐기를 뽑아주려는 것이다. 그 때문에 결론적으로 말하면 쐐기로써 쐐기를 뽑아주는 것과 같다는 것이다.

4. 사빈주와 사대식

1) 사빈주

---

169) 『사기』, pp.28-30. "此亦不出三句 人者本分一句 境者今時三句也 亦名凡情(境)聖解(人) … 初奪人不奪境 待下根 不存一句但存三句 此但建化門橫說竪說 故爲第三句中 三句接人 卽義理禪也 二奪境不奪人 待中根 不存三句 但存一句也 … 此是第二句潙法二宗旨也 … 三人境兩俱奪 待上根 三一俱不存也 … 故爲第二句曹洞宗旨也 上二合爲如來禪也 … 四人境俱不奪 待上上人 三一俱存也 王登寶位 而御天下 故爲大機圓應 野老謳歌 而頌王德 故爲大用直截 上句人 下句境也 是第一句祖師禪也"

임제는 또한 사빈주(四賓主)를 설정하고 있다. 사빈주에서 빈은 신훈삼구로서 유설이고, 주는 본분일구로서 무설로 드러나 있다.170) 사빈주는 곧 빈중빈, 빈중주, 주중빈, 주중주로서 그 내용은 각각 다음과 같다. 먼저 빈중빈에 대해서 다음과 같이 말한다.

이것은 다만 금시일 뿐이므로 납자들에게는 질문이 있고 스승에게는 답변이 있다. 따라서 비단 납자들에게 콧구멍(本分)이 없을 뿐만 아니라 스승에게도 또한 콧구멍이 없다.171)

이에 대하여 임제는 "어떤 납자는 칼을 쓰고 족쇄를 차고서 선지식 앞에 나온다. 그러면 선지식은 또 다른 족쇄를 덧씌워준다. 그런데도 납자는 환희하는데, 이것은 똥오줌도 가리지 못하는 모습이다. 이런 경우를 객이 객을 간파한다고 말한다."172)고 말한다. 그런즉 스승과 제자에게

---

170) 『사기』, p.31. "賓三句故有說 主一句故無說也"
171) 『사기』, p.31. "此但今時 故學人有問 師家有答 非但學人無鼻孔(本分) 師家亦無鼻孔"
172) 이에 해당하는 『임제록』의 내용과 『인천안목』의 내용은 다음과 같다. "어떤 납자는 칼을 쓰고 족쇄를 차고서 선지식 앞에 나온다. 그러면 선지식은 또 다른 족쇄를 덧씌워준다. 그런데도 납자는 환희한다. 이것은 제자와 스승의 피·차를 구별할 수 없는 것으로서 客이 客을 맞이하는 경우라 말한다. 대덕들이여, 산승이 이와 같이 언급한 것은 모두 魔事를 변별하고 異敎를 간별하는 것이므로 그 邪·正을 알아차려야 한다."『臨濟錄』, (大正藏47, p.501上) "或有學人 披枷帶鎖 出善知識前 善知識更與安一重枷鎖 學人歡喜 彼此不辨 呼爲客看客 大德 山僧如是所擧 皆是辨魔揀異 知其邪正"; (『人天眼目』卷1, (大正藏48, p.303上-中) "或有學人 披枷帶鎖 出善知識前 善知識更與安一重枷鎖 學人歡喜 彼此不辨 喚作賓看賓<呼爲客看客?> 大德 山僧<如是+?>所擧 皆是辨魔揀異 知其邪正"

는 모두 콧구멍이 없다. 그 때문에 또한 분양선소는 "종일 토록 홍진을 쏘다니지만 자신의 보배는 알지도 못한다 ."173)고 말하는데, 여기에서 홍진은 신훈삼구이고 자신의 보배는 본분일구이다.

둘째로 빈중주에 대해서 다음과 같이 말한다.

스승에게는 콧구멍이 없다. 그러나 다만 납자에게는 냄 새나는 구멍이 있을 뿐이다.174)

이에 대하여 임제는 "혹 진정한 납자라면 문득 할을 하 면서 교분자(膠盆子)175)를 제시한다. 그러나 선지식은 그 것이 경계임을 변별하지 못하고 그 경계에다 다시 그와 똑 같은 모양의 경계를 더할 뿐이다. 이에 진정한 납자의 할 을 듣고도 그 앞에 있는 선지식은 자기의 잘못을 놓아버릴 줄 모른다. 이것은 곧 고황에 든 병처럼 어떤 의사도 치유 할 수가 없다. 이런 경우를 객이 주인을 간파한다고 말한 다."176) 그런즉 주(主)도 있고 법(法)도 있는 것은 다만

---

173)『禪門五宗綱要』, (韓佛全9, p.461上) "汾陽云 終日走紅塵 不識自家 珍"
174)『사기』, p.32 "師家無鼻孔 而但學者有臭孔"
175) 어떤 것에 집착하면 그것에 자신이 속박된다는 교리상의 언구를 가 리키는 것으로서 아교를 녹이는 그릇에다 비유한 것이다
176) 이에 해당하는『臨濟錄』의 내용은 다음과 같다. "이와 같은 진정한 학인이 문득 할을 하여 하나의 膠盆子를 제시하였다. 그러나 선지식은 그 경계를 변별하지 못하였다. 이것은 곧 그 경계에다 다시 그와 똑같 은 경계를 얹어놓은 것과 같다. 진정한 학인이 문득 할을 하였지만, 그 앞에 있는 사람은 긍정하지 못하고 放過해버리고 말았다. 이것은 곧 고황에 든 병처럼 어떤 의사도 감당할 수가 없다. 이것은 곧 객이 주인을 맞이한다고 말한다. 如有眞正學人 便喝先拈出一箇膠盆子 善知

납자의 입장에 의거한 것이다. 그것은 단지 할(喝)만 했을 뿐 언설은 없었다. 이에 위의 빈중빈의 경우처럼 질문도 있고 답변도 있다는 것을 제자와 스승에다 분배한 것과는 다르다. 또한 분양선소의 "옷 속에 감추어진 보배를 알아 차리고 단좌(端坐)하여 구분(區分)한다네."[177]라는 말은 단지 납자의 입장에만 의거한 것이다. 왜냐하면 화엄목이 말한 "목구멍이 바다와 같이 넓다."[178]는 말은 제이구로서 여래선이기 때문이다. 분양선소가 또 말한 "얼굴을 마주했지만 함께 하는 도반이 없다."[179]는 것과, 담주용산이 말한 "영원히 집 밖을 나가지 않았다."[180]는 말과, 풍혈연소가 말한 "시장에 들어갔지만 두 눈동자가 멀어버렸다."[181]는 것은 권·실에 즉한 향상이다.

위의 빈중빈과 빈중주의 두 경우는 단지 납자의 입장에서만 설명한 것이므로 용(龍, 빈중주)도 있고 사(蛇, 빈중빈)도 있다.

셋째로 주중빈에 대해서 다음과 같이 말한다.

스승에게는 실제로 콧구멍이 있지만 단지 교화를 위해서만 드러내므로 콧구멍이 없다고 말한 것이지 콧구멍을 완전히 부정하는 것은 아니다. 그러나 납자들에게는

識不辨是境 便上他境上作模作樣 學人便喝 前人不肯放 此是膏肓之病 不堪醫 喚作客看主」『臨濟錄』, (大正藏47, p.501上)
177)『禪門五宗綱要』,『韓佛全9, p.461上)
178)『人天眼目』卷1, (大正藏48, p.304上)
179)『人天眼目』卷1, (大正藏48, p.303中)
180)『筠州洞山悟本禪師語錄』, (大正藏47, p.508下)
181)『人天眼目』卷1, (大正藏48, p.303中)

실제로 콧구멍이 없다.[182]

이에 대하여 임제는 "혹 어떤 선지식은 한마디도 내놓지 않고 납자의 질문을 따라서 곧 그것을 부정해버린다. 납자는 선지식으로부터 이미 부정된[被奪] 것마저도 필사적으로 내놓지 않으려 한다. 이런 경우를 주인이 객을 간파한다고 말한다."[183]고 말했다. 그런즉 납자가 질문을 해도 스승이 그것을 부정하여[奪] 답변하지 않는다. "제자의 질문뿐이다."[184]는 것은 스승에게 콧구멍이 없는 까닭을 드러낸 것이다. 곧 교화의 문을 드러내어 납자로 하여금 질문토록 한 것이다. 그래서 스승이 납자의 질문을 따라서 곧 부정함으로써 本分조차도 또한 교화[拖泥]를 벗어난 것이 아님을 설명하는 것이다. 때문에 콧구멍이 없다.

또한 분양선소가 말한 상구 곧 "금구(金鉤)를 사방의 바다에 드리워놓고"[185]는 교화문을 드러낸 것이고, 하구 곧 "옥촉(玉燭)으로 등명(燈明)을 잇는다."[186]는 것은 구차하게도 조사선을 터득하지 못하고 여래선을 가지고 권에 즉하여 실을 드러내는 경우를 벗어나지 못한 것이다. 비록 의리선보다는 뛰어나지만 아직도 구차한 경우를 벗어나지 못한 것이다. 왜냐하면 저 일·월의 광명에 장애되지는 않

---

182) 『사기』 pp.32-33. "師家實有鼻孔而但出來化門故云無鼻孔非全抑也 學者實無鼻孔也"

183) 『臨濟錄』, (大正藏47, p.501上) "或是善知識不拈出物 隨學人問處卽奪 學人被奪抵死不放 此是主看客" ; 『人天眼目』 卷1, (大正藏48, p.303上)

184) 『禪門五宗綱要』, (韓佛全9, p.461上)

185) 『禪門五宗綱要』, (韓佛全9, p.461上)

186) 『禪門五宗綱要』, (韓佛全9, p.461上)

지만 단지 옥촉으로 등명을 이을 뿐이기 때문이다. 설법에
는 문·답이 없을 수 없지만 단지 질문을 따라서 곧 부정할
뿐이기 때문이다. 그런즉 본분의 조사선은 일·월과 같아서
권에 즉하여 실을 드러내고, 여래선은 마치 옥촉과 같으
며, 무릇 지금의 의리선은 등명과 같다.

그래서 또한 극부도자는 "높이 조사의 심인을 제고하는
것은 기·용에 해당하니, 중생이익에는 설법에 자비가 깃든
줄을 알아야 한다."[187]고 말했고, 등각보명(等覺普明)이
"홍진에 들어가 교화의 손길을 드리운다."[188]고 말했던 것
도 역시 제이구로서 여래선이다.

넷째로 주중주에 대해서 다음과 같이 말한다.

> 이 경우는 질문도 없고 답변도 없다. 그 때문에 스승에
> 게 냄새나는 콧구멍이 있을 뿐만 아니라 납자에게도 또
> 한 냄새나는 콧구멍이 있다. 질문도 없고 답변도 없지
> 만 스승과 납자가 언외에 서로 보기 때문에 참으로 기
> 특하다.[189]

이에 대하여 임제는 "혹 어떤 납자가 응당 하나의 청정
한 경계를 선지식 앞에 내보인다. 선지식은 그것이 경(境)
인 줄 알기 때문에 그것을 집어서 구덩이 속에다 내던져버
린다. 이에 납자는 말한다. '참으로 훌륭합니다.' 그러자 선

---

187)『人天眼目』卷1, (大正藏48, p.303中)
188)『續傳燈錄』卷26, (大正藏51, p.647上)
189)『사기』p.35. "無問無答 故不但師家有臭孔 學人亦有臭孔也 無問無
　　答而言外相見 故不妨奇特也"

지식은 말한다. '돌(咄)! 아직 똥오줌도 가리지 못하는구나.' 이에 납자는 곧 예배를 드린다. 이런 경우를 주인이 주인을 간파한다고 말한다."190)고 말했다. 그 때문에 스승과 납자에게 모두 냄새나는 콧구멍이 있는 줄을 알아야 한다.

또한 분양선소가 말한 것191)으로 상구 가운데 "일월은 높이 떠"는 대기(大機)이고, "우주를 비추고"는 원응(圓應)이다. 그리고 하구 가운데 "큰소리로 널리"는 대용(大用)이고, "초가(楚歌) 부르네."는 직절(直截)이다. 이것이 곧 고향 곧 깨침의 노래가 생각나는 까닭이다. 그리고 극부도자는 "공권력으로 반란을 진압하여 공정한 법령을 집행한다. 태평한 세상을 위하여 인습을 쓸어버린다."고 말했다.192) 이 경우에도 상구 곧 "공권력으로 반란을 진압하여 공정한 법령을 집행한다."는 것은 용에 즉한 기이고, 하구 곧 "태평한 세상을 위하여 인습을 쓸어버린다."는 것은 기에 즉한 용이다. 이것은 제일구로서 조사선이다.

만약 화엄목이 말한193) 제삼의 주중빈에 대한 "변방을 지키는 장군의 군령"과, 제사의 주중주에 대한 "환중을 통치하는 천자의 법령" 등에 의하자면 곧 각각 제삼은 대용에 해당하고, 제사는 대기에 해당한다. 이 제삼 주중빈과 제사 주중주를 합하면 조사선이 되는데, 그 뜻을 드러내는 데에는 아무런 장애가 없다.

---

190) 『臨濟錄』, (大正藏47, p.501上)
191) 『人天眼目』 卷1, (大正藏48, p.303中)
192) 『人天眼目』 卷1, (大正藏48, p.303中)
193) 『人天眼目』 卷1, (大正藏48, p.304上)

2) 사대식

백파는 다시 임제종의 교의에 대하여 사대식(四大式)을
설정하여 설명하고 있는데 그 각각의 내용은 다음과 같다.

제일대식은 소림면벽으로서 정법안장의 정령(正令)이
다. 그 때문에 체중현이다. 제이대식은 평상심으로서 허
다한 일상성이다. 때문에 용중현이다. 제삼대식과 제사
대식은 현중현이다.194)

여기에서 첫째, 정리(正利)의 경우는 소림면벽한 달마의
좌선행위야말로 깨침의 모습으로서 좌선 그대로가 정전(正
傳)의 자세이다. 이 좌선의 추구하는 모습을 드러내는 것
이야말로 널리 중생을 교화하는 모습임을 여실하게 보여준
다는 것이다.

둘째, 평상(平常)의 경우는 천차만별의 다양한 행위에서
향상도리(向上道理)를 보여주는 행위로서 평상심의 현현으
로서 본래성불의 모습을 나타내고 있다. 화산(禾山)은 화
산무은(禾山無殷: 884-960)이다. 화산타고(禾山打鼓)는
화산해타고(禾山解打鼓)라고도 한다. 화산은 누가 무엇을
묻든지간에 오직 '북은 칠줄 아는구나(解打鼓)'라고만 답변
하였다는 것이다. 모든 사실은 하나의 진실로 통한다는 것
이다.

---

194)『사기』, p.39. "初面壁正令 故爲體中玄 二平常許多 故爲用中玄 三
四爲玄中玄也"

셋째, 본분(本分)의 경우는 알고 모르는 것과는 관계가 없이 그저 그렇게 완전하다는 것을 보여주고 있다. 임제의 말을 빌리자면 "불도 따로 없고 중생도 따로 없으며 고(古)라고 해야 할 것도 따로 없고 금(今)이라 해야 할 것도 따로 없다. 그러므로 그 도리를 터득하여 얻는 자는 시절을 경력하지 않고 터득하는 것이어서 수증(修證)이 없고 득실(得失)도 없으며 일체시에 항상 여일하다."195)라는 도리이다.

넷째, 공가(貢假)의 경우는 보리달마의 일화에 잘 나타나 있는 모습이다. 곧 일체의 유위형상은 무위법과는 달라서 복덕은 될지언정 공덕은 되지 않는다는 모습이다. 보리달마는 무제와 같은 유위복덕의 소유자가 아니기 때문에 진정 유위의 형상에 얽매인 그와 같은 자신을 모른다는 것이었다.

5. 사할과 팔방

1) 사할

다음으로 백파는 임제의 사할(四喝)에 대하여 "사할은 사조용과 그 차례가 같다. 그런데 제사할은 바로 마조의 일할에 해당한다."196)고 말한다. 사할은 금강왕보검할(金

---

195) 慧然 集, 『鎭州臨濟慧照禪師語錄』, (大正藏47, p.498中) "山僧見處 無佛無衆生 無古無今 得者便得 不歷時節 無修無證無得無失 一切時中 更無別法"
196) 『사기』, p.39. "如次是四照用 而第四卽馬祖一喝是也" 기타 『人天眼目』 卷1, (大正藏48, p.302中-下) 참조.

剛王寶劍)·거지사자할(踞地獅子)·탐간영초(探竿影草)·일할부작일할용(一喝不作一喝用)으로 각각 그 뜻은 다음과 같다. 금강왕보검은 일도(一刀)를 휘둘러 일체의 정해(情解)를 끊어버리니 체할(體喝)로서 주가용(主家用)이다. 거지사자는 말로써 기 뿜어 온갖 악마의 뇌가 파열되니 용할(用喝)로서 빈가용(賓家用)이다. 탐간영초는 유무를 찾아서[探] 스승의 콧구멍[안목]을 계승하는 빈주구용(賓主俱用)이다. 일할부작일할용은 삼현과 사빈주를 구비하여 무한한 공능을 획득하는 것이다.

2) 팔방

또한 백파는 촉령반현방, 접소종정방, 고현상정방 인순종지방 고험허실방 맹가할련방 고책우치방 소제범성방 등 발방(八棒)197)에 대하여 설명을 가하고 있다.198)

제일의 촉령반현방(觸令返玄棒)의 촉령(觸令)은 조사의 가르침에 저촉되는 것이고 반현(返玄)은 현묘한 선지를 어기는 경우로서 이런 상황에서 내려주는 방이다. 가령 덕산의 "오늘밤에는 답변하지 않겠다. 질문한 자에게 30방을 때려주겠다."는 말이 이에 해당한다. 한 승이 예배를 하자마자 덕산이 곧바로 때려주었는데, 이 경우는 벌방(罰棒)이다.

제이는 접소종정방(接掃從正棒)은 스승이 제자를 제접할 경우 스승의 제스처에 대하여 제자가 바르게 반응했을 때

---

197) 『宗門玄鑑圖』, (卍新續藏63, p.748中-下) 「八棒論」과 유사하다.
198) 『사기』, pp.39-42 참조.

응답하는 방식으로 내려주는 방이다. 가령 "덕산이 한 승을 때리자 승이 말했다. '저는 질문도 하지 않았는데 왜 때리는 겁니까.' 덕산이 말했다. '그대는 어디 출신인가.' 승이 말했다. '신라인입니다.' 그러자 덕산이 말했다. '그렇다면 그대는 배를 타고 오지 않았으니 30방을 맞아야겠다.' 그 승이 다시 질문하기를 기다렸다가[199] 또 벌방(罰棒)을 주었다."는 경우와 같다.

셋째의 고현상정방(靠玄傷正棒)은 제자가 현묘하고 기특한 기관(機關)에 얽매여 그것을 벗어나지 못할 경우에 그로부터 벗어나게끔 해주려고 내려주는 방이다. 가령 "대선불[200]이 앙산에 도착하였다. 좌선을 하고 있는 앙산 가까이에 혼자 다가와서[翹足] 말했다. '서천의 28대 조사도 또한 이와 같았고, 동토의 6대 조사도 또한 이와 같았으며, 화상도 또한 이와 같고, 저도 또한 이와 같습니다.' 그러자 앙산이 벌방(罰棒)으로 넉 대를 때렸다."[201]는 경우와 같다.

대개 교족(翹足)이란 홀로 다른 사람을 동반하지 않는다는 뜻이기 때문에 정위(正位)를 나타낸다. 그래서 그 "존귀하다"는 지해를 벗어나지 못한다.[202] 앙산은 현묘하여

---

199) 승이 신라에서 온 것은 분명히 배를 타고 왔을 터인데, 배를 타고 오지 않았다는 이유로 30방을 때린 이유에 대하여 승이 질문한 것을 가리킨다.

200) 大禪佛은 뛰어난 선승을 가리킨다. 앙산의 제자 景通과 歸宗智常의 제자 智通을 二大禪佛이라 일컫는데 여기에서는 앙산의 제자로서 晉州에서 활동한 霍山景通을 가리킨다.

201) 『明覺禪師語錄』 卷3, (大正藏47, p.688下) ; 『景德傳燈錄』 卷12, (大正藏51, p.293下)

202) 앙산에 대한 대선불의 반응이 바르지 못했기 때문에 벌방으로 넉 대를 맞은 것을 가리킨다.

헤아리기 어려운 도리에 의지하고 있었기 때문에 대선불이
그 정위를 훼상하지 못하였다. 이에 앙산은 대선불의 말이
네 구절203)이었기 때문에 넉 대를 때려준 것이다.

　넷째의 인순종지방(印順宗旨棒)은 선지식이 제시한 선지
에 대하여 제자가 본래의 의도대로 터득했을 때 제자에 대
한 긍정적인 방식으로 내려주는 방이다. 가령 선지식이 질
문하고 승이 응답할 때 깊이 계합되는 경우 선지식이 곧
승을 때려주는데 이것은 곧 상방(賞棒)이다.

　다섯째의 고험허실방(考驗虛實棒)은 스승이 제시해준 가
르침에 대하여 제자가 반응했을 있을 경우 과연 그것이 허
(虛)인지 실(實)인지 알려주려고 내리는 방이다. 가령 승
이 문에 들어오자마자 스승이 곧 때려준다. 이에 대한 승
의 답변이 극칙의 도리에 도달하면 스승은 또다시 그 진위
를 가리기 위하여 때려주는 경우이다.

　여섯째의 맹가할련방(盲枷瞎煉棒)은 아무런 안목도 없는
선지식이 자신을 참문하러 찾아온 제자에게 가르침이 궁색
할 경우 곧 무모하게 내리치는 방이다. 가령 스승[장로]
자신이 어리석으면서도 함부로 방을 휘두르자 학인이 '방
을 보여 주시오. 진정한 방을 보여달란 말입니다.' 라고 말
한다. 이에 스승은 아무런 대꾸도 못하는 경우이다. 이것
은 곧 할방(瞎棒)이다.

　일곱째의 고책우치방(苦責愚痴棒)은 스승이 판단하건대
제자의 깜냥이 너무나도 모자라기 때문에 그것을 타일러주
려고 경책의 의미에서 내려주는 방이다. 가령 학인이 찾아

---

203) 곧 '서천의 28대 조사도 또한 이와 같았고, 동토의 6대 조사도 또한
　　이와 같았으며, 화상도 또한 이와 같고, 저도 또한 이와 같습니다.'는
　　것을 가리킨다.

오자 스승이 갖가지로 개시해주었다. 그런데도 학인이 전혀 이해하지 못하기에 스승이 곧 벌방(罰棒)을 주는 경우이다.

여덟째의 소제범성방(掃除凡聖棒)은 범부라든가 성인이라든가 하는 분별심을 불식시켜주고 나아가서 본분자리를 자각하도록 이끌어주려고 내리는 방이다. 가령 답변을 해도 30방을 때려주고, 답변을 하지 못해도 30방을 때려준다. 이에 이것을 정방(正棒)이라고 말한다. 답변을 하는 것은 대용이고, 답변을 하지 못하는 것은 대기이기 때문이다.

Ⅳ. 『선문수경』

1. 저술의 배경

조선시대는 성리학(性理學)의 이념을 바탕으로 하여 전개된 왕조로서 불교를 억압하는 정책이 주류를 형성하였는데, 이와 같은 모습은 왕조의 몰락에 이르기까지 일관하여 크게 변하지 않았다. 그 중기에는 불교를 배척하는 주장에 대응하는 일환으로 불교와 도교와 유교의 삼교회통(三敎會通)을 주장하는 모습의 출현과 아울러 불교를 호의적으로 생각하는 유가의 학자들 사이에 불교와 유교는 이전보다 비교적 활발한 교류가 있었다. 그 후기에는 유교와 불교의 교류가 더욱 빈번해졌다. 가령 정약용(丁若鏞: 1762-1836)은 연담유일(蓮潭有一: 1720-1799) 및 그 제자 설파상언(雪坡尙彦:1707-1791)과 친분이 깊었고, 김정희(金正喜: 1786-1856)는 백파긍선(白坡亘璇: 1767-1852) 및 초의의순(草衣意恂: 1786-1866) 등과 인연이 깊었다.

후기에는 또한 불교계에 주목할 만한 변화가 보였다. 하나는 회통론(會通論)을 주장하는 사상이고, 또 하나는 사기(私記)의 출현이다. 사기는 고승들이 논강한 것을 참고하여 자신의 관점을 덧붙여 사사롭게 저술하는 것을 말하는데, 후기에는 불교계에서 하나의 흐름으로 형성되었다. 사기를 남긴 대표적인 인물로 인악의첨(仁嶽義沾: 1746-1796)과 연담유일과 백파긍선 등이 출현하였다.

중국 당나라 시대 임제의현(臨濟義玄: ?-867)의 어록인

『진주임제혜조선사어록(鎭州臨濟慧照禪師語錄)』(이하 『임
제록』으로 약칭함)에는 소위 삼구(三句), 사조용(四照用),
사요간(四料揀), 사할(四喝) 등의 교의가 수록되어 있다.
고려시대 천책(天頙)은 『선문강요집(禪門綱要集)』을 통해
서 임제의 가르침에 대하여 해설을 가하였다. 그 가운데서
천책은 몇 가지의 주제를 선택하고 이해도를 높이기 위하
여 가상의 인물을 등장시켜서 문답의 형태로 진행하였다.
전체는 「삼성장(三聖章)」, 「이현화(二賢話)」, 「제이편(第
二篇)」, 「일우설(一愚說)」, 「산운편(山雲篇)」, 「운문삼구
(雲門三句)」 등 여섯 편으로 구성되어 있다.

「삼성장」 및 「이현화」에서는 청풍장로(淸風長老)와 호월
상인(皓月上人)이 등장하여 임제종지에서 방편으로 중요시
하는 선리인 삼구(三句)·삼현(三玄)·삼요(三要) 등에
대하여 그 요지와 상호 관련성에 대하여 문답 형식으로 풀
어나간다.

「이현화」 대목에서는 임제가 제시한 선리로서 사조용(四
照用)과 대기대용(大機大用)의 개념을 언급하여 그것을 삼
구·삼현·삼요의 상관성에 대하여 자세하게 설명하고,
나아가서 현사(玄沙)의 삼구와 운문(雲門)의 삼구에다 배
대한 까닭에 대하여 설명한다.

「제이편」에서는 앞의 「삼성장」 및 「이현화」를 통해서 제
시되고 논의된 선리에 대하여 전체적으로 총괄하는 내용을
담고 있다.

「일우설」은 자신을 어리석은 사람 곧 우부(愚夫)라고 일
컫는 사람이 등장한다. 우부는 자신에게 청하는 가르침을
질문으로 받고서 우선 할(喝)로써 대응하고, 이어서 조용

(照用)·빈주(賓主)·권실(權實)·사료간(四料揀) 등에 대하여 예전 선사들의 기연언구를 인용하여 답변해준다.

「산운편」은 청산(青山)과 백운(白雲)이라는 가공의 두 사람을 등장시켜서 운문삼구(雲門三句)에 대하여 설명한다.

「운문삼구」 대목에서는 운문삼구의 연원에 대하여 전체적이고 개괄적인 내용을 설명하고, 이어서 임제삼구와 운문삼구에 대하여 전체적으로 총괄하는 형식을 취한다.『선문강요집』에서 보여주고 있는 임제종지와 운문종지에 대한 관점은 이후 구곡각운(龜谷覺雲)의 『염송설화(拈頌說話)』로 계승된다.

2. 대의 및 가치

『선문수경』은 청허휴정의 제10세인 백파긍선이 그의 나이 66세 때 저술한 책이다. 백파는 임제삼구를 중심으로 설명하고 그것을 그림으로 해설한 것을 비롯하여, 기타 선종에서 논의되고 있는 다양한 선의 용어와 그와 관련된 개념들에 대하여 자신의 견해를 설파하였다. 백파가 『선문수경』을 저술한 근본적인 동기는 명백하다. 한국의 선종, 특히 조선시대 선종은 중국의 선종오가(禪宗五家) 가운데 임제의현의 선풍에 해당하는 임제종(臨濟宗)의 법맥을 계승하였고, 그 결과 임제의 사상을 중심으로 하는 임제정종(臨濟正宗)이라는 긍지심에 젖어 있었다. 따라서 조선시대 선종은 임제의 선풍을 선양하려는 의식이 고양되어 임제종만이 정통이고 나머지는 모두 방계라는 의식이 팽배하였다. 백파는 그러한 과정에서 임제가 제창한 삼구법문을 모든 선리의 근본으로 정착시키고 전개하려는 의도에서 본 『선문수경』을 저술하였다. 이것은 이전에 청허휴정(淸虛休靜)이 지은 『선가귀감(禪家龜鑑)』의 계승이고, 환성지안(喚醒志安)의이 지은 『선문오종강요(禪門五宗綱要)』의 연장이었다.

백파는 이미 그의 나이 58세 때 청허휴정의 제5세인 환성지안의 『선문오종강요』에 대하여 자신의 해설을 가미하여 『사기』를 저술하였다. 여기에서 백파는 선문의 오가에 대한 종합적인 교의를 드러냈는데, 『선문수경』에서는 『임제록』에 제시된 교의를 근거로 하여 임제종지를 중심으로 25개의 주제에 대하여 선문헌의 근거를 제시하면서 자신의 주장을 피력하였다. 이와 같은 백파의 주장은 이후 초의의순으로부터 그 견해가 지나치게 자의적이라는 비판을 받음으로써 활발한 선리의 논쟁에 대한 단초가 되었다.

가령 『선문수경』에서 백파는 임제삼구에 대하여 선교(禪敎)의 종지와 말씀을 모두 담고 있는 것으로 간주하여 본분(本分)의 진여(眞如)와 신훈(新熏)의 삼구로 분별하여 설명을 전개하고 있다. 나아가서 조사선에서 말하는 중생과 부처가 둘이 아니고, 현상계와 이상계가 둘이 아닌 사상으로 풀어내고 있다. 즉 백파는 현상을 '향하신훈삼선(向下新熏三禪)'에 해당하는 것으로 전개하고, 이상을 '향상본분진여(向上本分眞如)'에 해당하는 것으로 전개하고 있다. 진여의 세계를 전개하면서 납자들이 임제에게 삼보에 대한 의문을 제기한 것에서 비롯되어, 불·법·도에 대하여 심청정(心淸淨)·심광명(心光明)·처처무애정광(處處無碍

淨光)이라고 답변한 내용에 백파 자신의 사상을 주장하고 있다. 곧 심청정은 대기이고, 심광명은 대용이며, 처처무애 정광은 묘유삼요라는 관계를 보였다. 이 셋은 다시 하나를 벗어나지 않는 삼즉일(三卽一)의 관계로 설명하였다. 그 구체적인 내용에 대하여 백파는 선문오종(禪門五宗)의 기본을 임제의 삼구에 배대하고 그것을 도식화하여 나름대로 체계화하였다. 임제삼구는 백파가 보여준 선리(禪理)의 기본이고 골격이며 전체를 구성하는 요소다. 백파는『선문수경』을 통해서 23개의 과목으로 나누어 선리를 전개하고 있다.

　백파긍선은『선문수경』에서 선리에 대한 깊은 천착의 모습을 보여주었다. 한국의 선종사에서 선리의 연구에 대하여 깊은 연구를 전개한 사람은 고려시대 진정천책(眞淨天頙)이『선문강요집(禪門綱要集)』을 통해서 보여준 임제종과 운문종의 종지에 대한 것이었다. 그렇지만 아쉬운 것은 선종오가의 전체에 해당하지 않고 임제종과 운문종에 국한되었다는 점이고, 그것도 매우 간략하게 언급되었다는 점이다. 이런 점에서 선종오가의 전체에 걸친 온전한 선리의 연구에 대해서 결과물로 보여준 것은 이후 조선 후기에 환성지안이『선문오종강요』를 통해서 보여준 선종오가에 대한 종합적인 교의였다.

　이와 같은 환성지안의 안목은 한국의 선종사를 통틀어 가장 완전한 선리의 강요서라고 평가할 수가 있다. 환성지안은 비록 임제종 소속의 선사였지만 임제종 이외의 선종 종파에 대해서도 편견이 없이 선리에 대한 깊은 천착을 보여주었다. 나아가서 환성지안의『선문오종강요』에 대하여 더욱 심화시켜서 수록된 용어의 의미는 물론이고 그와 관련된 많은 주석을 가미하여 명실상부하게 선리연구에 크게 공헌한 인물은 다름이 아니라 백파긍선이었다.

이런 점에서 백파긍선의 『선문수경』이 가지고 있는 의미는 극히 상반된 측면을 지니고 있다. 선종의 전통으로 전승된 다양한 교의를 집대성한 『선문오종강요』에 근거하여 오종의 나름마다 설명을 붙여서 특징을 부각시켜 주었다는 점은 이미 『사기』를 통해서 충분히 그 의도를 드러내 주었다. 이것은 백파가 조선 후기 선종사에 공헌했다는 점에서 그 의의가 매우 크다고 평가하지 않을 수 없다.

첫째는 기존의 선종오가에 대한 교의에 대한 백파 나름대로 새로운 해석을 가했다는 점에서 더욱더 그렇다. 백파 이전의 강요서에서는 선리를 나열하는 것에 치중하였다. 그러나 백파는 그와 같은 선리에 대하여 낱낱이 설명을 가하였는데, 필요한 경우에는 기존의 문헌으로부터 인용을 하고 거기에 새로운 해석을 가하였다. 가령 『금강경(金剛經)』과 『단경(壇經)』 등의 어구를 인용하고 새롭게 해석을 붙인 경우가 그것이다.

둘째는 임제종지의 교의를 충분히 강조하여 삼종선의 의미를 확대하고 해석하여 배대시킨 점이다. 임제삼구를 삼구로만 남겨두지 않고 조사선과 여래선과 의리선의 삼종선으로 해석한 점이 그렇고, 삼종선을 다시 선종오가의 등급에 배열하여 해석한 점이 돋보인다.

셋째는 삼처전심(三處傳心)을 살인도(殺人刀)와 활인검(活人劍)에 비유하고 각각을 비교하여 적용하였다. 다자탑전분반좌(多子塔前分半座)를 제일처전심으로 파악하고 그것을 법안종·위앙종·조동종에 대하여 여래선에 배대하였다. 영산회상거염화(靈山會上擧拈花)를 제이처전심으로 파악하고 운문종·임제종에 대하여 조사선에 배대하였다. 그리고 제삼처전심의 쌍수하곽시쌍부(雙樹下槨示雙趺)의 소식은 선종오가에는 해당하는 것이 없다고 판단하였다.

넷째는 대기와 대용, 그리고 진공(眞空)과 묘유(妙有)의 교학적인 개념을 설정하고 그것을 백파 자신의 모든 저술에 일관되게 적용하였는데, 특히 『육조대사법보단경요해(六祖大師法寶壇經要解)』(이하 『단경요해』로 약칭)의 경우가 현저하다.

다섯째는 선종에서 소홀히 하기 쉬운 습의(習儀)에 대해서도 간당십통설(看堂十統說)을 입선(入禪)과 방선(放禪)에 적용하고, 더욱 상세한 내용을 『작법귀감(作法龜鑑)』에서 규정해준 점은 선리에 대하여 대단히 긍정적인 역할로 평가할 수가 있다.

그리고 전통적으로 선리에 대한 섬세한 이해와 설명이 절대적으로 부족했던 시기에 임제종지라는 하나의 관점을 통한 설명과 그것을 간절한 마음에서 도형으로 형상화하여 제시해준 점은 어느 시대의 누구보다도 간결하고 단출한 방편을 보여주었다는 점을 높이 평가할 수가 있다.

그러나 한편으로는 이와 같은 해석의 전반에 걸쳐서 지나치게 자의적이고 독단적인 해석이 노출되고 있어서 임제종만을 위한 『선문수경』이 되어버린 느낌을 벗어나지 못하고 있다. 『선문수경』은 말 그대로 선문에서 손거울처럼 항상 수지해야 할 내용을 간략하게 모아서 이해시키고 일상의 생활에서 필요한 경우에 언제든지 자유롭게 응용할 수 있도록 했다는 점에서는 무방하지만 임제종문 위주로 전개된 편협된 안목으로 일관되어 있다. 이 점에서 삼종선에 대한 배대는 물론이고, 삼처전심과 삼신, 오분법신, 『금강경』의 사구게, 달마의 삼처전심, 간당십통설 등에 대한 해박한 설명에도 불구하고 이후에 초의의순을 비롯한 선리의 논쟁을 촉발하는 빌미를 제공해주는 결과를 초래하였다.

백파의 『선문수경』으로부터 비롯된 오랜 선리논쟁의 역사는 나름대로 긍정적인 측면이 없지는 않지만, 선문이 원융적이고 포용적인 살림을 스스로 포기하고 임제종 자파의 교의에 대한 지나친 과신으로 인하여 조선 후기 선문의 전반에 걸쳐서 임제정통이라는 아만심과 배타심을 심어주는 결과가 되었다.

백파긍선은 선리의 측면에서는 임제삼구에 대한 진공과 묘유 및 대기와 대용에 대한 이해를 높이 현창시켜주었다는 공로가 있다. 나아가서 『선문수경』이라는 제목이 보여주고 있듯이 납자들이 일상에서 손거울을 활용하듯이 항상 곁에 두고 수행의 지침으로 활용할 수 있는 내용으로는 『구자무불성간병론과해(狗子無佛性揀病論科解)』에서 볼 수가 있듯이 간화선 수행에서 무자화두를 참구하는 데 주의해야 할 사항을 간절하게 밝혀두고 있는 점도 또한 간과해서는 안된다. 그리고 백파긍선으로부터 크게 강조되기 시작한 대기와 대용 및 진공과 묘유의 개념은 『사기』와 『선문수경』은 물론이고 말년에 저술된 『六祖大師法寶壇經要解』(이하 『단경요해』로 약칭함)까지 지속적으로 일관되어 있어서 백파 선관에 하나의 특징을 보여주고 있다.

또한 백파긍선은 『선문수경』에서 주장하고 있는 진공과

묘유의 개념을 이후의 저술에 해당하는 『단경요해』에서도
일관하여 대기와 대용 및 진공과 묘유의 개념으로 정립해
가고 있다. 긍선은 나름대로 수행의 지침을 마련하려고 수
행자의 지침서를 저술하였는데 그것이 『선문수경』이었다.
이것은 임제의 삼구에 대한 백파의 새로운 해석이 주요한
내용이지만, 조사선의 도리인 대기(大機)와 대용(大用)에다
각각 진공(眞空)과 묘유(妙有)를 적용시키고 있는 점이 돋
보인다. 가령 백파긍선의 나이 79세에 이르러서 혜능의 『
단경』에 대하여 그 내용을 나름대로 분석한 『단경요해』를
통하여 다시 진공과 묘유의 도리, 나아가서 기(機)와 용
(用) 내지 삼종선의 기준을 앞세워 설명하고 있다. 『단경
요해』에서 긍선은 향상의 본분을 진공과 묘유의 관계에 의
거하여 설명한다. 『단경요해』에서는 직접적으로 사용된 진
공과 묘유의 용어가 각각 89회와 71회에 걸쳐 언급될 정
도이다. 이처럼 백파는 『단경요해』에서 전반에 걸쳐서 향
상의 진공과 묘유에 근거하여 풀어내고 있다.

　이것은 이전 『선문수경』의 경우에 근본을 임제삼구에 두
고 그것을 향상의 본분진여와 향하의 신훈삼선으로 간주하
였던 것과는 다른 입장이다. 『선문수경』에서 긍선은 자신
마저도 향상의 본분진여에서는 불조와 다름이 없다고 간주
하였다. 또한 중생이 갖추고 있는 본분진여는 불변을 진공
으로 보고 수연을 묘유로 간주한 것이었다.

　곧 『단경요해』와 『선문수경』에서 진공과 묘유를 갖추고
있다는 점에서는 같은 입장이지만 『단경요해』에서 보여준
진공과 묘유는 자성의 향상본분과 향하신훈을 아우른 진공
과 묘유의 입장에 바탕하고 있다.

이처럼 긍선이 제시한 교학적인 구조는 향상의 본분에서는 진공과 묘유에 바탕하고 향하의 삼구에서는 삼종선을 제시하고 있다. 이들 내용을 보면 백파가 기준으로 삼고 있는 기준의 성격은 철저하게 선종의 우월주의에 근거하여 전개되어 있다.

일반적으로 선의 종지를 불립문자(不立文字) 교외별전(敎外別傳) 직지인심(直指人心) 견성성불(見性成佛)이라는 말로 표현한다. 이 말은 송대에 정형화된 구절로서 선의 상징과 속성과 성격을 가장 잘 표현한 언구 가운데 하나로 통한다. 이 사구에 드러나 있듯이 선의 본질은 언설로써는 제대로 표현할 수가 없다는 의미이다. 곧 선의 경우에 자신의 체험을 통한 이해, 나아가서 깨달음이 강조되고 있는 까닭이 여기에 있다. 그 때문에 선의 경지는 언설로 표현할 수 없다는 언어도단(言語道斷)이고 분별심으로 도달할 수 없다는 심행처멸(心行處滅)이라고 말하기도 한다. 결국이 표현마저도 언설의 흔적을 수반하고 있기 때문에 선에 대하여 딱히 뭐라고 언급할 수는 없다.

그럼에도 불구하고 선이 지니고 있는 상징적인 속성과 의미를 드러내기 위하여 다양한 표현을 강구해왔다. 이 경우에 선은 좌선의 수행을 통한 선자의 깨달음을 의미하는데 일찍이 석가모니의 경우에는 그것을 정법안장(正法眼藏)이라고 말해왔다. 정법안장은 석가모니가 깨달은 내용의 핵심으로서 깨달음 그 자체를 가리키는 말이다. 석가모니는 바로 이 정법안장을 마하가섭(摩訶迦葉)에게 이심전심(以心傳心)의 방식으로 전승하였고, 이후 인도의 역대조사 및 달마를 거쳐 중국의 조사로 계승되었다는 것이 선종의 전등설이다. 이 경우에 정법안장은 언설이 아닌 심법으로 전승되어 왔다는 특징이 있다.

그러나 그 심법마저도 결국에는 언설을 통한 사유를 말미암지 않을 수가 없기 때문에 궁극적으로는 언어도단의 경지를 언설에 의지하여 사유해야 한다는 역설적인 상황이 발생한다. 이와 같은 아이러니 때문에 선종에서는 불립문자를 강조하면서도 역설적으로 여타의 종파 못지않게 많은 문헌을 필요로 하였다. 그 문헌은 어디까지나 선자의 이해와 체험이 바탕이 되어 제자에게로 전승되어 온 까닭에 스승과 제자 사이에 일상에서 발생한 사건을 중심으로 전개되었다.

그 결과 스승과 제자의 일상적인 생활과 그 문답이 기록으로 남게 되었다. 이처럼 선어록은 일상의 기록이기 때문에 특별히 기획되거나 의도된 것이 아니라 사실 그대로의 성격이 강하다. 또한 스승과 제자의 생활과 문답에 대하여 제삼자가 기록한 것이기 때문에 기록한 사람의 안목이 중요하다. 이렇게 출현한 선어록은 조사선의 발전과 더불어 가능하였다. 조사선에서는 반드시 스승과 제자가 도제교육의 방식으로 전개되는 면수(面授)였을 뿐만 아니라 스승의 마음이 제자의 마음에 전승되는 이심전심의 행위를 통하여 석가모니의 정법안장이 스승과 제자에게로 이법인법(以法印法)의 방식으로 계승되었기 때문이다. 이 경우에 정법안장을 수수하는 사자상승(師資相承)이 가능하기 위해서는 스승과 제자가 모두 석가모니의 정법을 감당할 수가 있어야 하기 때문에 이들 정법안장을 전승하는 스승의 권위가 어느 시대보다도 높았다. 이처럼 정법안장을 수수하는 이상적인 인물로 소위 조사(祖師)를 내세웠다. 따라서 조사선에서 스승의 행동과 말씀이 석가모니에 비견될 정도로 높은 권위가 부여되자, 그 스승의 행동과 말씀은 그대로 제자들의 전범이 되었는데, 그에 대한 기록이 소위 어록의 형태로 전개되었다.

이에 조사선풍이 크게 전개되었던 중국의 중당 시대부터는 이와 같은 조사들의 말씀이 언설로 기록되면서 불교의 성전과 동일한 가치와 의의를 부여받았다. 그 때문에 각 문중에서는 조사의 말씀을 편찬하여 간행함으로써 그 가르침을 보급시키고 전승하며 현창하고 문중의 세력을 과시하는 수단으로 활용하였다. 따라서 대부분의 문중에서는 조사의 어록을 금과옥조처럼 간주하여 스스로 권위를 부여하여 화려한 책자로 만들어 보관함으로써 시대가 흐를수록 수많은 어록집이 축적되고 간행되었다. 이러한 어록은 점차 언어문자에 얽매이는 경향으로 흘러가면서 때로는 문자선(文字禪)의 폐해에 빠지는가 하면, 한편으로는 공안집의 형식을 출현시킴으로써 새로운 선수행법인 공안선(公案禪)의 출현으로 전개되기도 하였다. 대혜종고는 당시에 팽배해져 가던 문자선의 폐혜를 비판하면서 스승인 원오극근이 편찬했던 『벽암집』 6권을 불살라버렸다. 그러나 대혜 자신도 이후에는 결국 또 다른 공안집에 해당하는 『정법안장』 6권을 저술하여 공안선의 현창에 기여하였다.

당대(唐代)부터 등장하기 시작한 선어록은 신라 말기부터 선법의 한국전래와 함께 수입됨으로써 선법의 정착은 물론이고 선문의 형성에도 일조하였다. 고려 초기까지는 한국선의 전개에서 일방적으로 수입된 어록에 의지하였지만, 고려 중기부터는 한국선에서도 자생적으로 어록이 출현하게 됨으로써 한국적인 선법의 발전을 도모할 수가 있었다. 9세기 말 위앙종풍으로부터 전승되기 시작한 중국의 선종오가는 이후로 고려 중기까지 조동종 · 법안종 · 운문종 · 임제종 · 위앙종 등이 모두 전래되면서 당대, 오대 및 송대의 어록이 거의 대부분 수용되었다. 이들 어록을 통하여 당대부터 스승과 제자의 선문답을 중심으로 전개된 조사선풍은 송대에 들어서는 점차 어록으로부터 추출된 공안을 중심으로 문자선이 유행하게 되었다. 특히 북송시대부터 점차 출현하기 시작한 공안집의 유행은 고려시대에 이와 같은 선풍을 크게 진작시켜주었다.

그러나 고려시대 선법은 간화선뿐만 아니라 문자선의 유행이 활발하였다. 문자선은 어록이 중심이 되어 재편된 공안집을 중심으로 삼아 선자가 자신의 수행방편 뿐만 아니라 제자의 교화수단으로 활용하기 위하여 주어진 공안에 의지하고 거기에다 자신의 견해를 피력하여 비평을 가하고 새롭게 주석을 가함으로써 선문답을 염롱하는 방식이었다. 그 결과 중국선의 경우에 초기에 불립문자를 표방하면서 출발했음에도 불구하고 수많은 언설을 의지할 수밖에 없었던 조사선의 전통은 불리문자(不離文字)이고, 나아가서 반드시 문자에 의지하지 않으면 안 되는 수의문자(隨依文字)라는 문자선 내지 간화선의 전통으로 전개되지 않을 수 없게 되었다.

그러나 여전히 선과 언어문자는 서로 불가즉(不可卽) 및 불가리(不可離)의 관계로서 양립할 수밖에 없다. 이런 까닭에 일찍이 달마는 선과 언설의 관계에 대하여 자교오종

(藉教悟宗)이라는 말로 표현하였다. 이것은 선의 종지야말로 반드시 경전에 의거하지 않으면 안 된다는 것이었다. 이것이 후대에 선종의 내부에서 수행과 깨침과 교화에 대하여 다양하고 세련된 모습으로 수많은 기관(機關)이 계발되어 활용되었던 것은 부득이하게도 불완전하나마 문자의 기록물인 어록에 의지하여 전승되는 까닭이었고 결과였다.

이와 같이 어록에 의지한 선풍은 간화선의 전통과 함께 조선시대에 수행방식으로 전개되면서도 문자선의 폐풍으로 흘러가지 않을 수 없었다. 그 때문에 선문답이 지니고 있는 생기발랄한 법거량의 현창이 지속적으로 활발하게 계승되지 못하고 어록이라는 문자의 기록에 근거한 공안에 대하여 선자 개인의 견해를 통해서 비평하는 전통으로 굳어져버렸다. 이런 까닭에 일상의 생활에서 스승과 제자 사이에 이루어진 문답의 형식으로부터 출발했던 선어록은 선종의 전개와 더불어 정형화된 공안의 기록을 중심으로 전승되었다. 특히 한국선의 경우에는 중국의 어록이 거의 그대로 전승되었지만 조선시대에는 점차 사기 및 문집의 모습으로 흘러가면서 선리 및 선론에 대한 천착으로 정착되어 갔다.

그 선론 가운데서도 선리에 대하여 가장 깊이 있는 논의는 백파긍선의 『선문수경』이었다. 백파는 『선문수경』을 통해서 한국선에서 유전되어 왔던 선리에 대하여 구체적으로 임제삼구를 선택하고 모든 선리의 귀결을 임제삼구를 기준으로 삼았다. 따라서 백파의 주장에는 부분적으로 비판의 대상이 노출되어 있다. 그 가운데 이후 초의의순에게 비판받았던 주제는 『선문사변만어』라는 책을 통해서 이루어졌는데, 주로 백파의 삼종선에 대한 문제가 그 중심에 있었다. 구체적으로는 백파의 삼처전심에 대한 견해, 삼종선과 임제삼구의 배대, 살(殺)과 활(活)에 대한 의미, 조사선과 여래선, 격외선과 의리선, 진공과 묘유 등에 대한 비판이었다.

백파와 초의의 선리논쟁은 한국선종사의 특수한 면모로서 종전의 선리에 대하여 이처럼 깊이 있고 오랜 동안 논의될 수 있었던 상황 또한 한국선이 지니고 있는 역량이었다. 바로 이와 같이 선리에 대한 새로운 시각과 상호 논쟁을 보여준 근원에 백파의 『선문수경』이 있었다. 선리에 대한 논쟁의 단초를 제공했다는 점만 가지고도 한국선종에 기여한 백파의 역할은 충분히 컸다고 평가할 수가 있다.

Ⅴ.『선문사변만어』

1. 초의의순

『선문사변만어(禪門四辨漫語)』가 언제 저술되었는가 하는 시기는 정확하게 알려져 있지 않다. 다만 1913년 5월 25일 인쇄하고 6월 10일 대흥사에서 발행한 것으로 되어 있다. 저자 초의의순(草衣意恂: 1786-1866)은 전남 나주군 삼향면에서 1786년 4월 5일에 태어났다. 속성은 장(張)씨이고 자는 중부(中孚)이다. 어린 나이에 월출산에 올랐다가 바다에서 떠오르는 해를 보고 발심하여 산사에 머물렀다.

16세 때 나주군 다도면(茶道面) 암정리(巖亭里) 덕룡산(德龍山) 운흥사(雲興寺)에서 벽봉민성(碧峰珉聖)에게 출가하였다. 이후에 대흥사(大興寺)에서 완호윤우(玩虎倫佑: 1758-1826)에게 구족계를 받았고, 이후에 초의(草衣)라는 호를 받았다. 김담(金潭)에게서 선법을 공부하였다. 24세 때 강진에 있던 다산(茶山) 정약용(丁若鏞: 1762-1836)과 처음 교유하였다.

이후 금강산, 지리산, 한라산 등의 명산을 유행하였다. 서울로 와서 홍현주(洪顯周), 홍석주(洪奭周), 신위(申緯), 권돈인(權敦仁), 김정희(金正喜) 등과 교유하였다. 39세 때는 일지암(一枝庵)을 중건하고 거기에서 일생을 보냈다. 1866년 81세 때(법랍 65) 입적하였다. 저술로는 본『선문사변만어』를 비롯하여『초의시고(草衣詩藁)』2권,『진묵조사유적고(震黙祖師遺蹟考)』,『동다송(東茶頌)』,『다신전

(茶神傳)』 등이 있다.

2. 저술 배경 및 내용

『선문수경』의 저자 백파긍선은 임제의현의 삼구에 대하여 임제종지를 중심에 두고 그것을 선리의 정통으로 부각시킨다. 보다 구체적으로는 임제의 삼구에 근거하여 선을 삼종선으로 분류하고, 선종오가에 대하여 삼종선을 기준으로 평가하며, 삼처전심과 삼현과 삼요와 살·활 등 『임제록』에 보이는 교의의 전반에 대하여 그것을 임제삼구에 대응하여 분류한다. 그 이유는 다양하다. 일례로 조선 말기에 『동사열전(東師列傳)』의 저자로 잘 알려져 있는 범해각안(梵海覺岸: 1820-1896)의 『범해선사문집(梵海禪師文集)』에는 「선문만어서(禪門漫語序)」가 수록되어 있다. 거기에는 초의가 『선문만어』라는 명칭을 붙인 이유에 대하여 설명하고 있다.

> 중부자는 내외(內外)의 도학(道學)을 일관하고 古今의 문헌을 섭렵하여 예로부터 소위 명성을 회피해도 명성이 나를 따른다는 사람에 해당하였다. 이 때문에 육은 장로(六隱長老, 白坡亘璇)가 비평한 『선문수경』을 살펴보고, 그 가운데 의의(意義)가 적합하지 않는 것을 간추려서 그 사(邪)와 정(正)을 판별하였다. 이것은 백파에 대하여 백파의 견해에 대하여 사람들의 마음의 진(眞)과 위(僞)를 현시하여 무엇을 추구하고 배척해야 하는가에 대한 것이기 때문에 거기에 『선문만어』라는

명칭을 붙였다.204)

  범해의 「선문만어서」에서 말하고 있듯이, 초의의 『선문
사변만어』는 백파의 견해에 대하여 사(邪)와 정(正)을 판
별하고 그것에 근거하여 추구할 것은 추구하고 배척할 것
은 배척하는 입장에서 선리의 올바른 이해와 보급을 위하
여 저술했음을 알 수가 있다.
  일찍이 백파긍선이 지은 『선문수경』에는 임제삼구를 삼
종선과 배대하였는가 하면, 살인도와 활인검, 말후구와 최
초구, 향상과 향하, 본분과 신훈, 의리선과 격외선, 삼성설,
대기와 대용, 여래의 삼처전심과 달마의 삼처전심, 임제가
내세운 다양한 선리, 삼처전심과 삼종선의 대비, 삼종선과
선종오가의 배대 등 다양한 주제에 대하여 백파 자신의 견
해를 내세움으로써 한국선리의 발전과 전개하는 데에 크게
기여를 하였다. 그러나 한편으로는 지나치게 도식적이고
자의적인 해석을 가함으로써 이후에 많은 비판의 원인을
제공하였다.
  백파는 첫째, 살활변(殺活辨)과 관련하여 삼처전심(三處
傳心)에 대한 견해에서 제일처인 분반좌에 대하여 살인도
(殺人刀)이고 임제의 삼구 가운데 제이구에 해당한다고 하
였다. 제이처인 염화미소 및 제삼처인 곽시쌍부에 대하여
활인검(活人劍)이고 임제의 삼구 가운데 제일구에 해당한
다고 하였다. 그리고 제일구의 활인검에는 살활이 구족되

---

204) 『梵海禪師文集』卷2「禪門譾語序」, (韓佛全10, pp.1087下-1088上)
  "中孚子 內外道學 一以貫之 古今諸書 囊以括之 古所謂逃名而名
  我隨者也 故得見隱老所評禪門手鏡 其中意義不協者 抄出辨正 此
  乃現示其人 人見者之心眞僞 斥救之何如也 以之名之曰禪門譾語"

어 있고, 제이구인 살인도에는 활이 없고 단지 살 뿐이라고 간주하였다.

둘째, 향하의 신훈삼종선에 대하여 백파는 온총삼구로 규정한다. 그리고 『임제록』의 '만약 제일구에서 깨달으면 불조의 스승이 되고, 제이구에서 깨달으면 인천의 스승이 되며, 제삼구에서 깨달으면 자신도 제도하지 못한다.'는 구절에 대하여 각각 조사선과 여래선과 의리선이라는 코멘트를 붙인다.

셋째, 의리선과 격외선의 구별에 대하여 고래로 법(法)에 의거하면 의리선과 격외선이라 말하고, 인(人)에 의거하면 여래선과 조사선이라 말하는 까닭에 의리선은 여래선에 즉하고 격외선은 조사선에 즉한다는 통설을 부정한다.

의리선은 제삼구로서 단지 신훈(新熏)의 오수(悟修)를 설한 것으로 온전히 의로(義路)와 이로(理路)의 표격일 뿐이고, 격외선은 여래선의 입장으로는 평상심에 즉한 그것이 부처[卽心是佛]이고 조사선의 입장으로는 산은 그대로 산이고 물은 그대로 물이라는 설로서 의리의 격식을 아득히 벗어나 있다고 말한다. 그리고 백파는 격외선 가운데 여래선은 은 제일처전심인 다자탑전분반좌의 소식으로서 법안종·위앙종·조동종 등 삼종의 종지라고 말한다. 또 격외선 가운데 조사선은 제이처전심인 염화미소의 소식으로서 운문종·임제종의 종지이고, 제삼처전심인 곽시쌍부의 소식은 육조혜능 이하로 전승되지 않았다고 말한다.

그러나 백파의 견해는 임제종 중심의 교의로 기울어져 있었고, 지나치게 도식적으로 나열하고 주장한 까닭에 임제종지의 본의와 일정한 거리가 있었다. 그 때문에 이에 대하여 당시의 선문에서는 점차 그에 대하여 호응하거나 내지 반박하는 풍조가 일어났다.

『선문수경』에 보이는 백파의 견해에 대하여 처음으로 본격적인 비판을 가한 인물이 초의의순이었다. 초의는 백파의 견해에 대하여 그 시비를 분명히 하려는 목적으로 저술한 『선문사변만어』를 통해서 삼처전심, 삼종선을 임제삼구에 배대한 근거, 이선과 선종오가의 배대 등에 대하여 조목조목 근거를 제시하며 나름대로 자신의 주장을 전개하였다. 그리고 또한 '사변만어(四辨漫語)'라는 용어에 보이는 것처럼 조사선과 여래선의 유래, 격외선과 의리선의 유래, 살활과 체용의 관계, 진공과 묘유의 네 가지 주제를 내세우고, 각각 그에 대하여 근거를 제시하면서 비판하였다. 백파가 제시한 선리논쟁의 단초에 대하여 초의의 비판은 조선 말기에 한국선리의 논쟁에 대한 큰 물줄기의 서막을 보여주었다.

분반좌는 살(殺)뿐이고 활(活)이 없으므로 여래선이고, 염화미소는 살과 활을 겸비하였기 때문에 기(機)와 용(用)을 갖춘 조사선이라는 백파의 주장에 대하여, 초의는 구곡각운(龜谷覺雲)의 『염송설화』에서 분반좌는 살이고, 염화미소는 활이며, 곽시쌍부는 살과 활을 보여준 것이라는 근거를 들어 백파의 견해를 비판한다.

그리고 상근기는 조사선이고, 중근기는 여래선이며, 하근기는 의리선인데 각각 조사선은 제일구에 해당하고, 여래선은 제이구에 해당하며, 의리선은 제삼구에 해당한다는 백파의 주장 및 『선문강요집』의 일우설과 관련시켜서 여래선과 조사선의 제일구와 제이구를 격외선에 배대하고 의리선을 제삼구에 배대한 백파의 주장 등에 대하여, 초의는 일우설에는 그와 같은 말이 없다고 비판을 가한다.

조사선에는 운문종과 임제종을 배대하고 여래선에는 조동종과 위앙종과 법안종을 배대하여 임제종·운문종·조동종·위앙종·법안종의 순서로 배대한 백파의 주장에 대하여, 초의는 그와 같은 견해는 『인천안목』의 오류에 근거한 결과임을 지적하고, 위앙종의 종지를 중심으로 여러 가지 증거를 제시하며 비판한다.

사람에 의거하여 조사선과 여래선을 구별한 백파의 주장에 대하여, 초의는 역대조사의 경우에는 그 우열을 나눈 적이 없었다는 것을 들어서 비판한다.

조사선은 임제의 제일구와 제이구에 해당하고 여래선은 임제의 제삼구에 해당한다는 백파의 주장에 대하여, 초의는 종지를 수수(授受)하는 현밀(顯密)에 따라서 조사선과 여래선이란 명칭이 나뉠 뿐이지 본래 법의 본체가 두 가지인 것은 아니라고 비판한다.

의리선을 제삼구에 배대한 백파의 주장에 대하여, 초의는 임제의 제삼구야말로 다시 삼구를 합설한 것이라고 제삼구에서 비로소 삼구와 삼요와 삼현에 대하여 언설로 풀어내고 있다고 비판한다.

일우는 삼처전심을 모두 조사선으로 파악하였지만, 백파는 일우설에 의거했다고 말하면서 일우설과 달리 분반좌는 여래선이고 염화미소는 조사선이라는 견해를 제시하였다. 이 점에 대하여 초의는 백파의 오류를 지적한다.

그리고 조사선과 여래선을 격외선에 배대한 백파의 주장에 대하여, 초의는 격외선이라고 명칭한 것도 의리로 풀어내는 경우는 모두 의리선이 되는 까닭에 의리선을 격외선의 상대개념으로만 활용하는 것은 아니라고 비판한다.

초의의 견해에 의하면 살과 활의 개념은 체(體)와 용(用)을 기준으로 말하면 살은 본체이고 활은 작용이며, 설(說)과 청(聽)을 기준으로 하면 설(說)은 살(殺)이고 청(聽)은 활(活)이며, 수(修)와 단(斷)을 기준으로 하면 지혜[慧]로 미혹을 없애는 것은 살(殺)이고 지혜[智]로 깨침을 드러내는 것은 활(活)이다. 그래서 도(刀)와 검(劍)이라는 명칭을 붙인 것이라고 말한다. 그런데도 백파는 살과 활이라는 글자를 모든 대상에 붙이고 있는 까닭에 잘못이라는 것이다.

백파가 불변(不變)은 진공(眞空)이고 수연(隨緣)은 묘유(妙有)라고 말한 것에 대하여, 초의는 고인 및 『기신론』의 설을 근거로 하여 즉유(卽有)의 공(空)이어야 진공(眞空)이고, 즉공(卽空)의 유(有)이어야 진정한 묘유(妙有)라고 비판한다.

이와 같이 초의가 내세운 몇 가지 견해는 나름대로 일리를 확보하고 있지만, 백파의 전반적인 견해에 대한 비판은 아니다.

그 때문에 초의의 이와 같은 비판의 자세에 대하여 이후에 설두유형은 조사선에 대한 초의의 비판을 반박하고, 여래선에 대한 비판도 반박하며, 삼처전심과 이선(二禪)의 배대에 대하여 초의가 구곡의 말을 백파의 주장으로 오해했다고 반박하고, 권(權)에 즉(卽)하여 실(實)을 설명하는 것은 격외선이 아니라는 비판도 반박하며, 임제의 제삼구야말로 의리선이라고 말하는 초의의 비판에도 반박하고,

살활에 대한 비판에도 반박하며, 선종오가를 조사선 및 여
래선에 배대한 비판에 대해서도 반박하고, 진공과 묘유의
비판에도 반박한다. 이처럼 설두유형은 초의의 비판에 대
하여 모두 여덟 가지로 반박하고 있다.

　이것은 어떤 특정의 주제에 대한 비판의 관점에 대한 문
제이기도 하지만 전체가 아닌 부분에 대한 문제이기도 하
다. 이것은 초의 이후에 『선문증정록』에서 우담홍기가 백
파의 견해에 대하여 비판을 가한 점을 감안해보면 우담홍
기는 초의의순과 다른 관점에서 백파의 견해를 비판하고
있는 것에서도 엿볼 수가 있다. 그런 까닭에 초의의 견해
에 대하여 설두유형의 반박이 있었지만, 후대에 백파와 우
담과 설두를 싸잡아 비판한 축원진하는 초의의 견해에 대
해서는 특별히 비판의 모습을 보이고 있지 않다.

3. 위상 및 의의

　초의가 『선문사변만어』를 통해서 보여준 선리논쟁의 문
제는 초의에게서 끝나지 않았다. 이후로 더욱더 크게 전개
됨으로써 한국에서 전개된 선리의 논쟁은 한국선의 특징을
이해하는 중요한 단서가 되었으며, 한국선의 특색 있는 면
모를 보여주었다.

　초의의순 이후에 우담홍기는 『선문증정록(禪門證正錄)』
에서 비판의 주제로서 삼처전심, 여래선·조사선 및 의리선·
격외선, 살인도·활인검, 삼구·일구 등 전체적으로 4가지 항
목에 대하여 논의를 전개하였다.

　첫째는 임제삼구와 삼처전심을 어떻게 배대하느냐의 문

제이다. 그것을 여래의 삼처전심과 달마의 삼처전심의 구조와 관련시켜 논의한다.

둘째는 조사선과 격외선을 같은 등급에 놓고, 여래선과 의리선을 같은 등급에 놓아 조사선과 여래선 그리고 의리선과 격외선의 차이에 대하여 논의한다.

셋째는 살인도와 활인검은 삼구를 획득하느냐, 그리고 동시삼구(同時三句)와 부동시일구(不同時一句)를 획득하느냐의 여부에 따라서 살인도가 되기도 하고 활인검에 되기도 한다는 점을 논의한다.

넷째는 임제의 삼구와 일구의 관계에 대하여 체·용·중에 대비시켜 설명하면서도 궁극적으로 삼구는 곧 일구임에 대하여 논의한다.

우담은 『선문증정록』을 통해서 이와 같은 네 가지 점을 중심으로 백파가 『선문수경』에서 주장한 내용에 대하여 그 시비를 증거를 언급해가면서 논의하였다.

우담 이후에 설두유형은 1889년 저술로 기록되어 있는 『선원소류(禪源遡流)』에서 총 11단락으로 나누어 기존의 선리논쟁에 대한 자신의 견해를 피력하고 있다.

	주제	내용
①	여래선과 조사선	선문강요집과 염송설화를 경증으로 설명
②	삼처전심	달마 삼처전심의 항목에 이견을 보임
③	살인도와 활인검	조사선-정전, 여래선-방전. 조사선과 여래선의 우열 인정
④	의리선과 격외선	격외선에 조사선과 여래선 인정. 의리선과 여래선의 분별
⑤	임제삼구의 변	백파의 견해. 설두 자신의 견해. 초의의 견해에 오류 지적
⑥	사변만어 비판	8가지로 초의의 견해를 비판
⑦	선문증정록 비판	우담이 비판한 네 가지 주제를 소개하고 그것을 비판
⑧	비판의 총결	사변만어와 선문증정록을 병합하여 평가
⑨	회향	회향게송
⑩	발문	幻翁喚眞(1889년)
⑪	시주질	

위의 단락에서 ①부터 ⑤까지는 백파의 견해를 소개하고 보편적인 개념 및 의미를 설명하는 모습을 보여준다. ⑥부터 ⑧까지는 본격적인 비판의 글이다. 특히 초의의 견해에 대해서는 소략하게 8가지 주제에 대하여 반박을 가하고, 우담의 견해에 대해서는 네 가지 주제에 대하여 비교적 자세하고 구체적으로 반박을 가한다. 아울러 초의와 우담의 견해를 불편(不偏) 및 불이(不二)의 중도에 근거해야 할 것을 주장한다. 특히 우담에 대해서는 백파의 후손임에도 불구하고 비판을 가한 것은 의리까지 저버린 것이라고 질타한다.

설두의 이와 같은 반박도 이후 축원진하의 『선문재정록』에서는 설두가 내세운 양중(兩重)의 살·활(殺·活)이 비판받고, 살·활을 가지고 여래선과 조사선의 이선에 배대한 것도 비판받으며, 제이구는 권에 즉하여 실을 해명하는[卽權明實] 것 그리고 제일구에 있는 사조용(四照用)에서 그 조용부동시(照用不同時)를 버리고 단지 조용동시(照用同時)만 취하여 한편으로는 살을 내세우고 한편으로는 활을 내세우고 있는 점에 대해서 마찬가지로 비판을 받는다.

이러한 점을 감안해 본다면 초의와 우담이 초백파(超白坡)의 견해를 지니고 비판을 가한 점에 비하여 설두는 즉백파(卽白坡)의 견해를 지니고 그것을 충실하게 계승하려 후손이었다. 그 때문에 설두는 특히 우담에 대하여 백파 – 침명으로 계승되는 법손임에도 불구하고 '선사(先師)가 시설한 것에 작은 흠만 있어도 그것을 척파한 까닭에 모름지기 예악(禮樂)으로 보자면 스스로 자기의 덕을 존숭하지 못하여 선현을 하시(下視)한 것이다.'고 하여 의리(義理)를 저버린 사람으로까지 몰아댔다. 이와 같은 설두의 관점이 바로 『선원소류』를 저술하게 했던 근원이었던 것으로 보인다.

특히 조선 후기 백여 년에 걸친 논쟁은 치열한 논쟁은 8세기에 불거진 남종과 북종의 정통논쟁 및 명말 청초에 전개된 법맥의 논쟁보다도 오랜 세월에 걸쳤으며, 중국 선종사에서 출현했던 문정(門庭)의 우월의식 중심의 논쟁과 비교하여 순수한 선리논쟁의 역사였다는 점에 그 의의를 부여할 수가 있다.

또한 축원진하(竺源震河)는 임제삼구와 관련하여 고려 진정천책의 『선문강요집』에 연원을 두고 있는 선리논쟁의 관점에 대하여 『선문재정록』을 저술하여 나름대로 종합하고 궁극의 방향을 제시하였다. 거기에는 기존의 여러 가지의 쟁점에 대한 선사(先師)들의 비판과 수용의 면모를 보여주고 있다.

비판의 대상	비판의 주제	비판의 내용
백파긍선	조사선과 여래선	조사선·여래선과 삼종선의 배대
백파긍선·설두유형	격외선과 의리선	격외선·의리선의 기준
우담홍기	이종선	조사선·여래선과 격외선·의리선의 배대
백파긍선	삼처전심	여래선·조사선과 삼처전심의 배대
설두유형	살활	살활과 여래선·조사선의 배대
백파초의·우담설두	사가의 종합	사가설의 비판적 계승

축원진하는 조선 후기에 선리논쟁을 촉발시킨 도화선이었던 백파긍선의 『선문수경』에 제시된 내용을 언급하고 있다. 일찍부터 의리선과 격외선은 법(法)에 의거한 명칭이고, 여래선과 조사선은 인(人)에 의거한 명칭이었는데, 이렇게 양중으로 내세운 것에는 제설에 동이점이 있다고 전제한다. 진하는 이에 근거하여 백파가 삼종선으로 분류한

견해를 비판한다.

축원진하가 비판한 내용에는 긍정적인 측면이 있는가 하면 부정적인 측면도 아울러 드러나 있기 때문에 대부분이 비판을 위주로 전개되었던 이전의 선리논쟁과는 다른 성격을 보여주고 있다.

축원진하는 우선 진정천책의 『선문강요집』과 구곡각운의 『염송설화』의 견해에 대해서는 경증으로 삼고 있는 까닭에 전적으로 수용하는 자세를 보여주고 있다. 그러나 백파의 견해에 대해서는 조사선·여래선을 삼종선에 배대한 문제, 조사선·여래선을 삼처전심에 배대한 문제, 격외선·의리선을 분류한 기준 등으로 나누어 세 가지 점을 중심으로 비판을 가하였다. 또한 설두유형의 견해에 대해서는 격외선·의리선의 기준에 대하여 백파의 견해와 관련하여 비판을 가하였다. 나아가서 진하는 우담홍기의 견해에 대해서는 조사선·여래선과 격외선·의리선의 배대 문제에 대하여 비판을 가하였다.

그럼에도 불구하고 초의의순의 견해에 대해서는 아무런 입장을 표명하고 있지 않다. 그것은 초의의 견해를 직접적으로 수요 내지 긍정의 표현을 하지는 않았을지라도 백파에 대한 비판을 보여주고 있는 점에서 본다면 아무래도 초의의 견해를 긍정했던 것으로 보인다. 나아가서 백파의 견해를 비판함에 있어서 우담홍기의 견해를 전폭적으로 수용하고 있는 점을 감안한다면 비록 초의와 우담이 동일한 관점은 아닐지라도 백파를 비판했다는 점에서는 노선을 같이하고 있었음을 은근히 노출시켜주고 있다.

진하가 『선문재정록』이라고 제명을 붙인 것은 이전의 숱한 선리와 그에 대한 논쟁의 종식을 겨냥하여 거듭 바로잡는다는 의미를 내세운 것이었다. 그 결과로서 『선문강요집』을 원류로 하여 『선문수경』이 출현하고, 그에 대한 비판으로 『선문사변만어』에서부터 본격적으로 촉발된 논쟁의 완성을 이끌어내지는 못했을지라도, 100여 년간에 걸친 선리논쟁에 대하여 그 변별과 해석을 부분적으로 수용함으로써 백파와 초의와 우담과 설두의 각각 장점을 취합했다는 평가를 내릴 수가 있다.

이런 점에서 축원진하가 보여준 선리논쟁에 대한 성격은 어느 한편의 일방적인 비판도 아니었고, 선리에 대하여 단순한 긍정만도 아니었고 부정만도 아니었다. 그것은 선리에 대하여 입장을 피력했던 선사(先師)들의 각각의 관점에 나타난 주장과 견해가 다양하게 전개될 수 있는 근거를 확보해주는 것이었다. 이런 점에서 이후 또 다른 선리의 논쟁에 대한 길을 열어 놓은 것이었다.

한국의 선종사에서 임제삼구에 대한 본격적인 이해와 해석은 고려시대 진정천책(眞靜天頭)의 『선문강요집』에서 시작되었다. 그로부터 조선 초기 구곡각운(龜谷覺雲)의 『염송설화(拈頌說話)』에서 임제삼구의 내용이 간간이 인용되었고, 나아가서 조선 후기에 백파긍선은 『선문수경』을 통해서 『선문강요집』과 『염송설화』에 소개된 임제삼구의 내용을 인용하면서 나름대로 임제삼구를 중심으로 새로운 선리를 전개하였다. 백파가 보여준 임제삼구를 중심으로 하는 선리의 이해는 한국선종사에서 기존의 누구보다도 집중적인 천착이었고 종합적인 면모였으며, 다양한 주제에 걸쳐 이루어졌다. 그 때문에 그 자체로서 한국선에 끼친 백파의 공로는 지대하였다.

그러나 백파의 견해가 임제종지의 우월의식에서 벗어나지 못한 입장에서 전개되었고 자의적으로 도식화하여 드러내고 있는 점은 후대의 종사들에게 비판의 빌미를 제공하는 단서가 되었다. 그 가운데 초의의순은 백파의 견해에 대하여 다양한 선문헌의 증거를 제시하면서 가장 폭넓고 치밀하게 여러 가지 주제에 걸쳐 조목조목 비판을 가하였다. 말하자면 백파의 견해에 대한 초의가 보여준 비판의 태도는 단순히 비판을 위한 비판이 아니라 선리에 대한 올바른 기준을 마련하려는 것이었다. 그러나 초의가 제시해준 비판도 역시 모든 쟁론이 언설로 표현되고 이해되는 까닭에 또 다른 비판의 빌미가 되어버린 것은 피할 수 없는 것이었다. 따라서 백파의 견해에 대한 초의의 비판은 이후에 다시 백파의 견해를 옹호한 설두유형에 의하여 여덟 가지에 걸쳐 반박되었다.

백파의 견해에 대하여 초의가 보여준 선리의 비판 작업은 지극히 상식적인 것으로부터 시작되었다. 그렇지만 그것이 이후에도 지속적으로 선리의 올바른 이해에 대한 많은 사람들의 관심을 이끌어내었고, 그 주제에 대해서도 크게 다양화되었기 때문에 선국선종사에서 선리의 본질에 대한 재해석 내지 보편적인 인식의 중요성을 일깨워준 결과로 나타났다. 초의가 백파의 견해에 비판을 가한 이면에는 또한 당시의 불교계에 만연되어 있는 것으로 조사의 가르침에 대하여 선리가 독단적이고 주관적이며 기성의 견해에 고착화된 경향으로 흘러왔던 다양한 문제점에 대한 인식도 깔려 있었다.

초의가 보여준 비판의 결과는 한국선의 역사에서 13세기에 임제삼구에 대한 천책의 견해로부터 연원하는 한국선리논쟁의 역사의 단면으로서 20세기 초에 이르기까지 수백 년 동안에 걸쳐 전개되었다. 그러한 과정에서 단순히 임제삼구에 그치지 않고 여래의 삼처전심과 달마의 삼처전심, 그리고 삼처전심과 관련한 조사선(祖師禪)과 여래선(如來禪)의 배대, 삼구와 삼현과 삼요의 관계, 살인도(殺人刀)와 활인검(活人劍)의 적용, 삼구와 일구의 관계, 의리선(義理禪)과 격외선(格外禪)의 적용 등 선리논쟁의 범위에 대해서도 점차 널리 확장되어 갔다.

초의가 보여준 백파의 견해에 대한 비판은 결과적으로 백파가 보여준 선리에 대한 다양한 견해를 세간에 널리 보급해 주는 계기가 되었고, 아울러 한국선리의 전개에 지대한 발전과 영향을 동시에 보여주었다는 것에서 그 위상과 의의를 찾아볼 수가 있다.

제3장 선리논쟁의 전개

Ⅰ. 환성지안의 선리 이해

중국선종의 역사에서 논쟁은 다양하게 출현하였다. 법맥의 정통논쟁에 대해서는 8세기에 남종과 북종의 논쟁이 있었고, 법맥의 계승과 관련한 논쟁에 대해서는 홍주종(洪州宗) 교단의 문하에서 제기된 운문종과 법안종의 소속에 대한 논쟁이 있었으며, 선종오가의 근원과 정통 및 교의에 대해서는 명말 청초의 선종오가에 대한 논쟁이 있었다. 이 가운데 선종오가의 근원과 정통 및 교의와 관련한 논쟁의 영향을 계승하여 한국선종사에서 출현한 문헌으로는 청허 휴정의 『선가귀감』을 비롯하여 한때 통도사(通度寺)에 주석했던 환성지안(喚醒志安: 1664-1729)의 『선문오종강요』205)가 있다. 특히 『강요』는 선종오가의 교의에 대하여 종합적으로 취급한 문헌이라는 점에서 한국선종사에서 중요한 의미를 지니고 있다.

환성지안은 15세에 출가하여 상봉정원(霜峰淨源: 1621-1709)에게 구족계를 받았고, 월담설제(月潭雪霽: 1632-1704)의 선법을 이었으며, 모운진언(慕雲震言: 1622-1703)에게 교학을 전수받았다. 이후에 전국의 수십 개의 사찰에서 강학을 널리 펼쳤다.206) 특히 61세(1724)

---

205) 『禪門五宗綱要』는 이하 『강요』로 약칭한다. 喚醒志安(1664-1729)이 『강요』를 저술한 연대는 분명하지 않다. 다만 현재 전하는 『韓佛全』 제9권에 수록된 텍스트는 釋王寺에서 출간한 것으로 동국대학교 소장본인데, 이후에 제자 涵月海源(1691-1770)이 1749년에 간행한 것이다.
206) 환성지안의 법맥은 清虛休靜(1520-1604) - 鞭羊彦機(1581-1664) -

때 금산사에서 행한 화엄법회는 영산회상과 기원정사를 방불케 하였다.207) 또한 『환성시집』에 수록된 「환성화상행장」 및 환성지안의 법손인 궤홍(軌泓)의 요청으로 홍계희(洪啟禧)가 찬술한 「환성대사비명」에는 환성지안이 통도사에 주석했다는 직접적인 기록은 보이지 않는다.

그러나 통도사의 진영각에는 현재 환성지안의 진영을 비롯하여 그의 직제자인 설송연초(雪松演初: 1676-1750)와 호암체정(虎巖體淨: 1687-1748)과 함월해원(涵月海源: 1691-1770) 등의 3대 제자들의 진영이 아울러 모셔져 있다. 이와 관련한 내용은 백련암에 전해오는 현판에 "환성조사가 주석하였고, 호암노사도 석장을 의탁하였으며, 기타 강백들이 지속적으로 교종을 천양하였다."208)는 대목에 드러나 있다. 특히 설송연초는 교파(敎派)와 선파(禪派)를 아울러 계승했는데, 선파는 환성지안의 계승자였음을 기록하고 있다.209) 또한 설송이 스승인 환성지안에게 받은 시도 수록되어 전한다.210) 또한 통도사의 입구에 세워져 있는 석등의 간주석에는 통도사에 환성종계도 있었다.211) 기

楓潭義諶(1592-1665) - 月潭雪霽(1632-1704) - 喚醒志安 (1664-1729)으로 계승되어 청허계 제5대 법손에 해당한다.

207) 『喚惺和尙行狀』(韓佛全9, pp.475下-476上)
208) 「通度寺白蓮精舍萬日勝會記」(1875) "喚惺祖之卓錫 虎巖老之竪拂 其餘講伯 相繼而闡揚敎宗"
209) 『韓國高僧碑文總集』 「梁山通度寺雪松堂演初大禪師碑文」 p.258. "盖休靜之徒 分而爲二派焉 有曰惟政 應祥 雙彦 釋霽 卽敎派也 有曰彦機 義諶 雪霽 志安 卽禪派也 師初師 後釋霽糸志安 皆傳其法 於是休靜之派 至師而始合而爲一"
210) 『喚惺詩集』, (韓佛全9, p.470中) "風雪三冬裏 孤松獨耐寒 世人誰識 得 留 與大師看" 기타 「견역복구비」에 보이는 것으로 통도사의 승려인 碧霞大愚(1676-1763)에게 환성지안이 준 시도 전한다.
211) 한상길, 『조선 후기 불교와 사찰계』, 경인문화사, 2006 "寺本喚惺宗

타 통도사 박물관에 소장되어 있는 「환성조사종계안(喚惺祖師宗契案)」의 말미에는 "불기 2947년(서기 1920) 경신년 6월에 환성조사의 제11세손에 해당하는 본산의 주지인 구하천보가 근지하다. 佛紀二九四七 庚申六月 喚惺祖師十一世孫 本山住持 九河天輔 謹識"는 기록도 보인다.

이처럼 통도사와 깊은 인연을 지녔던 환성지안은 선사이면서도 교학적인 측면에도 해박하였다. 특히 한국선종사에서 전개된 선리에 대하여 가장 종합적인 문헌으로 『강요』와 『환성시집』을 저술했던 점을 주목할 필요가 있다. 이 가운데 전자는 중국선종의 역사에서 9세기 중반부터 10세기 중반에 걸쳐 혜능의 남종계통에서 형성된 선종의 다섯 개의 종파인 소위 선종오가의 교의에 대하여 집대성한 문헌이다. 곧 선종오가에서 그동안 중요하게 전승되어 오던 다수의 교의를 간추려 그 대강을 설명해둔 것에 해당한다. 환성지안이 『강요』에서 선종오가의 교의 가운데 항목으로 선택한 용어를 보면, 항목으로 등장하는 개념에 대한 정의보다는 대체적으로 용어의 나열 및 그와 관련한 간단한 설명으로 이루어져 있다. 그런 까닭에 선종오가의 중요한 개념을 개략적으로 이해하는 데에는 편리한 자료를 제공해주고 있다.

한편 『강요』의 구체적인 내용과 그 의미에 대한 주석은 『사기』에 잘 드러나 있다.[212] 그 때문에 『강요』에 대하여

契中"

212) 『강요』에 언급된 항목의 구체적인 내용에 대한 주석서로 환성지안의 제4세에 해당하는 白坡亘璇(1767-1852)이 나이 58세(1824년)가 되던 7월에 저술한 『사기』가 전한다. 이 『사기』에 대한 연구서로는 김호귀, 『선리연구』(하얀연꽃, 2015)가 있다. 『강요』 및 그 『사기』에 대한 한글 번역은 김호귀, 『선과 선리』(하얀연꽃, 2013)가 있다.

전반적으로 더욱 깊이 이해하기 위해서는 백파긍선의 주석서와 관련하여 좀더 면밀하게 고찰해볼 필요가 있다.

여기에서는 『강요』가 출현하게 된 중국선종사의 선종오가에 대한 인식을 비롯하여, 환성지안이 『강요』에서 보여주고 있는 선종오가의 선리에 대한 이해의 관점 및 의의, 그리고 오가의 교의에 대한 환성지안의 이해가 백파긍선에게 전승되었던 점에 대해서도 고찰해보고자 한다. 이로써 환성지안이 『강요』를 통해서 보여준 오가의 선리에 대한 이해와 그 의도, 그리고 그것이 전승된 면모가 어떤 것이었는지 엿볼 수가 있을 것이다.

1. 명말·청초 선종오가에 대한 인식

환성지안(1664-1729)이 지은 『강요』의 출간에 즈음하여 그의 제자 함월해원(1691-1770)[213]은 「서문」을 붙였다. 그 「서문」에 의하면 환성지안이 『강요』를 내놓은 배경에 대하여 어느 정도 가늠해볼 수가 있다. 「서문」에서 우선 "일법(一法)이 나뉘어 양종(兩宗)이 되었고, 양종은 다시 오파(五派)가 되었다."[214]라는 대목에 주목할 필요가

---

213) 北海涵月(1691-1770)은 涵月海源으로 호칭되는데, 자는 千頃이고, 속성은 李씨이며, 함흥 출신이다. 14세 때 釋丹에게 출가하고 英智에게 구족계를 받았다. 靈巖, 月華, 定慧 등에게 참문하고, 『화엄경』과 『拈頌』에 뛰어났으며, 喚醒志安에게 법을 받았다. 오랫동안 강백으로 이름을 떨쳤고, 널리 자비실천에 힘썼다. 탑은 안변 釋王寺에 있고, 비는 해남 대흥사에 있다. 翫月軌泓, 鶴坡六彰, 永松祖印 등 20여 명의 제자가 있다. 『天鏡集』 3권 및 기타 저술이 전한다. 법맥은 다음과 같다. 淸虛休靜 - 鞭羊彦機 - 月潭雪霽- 喚醒志安 - 涵月海源(北海涵月)

214) 『강요』 「서문」, (韓佛全9, p.459上) "一法分爲兩宗 兩宗亦爲五派"

있다. 왜냐하면 이에 대해서는 일찍이 중국선종사에서 발생했던 논쟁에 대한 이해가 반영된 것이기 때문이다. 더불어 『강요』의 본문에서 보여주고 있는 구성, 오가의 각 종파에서 중시하는 교의의 항목 및 그 내용을 보면, 송대의 『인천안목』을 비롯하여 이후의 몇 가지 선문헌을 거의 답습한 것임을 쉽게 알 수가 있다. 우선 오가의 근원과 법맥에 대하여 명말 청초에 발생했던 논쟁의 상황을 간략하게 소개해보기로 한다.

중국의 선종사에서 명대 말기 곧 16세기 후반부터 청대 초기 곧 17세기 초반에 걸쳐 선종오가에 대하여 그 근원을 임제종 하나만 긍정할 것인가 혹은 다섯 종파를 모두 긍정할 것인가에 대하여 일련의 논쟁이 대두되었는데, 그것은 임제종 법맥의 강조와 무관하지 않다. 이들 논쟁의 방향은 두 가지였다. 하나는 선종오가에 대한 법맥의 갈래에 대한 것이고, 다른 하나는 선종오가의 근원에 대한 것이었다.[215]

먼저 후자의 경우, 숭정 원년(1628)에 한월법장(漢月法藏: 1573-1635)은 『오종원(五宗原)』을 저술하여 오가의 근원을 모두 긍정하는 입장이었다. 임제종만 중심으로 내세우고 오가종파가 분출한 연유에 무지하여 임제종의 연원

여기에서 '일법'은 보리달마에 의하여 전승된 최상승선법이고, '양종'은 신수 계통의 북종선법과 혜능 계통의 남종선법이며, '오파'는 양종 가운데 남종에서 분화한 위앙종·임제종·조동종·운문종·법안종을 말한다.

215) 이 점은 『강요』의 구성 및 내용과 밀접하게 관련되어 있다. 이를테면 『강요』에 보이는 오가의 배열 순서, 그리고 오가에 대한 정통과 방계의 차별인식 등은 바로 임제종만 우월하고 정통이라는 의식이 깔려 있었다.

을 세존의 염화미소 한 가지에 의해서만 단전(單傳)했다고
주장하는 무리를 한월법장은 비판하였고,216) 또한 정법안
장을 전승하는 방식으로 실중밀어(室中密語)를 중시하는
조동종의 교의에 대해서도 비판하였다. 한월법장은 「自序」
에서 "을축년(1625)에 성은선사의 만봉관에서 하안거를
났다. 거기에서 함께 안거를 났던 네 명의 상좌는 영민하
고 이해가 뛰어났다. 어느 날 의복을 정제하고 예배를 한
후에 나한테 물었다. '일찍이 들건대, 제방의 존숙들은 오
가의 종지를 말살하고 석가의 염화미소의 한 가지만 단전
(單傳)으로 삼아 그것을 직제(直提)의 향상(向上)이라고
말하려고 한다는데, 그것은 오종의 성립에 무지한 것으로
어찌 황당무계한 일이 아니겠습니까. 바라건대, 한 말씀
내려주어 그 비난을 일깨워주십시오.'"217)라는 질문을 받
은 적이 있었음을 기록하고 있다. 곧 법장은 그 질문에 답
변하기 위하여 『오종원』을 저술한 것으로 보인다.

나 어밀(於密)이 말했다. '명을 받은 장수는 반드시 병
부를 활용해야 하고, 마음을 깨친 사람은 반드시 법인
을 전해야 한다. 병부를 지니지 않은즉 장수가 되지 못
하고, 정법과 계합하지 않은즉 외도가 된다. 위음왕불
이래로 일언(一言) 및 일법(一法)도 오가종지에 부합된
법인 아님이 없었다.'218)

---

216) 이에 『오종원』에서는 오가의 근원을 과거칠불까지 소급하였다.
217) 『五宗原』, (卍新續藏65, p.102上)" 歲乙丑　結夏聖恩禪寺之萬峰關
　　侍關中者四上座　敏致證徹也　居一日　俱整衣作禮而請曰　昔聞諸方
　　尊宿　欲抹殺五家宗旨　單傳釋迦拈花一事　謂之直提向上　然不知五
　　宗之立　果為謬妄者否　願賜一言　以通其難"
218) 『五宗原』, (卍新續藏65, p.102上)"於密曰　命將者必以兵符　悟心

이에 한월법장은 상좌들로부터 질문을 받고서, 3년이 지
난 숭정 원년(1628)에 『오종원』을 저술하여 오가의 종지
를 분명하게 건립해주었다. 그럼으로써 네 명의 상좌에게
부촉하여, 임제종의 존숙들이 보여온 오종에 대한 편견과
무지를 타파하고, 그들이 오가를 말살하여 염화미소의 한
가지만 단전하려는 시도에 철저하게 방비할 수 있기를 바
란다고 말하였다. 여기에서 한월법장은 오가에 대하여 임
제종만 정통이고 우월하다는 임제종 존숙들의 견해를 부정
한 것이었다. 이것은 오직 임제종만 정통이라는 의식을 강
화하려는 시도에 대한 비판이었다. 이 점은 정통과 방계를
구분하는 기준의 문제와 결부되어 있는 점이기도 하다.219)
　그와 같은 한월법장의 견해에 대하여 법제(法弟)의 관계
로서 함께 밀운원오(密雲圓悟: 1566-1642)220)의 제자였
던 목진도민(木陳道忞: 1596-1674)은 『오종벽(五宗闢)』
을 저술하여 오종의 근원을 주장했던 한월법장의 견해에

者必傳法印　符不契即為奸偽　法不同則為外道　自威音已來　無一言
一法非五家宗旨之符印也"於密은 한월법장의 호인데, 나이가 들어서
는 天山이라고 고쳤다
219) 한월법장이 이처럼 임제종만의 우월주의에 반기를 든 것은 이유가
　있었다. 한월법장은 일찍이 임제종의 밀운원오의 문하에 있으면서 밀
　운원오로부터 정통의 사법제자가 되고자 하였지만 여의치 않았다. 그
　때문에 불화가 일어나자 임제종에서 독립하여 三峰宗을 개창했던 점
　을 감안해야 한다.
220) 密雲圓悟(1566-1642)는 임제종 無準師範 문하인 雪巖派에 속하는
　데, 雪巖祖欽(?-1287) - 高峯原妙(1238-1295) - 中峰明本
　(1263-1323) - 千巖元長(1284-1357) - 萬峰時蔚(1303-1381) - 寶藏
　普持 - 虛白慧昺(1372-1441) - 海舟普慈(1355-1450) - 寶峰明瑄
　(?-1472) - 天奇本瑞 - 無聞明聰(?-1543) - 月心德寶(1512-1581) -
　幻有正傳(1549-1614)을 계승하였다.

정면으로 비판하였다.[221]

그러자 다시 한월법장의 제자였던 담길홍인(潭吉弘忍: 1599-1638)은 스승인 한월법장의 견해를 옹호하여 『오종구(五宗救)』를 저술하여 담길홍인 자신에게는 사숙에 해당하는 목진도민의 견해 및 임제종만 우월하다는 견해에 대하여 비판하였다.[222]

이에 자극을 받은 사람은 바로 한월법장과 목진도민의 스승이었던 밀운원오였다. 밀운원오는 『천동화상벽망구약설(天童和尙闢妄救略說)』 10권을 저술하여 담길홍인의 『오종구』에 대하여 낱낱이 반박하였고, 한월법장에 대해서는 특히 명리를 추구하는 사람이라고 하여, 두 사람을 싸잡아서 비판하였다.[223] 곧 "저 『오종원』의 제목에 붙어 있

---

221) 같은 임제종에 속하는 문도였지만, 목진도민은 한월법장의 견해와 달리 임제종만 우월하다는 견해에 경도되어 있었다. 또한 밀운원오의 제자로서 한월법장과 목진도민과 동문이었던 費隱通容도 1653년에 『五燈嚴統』 25권, (卍新續藏80-81 수록)을 출간하여 임제종만 정통으로 간주하여 자파의 종파의식을 드러냈다. 이를테면 청원행사의 법맥에 속하는 天皇道悟(748-807)를 바꾸어서 남악회양의 법맥에 속하는 馬祖道一(709-788)의 사법제자로 연결하였고, 薦福承古(?-1045)의 운문종 사법을 배제하여 법맥 이외로 간주하였으며, 遠門淨柱가 편찬한 『五燈會元續略』 4권(1648)에 의거하여 조동종 제13세 天童如淨(1163-1228) 이하의 법통에 대하여 그 嗣承에 대하여 전거가 未詳이라고 비난하였다.

222) 당시에 한월법장이 임제종 제30세 밀운원오의 제자로서 임제종의 정통 제31세를 계승하고자 했지만 여의치 못하자 그 제자들이 스승을 내세워 따로 三峯宗을 개창하였다. 삼봉은 한월법장이 깨치고 법을 펼쳤던 山名이다. 또한 삼봉종은 반청 운동에 참여하였지만, 임제종은 반대였다. 이러한 배경에서 당시의 임제종을 비롯한 일부 유학자 및 거사들은 삼봉종을 비난하는 입장을 보여주었고, 일부는 삼봉종을 옹호하기도 하였다.

223) 이에 대해서는 숭정 3년(1630)에 밀운원오가 『벽망구약설』에 붙인 「天童和尙闢妄救略說緣起」에도 잘 드러나 있다. 『闢妄救略說』 卷1, (卍新續藏65, p.111上-中) 참조.

는 원(原)이라는 일자(一字)는 육조가 말했던 지해종도(知解宗徒)를 벗어나지 못한 것이다. 이에 부득불 한마디 하지 않을 수 없다. 이에 귀에 거슬리는 노승의 말을 듣고 한월법장이 자신의 잘못을 깨우치기를 바란다.”224)고 비판하였다.

이후에 다시 청의 제5대 황제인 옹정제(雍正帝: 1722-1735 재위)는 『어제간마변이록(御製揀魔辨異錄)』8권(1733)을 저술하여 백여 년 전에 발생했던 한월법장의 『오종원』 및 그의 제자 담길홍인의 『오종구』에 대하여 각각 한월법장을 마장(魔藏)이라고 부르고, 담길홍인을 마인(魔忍)이라고 부르며, 그들의 견해에 대하여 비판을 가하였다. 옹정제는 『어제간마변이록』의 서문에 해당하는 글에서 다음과 같이 말하고 있다.

짐이 밀운원오의 어록 및 천은수 선사의 어록을 살펴보니, 그들의 언구와 기용은 향상을 단제(單提)한 것이고 직지인심(直指人心)한 것으로, 이에 조사서래(祖師西來)의 적의(的意)에 계합하고 조계의 정맥(正脈)을 터득한 사람이었다. 그리고 밀운원오의 어록에는 그의 문도인 법장의 망어를 제거하려는 내용이 들어있었다. 거기에서 (밀운원오가) 증거로 제시하고 있는 법장의 말은 놀랍게도 전체가 본성에 미혹하여 (법장 자신의 말이) 망설(妄說)인 줄도 모르고 있는 것들이었다. 불법의 종지에 무지할 뿐만 아니라 그의 스승인 밀운원오의

---

224) 『闢妄救略說』 卷1 「天童和尙闢妄救略說緣起」, (卍新續藏65, p.111 上) “目原之一字 第恐不出六祖道 成知解宗徒 不得不說破耳 此老僧逆耳之言 望漢月知非故也”

견해[悟處]도 이해하지 못하였다. 그러면서 방자하게 억단하여 세간을 속이고 사람들을 현혹하였으니, 이야 말로 진정 외도의 지견이었다. 그 때문에 그의 스승인 밀운원오가 거듭하여 배격한 것이었다. 천은수 선사도 또한 (법장의) 의심스러운 보설(普說)을 해석함으로써 법장의 오류를 배척하였다. 그런데도 오늘날까지 마심 (魔心)이 그치지 않았기 때문에, 짐은 법장의 저술이 유행하지 못하도록 불태웠다. 그러나 법장을 계승한 담 길홍인[魔嗣弘忍]이 거기에 중독되어 다시 『오종구』를 저술함으로써 (『오종원』과 함께) 나란히 유전시켜서 마 설이 불후하고 마업이 무궁토록 조장해왔다.225)

옹정제는 특히 『어선어록(御選語錄)』 19권을 찬술하였 는데, 그 가운데서 위앙종과 운문종만 취하고, 임제종, 조 동종, 법안종은 의도적으로 배제하고 있는 점도 이와 무관 하지 않다.226) 위앙종과 운문종의 경우는 부자제미(父子濟 美)227) 내지 대자대비(大慈大悲)의 사상을 드러내고 있기

---

225) 『御製揀魔辨異錄』 卷1, (卍新續藏65, p.191上) ; 『御選語錄』 卷12, (卍新續藏68, p.571中) "朕覽密雲悟天隱修語錄 其言句機用 單提向 上 直指人心 乃契西來的意 得曹溪正脈者 及見密雲悟錄內 示其 徒法藏闖妄語 其中所據法藏之言 駁其全迷本性 無知妄說 不但不 知佛法宗旨 即其本師悟處 亦全未窺見 肆其臆誕 誑世惑人 此真 外魔知見 所以其師一關再關 而天隱修亦有釋疑普說以斥其謬 然當 日魔心不歇 其所著述 不行即燬 如魔嗣弘忍 中其毒者 復有五宗 救一書 一併流傳 冀魔說之不朽 造魔業於無窮"

226) 옹정제는 임제종만 정통이라는 의식에 대해서는 견제하면서도 임제 종 자체에 대해서는 정통 지위를 확인해주고 삼봉종을 금지하였는데, 그것은 청의 흥기를 부정했었던 한월법장에 대한 정치적인 제스처를 취한 것이기도 하였다.

227) 『御選語錄』 卷4, (卍新續藏68, p.527) "而其中父子濟美以溈仰為最"

때문이라는 것이다. 이처럼 옹정제의 견해에는 다분히 정치적인 의도가 개입되어 있음도 간과할 수 없다.228) 선종오가의 근원과 관련한 이들 일련의 논쟁에는 당시에 우세를 점유하고 있었던 임제종 우월중심에 근거한 선종오가에 대한 의식의 반영으로부터 촉발된 것이었다.229)

이 점은 이에 위에서 언급한 전자, 곧 선종오가에 대한 법맥의 갈래에 대한 경우와도 무관하지 않은 것이었다. 선종오가의 법맥에 대한 논쟁의 역사는 선종오가의 근원에 대한 논쟁보다 훨씬 이른 시기부터 전승되어 왔다.230)

선종오가의 법맥에 대한 논쟁으로는 일찍이 인도의 제27조 반야다라(般若多羅)가 보리달마에게 예언한 내용을 근거로 발생하였다. 오늘날 밝혀진 바에 의하면 일반적으로 선종의 오가는 청원계통으로는 조동종 · 운문종 · 법안종이고, 남악계통으로는 임제종 · 위앙종이 각각 속해 있

---

228) 이들 논쟁의 관계를 정리하면 다음과 같다. 법장과 도민은 원오의 제자이고, 홍인은 법장의 제자이다. 원 안의 숫자는 논쟁이 발생한 순서이다. ↔는 서로 비판하고 대립하는 관계이고, ⇌는 서로 인정하고 옹호하는 관계이다.

密雲圓悟(1566-1642)   -   漢月法藏(1573-1635)   -   木陳道忞
(1596-1674)
　　④『闢妄救略說』   ↔   ①『五宗原』   ↔   ②『五宗闢』
　　　　　　　　　　　　　　　↓↑
　　　　　　　　潭吉弘忍(1599-1638)   ←┘
　　　　　　　　③『五宗救』
雍正帝(1722-1735 재위) ←┘
　　⑤『揀魔辨異錄』

229) 선종오가 가운데 임제종만 정법안장의 直傳 곧 정통이고, 기타 四宗은 傍傳 곧 비정통이라는 견해는 한국의 선문헌에도 고스란히 반영되었다. 청허휴정의 『선가귀감』을 비롯하여, 환성지안의 『강요』, 백파긍선의 『사기』, 용성진종의 『용성선사어록』에 이르기까지 지속되었다.

230) 김호귀, 「청허휴정의 오가법맥 인식의 배경에 대한 고찰」, 『한국선학』22, 2009.4.

다. 소위 『경덕전등록』에 따르면, 청원계에 조동종 · 운문종 · 법안종을 배치하였고, 남악계에 위앙종·임제종을 배치하였다. 그럼에도 불구하고 교몽당(覺夢堂)의 「교몽당중교오가종파서(覺夢堂重校五家宗派序)」에서는 청원계에 조동종만 배치하고, 남악계에 나머지 운문종 · 법안종 · 위앙종 · 임제종을 배치하였다.231) 더군다나 일본 호관사련(虎關師鍊)의 『오가변(五家辨)』에서는 선종오가를 모두 마조계에 배치하였다.232)

그러나 이에 대하여 달관담영(達觀曇穎)의 『오고종파(五家宗派)』 및 그 내용을 전승한 일련의 선문헌에서는 운문종과 법안종은 천왕도오(天王道悟)의 법계로서 조동종을 제외한 나머지 4종이 모두 남악의 계통에 속한다는 주장을 제기하였다. 이에 대하여 명말 청초의 백암정부(白巖淨符)는 달관담영이 『오가종파』에서 제시했다고 전해지는 천왕도오의 법맥에 대하여 강하게 부정하였다. 곧 조동종의 제29세로서 백암도인(栢岩道人)으로 불렸던 위중정부9位中淨符)는 석우명방(石雨明方)233)의 법사(法嗣)로서 1667년에는 『법문서귀(法門鋤宄)』를, 그리고 1672년에는 『조등대통(祖燈大統)』을 각각 저술하여 달관담영의 오류를 신랄하게 비판하고, 마침내 천황도오를 정통으로 하는 전등법맥을 정립하였다.234)

---

231) 『人天眼目』 卷5, 「覺夢堂重校五家宗派序」, (大正藏48, p.328中-下)
232) 『五家辨』은 虎關師鍊의 『濟北集』 卷9, (『五山文學全集』 卷1)에 수록되어 있다. 호관사련(1278-1346)은 일본 임제종 성일파의 승려로서 호는 虎關이고, 京都에서 태어났다. 1322년 『元亨釋書』 30권의 편찬자로 널리 알려져 있다.
233) 1638년에 『雪峰眞覺禪師語錄』에 「雪峰禪師語錄序」를 붙인 인물이기도 하다.

환성지안의 『강요』는 바로 이와 같은 중국선종사의 배경을 근거로 하고 있었다. 그것은 『강요』가 전반적으로 임제종 중심의 입장에서 구성되어 있다는 점 때문이다. 우선 오가종파가 배열된 순서가 그러할 뿐만 아니라, 그 가운데서 다루고 있는 교의에 대한 설명이 기존의 내용과 형식을 답습하고 있기 때문이다. 또한 임제종만 정통이라는 우월의식의 결과 나머지 4종은 방계라는 인식이 여전히 강하게 반영되어 있기 때문이다.

2. 『강요』의 구성과 선리

1) 『강요』의 구성

환성지안(喚醒志安: 1664-1729)의 법맥은 임제종 제29세로서, 월담설제의 사법제자이다.[235] 선사가 저술한 『강

---

234) 『法門鋤宄』, (卍新續藏86 수록)에서는 費隱通容의 『五燈嚴統』과 木陳道忞의 『禪燈世譜』의 계통설을 비판하고 禪宗史 古來의 제문제를 정리하였다. 일찍이 명대 말기 費隱通容의 『五燈嚴統』에서는 청원계에는 조동종만 있고 나머지 四家는 모두 남악계에 속해 있다고 주장했다. 이에 반하여 『조등대통』에서는 방출의 선자까지 포함하여 모두가 달마의 門流로 간주하여 少林下로 기록하였다. 김호귀, 「청허휴정의 오가법맥 인식의 배경에 대한 고찰」, 『한국선학』22, 2009,4.

235) 환성지안은 雪庵秋鵬과 더불어 月潭雪霽의 사법제자이다. 법맥은 淸虛休靜 - 鞭羊彦機 - 楓潭義諶 - 月潭雪霽 - 喚醒志安이다. 속성은 鄭씨이고, 춘천 출신이다. 15세에 彌智山 용문사에서 낙발하고 霜峰淨源에게서 구족계를 받았다. 17세에 月潭雪齋에게 참하였다. 27세에 碧巖覺性의 제자인 慕雲震言의 화엄법회에서 법좌에 올라 명성을 크게 떨쳤다. 대둔산에서 공양을 베풀 때 허공에서 세 번 그의 이름을 부르는 소리가 울리자, 세 번이나 답변하였기 때문에 字를 三諾이라고 하고 호를 喚醒이라고 하였다. 후에 지리산, 금강산 등 여러 곳을 유행하며 신통을 드러냈고, 금산사에서 화엄법회를 크게 열기도 하였다.

요』는 한국선종사에서 출현한 문헌으로는 선종오가의 교의에 대한 종합적인 강요서라는 점에서 특별한 의미를 지닌다.236) 그 원류는 일찍이 중국선종사에서 당대 법안문익(法眼文益)의 『종문십규론(宗門十規論)』(950. 간행은 1756년)이 출현한 이래로 지속적으로 이어졌다.

가령 송대 회암지소(晦巖智昭)의 『인천안목(人天眼目)』(1188),237) 명대의 한월법장의 『五宗原』, 명대 허일방각(虛一方覺)의 『종문현감도(宗門玄鑑圖)』(1607 간행), 청대 목진도민의 『오종벽』, 청대 담길홍인의 『오종구』, 밀운원오의 『벽망구약설』, 옹정제의 『간마변이록』, 청대 삼산등래(三山燈來_의 『오가종지찬요(五家宗旨纂要)』(1703 간행), 청대 전이암(錢伊庵)의 『종범(宗範)』(1835 간행) 등이 출현하였고, 일본에서는 호관사련의 『오가변』, 일본 동령원자(東嶺圓慈)이 저술한 『오가참상요로문(五家參詳要路門)』(1788) 등이 그것이다.

이들 오가의 강요서와 함께 그 가운데 몇 가지의 문헌을 계승하여 한국의 선종사에서 『강요』가 출현했다238)는 것

후에 무고를 당하여 제주도로 유배되어 그곳에서 입적하였다. 법을 이은 제자들만 해도 19명이었다. 涵月, 「喚惺和尙行狀」, (韓佛全9, pp.475下-476下) 기타 환성지안의 법맥과 종통에 대한 내용은, 김용태, 「환성지안의 종통계승과 선교융합」, 『남도문화연구』36, 순천대남도문화연구소, 2019. 참조.

236) 청허휴정의 『선가귀감』 말미 부분(韓佛全7, p.645上-中)에는 선종오가의 간략한 법맥과 더불어 임제종에 국한하여 그 교의에 대한 용어만 나열되어 있고, 그에 대한 해설도 붙어 있지 않다.

237) 『인천안목』은 다시 1258년 物初大觀이 重修하였고, 1317년 撫州天峯의 致祐가 校修하였으며, 조선시대 1368년에 이전의 3권본을 6권본으로 개판하였는데, 3권본에서 선종오가의 순서가 임제종·위앙종·조동종·운문종·법안종이었던 것을 6권본에서는 임제종·운문종·조동종·위앙종·법안종의 순서로 변경되었다.

은, 선종사에서 전등법맥의 수용뿐만 아니라 실제로 수행과 교화와 교육의 일환으로 활용되었던 오가의 교의가 구체적으로 중국선과 어떤 교섭을 지니고 있었는지 파악해볼 수 있는 근거가 되기도 한다는 점에서 그 의의를 찾아볼 수가 있다.

환성지안이 『강요』를 편찬한 근본적인 이유에 대하여 추정해볼 수 있는 대목은 함월해원이 「서문」에서 말한 "오파의 가풍은 모두 무(無) 가운데서 묘곡(妙曲)을 창출하고 성조(聲調)를 개환하여 명상(名相)이 파다하여 제편(諸篇)으로 산재하였다.

그 때문에 학자들이 그 오묘함을 궁구하지 못한 것이 병통이었다."[239])는 대목에서 엿볼 수가 있다. 이처럼 환성지안이 『강요』를 찬술한 의도에 대한 배경은 일찍이 청허휴정이 『선가귀감』을 찬술한 의도와 상통한다.[240]) 이처럼 다양하고 여러 종파에 걸친 선리에 대하여 선종오가를 망라하여 종합적으로 집대성한 문헌으로서 의의를 보여주고 있다. 환성지안이 집대성한 선리로서 『강요』의 구성은 다음과 같다.[241])

---

238) 이전의 중국 및 한국의 선문헌을 계승했다는 것은 환성지안이 계승한 임제종의 법맥뿐만 아니라 『강요』의 구성, 수록된 오가의 교의, 오가의 교의에 대한 이해 등에서 분명하게 드러나 있다.

239) 『강요』, (韓佛全9, p.459上) "五派之家 盡向無中 唱出妙曲 改聲換調 名相頗多 散在諸篇故 學者未窺其奧而病矣"

240) 『三家龜鑑異本』「禪家龜鑑序」, (韓佛全7, p.625中) "그러나 문장이 너무나 번쇄하고 대장경이 하도 방대하여 후세에 나와 같이 옛적의 불법공부에 뜻을 둔 자들이 자못 잎을 헤쳐 가며 과일을 따는 수고를 면하지 못할까 염려된다. 이런 까닭에 글 가운데서 중요하고 필요한 수백 마디를 간추려서 짧은 종이에 기록하고 선가귀감이라고 이름하였다. 然其文尚繁 藏海汪洋 後之同志者 頗不免摘葉之勞 故文中 撮其要且切者數百語 書于一紙 名曰禪家龜鑑"

위의 도표에서 확인할 수 있는 내용을 보면, 임제종의 교의가 9개 항목, 운문종의 교의가 4개 항목, 조동종의 교의가 6개 항목, 위앙종의 교의가 1개 항목, 법안종의 교의가 3개 항목으로 이루어져 있다. 그러나 오가의 각 종파의 역사에서 실제로 다루고 있던 교의와 비교해보면 『강요』에서는 몇 가지 항목에 대하여 기존의 경우와 달리 약간 변형된 모습이 보인다.

첫째, 법안종의 교의에 포함되어 있는 ③「원오오가종요(圓悟五家宗要)」는 일반적으로 보면 <잡록>의 대목에 포함되어야 하는 성격이므로 어떤 하나의 종파에만 국한되는 것이 아니다. 그럼에도 불구하고 <잡록>이 아닌 법안종의 교의에 포함한 것은 어떤 이유인가. 한편 『강요』가 크게 영향을 받았던 것으로 보이는 문헌으로 이전의 『인천안목』의 경우에서는 <종문잡록(宗門雜錄)>의 대목에 포함해 두었다.[242] 이 점을 보면 환성지안이 『인천안목』의 구성을 수용하면서도 나름대로 독자성을 발휘하여 배열한 것으로 보인다. 그러나 이 점은 오히려 환성지안이 법안종의 고유한 교의에 대한 몰이해를 스스로 노출시킨 것인지, 혹은 법안종의 특수한 성격을 염두에 둔 것인지도 모른다. 이에 대하여 환성지안은 달리 어떤 설명도 붙여두지 않았다. 그렇다면 환성지안은 『인천안목』의 구성을 비판적으로 계승한 것인지, 아니면 스스로 독자성을 발휘한 것인지, 아니면 환성지안의 오류인지 궁금하다.[243]

---

241) 『강요』에 수록된 텍스트는 동국대학교소장본(韓佛全9, pp.459上 -467中)에 의거한 구성이다. 김호귀, 「『선문오종강요』의 구성과 사상적 특징」, (『한국선학』15, 2006.12) pp.99-142.
242) 『人天眼目』 卷6 「圓悟五家宗要」, (大正藏48, p.331上-中)

둘째, <잡록>에 수록되어 있는 ⑥「사이류(四異類)」는 교의의 성격으로 보아 반드시 조동종의 교의에 포함해야 한다.244) 이 경우는『인천안목』에서도 마찬가지로「조산삼종타(曹山三種墮)」의 교의와 관련하여 조동종의 교의에 포함하고 있다.245) 그럼에도『강요』에서는 <잡록>의 대목에 배열하고 있는 점은 의아하다. 이 점에 대해서도 위의 ③「원오오가종요」의 경우와 마찬가지로 환성지안의 착각인지, 혹은 또 다른 의도가 반영된 것인지 분명하게 드러나 있지 않다.246)

셋째, <잡록>에 있는 ①「삼종사자화(三種師子話)」도 그 성격으로 보아 마땅히 임제종의 교의에 포함해야 옳다.247)『인천안목』에서도 임제종의 교의에 포함하고 있다.248) 그런데 환성지안이『강요』에서 <잡록>의 대목에 배열한 의도가 무엇인지 분명하게 드러나 있지 않다.

넷째, ②「분양삼구(汾陽三句)」도 또한 명백하게 임제종의 교의에 속한다.249) 더욱이『인천안목』에서도 임제종의

---

243) 다만 추론할 수 있는 여지가 없는 것은 아니다. 왜냐하면 법안종의 교단은 개창되던 즈음부터 선종이면서도 선종의 교의뿐만 아니라 이외에도 정토교학, 천태교학, 유식교학, 화엄교학 등의 다양한 교학이 혼재되어 전개되었던 점을 인정할 수가 있기 때문이다.

244)『撫州曹山元證禪師語錄』「四種異類」, (大正藏47, pp.543中-544下) 참조.

245)『人天眼目』卷3「曹山三種墮」, (大正藏48, pp.317下-319中)

246) 다만「四異類」에 대해서 백파는『사기』에서 "원래 이것은 조동종의 가르침이지만, 다른 종파에서도 통용되었다."고 주석함으로써, 환성지안이 조동종의 교의가 아닌 <잡류>의 부분에 배열한 이유를 설명하고 있다. 김호귀,『선과 선리』, (서울: 하얀연꽃, 2013) p.211. "元是曹洞法 而餘宗通用也"

247)『五家宗旨纂要』卷上「汾陽三種獅子」, (卍新續藏65, p.264上)

248)『人天眼目』卷2「三種師子」, (大正藏48, p.307上)

249)『五家宗旨纂要』卷上「汾陽三句」, (卍新續藏65, p.263中)

교의에 포함하고 있다.250) 그런데 『강요』에서는 이 항목을 <잡록>에 포함하고 있는 점은 무엇인가. 일반적으로 『강요』가 『인천안목』의 내용을 수용했다는 점과 관련해보면 이 점도 환성지안의 의도가 궁금하다.

이상에서 언급한 것처럼 환성지안이 『강요』에서 보여준 이들 네 가지 항목에 대한 배열은 선종오가의 교의에 대한 이해에서 일반의 경우와 차이가 보인다. 그리고 『인천안목』에서 배열한 오가의 교의에 대한 항목의 이해와 비교해보아도 완전히 일치하지는 않고 있다. 이점은 환성이 『강요』를 편찬하면서 그 의도성이 반영된 것인지, 아니면 선종오가의 교의에 대한 이해의 착오인지 재고해볼 필요가 있다.

이와 관련하여 『강요』에 대한 주석서의 성격에 해당하는 것으로 환성지안의 제4세에 해당하는 백파긍선(白坡亘璇: 1767-1852)이 저술한 『사기』에서는, 이하의 도표에서 보듯이 오가의 교의를 배열하는 데 있어서 오가의 순서는 『강요』와 동일하지만, 오가의 교의에 대한 항목의 배열에 대해서는 두 가지 차이점이 보인다. 그것은 백파가 위앙종의 교의에 「원상(圓相)」의 교의를 새롭게 첨가했다는 점, 그리고 『강요』에서 법안종의 교의에 배열했던 「원오오가종요」를 <잡록>에 배열했다는 점이다. 이 두 가지 경우를 제외하면 백파긍선은 비교적 『강요』의 분류와 배열에 충실하게 따라서 주석을 가하였다.251)

---

250) 『人天眼目』 卷2 「汾陽三句」, (大正藏48, p.307中)

임제종	운문종	조동종	위앙종	법안종
임제종지	운문종지	조동종지	위앙종지	법안종지
①삼구 ②삼현 ③삼요 ④사요간	①운문삼구 ②추고 ③일자관 ④파릉삼구	①편정오위 ②공훈오위 ③군신오위 ④삼타	①삼종생 ②원상	①육상 ②천태덕소의 사요간

　　이러한 모습은 기존의 문헌에 대하여 이전의 문헌을 개
판하거나, 내지 그것을 수용하여 새롭게 편찬하는 과정에
서 편찬자의 의도가 강하게 반영되고 있었다는 것을 수용
한다면, 『인천안목』이 출현한 이후 수백 년이 지난 즈음에
환성지안이 편찬한 『강요』에서 그 구성과 내용에 대하여
얼마든지 변경이 가능했다는 것은 충분히 수긍할 수 있
다.252)

　　그럼에도 불구하고 선종오가의 각 종파에 속하는 고유한
교의를 일반의 상식과 어긋나게 배치하고 있는 점은 여전
히 의심스러운 점이다. 다만 『강요』가 영향을 받았던 또
다른 문헌인 『선가귀감』과 비교해보면, 환성의 의도성을
부분적으로 짐작해볼 수 있는 여지는 있다. 『선가귀감』에
서는 오가의 배열을 임제종 · 조동종 · 운문종 · 위앙종 ·
법안종의 순서로 나열하였지만, 환성지안은 조동종과 운문
종의 순서를 바꿔서, 임제종 · 운문종 · 조동종 · 위앙종 ·

⑤사빈주 ⑥사조용 ⑦사대식 ⑧사할 ⑨팔방			⑤삼종삼루 ⑥삼종강요		
<잡록>					
①원오오가종요					
②삼종사자화					
③분양삼구					
④암두사장봉					
⑤육조문답					
⑥십무문답					
⑦사이류					
⑧조주삼문					

251) 김호귀, 『선과 선리』, (서울: 하얀연꽃, 2013) p.220.
252) 가령 『인천안목』의 경우를 보면, 명대 홍무 원년(1368)에 조선에서
　　이전의 3권본을 6권본으로 변경하였고, 또 선종오가의 순서도 3권본
　　에서는 임제종·위앙종·조동종·운문종·법안종이었던 것을 6권본에서는
　　임제종·운문종·조동종·위앙종·법안종의 순서로 변경했던 점을 감안해볼
　　수가 있기 때문이다.

법안종의 순서로 나열하였다. 환성지안이 이와 같이 배열한 것은 이전의 『인천안목』내지 『선문강요집』과 동일한 맥락에 속한 것이기도 하다.

환성의 이와 같은 태도의 이면에는 조계의 법맥에 대하여 임제종만 직전(直傳)이고 기타는 방전(傍傳)이라는 의식과 함께, 『선문강요집』253)의 경우처럼 운문종의 교의에 대하여 우열의식 및 선호의식이 작용했던 것으로 보인다. 그뿐만 아니라 위에서 오가의 교의에 대한 다양한 선문헌을 언급했듯이 『오가원』에서 노골적으로 드러나 있는 실중밀어(室中密語)를 중시하는 조동종의 교의를 비판한 폄하의식도 일정 부분 반영된 것이었다.

이와 관련한 일례는 백파의 『사기』에도 드러나 있다. 백파긍선은 청허휴정이 『선가귀감』에서 오가의 배열에 대하여 운문종 앞에다 조동종을 내놓은 것254)을 비판하여 "이처럼 우열이 분명한데도 불구하고 『선가귀감』에서는 조동종을 운문종 앞에 내놓았는데, 그것은 잘 이해가 되지 않는다."255)고 말한 대목에서도 그 일단을 엿볼 수가 있다. 이처럼 임제종이 정통이라는 입장에 근거하여 다른 종파에 대하여 방계로 간주하는 이면에는 임제종 법맥으로 전승된 선문의 문중의식이 깊이 자리하고 있음을 보여준다.

---

253)『禪門綱要集』, (韓佛全6, pp.850中-860上)은 임제종과 운문종의 교의에 대해서만 언급하고 있는데, 그것도 지극히 제한적인 몇 개의 개념에 국한되어 있다. 이에 대한 번역 및 해제는 김호귀, 『한국선리논쟁의 전개』, (서울: 중도, 2021) 참조.
254)『禪家龜鑑』, (韓佛全7, pp.644中-645下)
255) 김호귀, 『선과 선리』, (서울: 하얀연꽃, 2013) p.142 "此乃優劣皎然 於龜鑑中 以此宗置雲門宗之上 乍可不知也"

2) 선종오가의 선리

① 임제종의 교의

환성지안은 『강요』를 편찬함에 있어서, 임제종의 교의에 대한 대목에서는 『임제록』과 『선문강요집』의 내용을 상당 부분 그대로 인용하면서, 그에 따른 자신의 견해를 서술하고 있다. 특히 임제종의 교의와 관련한 부분 가운데 「삼구」·「삼현」·「삼요」의 대부분 내용은 『선문강요집』에서 고스란히 인용한 것이다.[256] 이 점을 보면 『강요』에 보이는 임제종지의 내용은 거의 『선문강요집』을 옮겨놓은 듯이 보인다. 그러나 환성지안은 기타의 선리인 「사요간」·「사빈주」·「사조용」·「사대식」·「사할」·「팔방」 등에 대해서는 또한 『인천안목』의 내용을 참조하여 서술하고 있다.[257]

그런 가운데서도 선종오가의 교의에 대한 환성지안의 독특한 이해는 역시 각 종파의 종지에 대하여 서술한 대목에 가장 잘 드러나 있다. 먼저 임제종의 종지에 대해서는 기(機)와 용(用)을 해명하는 것으로 정의하였다.

맨손에 단도를 들고, 살불하고 살조하며, 삼현과 삼요에서는 고금을 분별해 내고, 주와 빈을 통해서는 용과 뱀

---

256) 이를테면 「三句」와 「三玄」과 「三要」에 대하여 설명을 붙인 979글자 가운데 876글자가 『선문강요집』에서 그대로 인용하고 있다. 곧 『韓佛全』6, p.850中의 처음 대목부터 p.852中5行에 걸친 내용을 보면, 전후로 종횡하면서 발췌 및 요약하였다.

257) 김호귀, 「『선문오종강요』의 구성과 사상적 특징」, 『한국선학』15, 2006.12. pp.120-121.

을 가려내며, 금강왕보검을 쥐고서 죽목(竹木)에 붙은 정령을 쓸어버리고, 사자의 위용을 떨쳐 이리의 심장을 찢어버린다. 임제종풍을 알고자 하는가. 청천에 벽력이 치는 소리 우렁차고 평지에 파도가 일어난다.258)

환성지안은 임제종지에 대하여 기와 용을 해명하는 것이라고 정의하였다. 여기에는 임제의현(臨濟義玄: ?-867)이 제시해주었던 교의가 거의 망라되어 있다. 임제종지에 대하여 환성지안은 더욱 구체적으로 이하에서 기와 용에 대한 설명의 일환으로 삼구(三句)·삼현(三玄)·삼요(三要)·사요간(四料揀)·사빈주(四賓主)·사조용(四照用)·사대식(四大式)·팔방(八棒)의 8가지 교의를 제시하여 설명을 가한다.

먼저「삼구」에 대해서는『임제록』의 "진불은 마음의 본바탕이 청정한 것이고, 진법은 마음의 작용이 광명과 같이 넓은 것이며, 진도는 어디에도 걸림이 없는 청정한 광명이다. 이 셋은 하나에 즉하여 모두가 곧 공의 명칭인데, 진정한 실체가 없다."259)는 말에 대하여,『선문강요집』의 설명을 인용하여 말하고 있다.

제1구에 대하여 "풍법사가 말했다. '삼요인을 찍고 뗴즉 빨간 점이 분명하게 나타난다는 것은 선조후용(先照後用)이고, 주와 빈을 나누려고 하는 것조차 용납되지 않는다는

---

258)『강요』, (韓佛全9, p.459下) "赤手單刀 殺佛殺祖 辨古今於玄要驗龍蛇於主賓 操 金剛寶劍 掃除竹木精靈 奮獅子全威 震裂狐狸心膽要識臨濟宗麼 靑天轟霹靂 平地起波濤"

259)『臨濟錄』, (大正藏47, pp.501下-502上) "佛者, 心清淨是；法者, 心光明是；道者, 處處無礙淨光 是三即一, 皆是空名, 而無寔有"

것은 선용후조(先用後照)이다.'"260)라고 말한다. 제2구에 대하여 "풍법사가 말했다. '삼요인을 찍고 뗀즉 빨간 점이 분명하게 나타난다는 것은 선조후용이고, 주와 빈을 나누려고 하는 것조차 용납되지 않는다는 것은 선용후조이다.'"261)고 말한다. 제3구에 대하여 "풍법사가 말했다. '나한을 만나면 나한에게 설해주고 아귀를 만나면 아귀에게 설해준다.'"262)고 말한다.

이 대목에는 환성지안이 임제의 삼구관에 대하여 보여준 이해가 잘 드러나 있다. 일반적으로 '임제삼구란 무엇인가.' 하는 점은 『임제록』에도 딱히 언급되어 있지 않다. 다만 문맥을 통해서 추론하여 그것을 편의상 제1구와 제2구와 제3구라고 가설하는 것뿐이다. 그래서 소위 제1구는 언전(言詮) 이전의 진실한 의미로서 이심전심의 경지이고, 제2구는 제1구의 진불을 구현하는 것으로 방편을 말미암지 않는 것이며, 제3구는 제1구와 제2구의 내용에 대하여 미혹한 납자를 위해 갖가지 방편을 구사하는 것이라고 이해하기도 한다.263)

따라서 환성지안의 견해에 따르면, 진불과 진법과 진도가 각각 제1구와 제2구와 제3구가 아니라, 진불과 진법과

---

260) 『禪門綱要集』, (韓國佛教全書6, p.851中) "風法師云 前句則先照後用 後句則先用後照"

261) 『禪門綱要集』, (韓國佛教全書6, p.851中) "風云 前句現乎實 後句示其權"

262) 『禪門綱要集』, (韓佛全6, p.852中) "風云 逢羅漢說羅漢 逢餓鬼說餓鬼"

263) 여기에서 환성지안은 바로 제1구와 제2구와 제3구의 의미에 대하여 풍법사의 말에 동의하는 형식을 통해서 간접적으로 설명하고 있다. 가령 제1구는 진불이 분명하게 현성되어 있으니 주빈을 나누려는 것조차 용납되지 않는다는 것이고, 제2구는 방편으로 어찌 해탈(截流機)을 감당할 수 있겠느냐는 것이며, 제3구는 선지식이 갖가지로 방편을 구사하는 것이다.

진도가 납자에게 터득되는 세 가지 양상을 삼구라고 간주한 것이다. 그래서 제1구의 경지에서 깨침을 터득하는 납자는 부처와 조사의 스승이 될 수가 있고, 제2구의 경지에서 깨침을 터득하는 납자는 인간과 천상의 스승이 될 수가 있으며, 제3구의 경지에서 깨침을 터득한다면 그 깨침은 진정으로 자기구제의 깨침이라고 말할 수도 없다는 것이다. 이 점이 바로 임제삼구에 대한 이해를 충실하게 계승한 환성지안의 안목이다.

그리고 「삼현」에 대해서는 『임제록』에서 "일구마다 반드시 삼현문이 갖추어져 있고, 일현마다 반드시 삼요가 갖추어져 있다. 그래서 권도 있고, 실도 있으며, 조도 있고, 용도 있는데, 그대들은 어찌하면 그것을 알겠느냐."[264]라는 대목에 근거하여, 환성지안은 "첫째 체중현은 삼세와 일념 등이 해당하고, 둘째 구중현은 경절과 언구 등이 해당하며, 셋째 현중현은 양구와 방과 할 등이 해당한다. 또 각각 체중현·용중현·의중현이라고도 말한다."[265]고 말한다. 이 점은 삼현에 대한 이해로서 환성의 안목이 가장 독자적으로 구현된 대목이기도 하다.

또한 「삼요」에 대해서는 『선문강요집』에서 숭제혜(崇濟慧)의 "첫째는 대기가 원만하게 응용되는 것이고, 둘째는 대용이 온전하게 드러나는 것이며, 셋째는 대기와 대용이 함께 시설되는 것이다."[266]는 말을 그대로 인용하고 있다.

---

264) 『臨濟錄』, (大正藏47, p.497上) "一句語須具三玄門 一玄門須具三要 有權有用 汝等諸人作麼生會"
265) 『강요』, (韓佛全9, p.460上) "一體中玄 三世一念等 二句中玄 徑截言句等 三玄中玄 良久棒喝等 亦名體中玄 用中玄 意中玄"
266) 『강요』, (韓佛全9, p.460上) "一大機圓應 二大用全彰 三機用齊施"

그래서 환성지안은 삼요에 대하여, 불촉(不觸)이고 불발
(不發)의 경우를 대기(大機)라고 부르고, 원응(圓應)하는
의미를 대용(大用)의 기(機)라고 부르며, 기척(旣觸)이고
기발(旣發)의 경우를 대용이라고 부르며, 직절(直截)하는
의미를 대기의 용이라고 부르고 있다.

　이들 「삼구」와 「삼현」과 「삼요」의 관계에 대하여 임제는
'일구마다 삼현문이 갖추어져 있고, 일현마다 삼요가 갖추
어져 있다.'고 말하고 있다. 이 말은 제1구를 언급할 경우
는 그 가운데 제2구와 제3구가 깃들어 있고, 제2구를 언급
할 경우는 제1구와 제3구가 깃들어 있으며, 제3구를 언급
할 경우는 제1구와 제2구가 깃들어 있다는 것이다. 그리고
제1현 곧 체중현(體中玄)을 언급할 경우는 그 가운데 구
중현(句中玄은 用中玄이라고도 한다)과 현중현(玄中玄, 意
中玄이라고도 한다)이 깃들어 있고, 구중현(용중현)을 언
급할 경우는 체중현과 현중현(의중현)이 깃들어 있으며,
현중현(의중현)을 언급할 경우는 체중현과 구중현(용중현)
이 깃들어 있다는 것이다. 그리고 제1요[大機圓應]를 언급
할 경우는 제2요[大用直截][267]와 제3요[機用齊施]가 깃들
어 있고, 제2요를 언급할 경우는 제1요와 제3요가 깃들어
있으며, 제3요를 언급할 경우는 제1요와 제2요가 깃들어
있다는 것이다.

　따라서 환성지안은 임제삼구의 경우에 어느 일구를 언급

---

[267] 제2요의 大用直截에 대하여 환성지안은 『선문강요집』의 설명을 수
용하여 大用全彰으로 이해한다. 直截은 단순하고 명쾌하며 簡明하다
는 의미로서 군더더기가 없이 온전하게 작용하는 모습이다. 全彰은 遍
滿 및 現成의 의미이다. 여기에서 환성지안은 大用을 보편적인 작용의
측면으로 파악한 숭제혜의 견해를 긍정하고 있다.

하더라도 거기에는 반드시 진불과 진법과 진도가 모두 삼구의 내용으로 구현된다는 의미가 있다고 이해한 것이다. 이 점이야말로 바로 환성지안이 『선문강요집』의 풍법사와 호월선객의 문답을 장문에 걸쳐서 『강요』에서 「삼요」의 대목에 고스란히 인용하고 있는 까닭이었음을 알 수가 있다.

한편 「삼구」와 「삼현」과 「삼요」에 대한 환성지안의 이러한 견해에 착안하여 『강요』를 주석한 백파긍선은 이하의 「사할」·「사대식」은 삼현에 포함된다고 말하고, 「사조용」·「사요간」·「사빈주」·「팔방」은 삼요에 포함된다고 말함으로써, 임제종의 교의가 전체적으로 삼구·삼현·삼요의 개념을 벗어나지 않는 것으로 이해하고 있다.[268]

② 운문종의 교의

환성지안은 임제종의 교의에 바로 이어서 운문문언(雲門文偃: 864-949)에서 비롯한 운문종의 교의를 두 번째로 배열하고 있다.[269] 운문종지에 대해서는 직절(截斷)을 해명하는 것이라고 다음과 같이 정의한다.

검(劍)과 봉(鋒)에 길이 있고, 철벽과 같아 나아갈 문이 없으며, 높이 치켜세워 뒤집어 길바닥에 내동댕이치고, 갈등을 싹뚝 잘라버린다. 그러므로 상식의 견해로

268) 『선과 선리』, (서울: 하얀연꽃, 2013) p.70. "四照用攝 於三要 四喝 四大式 卽三玄 四料揀 四賓主 八棒等 亦攝在於三要等也"
269) 운문종의 교의를 임제종의 교의에 이어서 배열한 것은 『강요』가 『선문강요집』의 내용을 계승한 것일 뿐만 아니라 임제종과 운문종은 조동종과 다른 법맥에 속한다는 점을 의식한 것이기도 하다.

보자면 너무 신속하여 미칠 수가 없으니, 분별사량의
불꽃으로 어찌 발이나 붙여보겠는가. 운문종풍을 알고
자 하는가. 주장자 하늘 높이 위로 뛰어오르고, 찻잔 속
에서 제불이 법을 시설한다.[270]

운문종지와 관련된 『인천안목』의 내용은 삼구(三句)·
추고(抽顧)·일자관(一字關)·강종게(綱宗偈)·파릉삼구
9巴陵三句)·운문문정(雲門門庭)·요결(要訣)·고덕강
종송(古德綱宗頌)[271] 등이다. 일찍이 운문문언은 대중에게
"'천중이란 상자와 뚜껑 그리고 하늘과 땅처럼 (진여가 두
루 편재하고 포용하며) 목(目)·기(機)·수(銖)·량(兩)
처럼 (일체에 두루 작용하며) 온갖 반연을 초월해 있는 모
습이다. 그러면 어찌해야 그것을 이해하겠는가.'라고 물었
다. 그리고 대어(代語)로 말했다. '화살 하나로 세 개의 관
문을 꿰뚫는다.'"[272]고 말했다.
환성지안은 이와 같은 운문종의 교의에 대해서도 임제종
의 교의와 마찬가지로 운문의 「삼구」에 대한 설명도 『선문
강요집』을 인용하여 말한다.

운문에게는 비록 이 운문삼구라는 말이 있지만, 일찍이
삼구라는 명칭을 내세운 적이 없었다. 그 적자인 원명
연밀이 처음으로 운문삼구라는 명칭을 내세웠는데, 첫

---

270)『강요』, (韓佛全9, p.461下) "劍鋒有路 鐵壁無門 掀翻露布 葛藤剪
   却 常情見解 迅電不及 思量烈焰 寧容湊泊 要識雲門宗麼 柱杖子(足+
   孛)跳上天 盞子裡諸佛設法"
271)『人天眼目』卷2, (大正藏48, pp.312上-313中)
272)『雲門匡真禪師廣錄』卷中, (大正藏47, p.563上) "天中函蓋乾坤　目
   機銖兩　不涉春緣　作麼生承當　代云　一鏃破三關"

째는 절단중류(截斷衆流)이고, 둘째는 수파축랑(隨波逐浪)이며, 셋째는 함개건곤(函盖乾坤)이다. 덕산의 법사인 보안도선사(普安道禪師)는 삼구라는 용어를 인하여 각각에 따라서 거기에 게송을 붙이고, 또한 별치일구(別置一句)를 내세웠다."273)

소위 운문의 삼구법문, 덕산연밀의 운문삼구, 보안도선사의 운문삼구는 일련의 연계성이 있지만, 도표와 같이 각각에 해당하는 용어의 표현에 대해서는 약간의 차이가 보인다.

운문문언	함개건곤	목기수량	불섭춘연
덕산원명	함개건곤	절단중류	수파축랑
보안도	함개건곤	절단중류	수파축랑

이처럼 덕산연밀은 스승인 운문의 삼구법문에 대하여 그 용어를 변형시켜서 소위 운문삼구라는 용어로 확정하면서, 거기에다 게송을 붙였다. 그러면 덕산은 어떤 근거 내지 원리에서 운문의 '함개건곤 · 목기수량 · 불섭춘연'을 각각 '함개건곤 · 절단중류 · 수파축랑'이라고 그 용어를 변형하였는가. 이와 관련하여 덕산연밀은 "제일구는 상자와 뚜껑 및 하늘과 땅처럼 진여가 두루 편재하고 포용하는 것이고,[函盖乾坤] 제2구는 온갖 번뇌를 절단해버리는 것이며,[截斷衆流] 제3구는 파도와 물결을 따르는 것이다.[隨波逐浪]"274)는 해석을 붙이고 있다.

---

273) 『禪門綱要集』, (韓佛全6, p.858上) "雲門雖有此語 未嘗立爲三句之名 其嫡子圓明密 始立三句之名 一截斷衆流 二隨波逐浪 三函盖乾坤 德山之嗣 普安道禪師 因三句語 隨以頌之 又立別置一句"

이에 덧붙여서 다시 덕산의 제자인 보안도선사는 다시 이들 삼구어(三句語)에 각각 게송을 붙여서 다음과 같이 설명하였다.

하늘과 땅과 일체의 만상
그리고 지옥 및 천당까지
만물이 다 진리로 드러나
어느 것도 부족함이 없네.

첩첩 산과 모든 봉우리가
낱낱이 다 먼지 쌓임이네
현묘한 도리 논하려 해도
빙소와해처럼 무너진다네.

변구와 이설로 다 물어도
높고 낮음에 부족함 없네
꼭 응병여약 경우 같은데
진찰 및 검진 자유롭다네.[275]

이들 세 게송이 각각 함개건곤 · 절단중류 · 수파축랑에 해당한다는 것에 대해서는 이미 위에서 언급한 바처럼 쉽게 이해할 수가 있다. 그럼에도 불구하고 이것을 이해하지

---

274)『강요』, (韓佛全9, pp.461下-462上) "後來德山圓明密禪師 遂離其語 爲三句曰 一函盖乾坤 二截斷衆流 三隨波逐浪"

275)『人天眼目』卷2, (大正藏48, p.312上) "普安道頌三句 乾坤幷萬象 地獄及天堂 物物皆眞現 頭頭總不傷 堆山積嶽來 ——盡塵埃 更擬論玄 妙 冰消瓦解摧 辨口利詞問 高低總不虧 還如應病藥 診候在臨時"

못한 납자들이 있음을 불쌍하게 여겨 환성지안은 다음과 같이 말한다.

그런즉 삼구는 모두 일구이다. 이미 삼구가 모두 일구라면 낱낱이 모든 대대(對待)를 단절하여 필경에는 또 일구조차 없을 것이다. 일(一)을 얻으려는 것조차 오히려 불가득한데 어디에서 삼구를 얻을 것인가. 많은 납자들이 저 삼구의 형식에 빠져서 투(透)하려고 해도 철(徹)하지 못하므로 도리어 운문이 사람을 속이는 꼴이 되었으니, 이것을 관(關)이라 한들 어찌 적절하지 않겠는가. 그러나 만약 영리한 자라면 삼구를 듣는 즉시 곧바로 투·철하여 삼구를 물리치고 앞으로 나아갈 것이다. 그러니 운문인들 어찌 일촉파삼관(一鏃破三關)이라 말한 것을 제거해 줄 필요가 있겠는가. 당시의 대중이 그렇게 하지 못하기 때문에 부득이하게 운문이 일촉파삼관이라고 말해 준 것이다. 이것이야말로 운문의 두터운 자비이다.276)

여기에서 환성지안은 삼구가 모두 일구이고 일구가 삼구라고 일러주었음에도 불구하고, 그 도리를 이해하지 못한 까닭에 부득이 자비심을 발휘하여 일촉파삼관의 비유를 들어 설명하고 있다. 그런데 다시 일촉이라는 말에 집착하여

---

276) 『강요』, (韓佛全9, p.462中) "則三句揚是一句 既是一句 一一絶諸對待 而畢竟亦無一句 可得一 尚不可得 甚處得許多來學者 泥他三句規模 透不得徹 則返以雲門謾人 其謂之關不亦宜乎 若靈利漢 才聞擧着 直下透徹 剔起便行 雲門何消 道介一鏃破三關 當時大衆 卽不能故 雲門伊麼道 是多少慈悲"

그 일촉이라는 말을 향하여 활계를 짓느라고 헤매는 사람이 있다면, 그것은 삼구의 형식에 빠져있는 경우로 삼구 가운데 일구조차 얻지 못하는 것과 같다고 한탄하고 있다. 이것이야말로 소위 쐐기로써 쐐기를 뽑아주는 것과 같아서, 비록 앞의 쐐기가 빠져나갔다고 해도 뒤의 쐐기가 다시 박혀버리고 마는 것이라고 일러주고 있다.

  일촉파삼관은 운문의 일구와 삼구의 관계를 설명한 비유인데, 이에 대하여 『강요』에 주석을 붙인 백파긍선은 운문이 말한 '하나의 화살로 세 개의 관문을 꿰뚫는다.'는 대목을 들어 거기에 세 가지 뜻이 있음을 보충하여 설명해주고 있다. 곧 첫째, 반조하는 지혜가 곧 '하나의 화살'이라는 뜻이다. 둘째, 설법의 경우에는 세 가지 명자(名字)가 있지만, 반조의 경우에는 삼구와 일구라는 견해도 없다. 그 때문에 이구와 삼구 가운데 일구만이 '하나의 화살'이라는 뜻이다. 셋째, 모든 구는 정해진 차제가 없어서 하나를 들면 전체가 섭수된다. 곧 모든 상대를 단절했기 때문에 삼구는 별치(別置)하고 일구만 '하나의 화살'로 삼는다는 뜻이다.[277]

  다음으로 환성지안은 「추고」와 「일자관」과 「파릉삼구」에 대해서 용어가 출현하게 된 연유에 대하여 간략한 설명에 그치고 있지만, 파릉삼구는 운문삼구를 그대로 계승한 것임을 밝혀두고 있다. 이에 대하여 백파긍선은 운문삼구와 파릉삼구는 온전히 일치하고 있다고 하면서도, "파릉은 과

---

277) 『사기』, 『선과 선리』, (서울: 하얀연꽃, 2013) pp.132-133. "一鏃破三關亦有三義 一返照智爲一鏃 說時有三名字 返照時不作三一解 故二三句中一句爲一鏃 句句無定次第 擧一全收 絶諸對故三別置 一句爲一鏃也"

연 운문문언의 적자로서 운문의 언(言)을 받들었지만, 句
에 얽매이지 않고 골수를 철견하였다. 그 때문에 운문은
그의 모든 설법에서 파릉의 말을 항상 인정하였다."278)고
평가하는 것을 보면, 그 차이점을 인정하고 있는 셈이다.

③ 조동종의 교의

환성지안은 동산양개(洞山良价: 807-869)와 조산본적
(曹山本寂: 840-901)의 사자(師資)로부터 비롯한 조동종
지에 대해서는 향상(向上)을 해명하는 것이라 하여 다음과
같이 말한다.

방편으로 오위를 열어 삼근기를 잘 제접한다. 금강왕보
검을 비켜차고 모든 분별견해이 숲을 베어버린다. 묘협
(妙挾)을 홍통하여 만기(萬機)의 천착(穿鑿)을 잘라버
린다. 위음나반은 눈 가득히 빛이 번쩍거리고 공겁 이
전은 항아리 속의 풍월이다. 조동종풍을 알고자 하는가.
불조의 관념이 생겨나기 이전이요 공겁의 밖이어서 정
편(正偏)이 유무(有無)의 기(機)에 떨어지지 않는
다.279)

환성지안은 조동종의 교의에서 오위(五位)가 차지하고

278) 『사기』, 『선과 선리』, (서울: 하얀연꽃, 2013) p.141. "以巴陵果是嫡
子 能不承言滯句 徹見骨髓 故滿口許他也"
279) 『강요』, (韓佛全9, p.462下) "權開五位 善接三根 橫抽寶劒 斬諸見
稠林 妙愶弘通 截萬機穿鑿 威音那畔 滿目烟光 空劫已前 一壺風月 要
識曹洞宗麼 佛祖未生空劫外正偏不落有無機"

있는 비중과 위상을 감안한 까닭인지, 「편정오위(偏正五位는 正偏五位라고도 한다)」·「공훈오위(功勳五位)」·「군신오위(君臣五位)」 등 3종의 오위를 소개하고, 몇 가지 항목을 통하여 나름대로 거기에 설명을 가하였다.[280] 그러나 고래로 조동오위에는 4종의 오위가 전해온다. 첫째는 동산의 편정오위이고,[281] 둘째는 동산의 공훈오위이고,[282] 셋째는 조산의 군신오위이며,[283] 넷째는 석상의 왕자오위(王子五位)이다.[284] 『인천안목』[285]에는 4종오위가 모두 소개되어 있음에도 불구하고 환성지안이 왕자오위를 생략한 이유에 대해서는 아무런 언급이 없다. 한편 4종오위에서 편정오위와 공훈오위는 동상양개가 제창한 것이고, 군신오위는 조산본적이 제창한 것이며, 왕자오위는 석상경제(石霜慶諸)가 제창한 것이지만, 이들 4종오위 가운데 동산양개가 제창한 편정오위가 근원을 형성하고, 기타는 그로부터 유래한 것이다.

이것은 본고의 이하에서 논의하고 있는 점과 관련이 있다. 소위 조동종의 형성에 있어서 동산과 조산 부자의 의기투합을 잘 보여주고 있는 고창쌍거(敲唱雙擧)의 가풍을

---

280) 『강요』, (韓佛全9, pp.462下-464上)
281) 『撫州曹山元證禪師語錄』, (大正藏47, pp.531中-532下)의 「解釋洞山五位顯訣」의 대목이 이에 해당한다. 곧 동산의 오위에 대하여 그 제자인 曹山本寂이 逐位頌을 붙여 완성하였다. 이후로 조동종뿐만 아니라 임제종 계통에서도 중시되어 보편화 되었다. 우리나라에서는 조산본적의 제자인 曹山慧霞 및 光輝가 각각 주석을 붙이고 이에 고려의 一然이 補를 붙여 간행한 重編曹洞五位가 전승되고 있다.
282) 『筠州洞山悟本禪師語錄』, (大正藏47, p.516上)
283) 『瑞州洞山良价禪師語錄』, (大正藏47, p.525下) ; 『撫州曹山元證禪師語錄』, (大正藏47, p.527上)
284) 『人天眼目』 卷3, (大正藏48, pp.316中-317下)
285) 『人天眼目』 卷3, (大正藏48, p.320下)

감안해보면, 아무래도 석상경제의 법맥이 동산과 직전(直傳)의 관계가 아니기 때문이었던 것으로 보인다.286)

그런데 여기에서 환성지안이 편정오위를 도식화한 것에 대해서는 이전의 전통적인 도식으로 간주되고 있는 동산양개의 「오위현결(五位顯訣)」287)과 약간 다른 모습을 보여주고 있다. 그리고 동산의 「삼종삼루(三種滲漏)」288) 및 「삼종강요(三種綱要)」289)에 대해서도 언급하는데, 또한 동산의 「삼종강요」의 경우에도 『동산록』에 수록되어 있는 「동산삼종강요」와 약간의 차이가 있음을 보여주고 있다.290)

그러면서도 조동종의 교의에 대한 이해에서 환성지안의 안목이 가장 잘 돋보이는 대목은 두 가지가 있다. 하나는 편정오위와 군신오위의 상관성을 고려하여 다섯 개 항목에 대하여 편정오위에는 군신오의의 명칭을 부연으로 배대하고, 군신오위에는 편종오위의 명칭을 부연으로 배대하고 있는 점이다. 다른 하나는 편정오위의 다섯 개의 명칭에 대하여 환성지안이 각각 축위송(逐位頌)을 붙여두고 있는 점이다.

우선 환성지안은 첫째의 편정오위에 대하여 설명하는 대목에서 정중편(正中偏<君> · 편중정(偏中正<臣> · 정중래(正中來<君視臣> · 겸중지(兼中至<臣向君> · 겸중도

---

286) 동산과 조산의 법맥은 조계혜능 - 청원행사 - 약산유엄 - 운암담성 - 동산양개 - 조산본적이다. 그러나 석상경제의 법맥은 조계혜능 - 청원행사 - 약산유엄 - 도오원지 - 석상경제이다.

287) 『撫州曹山元證禪師語錄』「解釋洞山五位顯訣」, (大正藏47, p.541下)

288) 『瑞州洞山良价禪師語錄』, (大正藏47, p.526上) ; 『人天眼目』 卷3, (大正藏48, p.319上)

289) 『人天眼目』 卷3「曹山三種綱要頌」, (大正藏48, p.319中)

290) 김호귀, 「『선문오종강요』의 구성과 사상적 특징」, (『한국선학』 제15호. 2006. 12)

(兼中到<君臣合>의 명칭에 보이는 것처럼, 셋째의 군신오
위의 명칭에 해당하는 군(君)·신(臣)·군시신(君視臣)·
신향군(臣向君)· 군신합(君臣合)의 용어를 부연하고 있
다.291) 이 점은 편정오위의 명칭이 군신오위의 다섯 개의
명칭과 각각의 위상에 있어서 밀접하게 상응하고 있음을
보여준 것이다. 이것은 동산양개의 편정오위의 각 명칭과
조산본적의 군신오위의 각 명칭이 고스란히 상응하고 있다
는 점을 애써 드러내고 있는 것으로, 동산양개의 오위사상
이 조동종의 교의로서 조산본적의 오위사상에 고스란히 전
승되고 있음을 전제로 설명해 준 것이다.

　그러나 다시 셋째의 군신오위의 명칭에 대하여 설명하는
대목에서는 군(君<正位>·신(臣<偏位>·신향군(臣向君
<偏中正>·군향신(君向臣<正中偏>·군신합(君臣合<兼
帶語>라고 배대하여292) 편정오위의 명칭을 부연하고 있지
만, 앞에서 편정오위에서 배대하고 있는 경우와 상이한 배
열순서를 보여주고 있다. 그렇지만 이것은 군신오위의 명
칭이 편정오위의 다섯 개의 명칭과 각각의 위상에 있어서
상응하고 있음을 보여주려는 것이기도 하다. 이 점은 조산
본적의 군신오위의 각 명칭과 동산양개의 편정오위의 각
명칭이 고스란히 상응하고 있다는 점을 애써 드러내고 있
는 것으로, 조산본적의 오위사상이 동산양개의 오위사상에
서 유래되어 부합하고 있음을 전제로 설명해 준 것이다.
그러면서도 한편으로 편정오위의 설명에서는 정중편(군)·
편중정(신)·정중래(군시신)·겸중지(신향군)·겸중도

---

291) 『강요』, (韓佛全9, pp.462下-463下)
292) 『강요』, (韓佛全9, p.464下)

(군신합)라고 말하고, 군신오위의 설명에서는 군(정위) ·
신(편위) · 신향군(편중정) · 군향신(정중편) · 군신합(겸
대어)이라고 말하고 있는 점을 감안한다면, 서로 용어의
배열에서 약간의 괴리가 엿보이는 점은 여전히 주목해야
할 점이다. 이것을 도표로 보이면 도표와 같다.

	편정오위(군신오위)	군신오위(편정오위)
제1위	正中偏(君)	君(正位)
제2위	偏中正(臣)	臣(偏位)
제3위	正中來(君視臣)	臣向君(偏中正)
제4위	兼中至(臣向君)	君向臣(正中偏)
제5위	君臣合(兼帶語)	君臣合(兼帶語)

　　한편 동산의 편정오위임에도 불구하고 제4위 명칭에 겸
중지를 사용하고 있는 점에 대해서도 주목할 필요가 있다.
곧 제4위에 대하여 겸중지와 偏中至를 지칭하는 문제는
선종사에서 역대로 오랫동안 선리의 논쟁이 전개되어 오고
있는 점도 『강요』의 본 대목과 무관하지 않기 때문이
다.293) 어쨌든 여기에서 환성지안은 편정오위와 군신오위
사이에는 동산양개와 조산본적 부자의 사상과 법맥이 일관
성 있게 전승된 점을 바탕으로 하여 조동종지가 형상되어
있음을 담보해주는 근거로 활용하고 있다는 것에 착안해볼

---

293) 동산양개가 처음으로 제창하고, 그 제자 조산본적이 체계화했던 편
　　정오위를 흔히 정통조동오위라고 부른다. 정통조동오위에서는 오위의
　　각 명칭이 正中偏·偏中正·正中來·偏中至·兼中倒이다. 이 명칭을 본 『
　　강요』에서 표현하고 있는 正中偏·偏中正·正中來·兼中至·兼中倒의 명칭
　　과 비교하면 제4위의 명칭이 偏中至와 兼中至로 차이가 있다. 이 점
　　은 조동오위의 전승과 전개에 있어서 조동종에서만이 아니라 널리 임
　　제종에서도 수용되면서 많은 논쟁을 불러일으켰다. 김호귀, 「曹洞五位
　　의 전승에 대한 一然과 淨訥의 대응 고찰」, 『불교연구』50, 한국불교연
　　구원, 2019. 참조.

필요가 있다.

다음으로 환성지안이 『강요』에서 동산양개의 편정오위의 다섯 가지 위상의 명칭에 대하여 독자적으로 삼구로 이루어진 축위송을 붙이고 있는 점은 매우 주목된다.

◐ 정중편(君位)
모든 이치가 곧 현상으로서
일체의 계위에 다 포섭되어
깨침에 막 들어가는 문이다294)

환성지안은 여기 다섯 가지 위상의 명칭에 대하여 게송으로 상징적으로 나타내고 있다. 여기에서 도형을 보는 방법은 도형의 위쪽에서 아래쪽으로 향한다는 점이다. 그래서 제1위는 어둠으로부터 밝음으로 향한다. 밝음은 일체의 대낮을 상징하는데 일체의 분별이고, 어둠은 한밤을 상징하는데 일체의 무분별이다. 곧 속세의 이타행인 하화중생의 측면으로부터 자리의 상구보리의 측면으로 향하는 것을 의미한다.

◑ 편중정(臣位)
모든 현상이 곧 이치로서
위를 따라 공을 내세우는
곧 수행의 궁극 법칙이다295)

---

294) 『강요』, (韓佛全9, p.462下) "◐正中偏(君位) 全理卽事 該一切位 入道初門"
295) 『강요』, (韓佛全9, p.463上) "◑偏中正(臣位) 全事卽理 隨位立功 行李極則"

제2위는 제1위와 상대적인 입장이다. 밝음으로부터 어둠으로 향한다. 곧 자리의 상구보리의 측면으로부터 이타의 하화중생의 측면으로 향하는 것을 의미한다.

○296) 정중래(君視臣)
이치와 현상이 일여하니
전공으로 위에 나아가도(그리고 전위으로 공에 나아가도 모두 일여하다)
이것은 사문의 득과이다297)

제3위는 본래 ●이어야 한다. 이것은 온전히 자리의 상구보리의 측면에만 전념하는 것을 의미한다.

○ 겸중지(臣向君)
체로부터 用이 일어나고
공위가 더불어 드러나니
곧 사문의 이류중행이다298)

제4위는 온전히 하화중생의 측면에만 전념하는 것을 의미한다.

---

296) 偏正五位의 제3위는 순수한 정위의 입장으로 ●으로 표기되어야 옳다.
297) 『강요』, (韓佛全9, p.463中) "○正中來(君視臣) 理事一如 轉功就位(轉位就功) 沙門果"
298) 『강요』, (韓佛全9, p.463中-下) "○兼中至(臣向君) 從體起用 功位齊彰 沙門異類"

●299) 겸중도(君臣合)
용을 섭하여 체에 돌아가고
공과 위가 다함께 없어지니
조동종문의 이류중행이로다300)

제5위는 ●이어야 한다. 곧 상구보리와 하화중생의 두 측면이 일상의 삶에서 항상 더불어 실현되고 있는 측면을 의미한다. 여기 제5위에서 비로소 편정오위의 궁극적인 의미가 구현된다.

이들 다섯 가지 위상은 납자의 삶을 다섯 가지의 측면으로 설명한 것이지, 경지의 높고 낮음의 단계를 의미하는 것이 아님에 주목해야 한다. 이것이 바로 조동종에서 전승되어 온 정통편정오위의 가풍이다.

그러나 환성지안은 여기 축위송에서 각각 제3구에 해당하는 것으로 깨침에 막 들어가는 문[入道初門], 수행의 궁극법칙[行李極則], 사문의 득과[沙門果], 사문의 이류중행[沙門異類], 조동종문의 이류중행[宗門異類]이라고 말하고 있다. 이것은 편정오위를 통해서 조동종지의 가풍을 제1위로부터 제5위에 이르는 순차적이고 단계적인 것으로 간주한 것이기 때문에, 기존의 조동종문의 정통편정오위가 납자의 삶을 다섯 가지의 측면으로 이해하던 내용과 전면적으로 배치되는 결과가 되고 말았다.301)

---

299) 偏正五位의 제5위는 흔히 ●(명도 50%) 표기되어야 한다.
300) 『강요』, (韓佛全9, p.463下) "●兼中到(君臣合) 攝用歸體 功位齊泯 宗門異類"
301) 이 경우도 또한 환성지안이 임제종의 정통 및 우월주의에 바탕하여 조동종의 중심교의인 편정오위에 변형을 가하여 해석한 면모가 드러나 있다.

환성지안은 또한 「공훈오위」에 대해서도 기존의 조동종
문과 상이하게 독자적인 해석을 가하고 있다. 가령 제1위
인 向은 타인을 향하는 삶이고, 제2위인 奉은 타인을 섬기
는 삶이며, 제3위인 공(功)은 공훈(功勳)이 구현되는 삶이
고, 제4위인 공공(共功)은 깨침의 지속적인 삶이며, 제5위
인 공공(功功)은 공(功)에 있으면서 공(功)을 초월한 삶이
라고 이해한 점에서 그렇다.302) 곧 전통적으로 조동종문의
공훈오위는 수증의 관계에서 점차적인 단계성을 의미하는
데, 환성지안은 그것을 순전히 보살행의 구현으로 변형시
켜 이해하고 있다.

기타 「조산삼타대양명안화상석(曹山三墮大陽明安和尚釋)
」, 「동산삼종삼루(洞山三種滲漏)」, 「동산창도삼강요(洞山
唱道三綱要)」 등 조동종지의 교의에 대해서 환성지안은 지
극히 제한적인 설명만 가하고 있다.

---

302) 왜냐하면 조동종에서 이해하고 있는 동산의 공훈오위는 동산의 편
   정오위와 성격이 다르기 때문이다. 곧 동산의 편정오위가 납자의 삶을
   다섯 가지의 측면으로 평등하게 내세운 것으로 回互와 不回互의 역동
   적인 이론적인 성격이 강한 것인 반면에, 공훈오위는 납자에게 수행의
   향상을 권장해가는 실천의 단계를 보여준 것이기 때문이다.(김호귀, 『
   묵조선연구』, 서울: 민족사, 2001, p.95) 한편 공훈오위의 다섯 가지의
   명칭의 의미는 다음과 같다. 向은 자신이 본래 갖추고 있는 불성을 믿
   고 그것으로 귀향하려고 발심하는 단계이다. 奉은 이미 본래 갖추고
   있는 불성을 이해하여 오롯하게 받들어 섬기고 그것에 수순하는 것으
   로 불도수행에 전념하는 단계이다. 功은 수행의 功果가 드러나서 평등
   무차별의 불성에 계합하는 단계이다. 共功은 평등의 차원에도 집착하
   지 않은 채 천차만별의 삶대로 영위하면서 功마저 초월하는 단계이다.
   功功은 평등에도 그리고 차별에도 치우치지 않고 집착하지 않으며 각
   각 法爾然의 그대로 불법을 구현하는 단계이다. 『洞上雲月錄』卷中「
   洞山功勳五位」, (『曹洞宗全書』 注解5, 東京: 鴻盟社, 1930,
   pp.84-85) 참조.

④ 위앙종 및 법안종의 교의

환성지안은 위앙종과 법안종에 대해서는 한정된 몇 가지 교의에 대하여 지극히 간략하게 설명을 가하고 있다. 그것은 위앙종과 법안종이 선종사에서 차지하고 있었던 역사적인 상황과 무관하지 않다. 선종오가의 형성은 맨 처음 위앙종의 출현으로부터 비롯한다. 이후 임제종이 형성되었고, 이어서 조동종과 운문종과 법안종 순서로 출현하였다.

위앙종은 9세기 중반 곧 선종오가의 초기에 가장 권위를 지니고 있었다. 그런 까닭에 『임제록』에는 임제의현이 항상 위산영우(潙山靈祐: 771-853)와 앙산혜적(仰山慧寂: 803-887)의 권위를 빌어서 임제 자신의 선문답에 대한 위상을 확보하려는 노력이 드러나 있다. 그러나 위앙종의 교의는 우너상법(圓相法)을 비롯한 참언(讖言)이 비일비재하여 일반의 사람뿐만 아니라 납자들 사이에서도 지나치게 어려워하는 선풍으로 흘러간 까닭에 비교적 일찍부터 세력을 상실하고 말았다. 이런 가운데서도 환성지안은 위앙종지의 교의에 대하여 체(體)와 용(用)을 해명하는 것이라 하여 다음과 같이 말한다.

스승과 제자가 노래로 화답하고 부자가 일가를 이루며 옆구리에 글자를 끼고 서로 두각을 다툰다. 실중에서 제자를 증험하여 잘 사자를 가려낸다. 이사구(離四句)이고 절백비(絶百非)여서 한 주먹에 쳐부수며, 입은 두 개이고 혓바닥은 한 개도 없지만 구곡(九曲)에 구슬이 널리 통한다. 위앙종풍을 알고자 하는가. 파손된 비석이

고로(古路)에 덩그러니 나뒹굴고 있다.303)

　여기에서 '옆구리에 글자를 끼고'라는 것은 위산은 자신이 죽은 후에 수고우(水牯牛)로 태어날 것인데, 그 옆구리에 '위산모갑(潙山僧某甲)'이라는 다섯 글자가 드러나 있을 것이라는 예언한 것을 가리킨다. '이사구이고 절백비여서 한 주먹에 쳐부수며'라는 것은 앙산이 꿈속에서 미륵의 내원중당으로 들어가 제2좌가 되어 '마하연법은 이사구이고 절백비입니다. 잘 들으시오.'라는 설법을 하자, 그 말을 듣고 대중이 모두 흩어져버린 것을 말한다. 이것은 대승법을 소승이 감당할 수가 없다는 것을 암시한 것인데, 이에 위산이 앙산에 대하여 성인의 경지에 들었다고 인가한 것을 가리킨다.

　한편 '입은 두 개이고 혓바닥은 한 개도 없다'는 것은 앙산혜적의 임종게에 등장하는 언구로서 '제자들이여, 반듯한 눈이 다시 앙시(仰視)한다. 두 입에 혀가 없는 것이 우리의 종지이다.'는 것을 가리킨다. 이것은 논리와 개념을 초월하여 향상으로 나아가는 가르침을 상징한 것이다.304)

　여기에서 환성지안은 스승과 제자가 노래로 화답하고 부자가 일가를 이룬다는 것에 대해서는 사제간의 의기투합을 드러냈고, 옆구리에 글자를 끼고 서로 두각을 다툰다는 것에 대해서는 이타의 보살행을 상징적으로 드러낸 것으로

---

303) 『강요』, (韓佛全9, p.465下) "師北唱和 父子一家 脇下書字 頭角崢嶸 室中驗人 獅子腰析 離四句絶百非 一搥粉碎 有丙口無一舌九曲珠通 要識潙仰宗麼 斷碑橫古路 鐵牛眠少室"
304) 『袁州仰山慧寂禪師語錄』, (大正藏47, p.588上) "一二二三子 , 平目復仰視 , 兩口一無舌 , 即是吾宗旨" 참조.

위앙종의 종지를 거양하였다.

또한 환성지안은 법안종의 교의에 대해서는 한마디로 유심(唯心)을 해명하는 것이라고 말한다.

> 언(言) 속에 향(響)이 있고 구(句) 속에 봉(鋒)을 감추고 있으며, 촉루로 항상 세계를 방어하고 콧구멍으로 가풍을 갈아낸다. 바람을 일으키는 도리깨와 달빛을 머금은 모래섬에서 진심(眞心)을 드러내고, 푸른 대나무와 노란 꽃은 묘법을 뚜렷하게 드러낸다. 법안종풍을 알고자 하는가. 바람에 쫓긴 조각구름은 고개를 넘어가고, 달빛 머금고 흐르는 물은 다리 밑을 지나가네.[305]

이처럼 환성지안은 법안종풍이 지니고 있는 특징에 대하여 다각도로 조망하면서 그 전체를 唯心으로 정의하였다. 법안종은 선종이면서도 화엄학, 유식학, 정토학, 천태학 등 제반교학을 널리 수용한 결과로 인하여 법안종이 선종이라는 그 정체성에 혼란을 초래하기도 하였지만, 다시 송대에는 다시 세력을 회복하여 면면하게 법맥을 상승하였다.

여기에서 환성지안이 항목으로 제시한 「육상(六相)」은 화엄도리와 관련한 것이고, 「소국사사요간(韶國師四料揀)」[306]은 천태교학과 관련한 것이었다. 그리고 「원오오가종요(圓悟五家宗要)」를 법안종의 교의에 포함한 것은 재고할

---

305) 『강요』, (韓佛全9, p.465下) "言中有響 句裏藏鋒 髑髏常干世界鼻孔 磨觸家風 風柯月渚 顯露眞心翠竹黃花 宣明妙法 要識法眼宗麽風送斷 雲歸嶺去 月和流水過橋來"
306) 『人天眼目』 卷4, (大正藏48, p.324下)

여지가 남아있다.

또한 환성지안이 『인천안목』에서 <종문잡록>이라고 편제한 것을 수용하여 『강요』에서 <잡록>의 대목을 설정하여 「암두사장봉(巖頭四藏鋒)」, 「육조문답(六祖問答)」, 「십무문답(十無問答)」, 「사이류(四異類)」, 「조주삼문(趙州三門)」의 내용으로 구성한 점 이외에도, 달리 「삼종사자어」, 「분양삼구」를 <잡록>에 포함하고 있는 점은 이들 성격상 임제종의 교의에 배열하는 것이 합당할 것이다.

3. 환성지안 선리관의 전승

환성지안의 『강요』는 위에서 언급한 경우처럼 중국의 선문헌을 계승하였을 뿐만 아니라, 한국의 선문헌으로서 『선문강요집』 및 『선가귀감』 등에서도 지대한 영향을 수용하였다. 중국의 선문헌의 경우 임제종 우월주의에 근거한 선종오가의 교의의 논쟁을 비롯하여, 한국의 선문헌의 경우 임제종의 교의 및 운문종의 교의에 대해서 『강요』에는 여러 가지 인용의 대목이 엿보인다. 이처럼 『강요』의 내용은 기존의 선문헌에 지대한 영향을 받고 있지만, 환성지안은 오가의 교의를 배열하고 간략한 설명을 가하는 과정에서 교의에 대한 이해에 몇 가지 독자적인 안목을 보여주었다.

그 가운데서도 환성지안의 선법은 단순히 기존의 교의를 집대성하는 것에 그치지 않았다는 것은 위의 고찰에서 확인할 수가 있다. 곧 오가에 대한 교의의 이해를 중국의 선문헌에 근거하면서도, 더욱이 『선문강요집』의 내용을 거의 수용하고 있다는 점, 그리고 『선가귀감』에 보이는 오가의 순서에 대한 변형을 가하고 있는 점 등은 한국선종사에서 오가의 교의에 대한 이해도 역시 임제종 중심의 법맥을 강조하는 그 영향에 있었다는 점이 『강요』에 노정되어 있음을 확인할 수가 있다.

그럼에도 불구하고 환성지안의 『강요』를 통해서 몇 가지 의의를 생각해볼 수가 있다. 하나는 한국선종사에서 처음으로 선종오가의 교의를 종합적으로 집대성하였고, 둘은 선종오가의 각각 교의에 대하여 개인적인 견해를 피력하였으며, 셋은 이후 조선 후기에 전개되었던 선리논쟁의 근거를 제공해주었고, 넷은 임제종 법맥을 중심으로 전개되었던 조선시대 선법의 분위기를 감지해볼 수가 있다.

『강요』에 보이는 이와 같은 상황은 이후에도 지속적으로 계승되어, 백파긍선의 『사기』의 출현으로 더욱더 확고해졌다. 백파긍선은 『강요』에 대한 주석서로 『사기』를 저술하여, 환성지안의 견해를 비판적으로 계승하였다. 곧 백파는 『사기』에서 대기와 대용이라는 사상의 기준을 전제하고, 그것을 통하여 오가의 모든 교의를 비판하고 또 수용해서 활용하였다. 나아가서 백파는 선종오가의 교의를 배열하는 것에 대해서도 조사선(祖師禪)과 여래선(如來禪)과 의리선(義理禪)의 삼종선을 바탕으로 하여 각각에 그 우열을 보여주었다. 그러나 어디까지나 임제종을 최고의 가르침으로 내세우고 다른 가르침을 그 하위개념으로 내세웠다.307)

이와 같은 백파의 견해는 『사기』(58세, 1824)를 저술한 지 2년이 지난 1826년 60세 때 『선문수경(禪文手鏡)』의 저술로 나타났는데, 이것도 또한 임제종지를 근간으로 한

---

307) 김호귀, 『선리연구』, pp.60-61.

저술로서 『사기』와 함께 조선 후기에 본격적인 선리논쟁의 발단을 촉발하였다. 그러나 좀더 면밀하게 살펴보면, 그 선리논쟁의 연원은 이미 『사기』에 근거하고 있었다. 왜냐 하면 『사기』에는 이미 선종오가와 관련한 삼종선의 배대 및 임제삼구, 그리고 임제삼구로부터 분화한 격외선과 여래선과 의리선의 의미 등 다양한 선리에 대한 이해에 대하여 『임제록』을 위시하여 『선문강요집』과 『강요』를 통해서 천착을 보여주고 있기 때문이다.

임제종의 교의에 대하여 백파는 특히 임제삼구에 대하여 천착하고 있다. 백파는 임제삼구를 들어서 자체의 삼구와 자체의 일구에 대한 관계, 그리고 나아가서 임제삼구를 다시 소량(所量)과 능량(能量)의 삼구, 이(理)와 사(事)의 삼구, 권(權)과 실(實)의 삼구, 신훈(新熏)과 본문(本分)의 삼구 등으로 나누어 다양한 방면에서 설명을 가한다.308)

운문종의 교의에 대하여 백파는 운문삼구와 체중현(體中玄)·구중현(句中玄)·현중현(玄中玄)이라는 임제의 삼현을 적용하여 그 순서를 논하였다. 백파는 운문의 법어에 보이는 삼현의 순서가 본래는 중(中)·용(用)·체(體)의 순서로 간주하였지만, 덕산원명의 경우는 체·용·중의 순서로 간주하였으며, 보안도 선사의 경우는 중·체·용의 순서로 간주하였다. 백파는 각각 다른 이들의 순서에 대하여 어느 한 가지에 집착하지 말도록 내세운 방편이었다고 결론을 내렸다. 곧 백파는 운문의 삼구법문에 대하여

---

308) 김호귀, 「『선문오종강요사기』에 나타난 백파의 임제삼구에 대한 해석 고찰」, 『정토학연구』18, 2012.12.

그 제자 및 손제자의 시대에 각각 다른 명칭으로 전승되어 적용되었을지라도, 백파는 그들의 본의가 근기에 따른 방편설법이었음을 수용하여 강조하고 있다.309)

조동종의 교의에 대하여 백파는 『사기』에서 조동오위에 대한 견해를 처음부터 조사선이 아닌 여래선의 범주에 포함시킴으로써 조동종지가 임제종지보다 하열하다는 견해를 주장하였다. 이것은 『사기』에서 백파가 보여준 선종오가에 대한 견해가 고스란히 조동오위에도 적용되고 있음을 보여준다. 그 때문에 백파는 처음부터 임제종의 입장에서 조동오위를 설명하는 까닭에 기존의 조동종에서 전승되어 왔던 제5위의 겸중도중심설(兼中到中心說)을 부정하고, 임제종에서 전승되어왔던 제3위의 정중래중심설(正中來中心說)을 수용하고 있다.310)

위앙종 및 법안종의 교의에 대하여 백파는 우선 체와 용을 해명하는 것이라는 위앙종지에 대해서, 그것이 임제의 삼구 가운데 제2구의 권과 실의 삼구에 해당한다고 간주하였다. 그러면서도 위앙종의 교의는 방편과 진실의 무애(無碍)에 대해서만 설명하고 향상(向上)에 대해서는 설명하지 못하기 때문에 조동종에도 미치지 못한다고 평가하였다. 또한 백파는 유심(唯心)을 해명하는 것이라는 법안종지에 대해서, 임제의 삼구 가운데 제2구의 방편에 상대한 진실에 해당하는 까닭에 위앙종에 미치지 못한다고 말한다. 이처럼 백파는 선종오가의 종지에 대하여 법안종지를

---

309) 김호귀, 「운문삼구의 전승에 대한 백파의 해석 고찰」, 『한국선학』 33, 2012.12.
310) 김호귀, 「백파긍선의 조동오위 해석과 그 특징 고찰」, 『한국선학』 34, 2013.8.

가장 낮게 평가하고 있다.311)

　백파는『사기』를 통해서『강요』에 대한 종합적인 주석을 가했다는 측면에서는 환성지안의 교의를 충실하게 계승하였다. 그러나 백파는 단순한 해석이나 소개에 그친 것이 아니라 자신의 견해를 비판적으로 투영함으로써, 환성지안의『강요』가 함의하고 있는 의미를 더욱더 확장하고 심화시켰음을 알 수가 있다.

　오늘날까지도 선종오가의 선리에 대한 이해는 이들 환성지안의『강요』와 백파긍선의『사기』에서 보여주고 있는 범주를 거의 벗어나지 않고 면면하게 전승되고 있다. 이런 점에서 환성지안이 이해했던 선리에 대한 이해는 일찍이 임제종의 법맥을 중심으로 했던 중국의 선종사에서 제기되었던 선리가 확대되고 연장되었을 뿐만 아니라, 이후에 한국의 선종사에서 더욱더 천착하고 다져진 모습으로 오가의 교의가 심화하여 정립되는 근거로 전승되어 오늘에 이르고 있다.

　지금까지『강요』를 중심으로 환성지안이 선종오가의 선리에 대하여 보여준 이해의 안목과 그 이면에 감추어진 환성지안의 의도, 그리고 그로부터 전승되어 조선 후기에 백파긍선에 의해 선리가 비판적으로 계승되어왔음을 고찰해보았다.『강요』의 배경에는 중국선종사에서 임제종만 정통이고 우월하다는 법맥의식과 관련하여 명말 청초에 논쟁으로 전개되었던 선종오가에 대한 근원 및 오가법맥의 갈래에 대한 인식이 근거하고 있었다.

---

311) 김호귀, 「백파긍선『선문오종강요사기』의 위앙종 및 법안종 교의 고찰」,『대각사상』24, 2015.12.

　이와 같이 임제종만 정통이라는 의식을 강조한 시대적인 배경에서 조선 중기에 환성지안은 기존의 선문헌을 수용하여 선종오가의 교의에 대한 종합적인 강요서를 내놓음으로써, 한국선종사에서 최초로 종합적인 오가의 교의에 대한 이해를 엿볼 수가 있게 되었다. 환성지안은 『강요』에서 선종오가에 대한 다양한 교의를 전반적으로 계승하면서 그 구성과 배열과 해석에 있어서 나름대로 독자적인 안목을 발휘하였는데, 이 점은 긍정적으로 보아도 그리고 부정적으로 보아도 그 자체가 지니고 있는 의미가 조금도 퇴색되지 않는다. 왜냐하면 다양한 교의에 대한 이해의 폭을 오히려 확장해주었을 뿐만 아니라 오가의 각 종파에 대한 특수한 교의를 환성지안이 어떻게 이해하고 있는지 그 자세를 읽어낼 수 있는 근거로 활용할 수가 있기 때문이다.

　『강요』에서 임제종의 교의에 대해서 「분양삼구」 및 「삼종사자화」, 그리고 조동종의 교의에 대해서 「사이류」에 대한 이해 등 몇 가지 항목은 환성지안의 오류라기보다도, 오히려 하나의 종파에 국한되는 교의를 초월하여 선종오가에 공통적인 기반으로 활용하기 위하여 나름대로 안목을 발휘한 결과이기도 하였다. 한편 「원오오가종요」를 법안종의 교의에 배속한 것은 법안종의 경우에 처음부터 제반의 교학을 수용했던 선종이라는 점에서 그 까닭을 찾아볼 수가 있다.

　또한 운문종의 교의에 대하여 운문의 삼구와 일구의 관계를 하나의 화살로 세 개의 관문을 꿰뚫는다는 비유는 운문종에서 강조했던 일지관(一字關)의 선리에 대한 일깨움이기도 하였다.

나아가서 조동종의 교의 가운데서 환성지안이 보여준 삼종오위에 대한 이해는 동산의 편정오위와 조산의 군신오위를 결부시켜 이해함으로써 동산과 조산의 부자가 의기투합으로 보여준 조동종의 주도면밀한 성격을 잘 드러낸 것이었다.

　한편 위앙종의 종지에 대해서는 체와 용을 해명하는 것으로 이해하고, 법안종의 종지에 대해서는 유심을 해명한 것으로 이해하였다. 이것은 선리의 천착이 자칫 이론적인 굴레에 빠지기 쉬운 교의에 대하여 지극히 간명직절하고 단순명쾌하게 해명했다는 점에서 의의를 부여할 뿐만 아니라, 또한 화엄교학의 종장으로서만 아니라 선사로서 환성지안의 참다운 면모를 보여준 것이기도 하다.

II. 선리 논쟁의 근원

조선시대 18세기부터 19세기에 걸쳐 임제삼구를 중심으로 전개되었던 일련의 선리논쟁은 1200여 년에 걸친 한국 선종사가 보여준 하나의 특성이기도 하였다. 그것은 임제 삼구에 대한 해석으로부터 그 응용에 이르는 폭넓은 주제로 확장되었는데, 백파긍선(白坡亘璇: 1767-1852)에게는 선종오가에 대한 선리의 차별로 활용되기도 하였다.

그 직접적인 발단은 백파의 선리에 대하여 초의의순이 『선문사변만어(禪門四辨漫語)』를 통해서 제기한 비판에서 찾아볼 수가 있지만, 이후에도 지속적으로 전개되어 우담 홍기(優曇洪基: 1822-1881)의 『선문증정록(禪門證正錄 곧 掃灑先庭錄)』에 보이는 백파의 견해에 대한 평가, 그리고 초의와 우담의 견해에 대하여 설두유형(雪竇有炯: 1824-1889)이 『선원소류(禪源遡流)』를 통해서 백파의 견해를 옹호하고 초의와 우담의 견해에 대하여 반박하는 내용, 축원진하(竺源震河: 1861-1926)의 『선문재정록(禪文再正錄)』에 보이는 백파, 초의, 우담, 유형의 사가에 대한 종합적인 평가 등으로 점철되었다.

그러나 이들 배경이 되는 선리에 대한 연원에 해당하는 것으로는 백파 이전의 『선문강요집』과 『선문오종강요』 등의 선문헌을 통해서 찾아볼 수가 있다. 이후에 백파는 환성지안(喚醒志安: 1664-1729)의 『선문오종강요』(1749년 출간)에 대한 주석서로서 58세(1824년 7월) 때 『선문오종강요사기(禪門五宗綱要私記)』를 저술하였는데, 거기에서 이미 임제삼구를 중심으로 다양한 선리를 종합하고 있는 모습을 보여주었다. 백파가 『선문수경』을 저술하기 2년 전에 『선문오종강요사기』가 저술된 점을 감안한다면[312], 『선문수경』에 서술된 임제삼구 내지 그것에 근거하여 다양하게 제시한 선리에 대한 백파의 안목은 이미 형성되어 있다고 간주할 수가 있다.

『선문오종강요사기』에서 백파는 삼구 자체에 대한 의미의 해석은 물론이고, 삼구와 밀접한 삼현과 삼요에 대한 의미를 해석함에 있어서도 상호 연관되는 개념을 넘나들면서 삼구와 결부시켜 이해하였다. 그래서 삼구 자체는 물론이고, 『임제록』에서 제시한 「사조용」・「사요간」・「사빈주」・「팔방」은 삼요에 포함되고, 「사할」・「사대식」은 삼현에 포함된다고 갈래를 지어 해석한 점은 백파의 독특한 안목이기도 하였다.

이제 여기에서는 선리논쟁의 연원 내지 발단이 되었던 백파의 견해가 『선문오종강요사기』에 이미 제시되었음을 고찰해봄으로써, 선리논쟁의 단초가 『선문수경』의 내용에 대한 비판이라는 기존의 몇몇 견해에서 나아가 좀더 이전 시대의 문헌으로 확대하여 살펴볼 필요가 있음을 주장하는 근거를 확보해보고자 한다.

---

312) 白坡亘璇(1767-1852)은 60세(1826년) 때 『禪文手鏡』을 저술하였지만, 그 이전 58세(1824년) 7월에 이미 『禪門五宗綱要私記』를 저술하였다. 희철, 『조선 후기 선리논쟁 연구』, 서울: 해조음, 2012. pp.33-34. 기타 『선문수경』이 출현한 연도에 대하여 신규탁은 『선문수경』(동국대출판부, 2012)에서는 백파의 나이 66세(1832)라 하고, 다시 『한국불교전서편람』(동국대출판부, 2015)에서는 백파의 나이 61세(1827)라고 하였다. 한기두는 『한국선사상연구』(동국대출판부, 1984)에서 40대 저술이라고 하였다. 김두재는 『선문수경』(백파사상연구소, 2011)에서 백파의 나이 60세(1826)라고 하였다. 여기에서는 백파의 나이 60세 저술로 간주한다.

1. 임제종지에 대한 이해의 근거

　백파의 『선문오종강요사기』313)에 대한 이해를 위해서는 우선 『선문강요집』에 대한 내용을 검토해볼 필요가 있다.314) 왜냐하면 환성지안은 『선문오종강요』315)에서 임제종지를 서술하는 대목 가운데서 특히 「삼구」와 「삼현」과 「삼요」에 대한 대부분의 내용을 『선문강요집』에서 고스란히 인용해두고 있기 때문이다.316)

　그러나 환성지안은 기타의 선리인 「사요간」, 「사빈주」, 「사조용」, 「사대식」, 「사할」, 「팔방」 등에 대해서는 또한 『인천안목』을 참조하여 서술하고 있다.317) 이후에 백파는 『선문오종강요』에 대한 주석적인 성격을 보여주고 있는 『사기』에서 환성지안이 제시한 「삼구」와 「삼현」과 「삼요」에

---

313) 여기에서 의거하는 『禪門五宗綱要私記』는 김호귀 역, 『선과 선리』 (서울: 하얀연꽃, 2013) pp.67-217로서, 일본 駒澤大學圖書館 소장 필사본에 해당한다. 필사본은 총 100면 분량으로 1면당 20字 10行의 세로쓰기이다. 다만 누락된 「三要」의 일부분과 「四料揀」의 일부분에 해당하는 두 쪽 분량에 대해서는 동국대 도서관 金幻應 필사본 8쪽과 9쪽에 의거하여 보충하였다. 이하에서 『禪門五宗綱要私記』는 『사기』로 표기한다.

314) 환성지안(1664-1729)이 『선문오종강요』를 저술한 연대는 분명하지 않다. 다만 이후에 제자 함월해안(1691-1770)이 1749년에 간행하였다.

315) 김호귀, 「『선문오종강요』의 구성과 사상적 특징」, (『한국선학』15, 2006.12) pp.99-142.

316) 이를테면 「三句」와 「三玄」과 「三要」에 대하여 설명한 979글자 가운데 876글자가 『선문강요집』에서 그대로 인용하고 있다. 곧 『韓佛全』6, p.850中의 처음 대목부터 p.852中5行에 걸친 내용을 보면 전후로 종횡하면서 발췌 및 요약하였다.

317) 김호귀, 「선문오종강요」의 구성과 사상적 특징」, 『한국선학』15, 한국선학회, 2006.12. pp.120-121.

대한 개념을 중심으로 선리를 내세우고, 거기에 더하여 「사조용」·「사요간」·「사빈주」·「팔방」은 삼요에 포함되고, 「사할」·「사대식」은 삼현에 포함된다고 말하여 전체적으로 「삼구」와 「삼현」과 「삼요」의 개념에 근거하여 임제종지에 대한 이해를 전개하고 있다.318) 환성지안은 『선문오종강요』에서 임제종지에 대하여 다음과 같이 말한다.

　　임제종은 기(機)와 용(用)을 설명한다. 맨손에 단도를 들고 살불살조하며, 현·요에서 고금을 분별해 내고, 주·빈에서 용과 뱀을 증험해내며, 금강보검을 쥐고서 죽목(竹木)에 붙은 정령을 쓸어버리고, 사자의 전위(全威)를 떨치며, 호리(狐狸)의 심담(心膽)을 찢어버린다.319)

임제종지에 대하여 서술한 이 대목에는 대기와 대용, 삼현과 삼요, 사빈주, 사할 등에 대한 환성지안의 안목이 고스란히 드러나 있다. 백파는 이에 대하여 임제종지가 전체적으로 응축되어 있는 것으로 파악하여 서술하고 있다. 이를테면 대기와 대용 가운데 이미 삼현과 삼요가 구족되어 있다고 간주하여, 제일구는 조사선의 정맥으로서 대기는 살인도이고 대용은 활인검이라고 말한다.320)

---

318) 『선문오종강요사기』, p.70. "四照用攝 於三要 四喝 四大式 卽三玄 四料揀 四賓主 八棒等 亦攝在於三要等也"

319) 환성지안, 『선문오종강요』, (韓佛全9, p.459下) "臨濟宗 明機用 赤手單刀 殺佛殺祖 辨古今於玄要驗龍蛇於主賓 操金剛寶劒 掃除竹木精靈 奮獅子全威 震裂狐狸心膽 要識臨濟宗麼 靑天轟霹歷 平地起波濤"

320) 이 점은 이후에 초의가 백파의 견해를 비판한 일곱 가지 주제 가운데 첫째, 둘째, 넷째, 그리고 우담이 비판한 주제 가운데 셋째와 넷째의 내용과 관련되어 있다.

그래서 '맨손에 단도를 들고 살불살조하며, 현·요에서 고·금을 분별해낸다.'는 대목에 대하여, 백파는 「삼현」과 「삼요」로 고·금을 변별한 것인데 그 심·천이 같지 않다고 보았다. 소위 고·금이 삼현에 있을 경우에는 체·용으로서 그것은 제이구가 된다고 보았고, 고·금이 삼요에 있을 경우에는 기·용으로서 그것은 제일구가 된다고 보았다. 그리고 '주·빈에서 龍·蛇를 증험해낸다.'는 대목에 대하여, 백파는 「사빈주」로써 제자를 시험하는 수단으로 보았다. 「사빈주」에서 빈중주와 주중주의 경우가 용이라면, 빈중빈과 주중빈의 경우는 뱀이라는 것이다. 또한 '금강보검을 쥐고서 죽목에 붙은 정령을 쓸어버리고, 사자의 전위를 떨치며, 호리의 심담을 찢어버린다.'는 대목은 「사할」을 설명한 것으로 보아, 상구는 금강보검할에 해당하고, 하구는 거지사자할에 해당하는 것으로 보았다.[321]

이처럼 백파는 임제종지에 대한 대의를 이해함에 있어서 환성지안의 이해를 바탕으로 하면서, 이하에서 전체를 삼구와 삼현과 삼요의 구조로 회통하고 있다.

2. 삼구 · 삼현 · 삼요에 대한 백파의 이해

진불(眞佛)과 진법(眞法)과 진도(眞道)에 대한 임제의 삼구를 이해하는 방식은 우선 그 범주에 대한 이해부터 접근해야 한다. 첫째로 삼구의 전체를 하나의 구조적인 틀로

---

321) 『사기』, p.70. "既明大機大用則具足三要 故爲第一句 … 上句明三玄三要 以玄要皆辨古今而深淺不同 … 下句明四賓主 卽驗人手段 賓中主主中主爲龍 賓中賓主中賓爲蛇也 次二句明四喝 上句金剛寶劍喝 … 下句踞地獅子喝"

간주할 경우는 온총삼구(蘊總三句) 내지 본분삼구(本分一句)라고라고 말하는데, 이것은 능량법체(能量法體)에 해당한다. 가령 불법의 일대시교(一大示敎)에 대하여 선과 교가 삼구에 속한다고 말하는 경우이다.

둘째로 삼구를 '제일구를 통해서 깨치면 … 자신도 구제하지 못한다.'는 대목에 보이듯이 제일구와 제이구와 제삼구를 개별적으로 세 가지의 형식으로 간주할 경우에는 신훈삼구(新熏三句)라고 말하는데, 이것은 소량법체(所量法體)에 해당한다. 가령 불(佛)은 청정하기 때문에 체(體)로서 진불이고, 법(法)은 마음의 광명이기 때문에 용(用)으로서 진법이며, 도(道)는 원통무애하기 때문에 중간(中間)으로서 진도라고 말하는 경우이다.

1) 『임제록』과 『선문강요집』에 의한 삼구의 이해

가령 『선문강요집』에서 제일구에 대한 임제의 "삼요인을 찍고나니 빨간 점이 분명하게 나타난다. 빈과 주를 나누려고 하는 것조차 용납되지 않는다."[322]는 비유에 대하여 청풍법사는 "삼요의 인을 찍고 뗀즉 붉은 점이 분명하게 나타난다는 전구는 선조후용(先照後用)이고, 주와 빈을 나누려는 것조차 용납되지 않는다는 후구는 선용후조(先用後照)이다."고 평가하였다. 그리고 제이구에 대한 임제의 "근본지인 문수보살이 어찌 무착의 질문을 용납하겠느냐. 그러니 방편의 후득지는 일체를 끊어버리는 근본지와 어찌 모순이 되겠느냐."[323]는 비유에 대하여 청풍법사는 "전구

---

322) 『臨濟錄』, (大正藏47, p.497上)

는 실(實)을 드러냈고, 후구는 그 권(權)을 드러냈다."324)
고 평가하였다. 또한 제삼구에 대한 임제의 "무대 위에 꼭
두각시 놀리는 것을 잘 보아라. 줄을 당기는 것은 모두가
무대 속의 사람에 의한 것이다."325)의 비유에 대하여 청풍
법사는 "나한을 만나면 나한에게 설해주고 아귀를 만나면
아귀에게 설해준다.(제이구와 제삼구에는 승의 질문이 빠
져 있다.)"326)고 평가하였다.

　여기에서 청풍법사는 삼구와 일구라는 개념을 가지고 제
일구에 해당하는 것으로 간주할 경우에는 삼요(三要)라고
도 말하고 향상일규(向上一竅)라고도 말한다. 이것은 상사
(上士)를 상대한 것으로 허공에다 찍는 도장과 같아서 부
처와 조사의 스승에 해당한다. 다시 삼구와 일구라는 개념
을 가자고 제이구에 해당하는 것으로 간주할 경우에는 삼

---

324) 『臨濟錄』, (大正藏47, p.497上)
324) 『禪門綱要集』, (韓佛全6, p.851下)
325) 『臨濟錄』, (大正藏47, p.497上)에 의하여 내용을 보충한다. "임제가
　　상당설법을 하였을 때 승이 물었다. "어떤 것이 제일구입니까." 임제
　　가 대답하였다. "삼요의 인을 깨친 즉 빨간 점이 우뚝 나타난다. 主와
　　賓을 나누려는 것조차 용납되지 않는다. 승이 물었다. "어떤 것이 제
　　이구입니까." 임제가 말했다. "根本智이고 絶對智인 문수보살이 어찌
　　後得智이고 方便智인 무착의 질문을 용납하겠느냐. 그러나 방편의 후
　　득지가 어찌 일체를 끊어버리는 근본지와 모순이 되겠느냐." 승이 물
　　었다. "어떤 것이 제삼구입니까." 임제가 말했다. "무대 위의 꼭두각시
　　놀리는 것을 잘 보아라. 줄을 당겨서 활동시키는 것은 모두가 무대속
　　에 사람이 있어서 하는 것이다." 임제가 또 말했다. "각 일구의 말은
　　삼현문을 갖추지 않으면 안된다. 일현문은 삼요를 갖추지 않으면 안
　　된다. 거기에는 방편도 있고 작용도 있다. 그대들은 이것을 어찌해야
　　알 수가 있겠는가. 上堂 僧問 如何是第一句 師云 三要印開朱點側 未
　　容擬議主賓分 問如何是第二句 師云 妙解豈容無著問 漚和爭負截流機
　　問如何是第三句 師云 看取棚頭弄傀儡 抽牽都來裏有人 師又云 一句語
　　須具三玄門 一玄門須具三要 有權有用 汝等諸人 作麼生會 下座"
326) 『禪門綱要集』, (韓佛全6, p.852中)

현(三玄)이라고도 말하고 향상일로(向上一路)라고도 말한다. 이것은 중사(中士)를 상대한 것으로 수면에다 찍는 도장과 같아서 인간과 천상의 스승에 해당한다. 그리고 삼구와 일구라는 개념을 가지고 제삼구에 해당하는 것으로 간주할 경우에는 온전히 신훈삼구뿐이다. 이것은 하사(下士)를 상대한 것으로 진흙에다 찍는 도장과 같아서 자기도 구제하지 못하는 것에 해당한다.[327]

이처럼 백파는 삼구와 일구를 구조적인 상호관계 속에서 설정하면서도 각각 소량의 법체에 해당하는 삼구의 각각에 대하여 그 속성을 정의하고 있다. 가령 제일구[328]에 대해서는 삼요를 설명한 것이라고 하여 방편[戈甲]을 시설하지 않고 진실[無文印]을 단제(單提)한 것으로 정의하였는데, 이 점은 『선문강요집』의 설명[329]에 의거한 것이다. 그리고 제이구[330]에 대해서는 삼현을 시설한 것이라고 하여 중생을 제도하려는 까닭에 삼현이라는 방편을 시설하였지만, 특별히 완전(宛轉)으로 성취된 규모라고 정의하였다. 제삼구[331]에 대해서는 신훈삼구를 설명한 것이라고 하여 돈오점수에 해당한다고 정의하였다.

백파는 삼구와 일구는 달마가 전승한 무문인자(無文印字)로서 모두 진실에 해당하기 때문에 전체가 원응하거나

---

327) 『사기』, pp.74-75.
328) 제일구는 "三要印開朱點窄 未容擬議主賓分"이다. 『禪門五宗綱要』, (韓佛全9, p.459下)
329) 『禪門綱要集』, (韓佛全6, p.850下) "答達摩將無文印字來 … 三要者無文印字"
330) 제이구는 "妙喜豈容無着問 漚和爭負截流機"이다. 『禪門五宗綱要』, (韓佛全9, pp.459下-460上)
331) 제삼구는 "看取棚頭弄傀儡 抽牽全借裡頭人"이다. 『禪門五宗綱要』, (韓佛全9, p.460上)

전체가 민절하는 경우는 있을 수 없다고 말하여, 소위 제
일구를 삼요라 말하고, 제이구를 삼현이라고 말하며, 제삼
구를 삼구 곧 신훈삼라고 말한다. 그런데 여기에서 주목해
야 할 점으로 백파는 제삼구에 해당하는 삼구 곧 신훈삼구
가운데서 제일구와 제이구는 격외선이고, 제삼구는 의리선
이라고 갈래를 짓는다는 점이다.332)

그리고 백파는 다시 이 격외선 가운데 제일구는 살과 활
을 겸전(兼傳)하는 까닭에 조사선이라고 말한다.333) 그리
고 이 조사선에도 기용제시(機用齊施)는 정맥(正脈)으로서
임제종에 해당하고, 제일구이면서도 절단(截斷)만 해명한
것을 방전(傍傳)으로서 운문종에 해당한다고 하여 차등을
보이고 있다. 그리고 격외선 가운데 제이구는 向上과 짐적
(朕迹)을 초월하지 못한 까닭에 여래선이라고 말한다. 그
리고 이 여래선에도 향상(向上)을 해명한 것은 조동종으로
육조(六祖)의 방전(傍傳)이고, 체·용만 해명한 것은 위앙
종으로 백장(百丈)의 방전이며, 단지 유심(唯心)만 해명한
것은 법안종으로 설봉(雪峯)의 방전이라고 말하여 차등을
보이고 있다.334)

말하자면 선종오가 가운데서 임제종과 운문종은 제일구
의 조사선이고, 조동종과 위앙종과 법안종은 제이구의 여

---

332) 이 점은 이후에 초의가 비판한 백파의 견해 일곱 가지 주제 가운데
둘째인 조사선·여래선과 삼구의 관계에 직접 관련되어 있고, 우담이
비판한 주제의 넷째와 관련되어 있다.
333) 이 점은 이후에 초의가 비판한 백파의 견해 일곱 가지 주제 가운데
첫째인 살·활의 개념과 관련되어 있다. 그리고 우담의 비판 셋째의 주
제와 관련되어 있다.
334) 『사기』, pp.80-82. 이 점은 초의가 비판한 백파의 견해 일곱 가지
주제 가운데 셋째, 다섯째와 관련되어 있다.

래선이며, 제삼구의 의리선은 선종오가에 해당하지 않는다
고 말한다. 이 점은 이후에 『선문수경』에서 삼종선을 배대
한 견해와 동일한 맥락에 속한다.

2) 『사기』에 의한 삼현과 삼요의 이해

임제가 말한 "일구마다 반드시 삼현문이 갖추어져 있고,
일현마다 반드시 삼요가 갖추어져 있다. 그래서 권도 있고
실도 있으며 조도 있고 용도 있는데, 그대들은 어찌해야
그것을 알겠느냐."335)는 대목에 대하여, 환성지안은 이 삼
현에 대하여 "첫째 체중현은 삼세와 일념 등이고, 둘째 구
중현은 경절과 언구 등이며, 셋째 현중현은 양구와 방·할
등이다. 또 각각 체중현 · 용중현 · 의중현이라고도 말한
다."336)라고 단출하게 말하였다.

이에 대하여 백파는 삼현에 대하여 다시 권(權)에 즉하
여 실(實)을 설명한 것, 또한 권을 실의 입장에서 설명한
것이라고 하여, "삼현은 단지 살인도·진금포·여래선으로서
다자탑전분반좌(多子塔前分半座)의 소식일 뿐이다."337)라
고 평가하였다. 그래서 '일구마다 반드시 삼현이 갖추어져
있다.'는 대목에 대하여 백파는 구체적으로 설명을 가하고
있다. 곧 제일구의 삼요는 방편(方便)과 금시(今時)에 얽
매이지 않아서 설명할 수가 없다. 그 때문에 반드시 제이

---

335) 『臨濟錄』, (大正藏47, p.497上) "一句語須具三玄門 一玄門須具三要
有權有用 汝等諸人作麼生會"
336) 『禪門五宗綱要』, (韓佛全9, p.460上) "一體中玄 三世一念等 二句中
玄 徑截言句等 三玄中玄 良久捧<棒?>喝等 亦名體中玄 用中玄 意中
玄"
337) 『사기』, pp.84-85.

구의 삼현을 통해서 설명해야 한다는 점에서 삼현은 권(權)으로서 방편에 해당하지만 실(實)을 설명하고 있다는 점에서 금시(今時)에는 해당하지 않기 때문에 다시 제삼구의 삼현으로서 방편설에 해당한다도 간주하였다. 그런즉 저 제삼구에는 이미 삼현이 갖추어져 있다는 것이다.

그리하여 이미 온전한 삼구이므로 매 구(句)마다 각각 삼현을 갖추고 있고, 매 현(玄)마다 각각 삼요를 갖추고 있기 때문에 제삼의 일구에는 삼구가 갖추어져 있고 삼현이 갖추어져 있으며 삼요가 갖추어져 있어서 더 이상 부족함이 없고, 또한 제이의 일구 가운데에도 삼구와 삼현과 삼요가 갖추어져 있어서 더 이상 부족함이 없으며, 제일의 일구에도 삼구와 삼현과 삼요가 갖추어져 있어서 또한 더 이상 부족함이 없다고 말한다.

그리고 다시 '일현마다 반드시 삼요가 갖추어져 있다.'는 대목에 대해서 백파는 "조(照)도 있고, 용(用)도 있다."는 말로 해석하고 있다. 삼현은 이미 삼구에 갖추어져 있으므로 삼현에 갖추어져 있는 삼요도 또한 당연히 삼구에 들어 있는 셈이 된다는 것이다. 곧 그 삼구는 원래 제삼구로서 소위 건화문으로 갖추어 놓은 것이므로 삼구와 삼현과 삼요는 모두 스승이 노래하고 제자가 화답하는 말씀으로 이루어져 있다는 것이다.[338]

이 점에 대하여 백파는 "삼현은 권이고, 일구는 실이기 때문에 또한 권·실의 삼구이기도 하다. 그 때문에 저 이·사의 삼구를 깨치는 것은 의리선이고, 이 권·실의 삼구를 깨치는 것은 여래선이며, 이 권·실의 삼구에 즉하여 삼요를

---

338) 『사기』, p.87.

철오하는 것은 조사선이다."339)고 말한다. 백파는 이것을 바로 이·사삼구와 권·실삼구의 양중삼구(兩重三句)로 간주하고 있다. 여기에서 백파는 설봉의존이 염관제안의 문하에서 깨친 것은 의리선으로 제삼구 가운데 삼구였고, 동산 문하에서 깨친 것은 여래선으로 제이구의 권·실삼구였으며, 덕산의 문하에서 깨친 것도 여래선으로 권·실삼구였다고 평가하였다.

염관의 처소에서 터득한 것은 제삼구 가운데서도 이·사의 삼구였기 때문에 본분으로써 일구를 삼았다. 그런즉 단지 일구의 본분(本分)은 단지 권(權)의 삼구만 향하기 때문에 곧 일구가 되었다. 그러나 그 일구의 본분이 만약 향상의 일구를 향한다면 곧 다시 본분삼구가 된다. 그 때문에 이것은 하나의 화살로 세 관문을 타파한다는 말인데, 여기에도 또한 두 가지의 경우가 있다. 첫째는 향상이라는 하나의 화살로써 권·실의 삼구관문을 타파하는데 이것은 조동종의 종지이다. 둘째는 본분이라는 하나의 화살로써 단지 권의 삼구관문만 타파하는데 이것은 위앙종과 법안종의 종지이다.340)

---

339) 『사기』, pp.88-89. "三玄爲權 一句爲實故 又爲權實三句 故悟彼理事三句者 爲義理禪 悟此權實三句者 爲如來禪 卽此權實三句 徹悟三要者 爲祖師禪也"

340) 『사기』, pp.90-91. "望鹽官處所得 第三句中理事三句故 以本分爲一句也 然則但一本分且望 但權三句 則爲一句 而若望向上一句 則還爲三句故也 然則一鏃破三關之言 亦有兩重一則 以向上一鏃破權實三句關 卽曹洞宗旨二則 以本分一鏃破但權三句關 卽爲仰法眼二宗旨也" 이 점은 초의가 비판한 백파의 견해 일곱 가지 주제 가운데 셋째와 관련되어 있다. 우담이 비판한 주제 가운데 넷째와 관련되어 있다.

여기에서 백파는 다시 삼현에 따른 양중삼구의 설명에 근거하여 삼종선의 갈래를 거듭하여 주장하고 있음을 볼 수가 있다. 여기에 보이는 삼종선의 분류는 이후에 초의의 순에게 비판의 빌미가 되기도 하였다. 그러나 그 이전에 환성지안은 『선문오종강요』에서 『선문강요집』의 설명을 고스란히 수용하고 있는데, 이를테면 다음과 같다.

> 뜻으로 보면 조·용이 동시이지만 특별히 명칭만 다를 뿐이다. 기(機)는 기관(機關)이다. 그래서 '하나의 기를 접촉하면 백 가지 관문이 함께 발생한다.'고 말하는 것이다. 바로 불촉(不觸)하여 불발(不發)일 때를 일러 대기(大機)라고 한다. 원만하게 응용되는 것으로 뜻을 삼는 것을 대용지기(大用之機)라고 한다. 이미 접촉하여 이미 작용이 발생하는 때를 대용(大用)이라고 한다. 당장에 해결하는 것으로써 뜻을 삼는 것을 대기지용(大機之用)이라고 한다. 일요(一要)를 획득할 경우마다 그에 따라 곧 이에 삼현을 초월하고 삼구를 초월한다. 저 백장이 대기를 얻고 황벽이 대용을 얻은 것은 마조의 일할을 친히 전승하지 않음이 없다. 분명하게 임제의 본종(本宗)이 된 것이야말로 곧 그 증거이다.341)

이에 대하여 백파는 '삼요와 사조용 등을 구족한 까닭에

---

341) 『禪門綱要集』, (韓佛全6, p.851中-下) "一大機圓應 二大用全彰 三機用齊施 意與照用同時 特名異耳 機者 機關也 如云觸一機 而百關俱發 正當不觸不發之時 謂之大機 以圓應爲義 是大用之機 旣觸旣發之時 謂之大用 以直截爲義 是大機之用 隨得一要 便速超三玄 越三句 如百丈得大機 黃蘗得大用莫不親承 馬祖一喝 赫然爲臨濟本宗 此其證也"『禪門五宗綱要』, (韓佛全9, p.460上-中) 참조.

살·활을 구비한 잡화포를 조사선이라 말하는데, 이것이 곧 영산회상염화미소(靈山會上拈華微笑)의 소식이다.'고 말하여 이 삼요가 바로 사조용으로서 특별히 명칭이 다를 뿐이라고 간주하였다.342) 그런 까닭에 백파는 다음과 같이 해설을 붙여두고 있다. 곧 제일요는 선조·후용에 해당하고, 제이요는 선용·후조에 해당하며, 제삼요는 조·용동시와 조·용부동시로 소위 조·용일시(照·用一時)인데 쌍조는 조·용동시에 해당하고 쌍민은 조·용부동시에 해당한다고 보았다.343) 그래서 하나의 要를 터득하면 그에 따라서 제이구인 삼현을 초월하고, 제삼구인 삼구를 초월한다는 것이다. 이와 같은 안목은 근본적으로 임제의 말에서 유래한 것으로 삼구와 삼현과 삼요가 유기적인 관계에 놓여 있음을 일관성 있게 주장한 근거이기도 하였다.

3) 삼구 · 삼현 · 삼요의 관계

위에서 고찰한 삼구와 삼현과 삼요에 대한 존숙들의 다양한 견해를 살펴보면 나름대로 개인의 안목을 발휘하여 종합적으로 평가하고 있다. 이들 삼종의 교의에 대하여 『사기』에서 백파는 독자적으로 「사조용」, 「사요간」, 「사빈주」, 「팔방」의 개념은 삼요에 포함시켜 두었고, 「사할」과 「사대식」의 개념은 삼현에 포함시켜 두었음은 위에서 언급하였다.344)

---

342) 이 점은 우담이 비판한 주제 가운데 첫째와 관련되어 있다.
343) 『사기』, pp.92-93. "第一要先照後用 … 第二要先用後照 … 第三要 卽後二照用一時雙照則爲照用同時 雙泯無迹則爲不同時"
344) 『사기』, p.70. "四照用攝 於三要 四喝 四大式 卽三玄 四料揀 四賓

「사조용」은 「삼요」와 단지 명칭만 다를 뿐이라고 말한
다. 곧 첫째의 선조후용은 대기원응(大機圓應)이고, 둘째
의 선용후조는 대용직절(大用直截)이며, 셋째의 조용동시
와 넷째의 조용부동시는 기용제시(機用齊施)이다.345)

「사요간」도 또한 임제의 삼구를 벗어나지 않는다고 말한
다. 첫째의 탈인불탈경은 하근기를 대대(待對)하는 것으로
일구는 남겨두지 않고 다만 삼구만 남겨둔다. 이것은 무릇
건화문으로서 횡설수설한 것이다. 그 때문에 제삼구 가운
데서 신훈삼구로 사람을 제접한 즉 의리선이다. 둘째의 둘
째의 탈경불탈인은 중근기를 대대한 것으로 신훈삼구는 없
고 다만 본분일구만 있다. 셋째의 인경양구탈은 상근기를
대대한 것으로 신훈삼구와 본분일구가 모두 없다. 넷째의
인경구불탈은 상상인을 대대한 것으로 신훈삼구와 본분일
구가 모두 들어있다.346)

그런데 일찍이 『선문강요집』에서 청풍법사는 "句는 언구
의 구로서 이 구의 설명에는 차별이 있다. 玄은 유현의 현
으로서 이 현은 변별할 수가 없다. 요(要)는 생요(省要)의
요로서 이 요는 다(多)일 수가 없다. 현(玄)과 요(要)는
구(句)에 있고, 권(權)과 실(實)은 현(玄)에 있으며, 조
(照)와 용(用)은 요(要)에 있어서 그 각각에 해당하는 바

主 八棒等 亦攝在於三要等也"

345) 『사기』, pp.114-117. "四照用　與三要但名異義同 … 一先照後用
有人在大機圓應 是人位故也 … 二先用後照 有法在大用直截 … 三照
用同時 驅耕奪食 機用齊施 … 四照用不同時 有問有答 亦機用齊施"
참조.

346) 『사기』, pp.104-107. "初奪人不奪境 待下根 不存一句但存三句 此
但建化門橫說竪說 故爲第三句中 三句接人 卽義理禪也 … 二奪境不奪
人 待中根 不存三句 但存一句也 … 三人境兩俱奪 待上根 三一俱不存
也 … 四人境俱不奪 待上上人 三一俱存也"참조.

가 있으므로 마땅히 흐리멍덩해서는 안 된다."347)고 그 관계를 분명하게 제시하였다.

「사빈주」에서 빈(賓)은 신훈삼구이므로 유설이고, 주(主)는 본분일구이므로 무설이지만, 이 또한 임제의 삼구를 벗어난 것은 아니라고 말한다. "첫째는 빈중빈인데, 이 것은 다만 금시일 뿐이므로 납자들에게는 질문이 있고 스승에게는 답변이 있다. 따라서 비단 납자들에게 콧구멍[本分]이 없을 뿐만 아니라 스승에게도 또한 콧구멍이 없다. 둘째는 빈중주인데, 스승에게는 콧구멍이 없다. 그러나 다만 납자에게는 냄새나는 구멍이 있을 뿐이다. 셋째는 주중빈인데, 스승에게는 실제로 콧구멍이 있지만 단지 교화를 위해서만 드러내므로 콧구멍이 없다고 말한 것이지 콧구멍을 완전히 부정하는 것은 아니다. 그러나 납자들에게는 실제로 콧구멍이 없다. 넷째는 주중주인데, 이 경우는 질문도 없고 답변도 없다. 그 때문에 스승에게 냄새나는 콧구멍이 있을 뿐만 아니라 납자에게도 또한 냄새나는 콧구멍이 있다. 질문도 없고 답변도 없지만, 스승과 납자가 언외에 서로 보기 때문에 참으로 기특하다. 제삼은 대용(大用)에 해당하고, 제사는 대기(大機)에 해당한다. 이 제삼 주중빈과 제사 주중주를 합하면 조사선이 된다."348)고 말한

---

347) 『禪門五宗綱要』, (韓佛全9, p.460中) "風曰 句言句之句 句詮差別 玄幽玄之玄 玄不可辨 要省要之要要不在多 玄要在句 權實在玄 照用不要 各有攸當 不應莽鹵"

348) 『사기』, pp.107-113. "賓三句故有說 主一句故無說也 亦不出三句 … 一賓中賓 此但今時 故學人有問 師家有答 非但學人無鼻孔(本分) 師家亦無鼻孔 … 二賓中主 師家無鼻孔 而但學者有臭孔 … 三主中賓 師家實有鼻孔而但出來化門故云無鼻孔非全抑也 學者實無鼻孔也 … 四主中主 無問無答 故不但師家有臭孔學人亦有臭孔也 無問無答 而言外相見 故不妨奇特也 … 此則三爲大用 四爲大機 三四合爲祖師禪也"

다. 이처럼 빈과 주를 각각 납자와 선지식에 비유하여 설명하고 있지만, 실제로는 빈과 주는 신훈삼구와 본분일구를 지칭한 것이다.

「팔방」에 대해서 백파는 범부라든가 성인이라든가 하는 분별심을 불식시켜주고 나아가서 본분자리를 자각하도록 이끌어주려고 내리는 방에 해당하는 제팔방에 대하여 "소제범성방은 답변해도 30방을 때려주고, 답변하지 못해도 30방을 때려주는 것이다. 이것을 정방(正棒)이라 말하고, 답변하는 것은 대용이고, 답변하지 못하는 것은 대기이기 때문이다."[349]고 제이요인 대용과 제일요인 대기의 구조에 포함시켜 두고 있다.

한편 삼현에 포함시켜 둔 「사할」에 대해서 백파는 「사조용」과 그 차례가 같다고 언급하는 것으로 마무리하고 있다.

그리고 「사대식」에 대해서는 "제일대식은 소림면벽으로서 정법안장의 正令이다. 때문에 체중현이다. 제이대식은 평상심으로서 허다한 일상성이다. 때문에 용중현이다. 제삼대식과 제사대식은 현중현이다."[350]고 말한다. 여기에서 말하고 있는 구체적인 의미는 다음과 같다.

첫째, 정령(正令)의 경우는 소림면벽한 달마의 좌선행위야말로 깨침의 모습으로서 좌선 그대로가 정전(正傳)의 자세이다. 이 좌선의 모습을 드러내는 것이야말로 널리 중생을 교화하는 모습임을 여실하게 보여준다는 것이다.

---

349) 『사기』, p.124. "八掃除凡聖 如道得也 打三十棒 道不得也 打三十棒 此乃名爲正棒 以道得大用 道不得大機故也"

350) 『사기』, pp.123-124. "初面壁正令 故爲體中玄 二平常許多 故爲用中玄 三四爲玄中玄也"

둘째, 평상(平常)의 경우는 천차만별의 다양한 행위에서 향상도리(向上道理)를 보여주는 행위인데 평상심의 현현으로서 본래성불의 모습을 나타내고 있다. 화산(禾山)은 화산무은(禾山無殷: 884-960)이다. 화산타고(禾山打鼓)는 화산해타고(禾山解打鼓)라고도 한다. 화산은 누구한테 어떤 질문을 받으면 오직 해타고(解打鼓: 그대는 북은 칠 줄 아는구나)라고만 답변하였다는 것이다. 모든 사실은 하나의 진실로 통한다는 것이다.

셋째, 본분(本分)의 경우는 알고 모르는 것과는 관계가 없이 그저 그렇게 완전하다는 것을 보여주고 있다. 임제의 말을 빌리자면 '불도 따로 없고 중생도 따로 없으며 古라 해야 할 것도 따로 없고 今이라고 해야 할 것도 따로 없다. 그러므로 그 도리를 터득하여 얻는 자는 시절을 경력(經歷)하지 않고 터득하는 것이어서 수증(修證)이 없고 득실(得失)도 없으며 일체시(一切時)에 항상 여일하다.'351)

넷째, 공가(貢假)의 경우는 보리달마(菩提達磨)의 일화에 잘 나타나 있는 모습이다. 곧 일체의 유위형상은 무위법과는 달라서 복덕은 될지언정 공덕은 되지 않는다는 모습이다. 보리달마는 무제(武帝)와 같은 유위복덕의 소유자가 아니기 때문에 진정 유위의 형상에 얽매인 그와 같은 자신을 모른다는 것이었다.352)

나아가서 백파는 삼구와 삼현과 삼요에 대하여 『선문강요집』에 근거한 『선문오종강요』의 대목에 근거하여 호월상인의 질문에 답변한 청풍법사의 말을 인용하여 결론을 짓

---

351) 『臨濟錄』, (大正藏47, p.498中)
352) 김호귀, 『선리연구』, (서울: 하연연꽃, 2015) pp.91-104.

고 있다.353) 소위 현(玄)과 요(要)를 내용으로 담고 있는 삼구에 대하여 제일구의 문답은 조와 용이 要에 있음을 설명한 것이고, 제이구의 문답은 권과 실이 현(玄)에 있음을 설명한 것이며, 제삼구의 문답은 현과 요가 구(句, 言句)에 있음을 설명한 것인데,354) 이 경우의 句는 차별을 설명하는 것으로 능량삼구에 해당하는 것이라고 말한다. 이 능량삼구란 제삼구 가운데서 허공에 찍는 도장과 수면에 찍는 도장과 진흙에 찍는 도장을 가리킨다.

이들 도장의 비유에 대하여 백파는 "허공에 도장을 찍는 제일의 조사선과 수면 위에다 도장을 찍는 제이의 여래선은 모두 의리를 벗어난 격외이다."355)고 말한다. 단지 허공에 도장을 찍고 수면에 도장을 찍는다는 비유이기 때문에 현(玄)과 요(要)라는 명칭이 있을 뿐이므로 허공과 수면에 찍는 도장은 모두 제삼구에 해당한다는 것이다. 그 때문에 의리선이므로 비로소 현(玄)과 요(要) 및 삼인(三印)이라는 심(深)과 천(淺)의 의리가 있다고 말한다. 그래서 허공과 수면과 진흙에다 찍는 신훈삼구는 모두 능량삼구 안에 들어있다.

이것은 현과 요가 구에 들어있다는 의미이다. 그래서 백파는 "결론적으로 말하자면 현과 요와 구는 능량삼구 속에 들어있는 것들이므로 결코 잘못 이해해서는 안 된다. 여기

---

353) 『禪門五宗綱要』, (韓佛全9, p.460中-下) ; 『禪門綱要集』, (韓佛全6, pp.851中-852中)
354) 『사기』, pp.94-103. "第一句問答 明上照用在要也 … 第二句問答明上權實在玄也 … 第三句問答 明上玄要在句也" 참조.
355) 『사기』, pp.101-102. "第一印空祖師禪 第二印水如來禪 皆出義理格外" 이 점은 초의가 비판한 백파의 견해 가운데 둘째와 관련되어 있다.

에서 자(字)는 허공과 수면과 진흙에다 찍는 세 가지 도장을 가리키고, 여기에서 구는 이 제삼구 가운데 하나의 구를 가리킨다."356)고 말한다. 그 때문에 설령 무문인자(無文印字) 곧 문양이 없는 도장의 글자일지라도 무릇 진흙에다 찍는 삼구만 될 뿐이다. 바로 진흙에다 찍는 삼구로 보면 체(體)는 허공에다 찍는 도장이고, 중(中)은 수면 위에다 찍는 도장이며, 용(用)은 진흙에다 찍는 도장에 해당하여 이들 세 가지 도장은 일종의 삼구가 될 뿐이다. 그럼에도 불구하고 체와 용과 중으로 격별되어 있어서 그 심·천의 차별은 융화되지 못하는 까닭에 다시 신훈삼구라고 말한다.357)

바로 이런 점에서 백파는 이들 삼구와 삼현과 삼요에 대한 상호관계를 제대로 파악하지 못한다면 『선문염송』의 어구에 대해서도 호도(糊塗)하고 천착(穿鑿)하는 것과 같아서 조사를 비방하고 불법을 비방하는 허물을 벗어나지 못할 것이라고 강조하고 있다.358)

3. 백파의 선리관에 대한 비판과 평가

백파가 임제삼구를 중심으로 전개했던 다양한 선리에 대하여 이후에 여러 사람에 의하여 비판이 제기되었다. 우선

---

356) 『사기』, p.103. "及結云 此皆此句中事 切莫錯會 此字指空水泥三印 此句者此第三句一句也"
357) 이 점은 우담이 비판한 주제 가운데 넷째와 관련되어 있다.
358) 이처럼 초의가 비판했던 백파의 견해 일곱 가지 주제 가운데 삼처전심과 살·활의 문제, 조사선·여래선과 삼구의 관계, 선종오가의 심천의 분류, 조사선·여래선과 선종오가의 배대, 삼처전심에 대한 이해 등 다섯 가지에 대한 것은 이미 『사기』에 드러나 있었다.

백파의 선론에 대하여 비판을 제기한 사람은 초의의순(1786-1866)에게서 찾아볼 수가 있다. 초의는 『선문사변만어』(1913 간행)에서 "영남에서 온 어떤 객이 자기는 목부산 육은노인의 법제자[法胤]라고 말했다. 비 때문에 열흘 정도 묵으면서 그 스승[육은노인]의 선론에 대하여 많은 말을 하였다. 그런데 전통적인 이치와 어긋나는 것이 있기에 문헌[本]을 인용해서 증명하고 바로잡겠다."359)라고 말한다. 이로부터 비롯된 선리논쟁은 백여 년에 걸쳐 지속적으로 다양한 주제에 걸쳐 초의와 우담의 비판과 설두의 반박과 옹호 그리고 축원의 수렴 등의 모습으로 제기되었다. 이전에 초의가 비판의 대상으로 삼은 것은 백파의 『선문수경』(1826)이었다고 알려져 있는데,360) 그에 대한

---

359) 『禪門四辨漫語』, (韓佛全10, p.820下) "有客自嶺南來者 自言木浮山 六隱老之法胤 滯雨十餘日 盛言其師之禪論 有反古義處 引本證正"

360) 조선 후기에 백파의 선론을 비판한 직접적인 대상을 『선문수경』으로 이해하고 있는 논의는 희철, 『조선 후기 선리논쟁 연구』, 해조음, 2012. ; 한기두, 『한국선사상연구』, 일지사, 1991. ; 김용태, 『조선불교사상사』, 성균관대학교출판부, 2021 등의 저술, 그리고 김영욱, 「조선말 삼종선 논쟁」, 『자료와 해설, 한국의 철학사상』, 예문서원, 2001. ; 박재현, 「조선 후기 선논쟁에 내포된 원형지향성」, 『불교학연구』7, 2003. ; 박해당, 「조선 후기 불교의 선논쟁」, (『간화선, 그 원리와 구조』, 동국대불교학술원 종학연구소), 2011. ; 서재영, 「조선 후기 선문논쟁의 전개와 의의」, 『한국선학』22, 2009.4. ; 정영식, 「三玄三要의 개념에 대한 고찰」, 『한국선학』25, 한국선학회, 2010. ; 태기옥, 「조선말기 선리논쟁 연구: 백파와 초의의 논쟁을 중심으로」, 동국대박사학위논문, 2010. ; 한기두, 「白坡의 禪文手鏡」, 『論文集』4, 圓光大, 1969. ; 한기두, 「近代禪僧 白坡의 禪文手鏡」, 『논문집』4, 원광대학교, 1969. ; 한기두, 「草衣의 四辨漫語」, 『논문집』5, 원광대학교, 1970. ; 한기두, 「草衣의 四辨漫語」, 『論文集』5, 원광대학교, 1970. ; 한기두, 「백파와 초의시대 선의 논쟁점」, 『韓國佛教思想史』, 崇山朴吉眞博士華甲記念事業會編纂, 圓佛教思想研究院, 1975. ; 한기두, 「조선 후기의 선론」, 『韓國禪思想研究』, 一志社, 1991. ; 한기두, 「조선 후기 선논쟁과 그 사상적 의의」, 『韓國佛教文化思想史』上, 伽山李

근거는 특별한 언급이 없다.

그러나 백파의 견해에 대한 초의의 비판이 『선문수경』이
었다는 직접적인 대목은 극히 제한적으로 보이기 때문
에,361) 일반적으로 백파의 선론에 대한 비판이라는 정도로
이해하는 것이 좋을 것이다. 그에 대하여 초의는 『선문사
변만어』를 통해서 조목조목 근거를 제시하며 나름대로 백
파의 견해에 비판을 가하였다.

첫째, 백파가 분반좌는 살(殺)뿐이고 활(活)이 없으므로

智冠스님華甲記念論叢刊行委員會編, 伽山文庫, 1992. ; 하미경(희철),
「白坡亘璇의 三種禪 考察」, 『한국선학』15, 한국선학회, 2006. ; 하미
경(희철), 「『禪門綱要集』에 나타난 臨濟三句 考察」, 『보조사상』30,
보조사상연구원, 2008. ; 희철, 「백파와 초의의 선리논쟁 연구」, 동국
대박사학위논문, 2009. ; 희철, 『조선 후기 선리논쟁 연구』, 서울: 해
조음, 2012. 등 대다수 견해가 이에 해당한다.

361) 일례로 조선 말기에 『東師列傳』의 저자로 잘 알려져 있는 梵海覺岸
(1820-1896)의 『梵海禪師文集』에는 「禪門謾語序」가 수록되어 있다.
거기에는 초의가 『선문만어』라는 명칭을 붙인 이유에 대하여 설명하고
있다. "중부자는 內外의 道學을 일관하고 古今의 문헌을 섭렵하여 예
로부터 소위 명성을 회피해도 명성이 나를 따른다는 사람에 해당하였
다. 이 때문에 六隱長老(白坡亘璇)가 비평한 『선문수경』을 살펴보고,
그 가운데 意義가 적합하지 않는 것을 간추려서 그 邪와 正을 판별하
였다. 이것은 백파에 대하여 백파의 견해에 대하여 사람들의 마음의
眞과 僞를 현시하여 무엇을 추구하고 배척해야 하는가에 대한 것이기
때문에 거기에 『선문만어』라는 명칭을 붙였다. 中孚子 內外道學 一
以貫之 古今諸書 囊以括之 古所謂逃名而名我隨者也 故得見隱老
所評禪門手鏡 其中意義不協者 抄出辨正 此乃現示其人 人見者之
心眞僞 斥救之何如也 以之名之曰禪門謾語"『梵海禪師文集』卷2「禪
門謾語序」, (韓佛全10, pp.1087下-1088上) 범해의 「선문만어서」에서
말하고 있듯이, 초의의 『선문사변만어』는 백파의 견해에 대하여 邪와
正을 판별하고 그것에 근거하여 추구할 것은 추구하고 배척할 것은
배척하는 입장에서 선리의 올바른 이해와 보급을 위하여 저술했음을
알 수가 있다. 그러나 여기에서 범해각안은 『사기』를 간과한 것으로
보인다. 『梵海禪師文集』(韓佛全10 수록)은 표지에는 『梵海禪師遺稿』
라고 되어 있다. 편저자는 '釋覺岸(朝鮮) 著'라고 되어 있고, 1921년에
大興寺에서 간행하였다. 漢文의 鉛印本으로 2卷1冊(23.1×15.3cm)이다.

여래선이고, 염화미소는 살과 활을 겸비하였기 때문에 기(機)와 용(用)을 갖춘 조사선이라는 주장에 대하여, 초의는 구곡각운(龜谷覺雲)의 『염송설화』에서 분반좌는 살이고, 염화미소는 활이며, 곽시쌍부는 살과 활을 보여준 것이라는 근거를 들어 백파의 견해를 비판한다.

둘째, 백파가 상근기는 조사선이고, 중근기는 여래선이며, 하근기는 의리선인데 각각 조사선은 제일구에 해당하고, 여래선은 제이구에 해당하며, 의리선은 제삼구에 해당하고, 또 『선문강요집』의 일우설과 관련시켜서 여래선과 조사선의 제일구와 제이구를 격외선에 배대하고 의리선을 제삼구에 배대한 주장에 대하여, 초의는 일우설에는 그와 같은 말이 없다고 비판을 가한다.

셋째, 백파가 조사선에는 운문종과 임제종을 배대하고 여래선에는 조동종과 위앙종과 법안종을 배대하여 임제종·운문종·조동종·위앙종·법안종의 순서로 배대한 것에 대하여 초의는 그와 같은 견해는 『인천안목』의 오류에 근거한 결과임을 지적하고, 위앙종의 종지를 중심으로 여러 가지 증거를 제시하며 비판한다.

넷째, 백파가 사람에 의거하여 조사선과 여래선을 구별한 것에 대하여, 초의는 역대조사의 경우에는 그 우열을 나눈 적이 없었다는 것을 들어서 비판한다. 그리고 백파가 조사선은 임제의 제일구와 제이구에 해당하고 여래선은 임제의 제삼구에 해당한다는 것에 대하여, 초의는 종지를 수수(授受)하는 현·밀(顯·密)에 따라서 조사선과 여래선이란 명칭이 나뉠 뿐이지 본래 법의 본체가 두 가지인 것은 아니라고 비판한다. 또한 백파가 의리선을 제삼구에 배대한 것에 대하여, 초의는 임제의 제삼구야말로 다시 삼구를 합설한 것이라고 제삼구에서 비로소 삼구와 삼요와 삼현에 대하여 언설로 풀어내고 있다고 비판한다.

다섯째, 일우는 삼처전심을 모두 조사선으로 파악하였지만 백파는 일우설에 의거했다고 말하면서 일우설과 달리 분반좌는 여래선이고 염화미소는 조사선이라는 견해를 제시하였는데, 이 점에 대하여 초의는 백파의 오류를 지적한다. 그리고 백파는 조사선과 여래선을 격외선에 배대한 것에 대하여, 초의는 격외선이라고 명칭한 것도 의리로 풀어내는 경우는 모두 의리선이 되는 까닭에 의리선을 단지 격외선의 상대개념으로만 활용하는 것은 아니라고 비판한다.

여섯째, 초의에 의하면 살과 활의 개념은 체와 용을 기준으로 말하면 살은 본체이고 활은 작용이며, 설(說)과 청(聽)을 기준으로 하면 설은 살이고 청은 활이며, 수(修)와 단(斷)을 기준으로 하면 혜(慧)로 미혹을 단절하는 것은 살이고, 지(智)로 깨침을 조망하는 것은 활이다. 그래서 도(刀)와 검(劍)이라는 명칭을 붙인 것이라고 말한다. 그런데도 백파는 살과 할이라는 글자를 모든 대상에 붙이고 있는 까닭에 잘못이라는 것이다.

일곱째, 백파가 불변(不變)은 진공(眞空)이고 수연(隨緣)은 묘유(妙有)라고 말한 것에 대하여 초의는 고인과 『기신론』의 설을 근거로 하여 즉유(卽有)의 공(空)이어야 진공이고, 즉공(卽空)의 유(有)이어야 묘유라고 비판한다.362)

---

362) 김호귀, 「조선 후기 선리논쟁의 양상과 성격의 고찰」, 『불교연구』 54, 한국불교연구원. 2021,2. pp.104-105.

　이후에 우담홍기는 백파의 견해에 대한 비판의 주제로서 삼처전심, 여래선·조사선 및 의리선·격외선, 살인도·활인검, 삼구·일구 등 전체적으로 네 가지 항목에 대하여 논의를 전개하고 있다. 보다 구체적으로는 다음과 같다.

　첫째는 임제삼구와 삼처전심을 어떻게 배대하느냐의 문제이다. 그것을 여래의 삼처전심과 달마의 삼처전심의 구조와 관련시켜 논의한다.

　둘째는 조사선과 격외선을 같은 등급에 놓고, 여래선과 의리선을 같은 등급에 놓아 조사선과 여래선 그리고 의리선과 격외선의 차이에 대하여 논의한다.

　셋째는 살인도와 활인검은 삼구를 획득하느냐, 그리고 동시삼구(同時三句)와 부동시삼구)不同時三句)를 획득하느냐의 여부에 따라서 살인도가 되기도 하고 활인검에 되기도 한다는 점을 논의한다.

　넷째는 임제의 삼구와 일구의 관계에 대하여 체·용·중에 대비시켜 설명하면서도 궁극적으로 삼구는 곧 일구임에 대하여 논의한다.363)

　이와 같이 초의가 내세운 견해는 나름대로 일리를 확보하고 있지만, 백파의 전반적인 견해에 대한 비판은 아니다. 그 때문에 초의의 이와 같은 비판의 자세에 대하여 이후에 백파의 법손인 설두유형은 『선원소류』에서 초의의 견해에 다양한 측면에서 반박하고 백파의 견해를 옹호한다.

　가령 조사선에 대한 초의의 비판을 반박하고, 여래선에 대한 비판도 반박하며, 삼처전심과 이선(二禪)의 배대에

---

363) 김호귀, 「우담홍기의 『선문증정록』에 보이는 선리비판 고찰」, 『선문화연구』29, 2020.12. pp.200-201.

대하여 초의가 구곡의 말을 백파의 주장으로 오해했다고 반박하고, 권(權)에 즉(卽)하여 실(實)을 설명하는 것은 격외선이 아니라는 비판도 반박하며, 임제의 제삼구야말로 의리선이라고 초의의 비판에 반박하고, 살활에 대한 비판에도 반박하며, 선종오가를 조사선 및 여래선에 배대한 비판에 대해서도 반박하고, 진공과 묘유의 비판에도 반박한다. 이처럼 설두유형은 초의의 비판에 대하여 모두 여덟 가지로 반박하고 있다.364)

우담홍기가 보여준 비판의 방향은 일찍이 초의가 보여주었던 관점에 대한 보완 내지 옹호가 아니었다. 초의와는 달리 기존의 『선문강요집』 및 『염송설화』에 근거하여 소위 삼처전심의 구별에 대한 비판, 여래선·조사선 및 의리선·격외선의 배열에 대한 비판, 살인도와 활인검의 적용에 대한 비판, 삼구와 일구의 관계에 대한 비판 등 네 가지 주제에 대하여 독자적인 안목으로 백파의 견해에 비판을 가함으로써 백파가 주장한 선리의 관점 내지 오류를 드러내는 면모도 있었지만, 보다 넓은 안목으로 보면 선리의 범주를 크게 확장해주는 결과를 보여주었다.

이후에 초의와 우담이 각각 제기하였던 비판에 대하여 설두는 백파의 견해에 전반적으로 동조하여 그 견해를 수용하고 있다. 본 『선원소류』는 전체적으로 백파의 견해를 옹호하는 부분과 그 비판에 대한 반박 등 두 부분으로 나누어져 있다. 나아가서 반박에 대해서도 초의와 우담의 문헌에 보이는 비판을 반박함으로써 궁극적으로 백파의 견해

---

364) 김호귀, 「우담홍기의 『선문증정록』에 보이는 선리비판 고찰」, 『선문화연구』29, 2020.12 ; 김호귀, 「『선원소류』에 나타난 선리논쟁의 고찰」, 『동아시아불교문화』43, 2020.9. pp.47-53.

를 정착시키려고 하였다.

초의가 비판한 견해에 대하여 조사선, 여래선, 삼처전심과 이선의 배대, 즉권명실(卽權明實)은 격외선이 아님, 임제 제삼구는 의리선, 살과 활, 선종오가의 배대, 진공과 묘유 등 8가지 주제에 걸쳐 반박을 가하였다. 설두는 또한 우담이 백파의 견해에 가한 네 가지 주제의 비판 곧 삼처전심의 구별에 대한 비판, 여래선·조사선 및 의리선·격외선의 배대에 대한 비판, 살인도와 활인검의 적용에 대한 비판, 삼구와 일구의 관계에 대한 비판 등에 대해서 반박하였다.365)

그러나 설두의 이와 같은 반박도 이후 축원진하의 『선문재정록』에서는 설두가 내세운 양중(兩重)의 살·활이 비판받고, 살·활을 가지고 여래선과 조사선의 이선에 배대한 것도 비판받으며, 제이구는 권에 즉하여 실을 해명하는[卽權明實] 것 그리고 제일구에 있는 사조용(四照用)에서 그 조용부동시(照用不同時)를 버리고 단지 조용동시(照用同時)만 취하여 한편으로는 살을 내세우고 한편으로는 활을 내세우고 있는 점에 대해서 마찬가지로 비판을 받는다.

이후에 다시 축원진하는 선리논쟁을 촉발시킨 도화선이었던 백파긍선의 견해에 대하여 언급하고 있다. 일찍부터 의리선과 격외선은 법(法)에 의거한 명칭이고, 여래선과 조사선은 인(人)에 의거한 명칭이었는데, 이렇게 양중으로 내세운 것에는 제설에 동이점이 있다고 전제한다. 진하는 이에 근거하여 백파가 삼종선으로 분류한 견해를 비판한

---

365) 김호귀, 「『선원소류』에 나타난 선리논쟁의 고찰」, 『동아시아불교문화』43, pp.47-59.

다.

축원진하는 한국의 선종사에서 전개된 선리논쟁에 대하여 방점을 찍는다는 자세로 기존의 先師들이 보여준 주장과 견해에 대하여 백파와 우담과 설두의 견해를 낱낱이 검토하였다. 거기에는 긍정적인 측면이 있는가 하면 부정적인 측면도 아울러 드러나 있기 때문에 대부분이 비판을 위주로 전개되었던 이전의 선리논쟁과 다른 성격을 보여주고 있다. 그런 가운데서도 유독 초의의순의 견해에 대해서는 직접적인 긍정 및 부정의 모습이 보이지 않고 있다. 그것은 초의의 견해에 전적으로 근거하고 있다는 것인지 아니면 아예 초의를 무시하고 건너뛰어 선리논쟁을 전개한 것인지 분명하지 않다. 다만 초의를 전적으로 무시하지는 않았다는 점은 마지막 대목에 드러나 있다.366)

진하가 『선문재정록』이라고 제명을 붙인 것은 이전의 숱한 선리와 그에 대한 논쟁의 종식을 겨냥하여 거듭 바로잡는다는 의미를 내세운 것이었다. 그 결과로서 『선문강요집』을 원류로 하여 『선문수경』이 출현하고, 그에 대한 비판으로 『선문사변만어』에서부터 본격적으로 촉발된 논쟁의 완성을 이끌어내지는 못했을지라도, 100여 년간에 걸친 선리논쟁에 대하여 그 변별과 해석을 부분적으로 수용함으로써 백파와 초의와 우담과 설두의 견해에서 각각 장점을 취합했다는 평가를 내릴 수가 있다.

이런 점에서 축원진하가 보여준 선리논쟁에 대한 성격은 어느 한편에 대한 일방적인 비판도 아니었고, 선리에 대하

---

366) 김호귀, 「『선문재정록』에 나타난 선리논쟁의 성격 고찰」, 『원불교사상과 종교문화』85, 2020.9. pp.255-274.

여 단순한 긍정만도 아니었고 부정만도 아니었다. 그것은 선리에 대하여 입장을 피력했던 선사(先師)들의 각각의 관점에 나타난 주장과 견해가 다양하게 전개될 수 있는 근거를 확보해주는 것이었다. 이런 점에서 이후 또 다른 선리의 논쟁에 대한 길을 열어 놓은 것이었다.

이처럼 백파로부터 비롯한 선리에 대하여 초의의순 – 우담홍기 – 설두유형 – 축원진하에 이르기까지 상호 비판과 반박과 옹호 등에 대한 주제는 사실 몇 가지로 한정되어 있다. 그들 비판의 주제 가운데 상당 부분은 위에서 고찰해보았듯이 『선문수경』보다 2년 정도 먼저 출현한 『사기』에 이미 출현하고 있다. 이 점을 감안한다면 처음에 초의가 제기한 육은노인의 선론에 대한 비판의 향방은 『선문수경』만이 아니라 상당 부분을 『사기』에서 찾아보아야 할 것이다.

백파는 『선문수경』을 저술하기 이전에 이미 『사기』에서 이전의 『선문강요집』 및 『선문오종강요』의 내용에 근거하여 선종오가와 삼종선의 배대, 삼구와 삼현과 삼요의 관계, 삼구와 살·활의 문제 등 기타 여러 가지의 주제에 걸쳐 논의를 보여주고 있다. 따라서 지금까지 백파의 선론에 대한 직접적인 비판의 대상을 문헌으로는 『선문수경』으로만 한정하는 견해에서 나아가서 좀더 그 범위를 확대하여 문헌의 대상이 『사기』까지 확대되어야 할 것이다. 또한 백파의 선론에 대한 비판의 내용에 대해서도 『선문수경』의 내용이 일정 부분은 『사기』의 내용과 중복되는 까닭에 『사기』에 드러난 선리에 대한 이해를 추구하는 것이 필요할 것이다.

이상의 내용을 정리하자면, 조선 후기에 임제종지를 중심으로 출현한 선리논쟁은 한국선의 특색을 보여주는 역사였고 사건이었다. 소위 한국선종사가 자못 임제종지를 중심으로 전승되었다는 점을 생각한다면 당연한 현상일 수도 있겠지만, 비교적 단출한 종지에 대하여 백여 년에 걸친 논쟁이 지속되었다는 점은 독특할 수밖에 없다. 그 논쟁의 핵심은 백파의 선론을 둘러싸고 벌어진 여타의 비판과 옹호와 반박과 수렴 등의 모습으로 전개되었다.

여기에서는 그 발단에 해당하는 논점을 기존의 많은 논고에서 『선문수경』을 대상으로 간주하여 논의했다는 점을 부분적으로 인정하고, 나아가서 『선문수경』 이전에 출현한 『사기』의 내용을 분석하여 거기에 이미 논쟁의 여러 주제에 해당하는 주장이 이루어졌다는 점을 고찰하였다. 가령 『사기』에서는 선종오가와 관련한 삼종선의 배대를 비롯하여 임제삼구, 그리고 임제삼구로부터 분화한 격외선과 여래선과 의리선의 의미 등 다양한 선리에 대한 이해를 『임제록』을 위시하여 『선문강요집』과 『선문오종강요』를 통해서 천착했던 백파의 안목을 엿볼 수가 있었다.

이를테면 백파의 견해에 대하여 초의가 비판한 일곱 가지 주제 가운데 다섯 가지, 그리고 우담이 비판한 네 가지 주제도 『사기』에 이미 드러나 있었다. 이러한 점은 초의와 우담이 비판한 백파의 견해에 대한 내용이 비단 『선문수경』만이 아니었음을 보여준 것이므로, 이후의 비판에 대한 대상과 주제를 보완해줄 수 있을 뿐만 아니라, 나아가서 그들 비판의 연원 내지 발단의 역할을 제공해줄 수도 있을 것이다. 그 때문에 이후로 백파의 선리논쟁에 대한 이해는

『선문수경』을 넘어서 우선적으로 『사기』에서도 찾아보아야
할 필요성이 제기되었다. 따라서 임제종지에 대한 백파의
견해는 50대 후반의 저서로부터 79세 때 저술한 『법보단
경요해(法寶壇經要解)』에 이르기까지 지속적으로 견지되어
있음을 엿볼 수가 있는데, 그 직접적인 단초를 『사기』에서
찾아볼 수가 있었다.

Ⅲ. 우담홍기의 백파 견해 비판

한국선종사의 시작은 중국선종의 제4조 대의도신(580-651)의 문하에서 법랑(法朗: ?-?)이 동산법문(東山法門)을 수입한 이래로 신행(信行: 704-779) - 준범(遵範) - 혜은(慧恩) - 지선(智詵, 智證國師, 道憲: 824-882)으로 계승되는 일련의 선문을 포함하여, 중국선종의 마조도일(馬祖道一: 709-788)의 문하인 서당지장(西堂智藏: 735-814)과 백장회해(百丈懷海: 748-834)의 법을 전승한 도의(道義)의 선문 및 기타 등에서 엿볼 수가 있다. 그 이래로 9세기 중반부터 10세기 중반 곧 나말여초에 형성된 구산문의 형성과 더불어 본격적인 한국선법의 전개를 논의할 수가 있다.

그러나 이후로 보조지눌(普照知訥; 1158-1210)이 출현하기까지는 본격적인 선문헌이라고 간주할 수 있는 것이 보이지 않았다. 따라서 한국선에서 보이는 수행법과 사상에서 독자성 내지 정체성을 구명하는 데에는 한계가 있음도 부정할 수가 없다. 그런 가운데서 수행법의 측면에서는 지눌 이래로 혜심에 이르면서 송대에 수입된 새로운 선수행법의 도입을 말미암아 한국선법의 면모를 어느 정도 구축할 수 있게 되었다.

한편 사상적인 측면에서는 지눌의 선사상 이외에도 특히 고려 중기에 출현한 『선문강요집(禪門綱要集)』에 보이는 임제종(臨濟宗)과 운문종(雲門宗)의 교의에 대한 논의에 주목할 필요가 있다. 『선문강요집』의 선리는 이후 구곡각운(龜谷覺雲)의 『염송설화(拈頌說話)』에 반영되었고, 조선 후기에 백파긍선(白坡亘璇: 1767-1852)이 『선문수경(禪文手鏡)』에서 임제삼구에 대한 견해를 도식화하여 주창하면서 새로운 선리논쟁의 단초를 제기해주었다.

주지하듯이 초의의순(艸衣意恂: 1786-1866)은 백파의 주장에 대하여 『선문사변만어(禪門四辨漫語)』를 통해서 조사선(祖師禪)과 여래선(如來禪)의 유래, 격외선(格外禪)과 의리선(義理禪)의 유래, 살인도(殺人刀)와 활인검(活人劍)의 성격, 진공(眞空)과 묘유(妙有)의 의미 등에 대하여 백파의 견해를 비판하면서 선리논쟁의 물꼬가 터졌다. 이와 같은 상황에 대하여 『선문증정록(禪門證正錄)』에 「서문」(1900)을 붙였던 혜근(惠勤)은 다음과 같이 말했다.

무릇 백파노(白坡老)에 이르러서 임제삼구를 가지고 염송(拈頌)에 주해를 붙이고 그림을 넣어서 선문수경을 간행하였다. 그 설명이 일시적으로 성행하여 중부(中孚)의 선문사변만어의 인(因)이 되었다. <중부(中孚)는 초의노(草衣老)의 별호이다. 만어는 곧 중부의 저술인 선문사변만어이다.> 선문사변만어가 출현하자, 의심의 꺼풀에 빠져들어 납자들의 병통이 되었다.367)

이것은 곧 백파긍선의 설과 초의의순의 설에 대하여 당시의 납자들이 어떤 것이 옳은지 분간하지 못했다는 것을 보여주고 있다. 이로써 우담홍기(優曇洪基: 1822-1881)는 백파의 법손이었지만 초의와 마찬가지로 백파의 견해에

---

367) 『禪門證正錄』 「序」, (韓佛全10, p.1136中) "逮夫白坡老 把臨濟三句 箋詁拈頌 圖刊手鏡 其說一時盛行 偶因中孚漫語 <中孚草衣老之別號也 漫語即其所著四辨漫語也> 之出疑膜交蔽 學者病之"

비판의 입장을 취하였다.

　이에 조계산의 우담홍기 화상이 그것에 개탄하였다. 그
가운데 하나는 선인(先人)의 뜨락[先庭]을 깔끔하게 쓸
어버리는[掃灑] 것이었고, <우담화상의 선은 침명노(枕
溟老)를 계승하였는데, 침명은 곧 백파선문(白坡禪門)
의 고제(高第)이다> 또 하나는 말학(末學)을 바로잡는
것이었으므로 이에 증정록(證正錄)을 저술하였다.368)

　여기에서 말한 先人은 백파긍선 ─ 한성침명(翰醒枕溟:
1801─1876) ─ 우담홍기로서 우담홍기에게는 법조(法祖)
에 해당하는 백파긍선을 가리킨다. 곧 백파의 견해를 부정
하고 초의와 마찬가지로 우담홍기 자신도 비판의 견해를
보여주고 있음을 피력한 것인데, 이것은 백파와 초의의 선
리논쟁에 대한 연장 및 계승이면서도 우담홍기의 독자적인
관점에서 비판했음을 말한 것이다. 위의 인용문에 보이듯
이 우담홍기는 처음에 『소쇄선정록(掃灑先庭綠)』이라고 제
목을 붙였지만, 이후에 그것을 고쳐서 『선문증정록』이라고
하였다.
　이 두 가지 점이 바로 우담홍기가 『선문증정록』을 저술
한 대의였다. 그런데 전체적인 입장에서 보면 그 성격은
비록 초의의 견해처럼 백파의 견해를 비판한 것이었지만
그 방향과 관점은 전혀 새로운 것이었다. 여기에서는 우담
홍기가 초의와 다른 측면에서 백파의 견해에 대하여 비판

---

368) 『禪門證正錄』 序, (韓佛全10, p.1136中) "曹溪山優曇和尙 慨然之
　　一爲掃灑先庭 <和尙之禪 系承於枕溟老枕溟卽白坡之禪門高第也> 一爲
　　矯拔末學乃著證正錄"

을 가했다는 점을 중심으로 고찰해보고자 한다.

1. 『선문증정록』의 구성

우담홍기가 저술한 『소쇄선정록(掃灑先庭錄, 禪門證正錄)』(1874년)은 이후 혜근의 「서문」과 보정의 「발문」이 부가된 형태로 1913년 7월 20일에 금명보정(錦溟寶鼎: 1861-1930)에 의하여 창문사(昌文社)에서 간행되었는데, 그 간략한 구성은 도표와 같다.

서문	禪門證正錄序		猊雲散人惠勤	1900년 6월
본문	① 總序		優曇洪基	1874년 3월
	② 삼처전심	여래의 삼처전심		
		달마의 삼처전심		
	③ 여래선·조사선 및 의리선·격외선			
	④ 살인도·활인검			
	⑤ 삼구·일구			
	⑥ 총론적인 비판			
발문	禪門證正錄印刊跋		錦溟寶鼎	1913년 7월

위의 도표를 통해서 볼 수가 있듯이 우담홍기는 비판의 주제로서 ① 삼처전심, ② 여래선·조사선 및 의리선·격외선, ③ 살인도·활인검, ④ 삼구·일구 등 전체적으로 4가지 항목에 대하여 논의를 전개하고 있다. 보다 구체적으로는 다음과 같다.

첫째는 임제삼구[369]와 삼처전심을 어떻게 배대하느냐의 문제이다. 그것을 여래의 삼처전심과 달마의 삼처전심의 구조와 관련시켜 논의한다.

---

369) 『臨濟錄』, (大正藏47, p.497上)

둘째는 조사선과 격외선을 같은 등급에 놓고, 여래선과 의리선을 같은 등급에 놓아 조사선과 여래선 그리고 의리선과 격외선의 차이에 대하여 논의한다.

셋째는 살인도와 활인검은 삼구를 획득하느냐, 그리고 동시삼구(同時三句)와 부동시일구(不同時一句)를 획득하느냐의 여부에 따라서 살인도가 되기도 하고 활인검에 되기도 한다는 점을 논의한다.

넷째는 임제의 삼구와 일구의 관계에 대하여 체・용・중에 대비시켜 설명하면서도 궁극적으로 삼구는 곧 일구임에 대하여 논의한다.

이와 같은 네 가지 점을 중심으로 백파가 『선문수경』에서 주장한 내용에 대하여 그 시비를 증거를 언급해가면서 논의하고 있다. 이에 백파의 주장에 오류가 있음을 주장하고 있는 우담홍기의 견해에 대해서 여기에서는 그 근거와 이유 등을 중심으로 초의의 『선문사변만어』와 비교하면서 고찰해보고자 한다.

2. 삼처전심의 구별에 대한 비판

우담홍기는 『선문증정록』을 저술한 목적에 대하여 「총서(總序)」에 해당하는 서두에서 다음과 같이 말한다.

선문의 교의를 익히고자 하면 먼저 임제삼구를 알아야 하고, 삼구를 알고자 하면 『선문강요집』을 숙독해야 하며, 그 밖의 해석을 알고자 하면 마땅히 『염송설화』를 숙독해야 한다. 그런데도 『선문강요집』과 『염송설화』

이외에 별도로 어떤 해석(禪文手鏡)은 고석(古釋)과 어긋나는 경우로서 어찌 그것[古釋]을 믿지 못하고 고집을 피운단 말인가. 내 비록 어리석지만 이제 무릇 고석(古釋)과 어긋나는 점에 대해서는 증거를 인용하여 그것을 바로잡겠다.370)

여기에서 '어떤 해석'은 백파의 견해에 해당하는 『선문수경』을 가리키고, 고석(古釋)은 『선문강요집』 내지 『염송설화』의 부류를 가리킨다. 그리고 네 가지 항목으로 나누는 가운데, 우선 삼처전심의 경우에 대하여 언급한다. 백파는 삼처전심에 대하여 그 순서를 분좌소식(分座消息)371)·염화소식(拈華消息)372)·시부소식(示趺消息)373)으로 배열하고, 각각에 대하여 법공좌(法空座)·묘유(妙有)·살활(殺活)이라고 보았다.374) 이에 대하여 우담홍기는 여래의 삼처전심에 대하여 언급하면서 그 경증으로서 각각 『염송설화』를 인용하여 다음과 같이 말한다.

---

370) 『禪門證正錄』, (韓佛全10, p.1137上) "然則欲學禪門 先識臨濟三句 欲識三句 熟讀禪門綱要 欲識其餘釋 應熟讀說話也 於綱要說話之外 別有所釋違於古釋者 何固不信之執也 愚今但叅差於古釋者 引證而辨正之"

371) 『長阿含經』 卷11, (大正藏1, p.66下)

372) 『大梵天王問佛決疑經』, (卍新續藏1, p.442下) "爾時世尊著坐其座 廓然拈華 時眾會中 百萬人天 及諸比丘 悉皆默然 時於會中 唯有尊者 摩訶迦葉 即見其示 破顏微笑 從座而起 合掌正立 有氣無言 爾時佛告 摩訶迦葉言 吾有正法眼藏涅槃妙心實相無相微妙法 不立文字 教外別傳 有智無智 得因緣證 今日付屬摩訶迦葉 摩訶迦葉"

373) 『大般涅槃經後分』 卷下, (大正藏12, p.909中-下) ; 『祖庭事苑』 卷1, (卍新續藏64, p.317中)

374) 『禪文手鏡』, (韓佛全10, p.519下)

여래의 삼처전심이란 제일은 분반좌이다. 『염송설화』에서는 살인도라고 말하고, 또 몰분외(沒分外)라고 말한다. 제이는 거염화(擧拈花)이다. 『염송설화』에서는 활인검(活人劒)이라고 말하고, 또 정법안장(正法眼藏)의 부촉이 거기에 있다고 말한다. 제삼은 시쌍부(示雙趺)에 대하여 『염송설화』에서는 '니련선하에서 두 발을 내보였고, 웅이산에다 신발을 남겨두었는데, 이것을 곧 제삼의 전심(傳心)이다.'고 말한다. 『염송설화』에서는 또 다비한 이후에 유통한 것이 거기에 있다고 말한다.375)

한편 우담홍기는 달마의 삼처전심에 대해서도 다음과 같이 언급하고 있다.

첫째는 멱심료불가득(覓心了不可得)이다. 『염송설화』에서는 '제불의 법인을 깨쳐서 조사선을 이해하였는데, 이것이 소위 이조가 진정한 이조가 된 연유이다.'고 말한다. 둘째는 삼배득수(三拜得髓)이다. 『염송설화』에서는 '친히 입실하여 계승하였고 가업을 계승할 수 있었기 때문에 전의부법(傳衣付法)하였다.'고 말한다. 셋째는 수휴척리(手携隻履)이다. 『염송설화』에서는 '이것이 육대조사의 전승이다.'고 말한다.376)

---

375) 『禪門證正錄』, (韓佛全10, p.1137中) "如來三處傳心 第一分半座 說話云殺人刀 又云沒分外 第二擧拈花 說話云活人劒 又云 正法眼藏 付囑有在 第三示雙趺 說話云 泥蓮示趺 熊耳留履 此是第三傳心 又云荼毘後品 流通去在"

376) 『禪門證正錄』, (韓佛全10, p.1137中) "一覓心了不可得 說話云 悟得諸佛法印 會得祖師禪 所謂二祖之爲二祖者也 二三拜得髓 說話云 親承入室 克紹家業 故傳衣付法也 三手携隻履說話云 此六代傳也"

우담홍기는 '불·조(佛·祖)의 삼처전심은 모두 제일구로서 조사선이고 격외선이다.'고 하여 여래와 달마의 삼처전심을 모두 제일구에 속하는 것이라고 말한다. 이것은 백파가 격외선을 여래선과 조사선으로 나누어, "격외선은 여래선의 경우 평상심에 즉한 그것이 부처[卽心是佛]이고, 조사선의 경우 산은 그대로 산이고 물은 그대로 물이라는 설이다.">377)라고 설명한 것에 대한 비판이다. 왜냐하면 백파는 분반좌를 여래선에 배대하여 법안종 · 위앙종 · 조동종 등 삼종의 종지로 간주했고, 염화시중 및 곽시쌍부를 조사선에 배대하여 운문종 · 임제종 등 이종의 종지로 간주했기 때문이다.378) 이처럼 우담홍기는 여래와 달마의 삼처전심을 모두 제일구로서 격외선이고 조사선이라고 보았다는 점에서 백파의 견해와 다르다. 이것을 『선문수경』의 경우와 비교하여 도표로 보이면 다음과 같다.

염송설화		선문수경		선문증정록	
				여래삼처전심	달마삼처전심
제일처전심	殺人刀	여래선	다자탑전분반좌	分半座	覓心了不可得
	沒分外				
제이처전심	活人劍	조사선	염화시중	擧拈花	三拜得髓
	正法眼藏付囑			제일구·조사선·격외선	
제삼처전심	입적 이후		곽시쌍부	槨示雙趺	熊耳留履手携隻履

이처럼 삼처전심에 대하여 백파는 여래선에는 분반좌를

---

377) 『禪文手鏡』, (韓佛全10, p.519下) "格外禪　以如來禪　即心是佛 祖師禪山是山水是水之說"

378) 『禪文手鏡』, (韓佛全10, p.519下) "曰如來禪 … 即分座(法空座)消息 而爲法眼爲仰曹洞三宗旨也 二祖師禪 … 即拈華(妙有)消息 而爲雲門臨濟二宗旨也 第三示趺(殺活)消息"

배대하고, 조사선에는 거염화 및 곽시쌍부를 배대하였다. 그러나 우담홍기는 삼처전심의 전체를 조사선이고 격외선 이며 제일구에 배대함으로써 『선문수경』의 설을 반박하였 다. 우담홍기는 그 근거에 대하여 구체적으로 구곡각운의 『염송설화』를 인용하여 경증으로 들고 있다. 나아가서 우 담홍기는 백파의 견해에 대하여 다음과 같이 강하게 비판 하고 있다.

(그런데 백파의 경우에는) 혹 여래분반좌(제일전) 곧 제일구인 조사선 및 살인도를 가지고 제이구인 여래선 으로 삼고, 또한 모든 반연을 단절했는가 하는 문답을 가지고 달마의 초전을 삼았는데, 그와 같은 견해는 『경 덕전등록』과 『염송설화』에 수록되어 있지 않은 줄도 모 르고 그처럼 오판한 것이었다. 이에 선원(禪源)이 한번 흐려지자 여래선·조사선, 살인도·활인검, 삼구·일구 등 천 파(千派)·만류(萬流)가 일시에 혼탁해졌다. 내가[愚: 우 담홍기] 지금 맑힌 것은 무릇 조문(祖文)의 고석(古釋) 을 인용하여 판별한 것이다. 따라서 공이 조문(祖文)에 있지 어찌 나에게 있겠는가.379)

백파는 달마의 삼처전심을 각각 제일은 제연단부문답(諸 緣斷否問答), 제이는 멱심료불가득(覓心了不可得), 제삼은

379) 『禪門證正錄』, (韓佛全10, p.1138中) "或以如來分半座第一句祖師禪 殺人刀爲第二句如來禪 又以諸緣斷否問答 爲達摩之初傳 不知傳燈拈頌 不載之義 如是誤辨 於是禪源一濁 如來禪祖師禪 殺人刀活人劍三句一 句等 千派萬流 一時渾濁愚今所淸者 但引祖文古釋 以辨之功在祖文 何 在於我哉"

피육골수(皮肉骨髓)로 간주하였다. 백파는 여래의 삼처전
심을 모두 격외선으로 간주하였다. 곧 제일전으로 다자탑
전분반좌를 격외선 가운데 여래선에 배대하고, 제이전으로
영산회상염화미소 및 제삼전으로 사라쌍수곽시쌍부를 격외
선 가운데 조사선에 배대하였는데, 그 가운데 제삼전에 해
당하는 사라쌍수곽시쌍부는 조계혜능 이후에는 전승되지
않았다고 하였다. 바로 이 삼처전심에 대한 백파의 오해로
부터 여래선·조사선, 살인도·활인검, 삼구·일구 등에 대한
이해가 어그러졌다는 것이다. 이처럼 우담홍기가 그 근거
를 『선문강요집』에다 두고 있는 근거는 「총서」의 대목에서
말한 바와 같이 『선문강요집』과 『염송설화』380)에 근거해
야 한다는 말을 통해서 확인할 수가 있다.381)

한편 백파의 삼처전심설에 대하여 초의의순의 비판은 우
담홍기와 방향이 약간 다르다. 곧 백파의 "분반좌는 살인
데 거기에는 단지 살만 있고 활이 없으므로 여래선이고,
염화미소는 활인데 거기에는 살이 겸비되어 있으므로 기와
용이 구족되어 있어 조사선이다."382)에 대하여 초의는 다
음과 같이 비판한다.

결단코 이러한 이치는 없다. 단(單)이면 모두 단(單)이
고 겸(兼)이면 어느 쪽이나 겸(兼)인데 그 어찌 (분좌
의) 살은 활을 겸하지 않고 (염화의) 활만 살을 겸한단

---

380) 가령 임제의 제일구 해석에 대해서는 『禪門拈頌拈頌說話會本』 卷
　　27, (韓佛全5, p.830下) 참조.
381) 그런데 우담홍기는 본 『선문증정록』에서 『선문강요집』을 한국찬술
　　문헌이 아닌 중국 찬술문헌으로 이해하고 있는 점을 감안해야 한다.
382) 『禪文手鏡』, (韓佛全10, p.820下) "分座之殺 但殺無活 故爲如來禪
　　拈華之活兼殺 故具足幾用 而爲祖師禪"

말인가. … 오로지 죽이기만 하거나 살리기만 한다면 뛰어난 솜씨가 아니다. 만일 (세존께서) 자리를 나누어 앉은 것에 (백파의 말대로) 참으로 살만 있다면 세존은 뛰어난 솜씨가 없었던 것이며, 청원이 오로지 살만 전하고 활의 방식을 몰랐다면 청원 또한 뛰어난 솜씨가 없었다는 결과가 되니, 어찌 이러한 도리가 있을 수 있겠는가. 그러므로 자리를 나누어 앉은 것에 살만 있고 활이 없다는 주장은 타당하지 않다는 것을 알아야 한다."383)

곧 우담홍기의 경우에는 백파의 삼처전심설을 조사선과 여래선의 문제와 관련하여 그 배대에 초점을 두고 비판했던 것에 비하여, 초의의 경우는 살(殺)과 활(活)의 문제와 관련하여 그 배대에 대하여 비판을 가한 점에서 차이가 보인다.

3. 여래선·조사선 및 의리선·격외선의 배대에 대한 비판

우담홍기는 이어서 백파의 삼종선에 대하여 비판한다. 백파의 삼종선 분류에 대해서는 일찍이 초의도 비판을 하였다. 초의는 백파의 삼종선에 대하여 '조사선은 상근기를 상대한 것으로 허공에다 도장을 찍는 것과 같아서 몰종적이고, 여래선은 중근기를 상대한 것으로 물에다 도장을 찍

---

383) 『禪門四辨漫語』, (韓佛全10, pp.820下-821上) "斷無是理 單則俱單 具則同具 其何以殺不兼活 活獨兼殺 … 若只單殺單活 則非好手也 若 分座 果是單殺 是世尊非好手也 淸源<靑原?>但傳殺而不知活 則淸源 <靑原?>亦非好手也 豈有此理哉 是故當知 分座之單殺無活 無有是處"

는 것과 같아서 만법을 통괄하여 일심을 해명하는 것이며,
의리선은 하근기를 상대한 것으로 진흙에다 도장을 찍는
것과 같아서 돈오·점수·의리·교격을 완전하게 갖추고 있다.
그리고 조사선과 여래선을 격외선에 배대하고, 나아가서
임제삼구에 대하여 제일구는 조사선이고, 제이구는 여래선
이며, 제삼구는 의리선이다.'384)고 진단한다.

이와 같은 백파의 견해 대하여 초의는 조사선의 경우 언
구를 사용하지 않음에도 불구하고 백파는 언구를 활용한다
고 비판하고, 여래선의 경우 모든 법이 그대로 깨침의 말
로서 여래가 설한 말과 완전히 동일함에도 불구하고 그것
을 폄하하여 여래선으로 간주한다고 비판한다. 또 조사선
과 여래선을 격외선의 범주에 넣은 것에 대해서, 여래선을
임제의 제이구에 배대하여 권(權)에 즉하여 실(實)을 설명
한다는 것은 三玄이라는 창과 갑옷을 시설하여 편의에 따
라 수단으로 삼는 것인데도 불구하고 격외선이라고 말할
수 있느냐고 비판한다.385) 곧 초의는 백파의 삼종선에 대
한 분류 자체를 부정하는 셈이다.

한편 우담홍기는 삼종선 자체에 대해서는 부정하지 않지
만, 그 의미에 대해서는 백파의 견해를 비판한다. 우담홍
기의 삼종선에 대한 견해는 다음과 같다.

조사선은 삼처전심 모두가 교외별전이고 격외선이라고
말한다.386) 소위 조사선은 세존이 증득한 것도 아직 진극
(臻極)이 아님을 스스로 알고서 진귀조사를 심방하여 비로

---

384) 『禪門四辨漫語』, (韓佛全10, p.821上-中) 내용 요약.
385) 『禪門四辨漫語』, (韓佛全10, p.821中) 내용 요약.
386) 『禪門證正錄』, (韓佛全10, p.1138中) "夫教外別傳 但有三處 而上第
一段已知三傳 總屬於第一句祖師禪之格外"

소 제일구인 몰파비(沒巴鼻)의 심인을 깨친 것이다. 이것은 세존이 진귀조사(眞歸祖師)에게 터득한 것이기 때문에 조사선이라고 말한다. 이것은 뿌리까지 제거하여 몰파비인 제일구를 요달해서 영원히 상서를 드러냈고, 땅이 진동한 의리의 흔적을 벗어났으며, 또한 경교의 밖으로 벗어난 까닭에 격외선이라고 한다.387)

그리고 소위 여래선은 여래가 정각산(正覺山)에서 명성을 보고 제이구를 증득한 것이다. 증득한 그대로 『화엄경』등을 설하자 먼저 상서가 나타나고 땅이 진동한 것은 제이구를 직접 보여준 것이다. 이근(利根)은 돈증(頓證)했지만 둔근(鈍根)은 망조(罔措)했기 때문에 부득이하게 묘음(妙音) 및 선자(善字)로 설법을 드러냄으로써 경교(經敎)가 성립되었다. 그러나 상서를 보이고 땅을 진동시킨 본의는 제이구의 선을 직접 보여서 중생으로 하여금 오(悟)와 수(修)를 모두 잊고 제일구인 법신의 의미를 깨우쳐주려는 것이었다. 이것은 여래가 자증한 선이기 때문에 여래선이라고 말한다.388) 그리고 그 형태가 상서를 드러내고 땅을 진동시킨다는 의리(義理) 및 경교(經敎)의 짐적(朕迹)이기 때문에 또한 의리선이라고 말한다.389)

---

387) 『禪門證正錄』, (韓佛全10, p.1138下) "所謂祖師禪者 世尊自知所證 猶未臻極 尋訪眞歸祖師 始證第一句了沒巴鼻之心印 此是世尊 得之於 眞歸祖師 故曰祖師禪也 此和根拔去 了沒巴鼻之第一句 永脫現瑞動地 義理之迹 亦能出於經敎之外 故亦名格外禪也"

388) 『禪門證正錄』, (韓佛全10, p.1138中-下) "所謂如來禪者 如來於正覺 山前 見明星 而證得第二句 如證而說華嚴等經 而初現瑞動地 直示第二 句 利根頓證 鈍根罔措 故不得已 現說於妙音善字之中以成經敎 然其實 本意 現瑞動地 直示第二句之禪 使衆生 悟修斯<俱?>亡 欲證一句法身 之意也 此是如來自證之禪 故曰如來禪也"

389) 『禪門證正錄』, (韓佛全10, p.1138下) "此是如來自證之禪 故曰如來

이에 우담홍기는 삼처전심은 모두 제일구인 조사선의 심인에 속하여 격외로 별전된 종지이고, 제이구인 여래선은 여래가 증득하고 설법한 교내의 의리이며, 의리선은 교내의 언교에 빠져 교중의 여래선을 증득하지 못한 것이라고 말한다.

그리고 거기에 대하여 우담홍기는 "그런즉 삼전의 제일구인 조사선은 교외의 격외선이 되었고, 제이구인 여래선은 교내의 의리선이 된 것이 이처럼 분명한데, 어찌 제이구인 여래선으로써 격외선을 삼고 또한 분반좌로써 제이구인 여래선을 삼는단 말인가."390)라고 백파의 삼종선에 대하여 비판한다.391) 나아가서 의리선과 격외선 등의 명칭을 바로잡으면 명칭 속의 실제는 자연히 바르게 될 것이라고 말한다.

이에 그 요지를 말하자면 우담홍기는 삼처전심 전체를 제일구로서 격외선으로 간주하고 있음에 비하여, 백파는 삼처전심 가운데 분반좌를 가지고 중근기를 상대하는 여래선에 배대한 점을 비판하고 있다. 우담홍기의 이와 같은 관점은 초의가 삼종선 자체를 비판한 점과 다른 관점에서 백파의 관점을 비판한 것에 해당한다.

4. 살인도 · 활인검의 적용에 대한 비판

禪也 猶形於現瑞動地之義理 經敎之朕迹 故亦名義理禪也"
390) 『禪門證正錄』, (韓佛全10, p.1140上) "然則三傳之第一句祖師禪 爲敎外之格外禪 第二句如來禪 爲敎內之義理禪 如彼分明 奈之何 以第二句如來禪 爲格外禪 又分半座 爲第二句如來禪耶"
391) 우담홍기는 그 經證으로서 『염송』, 『염송설화』, 『화엄경』, 『선문강요집』 등을 인용하고 있다.

백파는 살(殺)과 활(活)의 분별을 도식적으로 설명하였
는데, 도표로 보이면 다음과 같다.392)

| 삼처전심 | 제일분반좌 | 살인도 | 제이구 | 본분·향상 | 有殺無活 | 靑原-傍傳 |
| | 제이염화미소 | 활인검 | 제일구 | 기·용,삼요,향상의 진공·묘유 | 殺活具足 | 南嶽-正傳 |

초의는 살(殺)과 활(活)에 대하여 살은 체(體)에 의지하
여 내세운 것이고, 활은 용(用)에 의지하여 내세운 것, 설
(說)과 청(聽)의 기연으로 말하자면 도독고(塗毒鼓)의 비
유, 각범혜홍(覺範慧洪)의 삼현과 삼요의 법문의 비유, 문
수와 선재동자의 문답에서 약이 사람을 죽일 수도 있고 살
릴 수도 있다는 비유, 번뇌를 끊는다는 관점에서 말하면
혜(慧)로 번뇌를 끊는 작용은 살이고, 지(智)로 진실을 조
망하는 작용은 활이다.393) 이처럼 초의는 백파의 살활에
대하여 직접적인 비판보다는 살과 활의 적용 내지 의미를
중심으로 차별화하였다.

그러나 우담홍기는 직접적으로 백파의 살활관에 대하여
다음과 같이 두 가지 점에서 비판을 가하고 있다.

첫째는 우담홍기가 말하는 살과 활은 기본적으로 삼처전
심이 모두 제일구에 포함된다는 것에 비하여, 백파는 삼처
전심 가운데 염화미소를 제이구로 간주한다는 점이다. 그
리고 우담홍기는 삼구와 일구를 모두 갖추고 있는 경우를
활인검이라고 말하고, 삼구와 일구를 모두 갖추지 못한 경
우를 살인도라고 말한다.394) 그러나 백파는 위의 도표에서
보듯이 제일처전심의 분반좌에 대해서는 그것을 제일구로

---

392) 『禪文手鏡』, (韓佛全10, p.520中-下) 참조.
393) 『禪門四辨漫語』, (韓佛全10, pp.828下-829下) 참조.
394) 『禪門證正錄』, (韓佛全10, p.1140中) "夫殺人刀活人劍者 … 不分獨
在第一句中 三不得謂之殺人刀三得謂之活人劍也"

간주하여 활인검이라고 말하고, 제이처전심의 염화미소에
대해서는 그것을 제이구로 간주하여 살인도라고 말한다.
　이와 같은 견해를 근거로 하여 우담홍기는 백파의 견해
에 대하여 다음과 같이 비판한다.

　　근래에 (백파노인은) 用으로써는 '이렇다[伊麽]'는 것을
　　삼고 체(體)로써는 '이렇지 않다[不伊麽]'는 것을 삼고
　　있다. 그런데 이미 체(體)와 용(用)이라는 명(名)과 의
　　(義)가 있은즉 어찌 '이렇지 않다'는 것이겠는가. 『전등
　　록』과 『선문염송』과 『선문강요집』과 『염송설화』 가운데
　　그 어디에서 용(用)으로써 '이렇다'는 것을 삼은 적이
　　있고, 체(體)로써 '이렇지 않다'는 것을 삼은 적이 있던
　　가.395)

　살과 활의 문제를 체와 용의 문제와 결부시켜서 우담홍
기가 삼처전심은 모두 제일구이고 조사선이기 때문에 살인
도와 활인검이 모두 그 속에 갖추어져 있다고 말한 것에
근거해서 한 말이다. 곧 세존의 분반좌는 살인도이고 염화
미소는 활인검인데 이것이 가섭을 거쳐 혜능에 이르기까지
는 한 사람에게만 전승되었다. 그러나 혜능 이후에는 청원
행사에게는 살인도가 전승되었고, 남악회양에게는 활인검
이 전승되었다. 그런데 살·활(殺·活)은 모두 제일구에서 뜻
[義]을 둘로 나누어 전승한 것일 뿐 본체[體]는 곧 하나라
는 것이다.396)

---

395) 『禪門證正錄』, (韓佛全10, p.1140下) "近有以用爲伊
　　麽也 旣有體用之名義 則何爲不伊麽也 傳燈拈頌綱要說話中 何處有以
　　用爲伊麽 以體爲不伊麽耶"

둘째는 우담홍기는 살과 활에 대하여 제일구에서 동시삼구(同時三句)와 부동시일구(不同時一句)를 모두 얻을 수 없는 경우를 살(殺)이라 말하고, 동시삼구와 부동시일구를 모두 얻을 수 있는 경우를 활(活)이라 말한다. 그런즉 대기(大機)로써 살(殺)을 삼고 대용(大用)으로써 활(活)을 삼는다는 백파의 견해는 옳지 않다고 말한다. 곧 백파는 다음과 같이 말한다.

살을 벗어나 따로 활이 없기 때문에 백장회해는 대기만 얻고 … 활을 벗어나 따로 살이 없기 때문에 황벽희운은 대용만 얻었다.[397]

이 점에 대하여 우담홍기는 『염송설화』에 근거하여 "염송설화에서는 機·用의 이치도 있고, 혹 살·활(殺·活)도 있다. 그리고 기·용(機·用)에는 단지 활(活)뿐이지만, 살·활(殺·活)의 체는 둘이 아니라 그저 편의에 따라서 그렇게 언급한 것이다."[398]고 말한다.

나아가서 진금포(眞金鋪)와 잡화포(雜貨鋪)의 예[399]를

---

396) 『禪門證正錄』, (韓佛全10, p.1141中) "然殺活皆第一句上 義分兩傳 而體則一"

397) 『禪文手鏡』, (韓佛全10, p.520中) "以殺外無活 故百丈得大機…以活 外無殺故"

398) 『禪門證正錄』, (韓佛全10, p.1141下) "說話中有機用處 或有殺活然 機用但活 而殺活体無二故 因便擧之"

399) 『袁州仰山慧寂禪師語錄』, (大正藏47, p.下) "汝等諸人各自回光返照 莫記吾言 汝無始劫來背明投暗 妄想根深 卒難頓拔 所以假設方便 奪汝 麁識 如將黃葉止啼 有甚麼是處 亦如人將百種貨物與金寶作一鋪貨賣 祇擬輕重來機 所以道石頭是真金鋪 我這裏是雜貨鋪 有人來覓鼠糞 我 亦拈與他 來覓真金 我亦拈與他"

들어서 청원계통에서 조동종이 출현하였고, 남악의 계통에
서 임제종·운문종·위앙종·법안종의 4종이 출현했다는
점에 대하여, 그들이 증득한 종지는 곧 무릇 제일구인 조
사선 입장에서는 살·활로 교화하였지만, 설통문(說通門) 입
장에서는 어떤 종파에서는 일구(一句)로 그리고 어떤 종에
서는 二句로 교화하였기 때문에 조동종에서는 향상을 해명
하였고 위앙종에서는 체·용을 해명하였으며 법안종에서는
유심을 해명하였지만, 그 의도는 각 종파의 종지에 있는
것이 아니라 그 종파들로 하여금 성숙하여 필경에 제일구
의 살·활(殺·活)을 증득하도록 하는 것에 있었다[400]고 말한
다.

　이와 관련하여 우담홍기는 백파가 주장한 살활의 견해에
대하여 결론적으로 "선문강요집과 염송설화 등 어디에서
살인도로써 제이구를 삼은 것이 있던가. … 또한 『선문수
경』에서 여래의 초전인 분반좌(分半座)를 그리고 염송설화
에서는 이미 살인도에 배대하였다. … 살·활(殺·活)의 극유
(極喩)를 제이구에다 억지로 묶어둔 것은 가소로운 일이
다. 또한 단기(單機)와 단용(單用)에다 묶어둔 것은 후학
의 안목을 어둡게 만든 것인데 그렇게 한 연유가 궁금하
다. 그 때문에 이제 그 살·활(殺·活)의 극유(極喩)를 바로
잡아서 오직 제일구에만 배치한다."[401]고 말한다. 이처럼

---

400) 『禪門證正錄』, (韓佛全10, p.1141下) "其所證之自宗　則但第一句祖
　　師禪中　殺活敎化　說通門中　或宗一句　或宗二句　故曹洞明向上　潙仰明
　　体用　法眼明唯心　然意不在此　使之成熟　畢證於第一句之殺活去在也"
　　여기에서 임제종·운문종·위앙종·법안종의 4종을 남악 계통으로 간주하
　　고 있는 점은 명말·청초의 僧諍時代에 활발하게 전개되었던 문제점이
　　므로 여기에서는 논외로 친다.
401) 『禪門證正錄』, (韓佛全10, p.1142上) "綱要說話等何處有以殺人刀

살활관에 대하여 우담은 직접적으로 비판한 점이야말로 초의가 비판한 관점과 다른 차원으로 보인다.

5. 삼구 · 일구의 관계에 대한 비판

백파가 『선문수경』에서 임제의 삼구에 대하여 붙인 설명을 도식화하면 다음과 같다.

제일구	三要	照·用	絶諸待對	三要印開朱點窄 未容擬議主賓分	如形卽影
제이구	三玄	權·實	完成格則	妙喜豈容無著問 漚和爭負截流機	如影卽形
제삼구	新熏三句:제일구· 제이구·본구	淺深	特名三句	看取棚頭弄傀儡 抽牽都來裏有人	本不移易

나아가서 백파는 삼구와 일구의 관계에 대하여 다섯 가지의 점에서 동일하지 않음을 다음과 같이 설명하였다.

① 제삼구는 유·무·중이 삼구이다. 비록 본분일구가 있지만 드러나지 않으므로 … 단지 삼구만 있다. ② 제이구는 삼현이 삼구이고 본분이 일구이다. ③ 권·실·중이 삼구이고, 종문의 향상이 일구이다. ④ 제일구는 삼요가 삼구이고, 향상의 일규가 일구이다. ⑤ 향상의 진공이 일구이고, 묘유의 삼요가 삼구이다. 다섯 가지 가운데 ①은 단지 삼구만 있다. 중간의 ②와 ③과 ④는 앞이 삼구이고 뒤가 일구이다. ⑤는 앞이 일구이고 뒤가 삼구이다.[402]

為第二句者乎 … 又如來初傳分半座 說話旣配殺人刀 … 嘻殺活極喩
壓累於第二句中 又累於單機單用 而昧目後學 不知其然 故今正其殺活
極喩 獨在乎一句中也"
402) 『禪文手鏡』, (韓佛全10, p.521上) "一第三句有無中為三句 雖有本分
　　一句 隱而不現 … 故但有三句也 二第二句三玄為三句 本分為一句也

이에 대하여 우담홍기는 『선문강요집』에 나타난 일우부(一愚夫)의 말을 인용하고, 그 결론으로 "소위 일구는 삼구 이외에 별도로 있는 것이 아니고, 이에 삼구의 체와 무이(無二)로서 하나를 들면 전체가 거두어지기[擧一全收] 때문에 그것을 일구라고 말한다. 소위 심인(心印)에서 삼구를 언급한다는 말을 들어도 아둔한 사람은 삼구의 규모에 막혀서 삼구에 증입하지 못한다. 그러므로 일구를 내세워서 그것을 타파하여 삼구에 들어가도록 해준다. 그 때문에 그것을 가리켜 한 개의 화살로 세 관문을 타파하는 것[一鏃破三關]이라고 말한다. 소위 제이구인 종문향상(宗門向上)의 일구이다. 그러나 만약 그 일구의 규모에 집착하면 곧 삼구에 집착하는 것과 같아서 끝내 증입하지 못한다."403)고 말한다.

이로써 우담홍기는 일구가 삼구보다 깊은 것이 아니고, 또한 일촉파삼관(一鏃破三關)은 오직 제이구인 의리선의 근기에만 활용된 것이라고 말한다. 제일구인 격외선의 근기는 삼요를 들으면 즉 동시삼구(同時三句)와 부동시일구(不同時一句)를 증득하고 융합하여 일미와 같아지기 때문이라는 것이다.

또한 우담홍기는 임제의 사할(四喝)을 도입하여 다음과

三權實中爲三句 宗門向上爲一句也 四第一句三要爲三句 向上一竅爲一句也 五向上眞空爲一句 妙有三要爲三句也 五重中 初一但三句 中三先三句後一句 後一 先一句後三句也"

403) 『禪門證正錄』, (韓佛全10, p.1142下) "一句者非三句外別有也 乃三句體無二 而擧一全收 故謂之一句也 謂聞擧心印上三句 鈍者滯於三句規模 而不能證入三句 故乃立一句而破之 令證入三句 故謂之一鏃破三關也 所謂第二句宗門向上之一句也 若執一句規模 則如執三句 終不證入也"

같이 말한다.

> 삼(三)과 일(一)의 체가 무이(無二)이므로 一은 三 밖
> 에 있지 않고, 또한 (一은) 삼(三)의 뜻보다 깊은 것도
> 아니다. 그 때문에 지금 사할에 의거하여 그것을 설명
> 하자면, 앞의 삼할(金剛王寶劍喝 · 踞地獅子喝 · 探竿影
> 草喝)은 삼구이고, 제사할(一喝不作一喝用喝)은 일구이
> 다.404)

이로써 백파가 삼구와 일구의 차별을 중심으로 설명한
것에 비하여, 우담홍기는 삼구와 일구의 관계를 그 활용도
에 따른 명칭으로 설명하였다. 곧 이근기가 제일구를 깨치
면 동시삼구와 부동시일구가 그 가운데서 자재하여 삼(三)
과 일(一)을 모두 부정하는 것과 모두 긍정하는 것은 소위
살인도와 활인검이다. 그러나 둔근기가 제이구를 깨치면
삼현과 종문향상의 일구가 그 가운데서 자재하여 소위 오
(悟)와 수(修)를 모두 잊고서 일구인 법신을 증득한다. 따
라서 일구의 법신은 삼구를 벗어난 일구가 아니라 이에 삼
(三)과 일(一)을 통합한 일법계신(一法界身)이다. … 제일
구는 무릇 삼요와 삼현이고, 제이구도 무릇 삼요와 삼현이
지만, 권·실(權·實)은 무릇 삼현의 이명(異名)일 뿐이지 삼
현 이외에 별도로 권·실의 삼구가 있는 것은 아니다405)고

---

404) 『禪門證正錄』, (韓佛全10, p.1143上) "三一體無二 而一不在於三外
亦不深於三之義 故今約四喝而明之 前三喝三句也 第四喝一句也"
405) 『禪門證正錄』, (韓佛全10, p.1143中) "利機 則薦取第一句 同時三句
不同時一句 自在其中也 三一雙奪雙具 所謂殺人刀活人劒也 鈍機則薦
取第二句三玄 宗門向上一句 自在其中也 所謂悟修斯亡 證一句法身也
一句法身 非三句外一句 乃統三一之一法界身也 … 第一句則但三要三

말한다.

　더욱이 『선문강요집』 「이현화」의 내용을 인용하면서, 삼현 이외에 권·실을 별도로 두고 제이구에서 양중삼구(兩種三句)406)를 내세워 글과 그림으로 제시하여 사람들에게 믿도록 했던 것에 대하여 비판한다. 따라서 제삼구는 삼구의 체(體)와 명(名)을 별도로 내세운 것이 아니라 다만 제일구·제이구·제삼구를 헤아림으로써 제삼구의 자리에다 삼구로 내세운 것이라고 말한다.

　한편 임제삼구에 대하여 백파가 말한 "아라한은 회신멸지이므로 무구이고, 아귀는 굶주리고 목말라 미쳐서 날뛰므로 유구이며, 부처는 중도를 증득하므로 중구이다. 이에 범부와 성인이 각각 다르기 때문에 격별의 삼구이다. 이것은 바로 하근기가 단지 의리선만 이해한 것이다. 이런 까닭에 삼종선은 모두 삼구에 들어 있다."407)는 대목에 대하여 다음과 같이 비판한다.

句也 第二句則但三要三句也權實但三玄之異名也 非三玄外 別有權實三句也"
406) 임제의 삼구에 대하여 백파긍선은 임제삼구라는 전체적인 의미에서는 蘊摠삼구라는 뜻에서 그것을 本分一句로 간주하고, 그 낱낱의 삼구에 대해서는 다시 本分三句와 新熏三句 및 理·事三句와 權·實三句로 분류한다. 김호귀, 『선리연구』(하얀연꽃. 2015) p.68. 여기에서 말하고 있는 兩種三句는 임제삼구의 설명에 대한 여러 주석서에는 삼구라는 용어가 能量三句, 所量三句, 新熏三句, 分別三句, 有無三句, 蘊摠三句 등 다양한 개념으로 등장하는데, 여기에서 말하는 두 종류의 삼구[兩種三句]란 임제삼구를 총칭하는 온총삼구(本分一句로서 實을 의미함)와 임제삼구 가운데 제삼구에 시설된 신훈삼구(方便을 의미함)의 둘을 가리킨다.
407) 『禪文手鏡』, (韓佛全10, p.516上) "羅漢灰身滅智 故無句 餓鬼飢渴狂走 故有句 佛證中道 故中句 而凡聖各異 故爲隔別三句也 此是下士 但會義理禪 是故三禪 皆在三句中"

어째서 제삼구에다 유(有)·무(無)·중(中)의 격별삼구를
별립(別立)함으로써 가공으로 그것에 대하여 '아귀는
굶주리고 목이 말라 미쳐 달리기 때문에 유수(有句)이
고, 나한은 회신멸지(灰身滅智)하기 때문에 무구(無句)
이며, 부처는 중도를 증득하기 때문에 중구(中句)이다'
고 말하는가. 만약 격별이라는 명칭이 반드시 있어야
한다고 말한다면 곧 제일구는 삼요삼구이고, 제이구는
삼현삼구이며, 제삼구는 삼별삼구(三別三句)이다. 만약
그런즉 임제는 일구(一句)마다 반드시 삼현을 갖추어야
한다고 말하지 않고 응당 일별(一別)마다 반드시 삼현
등을 갖추어야 한다고 말했어야 한다. 그러나 『전등록』
과 『선문염송』의 원록(元錄) 및 『선문강요집』과 『염송
설화』와 같은 해석의 기록 가운데 어디에서 이와 같은
설명이 있는가. 그런 글을 찾아볼 수 없으니, 참으로 의
심스러운 말이다.408)

이것은 임제의 삼구에 대한 『선문강요집』의 백파의 견해
를 『선문강요집』의 원록에 근거하여 우담홍기가 비판을 가
한 것이다. 우담홍기는 본 『선문증정록』 전반에 걸쳐서 자
신이 주장한 경증으로 『염송설화』 및 『선문강요집』에 의거
하고 있음은 이미 앞에서 「총서」에 보이는 말로 언급한 바
가 있다. 그 연장선에서 우담홍기는 이 삼구와 일구의 관

---

408) 『禪門證正錄』, (韓佛全10, p.1144中) "奈何 以第三句中 別立有無中
隔別三句 以架空作之曰 餓鬼則飢渴狂走 故有句 羅漢則灰身滅智故無
句 佛證中道 故中句云乎 若云必有隔別之名 則以第一句 三要三句第二
句 三玄三句 第三句 則三別三句也 若然則臨濟 不曰一句中 須具三玄
應必曰 一別中須具三玄云矣 傳燈拈頌元錄 綱要說話釋錄中 何處有如
此說 不見其文 可訝也"

계에 대하여 말한다.

제일구에는 무릇 동시삼구(同時三句)와 부동시일구(不同時一句)가 있고, 제이구에는 무릇 삼현삼구와 종문향상일구가 있는데, 삼(三)과 일(一)의 체(體)가 무이(無二)이기 때문에 일찍이 『선문강요집』의 「삼성장」, 「이현화」, 「일우설」에서는 단지 삼구만 논하고 일구에 대해서는 전혀 논하지 않았다는 것이다. 또한 그 살인도와 활인검은 오직 제일구에만 있어서 무릇 자취를 없애려는 극유(極喩)이기 때문에 또한 논하지 않았다는 것이다. 또한 제이구의 삼현으로부터 제일구 가운데 부동시일구 및 향상일규는 모두 말후구인데 이미 전수된 법이고, 또 동시삼구 및 부동시일구가 일어나기 이전을 소위 최초구라고 말하는데 그것은 아직 전수된 적이 없었다. 그런데 어찌 말후구인 향상일규가 전수된 적이 없다고 말할 수 있겠느냐는 것이다.409)

이에 우담홍기는 일구를 들면 삼구가 수렴되고, 삼구를 들면 일구가 수렴되며, 최초구를 들면 말후구가 수렴되고, 말후구를 들면 최초구가 수렴되는데, 백파가 삼구와 일구의 관계를 어지럽게 섞어놓음으로써 조리를 상실하고 근본에도 미혹하고 지말에도 미혹하게 만들어 혼란을 초래하였다고 비판한다.

이상의 내용을 정리하자면, 우담홍기는 『선문증정록』에서 백파의 견해에 대하여 총론적인 비판으로 두 가지에 대하여 언급한다.

---

409) 백파는 末後句와 最初句를 분별하였다. 말후구에 대해서는 교화를 위하여 보여준 '天上天下唯我獨尊'과 같은 경우로 간주하였고, 최초구에 대해서는 아예 교화의 자취를 보이지 않고 사람마다 本有한 本分眞如를 直示하는 것으로 간주하였다.

첫째는 달마의 삼처전심 가운데 첫째인 제연단부문답(諸緣斷否問答) 및 여래의 삼처전심 가운데 첫째인 분반좌(分半座) 곧 제일구인 조사선 및 살인도를 가지고 임제삼구 가운데 제이구로 삼았다. 둘째는 백파의 경우에 여래선을 가지고 격외선으로 삼음으로써 곧 여래선으로써 명·의(名·義)를 천착했다는 것이다. 그것이야말로 여래가 증득한 그대로 설법한 것이 아니라 화엄일승교의 선이라고 진단하였다.

이것은 우담홍기 자신이 네 가지 주제에 대하여 비판을 가한 종합적인 결론이기도 하다. 그것은 단순히 백파의 선리를 비판만 한 것이 아니라 기존의 선문헌에 근거한 근본적인 단서에 관심을 보여줌으로써 고려의 『선문강요집』으로부터 시작된 한국선의 선리논쟁에 대한 모범을 제시해주었다는 의의가 있다. 왜냐하면 우담홍기가 보여준 이와 같은 비판의 자세는 이후 전개된 설두유형의 『선원소류』 및 축원진하의 『선문재정록』에서도 그 모습을 찾아볼 수가 있기 때문이다.

백파긍선이 『선문수경』을 통해서 제시한 다양한 선리에 대하여 초의는 삼종선의 분류, 삼종선과 임제삼구의 배대, 선문오종의 배열, 조사선과 여래선의 분별, 격외선과 의리선의 분별, 살인도와 활인검에 대한 분별, 진공과 묘유의 분별 등의 주제에 대하여 비판을 가하였다. 그러나 우담홍기는 백파의 선리에 대하여 비판을 가하면서도 초의와는 전혀 다른 측면에서 비판을 가하였다. 그 주제는 크게 삼처전심과 조사선·여래선의 배대, 조사선여래선 및 의리선·격외선의 분별, 살인도와 활인검의 분별, 삼구와 일구의 관계 등 네 가지에 걸쳐 있다.

우담홍기가 보여준 비판의 방향은 일찍이 초의가 보여주었던 관점에 대한 보완 내지 옹호가 아니었다. 초의와는 달리 기존의 『선문강요집』 및 『염송설화』에 근거하여 소위 삼처전심의 구별에 대한 비판, 여래선·조사선 및 의리선·격외선의 배열에 대한 비판, 살인도와 활인검의 적용에 대한 비판, 삼구와 일구의 관계에 대한 비판 등 네 가지 주제에 대하여 독자적인 안목으로 백파의 견해에 비판을 가함으로써 백파가 주장한 선리의 관점 내지 오류를 드러내는 면모도 있었지만, 보다 넓은 안목으로 보면 선리의 범주를 크게 확장시켜주는 결과를 보여주었다. 이런 점에서 선리논쟁의 의의를 충분히 감안해 볼 수가 있다.

Ⅳ. 설두유형의 옹호와 반박

1200년에 걸친 한국의 선종사에서 가장 특색 있게 전개된 모습 가운데 하나로 선리의 논쟁을 들 수가 있다. 이것은 비록 중국에서 수입된 선리이기는 하지만, 애초에 수입된 모습 그대로 전승된 것이 아니라 그것을 초월하여 한국 선종사에서 새롭게 창출되고 논의되어 전승됨으로써 한국 선의 특징적인 면모를 보여주고 있다. 그에 해당하는 주제가 바로 임제삼구에 대한 논의였다. 이와 같은 모습은 고려시대 임제종이 수입된 이후로 조선시대에 더욱더 임제종풍을 중심으로 전개되어 왔던 점을 감안해본다면 당연한 결과일지도 모른다. 그것은 임제종의 연장선에 놓여 있는 한국선종사의 단면이기도 하다.

이러한 선리논쟁의 연원은 멀리 중국의 만당시대 9세기 중엽에 활동했던 임제의현(臨濟義玄: ?-867)의 법어인 『임제록』의 삼구법문으로부터 비롯되었는데, 이후 임제종 제6대에 해당하는 분양무덕(汾陽無德: 947-1024) 선사의 『분양어록(汾陽語錄)』에 계승되었다. 다시 북송시대에 임제종의 황룡파 제3대에 해당하는 각범혜홍(覺範慧洪: 1071-1128)의 『임제종지(臨濟宗旨)』로 계승되었고, 이후 남송시대에 해당하는 회암지소(晦庵智昭)의 『인천안목(人天眼目)』을 거쳐 고려에 수입되었다.

고려중기 진정천책(眞靜天頙: 1206-1277)의 『선문강요집(禪門綱要集)』에서는 임제삼구의 선리에 대한 본격적인 천착이 전개되었고, 조선시대 초기 구곡각운(龜谷覺雲)의 『염송설화(拈頌說話)』에서 수용되었다. 이후 백파긍선(白

坡亘璇: 1767-1853)의 『선문수경(禪文手鏡)』에서 제시한 여러 가지의 주제와 그에 대한 주장에 대하여 초의의순(艸衣意恂: 1786-1866)의 네 가지 비판, 그리고 초의와는 다른 관점에서 우담홍기(優曇洪基: 1822-1881)가 네 가지 문제에 대하여 백파의 견해를 비판하였다. 이후에 백파의 제5세 법손인 설두유형(雪竇有炯: 1824-1889)은 초의의순이 저술한 『선문사변만어(禪門四辨漫語)』의 견해에 대해서는 8가지 문제에 대하여 반박하였고, 우담홍기가 저술한 『선문증정록(禪門證正錄)』의 견해에 대해서는 네 가지 주제로 반박을 가하였다.

본고는 이와 같은 선리논쟁의 역사에서 설두유형이 『선원소류(禪源遡流)』를 통해서 초의와 우담 두 선사(先師)가 보여준 견해를 반박하고, 나아가서 백파가 제시한 선리가 옳다고 주장하는 관점에 대하여 논의해보고자 한다.

우선 『선원소류』의 구성을 살펴보면 다음과 같다.

여기에서 고찰해보고자 하는 『한국불교전서』 제10책의 수록본인 『선원소류』[410)]는 1889년 저술로 기록되어 있다. 구분되는 단락의 명칭은 따로 붙어 있지 않지만, 편의상 내용에 의거하여 단락을 구분을 지어보면 다음과 같이 총 11단락으로 나누어볼 수가 있다.

	주제	내용
1	여래선과 조사선	선문강요집과 염송설화를 경증으로 설명
2	삼처전심	달마 삼처전심의 항목에 이견을 보임
3	살인도와 활인검	조사선-정전, 여래선-방전. 조사선과 여래선의 우열 인정
4	의리선과 격외선	격외선에 조사선과 여래선 인정. 의리선과 여래선의 분별

---

410) 『韓佛全』 제10책 pp.653中-677下. 光緖十五年 幻翁喚眞述記本(서울大學校 所藏)

5	임제삼구의 변	백파의 견해. 설두 자신의 견해. 초의의 견해에 오류 지적
6	사변만어 비판	8가지로 초의의 견해를 비판
7	선문증정록 비판	우담이 비판한 네 가지 주제를 소개하고 그것을 비판
8	비판의 총결	사변만어와 선문증정록을 병합하여 평가
9	회향	회향게송
10	발문	幻翁喚眞(1889년)
11	시주질	

위의 단락에서 1.부터 5.까지는 백파의 견해를 소개하고
보편적인 개념 및 의미를 설명하는 모습을 보여준다. 6.부
터 8.까지는 본격적인 비판의 글이다. 특히 초의의 견해에
대해서는 소략하게 8가지 주제에 대하여 반박을 가하고,
우담의 견해에 대해서는 네 가지 주제에 대하여 비교적 자
세하고 구체적으로 반박을 가한다. 아울러 초의와 우담의
견해를 불편(不偏) 및 불이(不二)의 중도에 근거해야 할
것을 주장한다. 특히 우담에 대해서는 백파의 후손임에도
불구하고 비판을 가한 것은 의리까지 저버린 것이라고 질
타한다.

여기에서는 이와 같이 백파와 초의와 우담과 설두의 네
명이 저술한 문헌에 근거하여 설두가 비판한 내용을 중심
으로 고찰해보고자 한다. 여기에서 보여준 설두의 견해도
다시 이후 1890년 무렵에 출현한 축원진하(竺源震河:
1861-1926)의 『선문재정록(禪文再正錄)』에서 상기 노숙
들의 견해와 함께 다시 ① 조사선과 여래선, ② 격외선과
의리선, ③『선문증정록(소쇄선정록)』비판, ④『선문수경
』비판, ⑤『선원소류』비판 ⑥ 사가설(四家說)의 계승 등
의 주제에 따라서 각각 비판을 받는다.

1.『선문수경』의 견해 수용

설두유형은 백파의 5대 법손인 만큼 우선 백파의 견해
를 고스란히 수용하는 입장에서 출발한다. 그에 대한 구체
적인 내용은 다섯 가지 주제에 따른 소개, 변론, 옹호 등
의 형식을 취하면서 나름대로 경증을 제시하고 있다.

먼저 조사선과 여래선의 개념에 대하여 "여래의 깨침을
여래선이라고 말하고, 조사가 전한 것을 조사선이라고 말
한다. 이런 까닭에 여래선은 조사선보다 하열하다."411)고
말한다. 이것은 일찍이 백파가 『선문수경』에서 말한 "격외
선에 두 가지가 있다. 첫째는 여래선이다. 중근기의 중생
은 삼현의 방편문에 즉하여 본분인 진여와 향상의 일규를
깨닫는다. 이것 또한 조사문중의 수행법이지만 방편문에서
깨달은 것으로 온 대지가 하나의 금덩어리라는 설은 여래
가 만법을 통괄하여 일심을 해명하는 교적(敎迹)과 온전히
똑같기 때문에 그것을 폄하해서 여래선이라고 말한다. …
둘째는 조사선이다. 상근기의 중생은 삼요의 진실문에 즉
하여 향상의 일규와 진공과 묘유를 깨닫는다. 이것은 바로
조사문중의 행색이기 때문에 그대로 조사선이라고 말한
다."412)는 내용에 근거한 것이었다.

따라서 설두는 여래선에 대한 경증으로는 청허의 『선교
석(禪敎釋)』의 진귀조사설(眞歸祖師說)413)과 『경덕전등록

411) 『禪源溯流』, (韓佛全10, p.653中) "謂如來悟底 名如來禪 祖師傳底
名祖師禪也是故如來禪 劣於祖師禪"
412) 『禪文手鏡』, (韓佛全10, p.519下) "此格外中 又有二種 一如來禪
以中根衆生 即於三玄權門 透得本分及向上也 此亦祖門中事 以其
所悟 盡大地一挺金之說 完同如來統萬法明一心之敎迹 故貶之 曰
如來禪 … 二祖師禪 以上根衆生 即於三要門 透得向上眞空妙有也
正是祖門中行色 故直名祖師禪"

259

』의 "보살이 이월 팔일에 성도하자 인천사라고 불렀다
."414)는 내용을 제시한다. 또한 여래선을 제이구라고 간주
하는 것에 대해서는 『임제록』의 "제이구를 통해서 깨치면
인간과 천상의 스승이 될 만하다."415)는 대목을 제시하고,
그 인천사에 대하여 『선문강요집』의 "때문에 인간과 천상
의 스승이 된다고 말했다."416) 및 『위산어록』에서 앙산혜
적(仰山慧寂: 803-887)이 향엄지한(香嚴智閑: ?-898)의
게송에 대하여 평가한 여래선(如來禪)이라는 말417)을 인
용한다.

한편 조사선에 대한 경증으로는 『임제록』의 "제일구를
통해서 깨치면 조사와 조사의 스승이 될 만하다."418)는 말
을 제시하고, 다음과 같이 말한다.

　　진귀조사와 문수보살은 이와 같이 화현하여 칠불의 조
　　(祖)가 되었다. 이것이 능전(能傳)의 人이고, 설산과 총
　　목방은 전법(傳法)의 처(處)이다. 임오세는 전법의 시
　　(時)이고, 조사심인[祖印]은 곧 소전(所傳)의 법(法)이
　　다. 지금 여기에서는 소전의 법에 의거하면서 능전의

---

413) 『禪教釋』(韓佛全7, p.654下) "世尊在雪山六年　因星悟道　既知是法
　　之未臻極　遊行數十月　歲在壬午　特尋訪于眞歸祖師　始傳得玄極之旨　是
　　乃教外別傳之源也"
414) 『景德傳燈錄』卷1, (大正藏51, p.205中) "故普集經云　菩薩於二月
　　八日明星出時　成佛號天人師" 참조.
415) 『鎭州臨濟慧照禪師語錄』, (大正藏47, p.502上)
416) 『禪門綱要集』, (韓佛全6, p.855上) "是第二句　故云人天爲師"
417) 『潭州潙山靈祐禪師語錄』, (大正藏47, p.580中) "香嚴又成頌云　去
　　年貧未是貧　今年貧始是貧　去年貧猶有卓錐之地　今年貧錐也無　仰
　　山云　如來禪　許師弟會　祖師禪　未夢見在"
418) 『鎭州臨濟慧照禪師語錄』, (大正藏47, p.502上)

인(人)을 겸한 것이다. 그 때문에 조사선이라고 말한
다.419)

그 의미에 대해서는 『선문강요집』에 보이는 일우의 "소
위 '곧장 조불심인(祖佛心印)을 꿰차기' 때문에 조사선이라
고 말한다. 그리고 '곧장 비로향상(毘盧向上)을 밟은' 즉
그것은 본분(本分)을 깨쳤기 때문이다. 그래서 신훈(新熏)
의 불조를 내세워 이하에서 청풍장로까지도 시자로 삼았기
때문에 부처와 조사의 스승이 될 만하다고 말한다."420)는
말을 인용한다.

이로써 보면 설두는 여래선과 조사선이 지니고 있는 뜻
에 대하여 『염송설화』에서 말한 '여래선은 산은 산이고 물
은 물처럼 제법이 그대로 깨침이다. 그러나 조사선은 통째
로 뽑아버려 끝내 코를 잡을 곳도 없다.'는 말로써 변별한
다.421)

1) 삼처전심

설두는 삼처전심에 대하여 모두 교외별전으로서 『화엄소
』를 경증으로 하여 일미선(一味禪)에 해당한다고 전제하

---

419) 『禪源遡流』, (韓佛全10, p.654上) "眞歸祖師 文殊菩薩 如是化現 爲
　　七佛祖師也 此能傳之人 雪山及叢木房 傳法之處 壬午歲 傳法之時 祖
　　印是所傳之法 今約所傳之法 兼能傳之人 故名祖師禪也"
420) 『禪源遡流』, (韓佛全10, p.654中) "謂直佩祖師<佛?>心印 故名祖師
　　禪 徑踏毘盧向上 則是悟本分故 新熏佛祖立下風爲侍者 故云爲佛祖師
　　<祖佛爲師?>"
421) 『禪源遡流』, (韓佛全10, p.654下) "說話云 如來禪者 山山水水 法法
　　全眞也 祖師禪者 和根拔去 了沒巴鼻也"

고, 그것을 『염송설화』에 근거하여 일미선은 무미(無味)의 미(味)라고 말한다.

> 일미란 『화엄소』에서 말한다. '마치 바다가 비록 광활하지만 동일하게 짠맛인 것과 같다. 또 마치 갖가지 약을 한 그릇에 넣어 끓이면 그 맛에 차별이 없는 것과 같기 때문에 일미라고 말한다.' 그러나 여기에서 일미라고 말한 것은 무미의 미이기 때문에 『염송설화』에서 다음과 같이 말한다. ….422)

이 삼처전심에 대하여 설두는 백파가 말한 여래와 달마의 삼처전심에 대하여 각각 다음과 같이 분류한다. 백파의 『선문수경』에 보이는 분류423)는 백파가 인용하고 있듯이 『염송설화』를 경증으로 활용하고 있듯이 그 분류와 동일한 항목을 제시하고 있다.

	여래 삼처전심	달마 삼처전심
제일처	多子塔前分半座	諸緣已斷
제이처	靈山會上拈花示衆	覓心了不可得
제삼처	沙羅樹下槨示雙趺	禮拜得髓

이와 같은 2종의 삼처전심은 이하 『선문증정록』에 대한 비판에서 상호 비교하여 설명하고자 한다. 설두는 여기에서 삼처전심은 조사의 심인인데, 여래의 삼처전심의 경우에 제일처는 다자탑전분반좌이고 살인도에 해당하고, 제이

---

422) 『禪源溯流』, (韓佛全10, p.655上) "一味者 華嚴疏云 如海雖廣 同一
醎味 又如衆藥 煮之一器 其味無別 故云一味 然此云一味者 無味之味
也 故說話云"
423) 『禪文手鏡』, (韓佛全10, p.517) 도표 및 (韓佛全10, p.525中-下) 참
조.

처는 영산회상염회미소이고 활인검에 해당하며, 제삼처는
사라수하곽시쌍부이고 살활제시(殺活齊施)에 해당한다고
말하여, 삼처전심을 살인도와 활인검에 배대한 것은 백파
의 경우를 따른 것이다. 백파는 삼처전심의 제일처 분반좌
는 살인도이고 임제의 제이구라고 하고, 제이처 염화미소
는 활인검이고 임제의 제일구라 하며, 제삼처 곽시쌍부는
살활제시이고 임제의 제일구라고 각각 배대하였다.

  2) 살인도 · 활인검

  설두는 백파의 살인도와 활인의 개념을 수용하여 그것을
근거로 하여 "이로부터 살·활이 나뉘어 전수됨으로써 비로
소 여래선과 조사선 이선의 우열에 대한 변별이 생겨났
다."[424]고 간주하였다. 나아가서 설두는 살·활을 배열하였
다.

격외선	청원행사	살인도	진금포	體	無用의 體	單殺
(조사선 및 여래선)	남악회양	활인검	잡화포	用	無體의 用은 不可	兼殺

  여기에서 설두는 검(劍)과 도(刀)는 우(優)와 열(劣)의
관계이고, 진금포와 잡화포는 단(單)과 겸(兼)의 관계라고
간주하였다. 나아가서 삽삼조사의 경우까지 살·활의 개념으
로 적용하여 삽삼의 경우는 조사(祖師)이고 이후는 선사
(禪師)로 분별한다.

  이상 삼십삼조는 살·활로 전심(傳心)하였는데, 마치 병

---

424)『禪源溯流』, (韓佛全10, p.658中) "自此分傳殺活 始有二禪優劣之辨
   矣"

의 물을 다른 병에 붓는 것과 같이 제종의 조사가 되었기 때문에 조사라고 말한다. 육조 이하에서 남악은 활인검을 얻었고, 청원은 살인도를 얻어서 제종이 각립하였다. 그래서 저 남악의 문인은 청원으로 조사를 삼지 않았고, 청원의 문인은 남악을 조사로 삼지 않았다. 그때문에 선사(禪師)라고 말한다.425)

그리고 설두는 이러한 의미의 살·활이 나뉘어 전승된 것을 『단경』에서 찾는다. 곧 남악 -활인검 - 조사선 - 정전(正傳)으로 간주하고, 청원 - 살인도 - 여래선 - 방전(傍傳)으로 간주하여 그로부터 여래선과 조사선 등 이선의 우열이 시작되었다고 한다. 곧 살·활이 나뉘어 전승되었다는 것은 『단경』에서 말한다. 가령 회양과 혜능의 문답에서 무수무증(無修無證)에 해당하는 '수행과 깨침이 없는 것은 아니지만 곧 오염되지 않을 뿐입니다.'426)는 대목에 대해서는 몰파비(沒巴鼻)로서 활인검인 조사선을 얻은 것이라고 말하고, 청원과 혜능의 문답에서 불락계급(不落階級)에 해당하는 '성제(聖諦)도 또한 수행한 적이 없는데 어찌 계급인들 있겠습니까.'427)는 어떤 법도 식정(識情)에 해당하는 것이 없기 때문에 살인도인 여래선을 얻은 것이라고 말한다.

425) 『禪源溯流』, (韓佛全10, p.657中) "上三十三祖 殺活傳心 如瓶注瓶 爲諸宗之祖 故名爲祖師 六祖以下 南嶽得活人劒 清源<靑原?>得殺人刀 諸宗角立 如南岳門人 不以清源<靑原?>爲祖 清源<靑原?>門人 不以南岳爲祖 故名爲禪師也"
426) 『六祖大師法寶壇經』, (大正藏48, p.357中)
427) 『六祖大師法寶壇經』, (大正藏48, p.357中)

3) 의리선 · 격외선

일찍이 백파는 법(法)에 의거하면 격외선 및 의리선이고, 인(人)에 의거하며 여래선 및 조사선이라고 말했다. 설두는 이에 대하여 '이종선이 아니라 인과 법에 의거해 차이가 있다는 것일 뿐이다. 왜냐하면 의리선이 여래선이기 때문이다.'428)고 간주하고, 『염송설화』 및 『대혜어록』을 경증으로 설명하면서 이로(理路)를 통한 것으로 중생을 위한 것을 의리선이라고 말하므로 이런 점에서 여래선과 아득히 다르다고 보았다. 따라서 인에 의거하면 여래선과 조사선이고, 법에 의거하면 의리선과 격외선이지만, 이 격외선 가운데에 여래선과 조사선을 들어 있다고 말한 것은 백파의 경우와 마찬가지이다.

그런데 설두는 여기에서 특별히 의리선을 여래선과 동일하게 취급하기도 하는데, 그 경우의 여래선이란 조사선과 여래선의 여리선이 아니라 『선문염송』 도솔화(兜率話)의 경우처럼 특수한 경우에 언급하는 것에 불과하고 일반적으로는 분명히 의리선은 여래선이 아니라고 강조한다. 곧 의리선은 격내이고 여래선과 조사선은 격외이다. 그래서 단지 의리가 교외(敎外)의 의미로 활용되는 경우에 국한하여 그것이 여래선 및 조사선과 동일한 의미를 지닌다는 것이다.

또 여래선 운운 하는 것은 예로부터 소위 人에 의거한 것으로 여래선과 조사선이었는데, 이 또한 격외선 가운

---

428) 『禪源溯流』, (韓佛全10, p.658下)

데다 여래선과 조사선을 남겨두고 있다. 그런데 만약 의리선을 여래선으로 삼는다면 그 의리선은 지금 활용하고 있는 여래선은 아닐 것이다. 곧 도솔화의 경우처럼 깨침의 주체와 교화의 객체[證化]가 모두 없는데 (그 의리선이) 어찌 여래선이 아니겠는가. 또한 『염송』의 제사(諸師)는 대부분이 (그 의리선을) 법마다 온전히 깨침이라는 뜻으로 해명한다. 그 때문에 알아야 한다. 곧 의리선은 여래선이 아님은 분명하다.429)

이것은 교외의 설명 대하여 발교명종(撥敎明宗)인가 즉교명종(卽敎明宗)인가에 따른 것이었다. 교를 초월하여 종지를 해명하는 경우는 격외선의 의미를 지닌 의리선에 속하지만 교에 득하여 종지를 해명하는 경우에는 일반적인 의리선의 의미라는 것이다.

이들 의리선에 의거하여 선의 오파(五派)와 삼종(三宗)을 분류한다. 경증으로서 『인천안목』, 『선가귀감』, 『선문오종강요』 등에 의거하여 오파의 경우는 청원행사 문하의 조동종, 남악회양 문하의 임제종, 마조도일의 방전으로 운문종, 백장회해의 방전으로 위앙종, 설봉의존의 방전으로 법안종을 말한다. 다시 삼종에 대해서는 방출로 간주하여 우두종(空宗)과 북종(相宗)과 하택종(性宗)이 모두 오파선으로 흘러갔다는 것이다.430) 때문에 삼종과 오파는 모두 의

---

429) 『禪源遡流』, (韓佛全10, pp.658下-659上) "且如來禪云云者 古所謂 約人名如來禪祖師禪也 此亦格外禪中 有如來禪祖師禪也 若以義理禪爲 如來禪 義理禪非今所用如來禪 則如兜率話 證化斯亡 豈非如來禪耶 又 拈頌諸師 多明法法全員之義 故知 義理禪非如來禪明矣"
430) 『禪源遡流』, (韓佛全10, pp.658下-659上)

리선에 해당할 뿐이라고 말한다. 그러면서도 설두유형은 한편으로 오파를 격외의 이선 곧 여래선과 조사선에도 배대가 가능하다고 말한다. 곧 법안종은 여래선의 실구(實句)이고, 위앙종은 체·용의 해명으로서 권실(權實)의 삼구(三句)이며, 조동종은 종문의 향상을 해명한 까닭에 이상은 여래선이다. 그리고 운문종은 대용직절을 해명하고, 임제종은 기·용 및 삼요(三要)를 해명하는데 이들은 조사선이라는 것이다. 여기에서 남악의 문하이면서도 위앙종과 운문종이 여래선에 배대된 까닭에 대하여 '조사선에 대기(살)와 대용(활)이기 때문에 위앙종과 법안종은 대기를 터득하여 살인도를 해명했는데 그것은 여래선의 종지이다.431) 이하에서 설두유형은 다시 임제삼구에 대하여 전적으로 백파의 『선문수경』에 비추어 설명을 가하고 있다. 그럼으로써 이하부터 초의와 우담이 백파에 가한 비판에 대하여 백파를 옹호하고 반박하는 근거를 마련해두고 있다.

2. 초의의순의 『사변만어』에 대한 비판

설두는 『사변만어』 및 『선문증정록』에 드러난 초의 및 우담의 견해를 본격적으로 비판하는 서두에서 "어떤 한가로운 장로들이 서술한 말을 기록해서 마침내 몇 가지 조항의 설명으로 판별하였지만, 그것은 아마 어목(魚目)이 아닐까 한다."432)는 말로 출발한다. 그리고 "때문에 이제 그 『어(語)』[사변만어]에 대하여 설(說)하고 그 『록(錄)』[소

---

431) 『禪源遡流』, (韓佛全10, p.660中-下)
432) 『禪源遡流』, (韓佛全10, p.667下) "有箇閒長老 述成語與錄 逐條說 又辨 或恐認魚目"

쇄선정록]에 대하여 변(辨)해보겠다. 그래서 '사변만어설' (설이란 저 병산(屛山) 이순보(李純甫)의 『명도집설(鳴道集說)』의 경우와 같다) 및 '소쇄선정록변'이라는 명칭을 붙였다. 이것은 전문(全門)에 대한 되풀이[쬅]가 아니다. 그것은 눈 밝은 사람[通人]이 상고[攷]하는 차례를 기다려 [第竢]야 할 것이다. 먼저 올바른 뜻[正義]에 대하여 풀이하겠다."433)고 말한다.

설두는 선지(禪旨)와 선전(禪詮)을 구별한다. 그리고 선전에 대하여 사해(邪解)를 타파하겠다고 벼르면서 8가지 주제에 대하여 조목조목 따져간다. 그 형식은 삼단으로 구성되어 있다. 우선 초의가 『선문수경』에 드러난 백파의 말을 인용한 대목을 제시한다. 그리고 그에 대하여 초의가 비판한 내용을 제시한다. 마지막으로 설두가 자신의 견해를 피력하여 초의의 비판에 대한 재반박한다. 이와 같은 여덟 가지 주제에 대하여 소개하면 다음과 같다.

① 첫째는 조사선에 대한 초의의 견해에 대한 반박이다.

『사변만어』에서 말한다. '산은 산이고 물은 물이며, 부처도 있고 조사도 있다. 무릇 이상은 조사문에만 있는 언구이므로 조사선이라 말한다.(이상은 『선문수경』의 말을 언급한 것이다) 그런즉 조사선은 본래 언구로써 명칭을 얻은 것이다.(초의가 비난한 말이다.)'434)

---

433) 『禪源遡流』, (韓佛全10, p.667下) "故今說其語 辨其錄 名曰四辨漫語說(說者如屛 山李純甫鳴道集說) 掃灑先庭錄辨 不是全門之쬅 第竢 通人之攷 先釋正義"
434) 『禪門四辨漫語』, (韓佛全10, p.821中)

비판[說]한다. 이것은 선전(禪詮)에 의거한 것이다. 『염송설화』에서 또한 말한 '만약 제상을 진상이 아니라고 본다면 곧 여래를 보지 못한다.'는 것은 곧 조사선이다. 그러나 이것은 언구로써 명칭을 삼은 것이 아니다. 감히 묻건대 존사(尊師)께서 무엇으로써 조사선을 삼았는가. … 만약 그것이 선지(禪旨)일 것 같으면 명(名)을 떠나고 상(相)을 단절해야 하는데, 그 누가 감히 명을 내세우겠는가.435)

② 둘째는 여래선에 대한 것이다.

『사변만어』에서 말한다. '여래선은 모든 법이 그대로 진실한 言이고, 또한 이것도 조사문중의 事로서 여래가 설한 만법을 통괄하여 일심을 해명한다는 말[敎迹]과 완전히 동일하다. 그럼에도 불구하고 그것을 폄하하여 여래선이라 말한다.(백파의 말을 든 것이다) 예로부터 오늘에 이르기까지 누가 감히 여래를 깎아내려 그와 같은 명칭을 붙였던가.'436)(비난한 말이다)

비판[說]한다. 이것은 곧 호로(虎老:虎巖)의 말이다. 의미로 말하자면 삽삼조사는 살·활로 전수하였는데 한 사람이 한 사람에게 전수하였는데 마치 물병이 물을 다른 물병에다 붓는 것과 같다. 그 때문에 살·활이 모두 곧 조사문중의 사(事)로서 여래선과 조사선의 이선(二禪)

---

435) 『禪源遡流』, (韓佛全10, p.669上-中) "語云 山是山 水是水 佛也安 祖也安之說 是祖門中所有言句 故名曰祖師禪(擧禪文手鏡) 然則祖師禪 本以言句得名耶(彼難) 說曰此依禪詮也 說話亦云 若見諸相非相 即不 見如來云者 是祖師禪 此非以言句爲名耶 敢問尊師以何爲祖師禪耶 … 若其禪旨 離名絕相 孰敢立名"

436) 『禪門四辨漫語』, (韓佛全10, p.821中)

에 우열의 변별은 없다. 남악과 청원에 이르러 살·활로 나뉘어 전수되었기 때문에 비로소 여래선과 조사선이라는 이선의 명칭이 성립되었다. 살은 곧 여래의 깨침이기 때문에 여래선이라고 말한다.[437]

곧 백파가 말한 여래선이란 여래를 깎아내려 폄하한 용어가 아니라는 것이다.

③ 셋째는 삼처전심과 이선(二禪)의 배대로서 초의가 구곡의 말을 백파의 주장으로 오해했다는 것이다.

『사변만어』에서 말한다. '여래선으로 (조사선과 함께) 격외선을 삼아 분반좌에 배대하여 그것을 구곡의 뜻이라고 말했다.(『선문수경』의 말을 든 것이다) 구곡의 말에 분반좌로써 여래선이라 지칭한 것이 있던가.(비난한 말이다)'[438]
비판[說]한다. 구곡은 세존의 삼처전심을 해석하여 살인도와 활인검을 전수한 것이라고 말한다. 그리고 혜가의 삼처전심을 해석하여 여래선과 조사선을 터득한 것이라고 말한다. … 세존의 제일 곧 살인도의 전심은 곧 혜가의 제일 곧 여래선을 터득한 것에 해당한다. 그런

---

437) 『禪源遡流』, (韓佛全10, p.669中) "語云 如來禪法法全眞之言 亦是祖門中事 完同如來統萬法明一心之敎迹 故貶之云如來禪(擧) 從古以來孰敢貶之如來以立此名耶(難) 說曰此是虎老之言 意謂卅三祖師殺活傳心 人傳一人 如瓶注瓶 故殺活皆是祖門中事也 無有二禪優劣之辨矣 至南嶽淸源<靑原?> 分傳殺活 故始立二禪之名 以殺是如來悟底 故名爲如來禪"
438) 『禪門四辨漫語』, (韓佛全10, p.821下)

즉 살로써 여래선을 삼는 것인데 어찌 구곡의 뜻이 아
니겠는가. 여래선이 이미 곧 살인도인데 즉 가히 그것
을 격외라고 말하지 못하겠는가. 이런 경지에 도달해서
잘 살펴보라. 참으로 낯가죽이 두텁구나.439)

구곡의 말을 백파의 말로 오해한 것인데, 알고보면 구곡
의 말도 옳다는 것이다.

④ 넷째는 권(權)에 즉(卽)하여 실(實)을 설명하는 것은
격외선이 아니라는 것에 대한 반박이다.

『사변만어』에서 말한다. '여래선은 격외선이다. 그것은
제이구로서 권에 즉하여 실을 설명한다.(『선문수경』의
말을 든 것이다) 대저 권에 즉하여 실을 설명한다는 것
은 삼현(三玄)이라는 창과 갑옷을 시설하여 편의에 따
라 수단으로 삼고 모든 말을 아끼면서 격칙을 완성한다
는 것이다. 이것을 격외라고 말할 수 있는가.(비난한 말
이다)'440)
비판[說]한다. … 의미로 말하자면 깨치는 것은 곧 실이
고, 깨친 이후에 삼현이라는 방편[창과 갑옷]을 시설한
것은 인간과 천상을 위한 것인데 이것은 권이다. 이미

---

439) 『禪源遡流』, (韓佛全10, p.669中) "語云以如來禪 爲格外禪 配之分
座 謂之龜谷義(擧) 龜谷說中 有以分座 指爲如來禪之言乎(難) 說曰龜
谷釋世尊三處傳心云 傳殺人刀活人劒 釋慧可三處傳心云 得如來禪祖師
禪 佛祖傳心 … 世尊第一殺人刀傳心 是慧可第一得如來禪也 然則以殺
爲如來禪 豈非龜谷義耶 如來禪旣是殺人刀 則可不謂之格外耶 到此着
眼看 面皮厚三尺"
440) 『禪門四辨漫語』, (韓佛全10, p.821下)

말한 '권을 보여주고 실을 드러낸다'는 것에서 '권을 보여줄 때'는 삼현이라는 방편[창과 갑옷]을 시설하는 것이기 때문에 격을 완성하는 것이다. 그런즉 '실을 드러낼 때'는 권이 아니거늘 어찌 격외가 아니겠는가. 저 『법화경』에서는 그것을 '권에 득하여 실을 해명한다'고 말한다. 그렇다면 『법화경』은 곧 권인가 실인가.441)

⑤ 다섯째는 임제의 제삼구야말로 의리선이라는 것이다.

『사변만어』에서 말한다. '또 (임제삼구에서) 제삼구에는 단지 신(新)만 있고 본(本)이 없다는 뜻으로써 멋대로 그것을 판단하여 의리선을 삼았다.(『선문수경』의 말을 든 것이다) (백파는) 일우설(一愚說)에 의하여 기준을 삼았다고 말했지만, 일우설에 일찍이 의리선이라는 명칭이 있었던가.(비난한 말이다)'442)

비판[說]한다. … 그런즉 제삼구야말로 어찌 이로(理路)를 초월해서 들어간 것이 아니겠는가. 대개 삼구로써 삼선을 삼은 것이 곧 임제의 본의(本意)였다. 그 때문에 일우는 그것을 배대하여 단지 제이구인 형체[現]만 여래선에 배대하였다. 그리고 제일구와 제삼구로는 각각 영상[影]과 형체[現]를 드러내려는 까닭에 조사선과 의리선에 대하여 언

---

441) 『禪源遡流』, (韓佛全10, p.669下) "語云以如來禪爲格外禪 又云是第二句 即權明實(擧) 夫即權明實者 施設三玄戈甲 隨宜下手 言言堪愛 完成格則 是可謂之格外乎(難) 說曰 … 意謂薦得底 是實也 薦得後 施設三玄戈甲 爲人天師底 是權也 旣云示權現實 示權之時 施設三玄戈甲 故完成格則 現實之時 不是權也 豈非格外耶 如法華謂之即權明實 法華 是權耶 實耶"

442) 『禪門四辨漫語』, (韓佛全10, p.821下)

급하지 않았다. 글의 근본[體]을 해석해보면 그것을 수용
할 수 있을 것이다. 범학(泛學)들의 경우에 사자는 사람을
물어뜯지만, 똥개는 흙덩어리를 쫓아간다는 이치를 어찌
알겠는가.443)

⑥ 여섯째는 살과 활에 대한 것이다.

『사변만어』에서 말한다. '분좌의 살은 단지 살만 있고
활이 없다. 염화의 활은 활이 살을 겸한다.(『선문수경』
의 말을 든 것이다) … 만일 (세존께서) 분좌에 참으
로 살만 있다면 곧 세존도 뛰어난 솜씨가 없는 것이고,
청원이 오로지 살만 전하고 활을 몰랐다면 곧 청원도
또한 뛰어난 솜씨가 없다는 것이 된다.'444)(비난한 말
이다)
비판[說]한다. 대개 기와 용의 경우에 기와 용은 서로
의지[資]한다. … 그러나 살과 활은 곧 그렇지 않다. …
비유하면 사람의 경우에 전신(全身)은 체이고, 동용(動
用)은 용인 것과 같다. 만약 전신이 무사한처(無事閒
處)에 있은 즉 그것은 곧 체 뿐이지만, 기(起)·래(來)·동
(動)·용(用)은 즉 그것은 용이다. 그리하여 체에 의거하
여 용을 일으키기 때문에 반드시 체를 겸한다. 그런데
도 『사변만어』에서는 손과 발은 곧 용이고 온몸은 곧

443) 『禪源遡流』, (韓佛全10, pp.669下-670上)"語云以第三句 但新無本
之義 獨判爲義理禪 言依一愚爲準(擧) 一愚說中 曾有義理禪之名字乎
(難) 說曰 … 然則第三句 豈非涉理路爲入底耶 蓋以三句爲三禪 是臨濟
之本意 故一愚配之 但第二句現 配如來禪 第一句第三句 欲爲影現故
不言祖師禪義理 釋文之體容爾也 泛學安知獅子咬人 韓獹逐塊"
444) 『禪門四辨漫語』, (韓佛全10, p.821上)

체라고 말한다. … 엉겁결에 웃음만 나올 뿐이다.445)

⑦ 일곱째는 선종오가를 조사선 및 여래선에 배대한 것
이다.

『사변만어』에서 말한다. '임제종·운문종의 이종은 조사
선에 배대하고, 조동종 · 위앙종 · 법안종의 삼종은 여래
선에 배대한다.446)(『선문수경』의 말을 든 것이다) 이것
은 단지 인천안목 1권만 읽고서 오종의 우열을 잘못 판
별함으로써 이처럼 도치되었으니 황당무계의 극치이
다.447)
비판[說]한다. … 무릇 살로써 도달한 것인즉 살인데 그
가운데 활이 갖추어져 있기 때문에 제종에서 간혹 조사
선을 드러낸 것이라고 염롱한다. 그러나 그것은 (조사
선의) 종지가 아니다. (조사선의) 종지를 말하자면 그
밖의 법[餘法]을 모르는 것은 아니지만 무릇 일법으로
써만 종지를 삼는다. 그 때문에 조동종이 향상을 해명
하고, 위앙종은 체와 용을 해명하며, 법안종은 유심을
해명한 것은 모두 그 종지가 여래선이다.448)

---

445) 『禪源遡流』, (韓佛全10, p.670上-中) "語云分座之殺 單殺無活 拈花
之活 活兼於殺(擧) … 若分座 果是單殺 是世尊非好手也 淸源<靑原?>
但傳殺而不知活 則淸源<靑原?>亦非好手(難) 說曰 盖機用 機用相資
… 殺活則不然 … 譬如人之全身 體也 動用 用也 若全身無事閒處 則
是單體也 起來動用則是用 而依體起用 故必兼體也 語云手足是用 全身
是體 … 不覺發一笑"
446) 『禪門四辨漫語』, (韓佛全10, pp.823下-824上)
447) 『禪門四辨漫語』, (韓佛全10, p.824中)
448) 『禪源遡流』, (韓佛全10, pp.670下-671上) "語云以臨濟雲門二宗 配
祖師禪 以曹洞潙仰法眼三宗 配如來禪(擧) 此但看人天眼目一書 妄判

⑧ 여덟째는 진공과 묘유에 대한 것이다.

『사변만어』에서 말한다. '일심의 체에 본래 불변과 수연의 두 가지 뜻이 갖추어져 있다. 일심의 불변은 곧 명(名)을 벗어나 있고 상(相)을 단절해 있어서 남김없이 소탕하기 때문에 진공이라고 말한다. 일심의 수연은 곧 만법을 건립하고 천변만화하기 때문에 묘유라고 말한다.(『선문수경』의 말을 든 것이다) … 오호라. 가능한 말인가. …(비난한 말이다)
비판[說]한다. … 노사[백파긍선]가 어찌 단공(斷空)과 완유(頑有)를 진공과 묘유로 간주했겠는가. 노사[백파긍선]는 일심의 수연이 곧 만법을 건립한다고 말한다. 이미 진심의 수연이 만유가 된 즉 만법은 곧 그대로 진심이기 때문에 묘유가 된다.449)

이들 여덟 가지 주제에 대한 비판은 초의가 『사변만어』에서 네 가지 주제에 의하여 비판한 것보다 광범위에 걸친 재반박이다. 곧 초의는 구체적으로 첫째는 조사선과 여래선의 유래에 대한 백파의 견해를 비판하였고, 둘째는 격외

五宗之優劣 如此倒置無稽之甚 …(難) 說曰 … 盖以殺到底 則殺中具活 故諸宗或弄現祖師禪也 然非其所宗也 言宗者 非不知餘法 但以一法爲宗也 故曹洞宗明向上 僞<潙?>仰宗明體用 法眼宗明惟心 皆宗如來禪也"
449)『禪源遡流』,(韓佛全10, p.671上−中)"語云一心體上 本具不變隨緣二義 心不變則離名絕相 掃蕩無餘 故名曰眞空 心隨緣則建立萬法 千變萬化 故名曰妙有(擧) … 烏乎可哉 …(難)
說曰 … 老師豈以斷空頑有 爲眞空妙有耶 老師云 心隨緣則建立萬法 旣眞心隨緣爲萬法 則萬法即是眞心 故爲妙有也"

선과 의리선의 유래에 대한 백파의 견해를 비판하였으며, 셋째는 살과 활의 적용에 대한 백파의 견해를 비판하였고, 넷째는 진공과 묘유에 대한 백파의 견해를 비판하였으며, 기타 삼처전심을 임제삼구에 배대하는 문제 및 삼종선을 선종오가에 배대하는 문제 등에 대해서도 그 견해를 비판하였다.

그러나 설두는 여기에서 『원각경』, 『오가해설의』, 『인천안목』, 『선문오종강요』 등 여러 선문헌을 인용하여 그 경증으로 삼으면서, 정작 초의의 반박에 대하여 필요한 몇 가지 대목을 선별하여 백파의 견해를 옹호하고 재반박하고 있다는 한계가 노출되어 있음도 사실이다.

	선원소류에서 비판한 주제	사변만어에서 비판한 주제
①	조사선	二禪來義辨
②	여래선	
③	삼처전심과 이선의 배대	선문오종의 배대
④	卽權明實은 격외선이 아님	格外義理辨
⑤	임제 제삼구는 의리선	
⑥	살과 활	殺活辨
⑦	선종오가의 배대	선문오종의 배대
⑧	진공과 묘유	眞空妙有辨

3. 우담홍기의 『선문증정록』에 대한 반박

1) 달마 삼처전심의 견해에 대한 반박

『선문증정록』에서 우담은 초의의 견해를 옹호하는 입장이 아니라 서로 다른 관점에서 백파의 견해를 비판한다. 그 주제는 삼처전심의 구별에 대한 비판, 여래선·조사선 및 의리선·격외선의 배대에 대한 비판, 살인도와 활인검의 적용에 대한 비판, 삼구와 일구의 관계에 대한 비판 등 네 가지 주제로 한정되어 있다. 설두는 우담의 삼처전심에 대하여 비판한다. 여래의 삼처전심이 아닌 달마의 삼처전심에 대한 비판이다. 우담은 달마의 삼처전심의 설정에서 제일은 멱심부득(覓心不得)으로 살인도이고, 제이는 삼배득수(三拜得髓)로 활인검이며, 제삼은 웅이유리(熊耳留履)로 살활제시라고 말한다.450) 이에 대하여 설두는 특히 제삼 웅이유리에 대하여 "가섭은 시부(示趺)하는 곳에서 삼배의 예배를 드리고 자기의 깨침을 드러내보였지만, 혜가는 유리(留履)의 처소에서 깨침을 드러내보였던 흔적이 없는데 어떻게 득법을 했겠는가. 이것은 정법안장을 받는 것이 불가능하다."451)라고 말한다. 그리고 이것이야말로 종전부터 전래된 통담(通談)이라고 말한다. 만약 유리(留履)로써 제삼의 전심을 삼는다면 단지 그것은 일척리(一隻履)일 뿐인데 어찌 그것을 살활제시(殺活齊施)라고 말할 수 있겠느냐는 것이다. 이하에서 『염송설화』 및 『서장』 등의 경증을 들어서 비판한다.

선원소류			선문수경		선문증정록		
					여래삼처전심	달마삼처전심	
제일처전심	諸緣已斷	여래선	여래선	다자탑전분반좌	分半座	제일구·조사선·격외선	覓心了不可得
제이처전심	覓心不得	조사선	조사선	염화시중	擧拈花		三拜得髓
제삼처전심	三拜得髓	여래선·조사선		곽시쌍부	擲示雙趺		熊耳留履手携隻履

2) 의리선·격외선 및 여래선·조사선에 대한 견해 반박

백파가 말한 인(人)에 의거하면 여래선과 조사선이라는

450)『禪門證正錄』, (韓佛全10, pp.1237中−1238中)
451)『禪源遡流』, (韓佛全10, p.671下) "迦葉於示趺處 三拜作禮 呈己所悟 而慧可於留履處 無呈悟之跡 何謂之得法耶"

말에 대하여 설두는 『염송설화』 및 『선문강요집』을 경증으로 제시하고 다음과 같이 말한다.

무릇 여래가 깨친 것을 여래선이라고 말하고, 조사가 전수한 것을 조사선이라고 말한다. 이것은 능오(能悟)하고 능전(能傳)하는 인(人)에 의거하여 내세운 명칭이다. 이로써 그것을 전수하여 제33세 남악회양은 활인검의 조사선을 얻었고, 청원행사는 살인도의 여래선을 얻었으며, 하택신회는 본원불성(本源佛性)이라고 한다는 말을 함으로써 의리선이 되었다. 그런데 이 의리선에 상대하여 살·활의 이선에도 또한 격외선이라는 명칭이 붙기 때문에 격외라는 명칭을 얻었다. … 때문에 알아야 한다. 은밀한 전수한 마음을 받으면 이로(理路)와 어로(語路)가 없는데 곧 이것을 격외선이라고 말한다. 그러나 만약 지해를 남겨두면 이로와 어로가 있는데 곧 이것을 의리선이라고 말한다. 이것은 의리(義理)가 있고 의리(義理)가 없음에 의거한 것으로써 내세운 명칭이다. … 이상의 격외선 가운데에는 다시 여래선·조사선의 이선의 부동(不同)이 있다. 이것은 능오 및 능전의 인에 의거하여 내세운 명칭이다. 그 때문에 『염송설화』「서문」에서 말한 '자, 말해 보라. 여래선과 조사선은 그 동·별이 어떤가. 운운'의 대목은 예로부터 소위 인에 의거하여 여래선·조사선이라고 말한 것을 가리킨다. 그런즉 합쳐서 삼선으로 삼은 것이지, 이종선이라고 말하지 않았다.452)

---

452) 『禪源遡流』, (韓佛全10, pp.673下-674上) "盖如來悟底 名如來禪

　　여기에서 백파가 삼종선으로 삼은 것에 대하여 설두는
法에 의한 의리선과 격외선이 있고, 이 격외선 가운데 여
래선과 조사선이 있으므로 결국 의리선·여래선·조사선
의 삼종선이라고 말한다. 일찍이 우담홍기는 삼종선 자체
에 대해서는 부정하지 않지만, 그 의미에 대해서는 백파의
견해를 비판한다. 우담홍기의 삼종선에 대한 견해는 다음
과 같다.

　　조사선은 삼처전심 모두가 교외별전이고 격외선이라고
말한다.453) 소위 조사선은 세존이 증득한 것도 아직 진극
(臻極)이 아님을 스스로 알고서 진귀조사를 심방하여 비로
소 제일구인 몰파비(沒巴鼻)의 심인을 깨친 것이다. 이것
은 세존이 진귀조사에게 터득한 것이기 때문에 조사선이라
고 말한다. 이것은 뿌리까지 제거하여 몰파비인 제일구를
요달해서 영원히 상서를 드러냈고, 땅이 진동한 의리의 흔
적을 벗어났으며, 또한 경교의 밖으로 벗어난 까닭에 격외
선이라고 한다.454)

祖師傳底 名祖師禪 此約能悟能傳之人 立名也 以此傳之 三十三世南岳
得活人劒祖師禪 淸源<靑原?>得殺人刀如來禪 荷澤喚作本源佛性 爲義
理禪也 然對此義理禪上 殺活二禪 亦得名爲格外禪也 所以得格外之名
者 … 故知密傳心受 沒理路語路 則名爲格外禪 若存知解 有理路語路
則名爲義理禪 此約沒義理有義理 以立名也 … 上格外禪中 又有如來祖
師二禪之不同 此約能悟能傳之人 以立名也 故說話云 且道 如來禪祖師
禪 同別如何云云者 古所謂約人名 如來禪祖師禪也 然則合爲三禪 非謂
二種禪"

453)『禪門證正錄』, (韓佛全10, p.1138中) "夫敎外別傳 但有三處 而上第
　　一段已知三傳 總屬於第一句祖師禪之格外"

454)『禪門證正錄』, (韓佛全10, p.1138下) "所謂祖師禪者 世尊自知所證
　　猶未臻極 尋訪眞歸祖師 始證第一句了沒巴鼻之心印 此是世尊 得之於
　　眞歸祖師 故曰祖師禪也 此和根拔去 了沒巴鼻之第一句 永脫現瑞動地

그리고 소위 여래선은 여래가 정각산(正覺山)에서 명성을 보고 제이구를 증득한 것이다. 증득한 그대로『화엄경』등을 설하자, 먼저 상서가 나타나고 땅이 진동한 것은 제이구를 직접 보여준 것이다. 이근(利根)은 돈증(頓證)했지만 둔근(鈍根)은 망조(罔措)했기 때문에 부득이하게 묘음(妙音) 및 선자(善字)로 설법을 드러냄으로써 경교가 성립되었다. 그러나 상서를 보이고 땅을 진동시킨 본의는 제이구의 선을 직접 보여서 중생으로 하여금 오(悟)와 수(修)를 모두 잊고 제일구인 법신의 의미를 깨우쳐주려는 것이었다. 이것은 여래가 자증한 선이기 때문에 여래선이라고 말한다.455) 그리고 그 형태가 상서를 드러내고 땅을 진동시킨다는 의리 및 경교의 짐적(朕迹)이기 때문에 또한 의리선이라고 말한다.456)

이에 우담홍기는 삼처전심은 모두 제일구인 조사선의 심인에 속하여 격외로 별전된 종지이고, 제이구인 여래선은 여래가 증득하고 설법한 교내의 의리이며, 의리선은 교내의 언교에 빠져 교중의 여래선을 증득하지 못한 것이라고 말한다.

이에 대하여 설두는 임제의 삼구와 결부시켜서 말한다. 곧 백장과 황벽이 대기와 대용을 터득한 것은 제일구로서

義理之迹 亦能出於經敎之外 故亦名格外禪也"
455)『禪門證正錄』, (韓佛全10, p.1138中-下)"所謂如來禪者 如來於正覺山前 見明星 而證得第二句 如證而說華嚴等經 而初現瑞動地 直示第二句 利根頓證 鈍根罔措 故不得已 現說於妙音善字之中以成經敎 然其實本意 現瑞動地 直示第二句之禪 使衆生 悟修斯<俱?>亡 欲證一句法身之意也 此是如來自證之禪 故曰如來禪也"
456)『禪門證正錄』, (韓佛全10, p.1138下)"此是如來自證之禪 故曰如來禪也 猶形於現瑞動地之義理 經敎之朕迹 故亦名義理禪也"

오직 살[單活] 뿐이다. 세존의 삼처전심은 살·활에 즉해 있은 즉 제일구에 살과 활이 갖추어져 있다. 향엄지한과 앙산혜적의 여래선과 조사선에 대한 문답은 제이구로 여래선을 삼는데 여래선은 곧 살이다. 여래가 목보리수(木菩提樹) 밑에서 응열신(劣應身)을 드러내어 폐후의(弊垢衣)를 걸치고 49년 동안 수기설법하였다는 『선문강요집』의 내용은 제삼구이다. 이로써 제이구와 제삼구는 교내(敎內)이고 제일구는 교외(敎外)라는 것이다.457)

여래의 공안에서는 이미 삼처전심으로 제일구를 삼았기 때문에, 이후 화엄을 설한 것으로써 제이구를 삼았고 삼승을 설한 것으로써 제삼구를 삼았다. 이것은 교학의 근기[敎機]를 이끌어 선으로 들어가도록 하기 위함이었을 뿐이다. 그러나 달마의 공안에서는 조사선의 活로써 제일구를 삼았고, 여래선의 살로써 제이구를 삼았으며, 의리선으로써 제삼구를 삼았다. 이것은 선문의 올바른 뜻[正義]이다. 그리하여 설두는 여래와 달마의 삼처전심에 대한 양중공안은 뒤섞어 활용해서는 안 된다고 말한다.

3) 살인도 · 활인검의 견해에 대한 반박

우담홍기는 직접적으로 백파의 살활관에 대하여 두 가지 점에서 비판을 가하고 있다.

첫째는 우담홍기가 말하는 살과 활은 기본적으로 삼처전심이 모두 제일구에 포함된다는 것에 비하여 백파는 삼처전심 가운데 염화미소를 제이구로 간주한다는 점이다. 그

457) 『禪源遡流』, (韓佛全10, pp.674下-675上)

리고 우담홍기는 삼구와 일구를 모두 갖추고 있는 경우를 활인검이라고 말하고, 삼구와 일구를 모두 갖추지 못한 경우를 살인도라고 말한다.458) 그러나 백파는 위의 도표에서 보듯이 제일처전심의 분반좌에 대해서는 그것을 제일구로 간주하여 활인검이라고 말하고, 제이처전심의 염화미소에 대해서는 그것을 제이구로 간주하여 살인도라고 말한다.

살과 활의 문제를 체와 용의 문제와 결부시켜서 우담홍기는 삼처전심은 모두 제일구이고 조사선이기 때문에 살인도와 활인검이 모두 그 속에 갖추어져 있다고 말한 것에 근거해서 한 말이다. 곧 세존의 분반좌는 살인도이고 염화미소는 활인검인데 이것이 가섭을 거쳐 혜능에 이르기까지는 한 사람에게만 전승되었다. 그러나 혜능 이후에는 청원행사에게는 살인도가 전승되었고, 남악회양에게는 활인검이 전승되었다. 그런데 살·활은 모두 제일구에서 뜻[義]을 둘로 나누어 전승한 것일 뿐 본체[體]는 곧 하나이다.459)

둘째는 우담은 살과 활에 대하여 제일구에서 동시삼구(同時三句)와 부동시일구(不同時一句)를 모두 얻을 수 없는 경우를 살이라 말하고, 동시삼구와 부동시일구를 모두 얻을 수 있는 경우를 活이라 말한다. 그런즉 대기로써 살을 삼고 대용으로써 활을 삼는다는 백파의 견해는 옳지 않다고 말한다.

이 점에 대하여 우담홍기는 『염송설화』에 근거하여 "염송설화에서는 기·용의 이치도 있고, 혹 살·활도 있다. 그리

---

458) 『禪門證正錄』, (韓佛全10, p.1140中) "夫殺人刀活人劍者 … 不分獨在第一句中 三不得謂之殺人刀三得謂之活人劍也"

459) 『禪門證正錄』, (韓佛全10, p.1141中) "然殺活皆第一句上 義分兩傳而體則一"

고 기·용에는 단지 활 뿐이지만, 살·활의 체는 둘이 아니라 그저 편의에 따라서 그렇게 언급한 것이다."[460]고 말한다.

4) 삼구 · 일구의 견해에 대한 반박

백파는 삼구와 일구의 관계에 대하여 다섯 가지의 점에서 동일하지 않음을 말한다.[461] 우담은 이에 대하여 일구가 삼구보다 깊은 것이 아니고, 또한 일촉파삼관(一鏃破三關)은 오직 제이구인 의리선의 근기에만 활용된 것이라고 말한다. 제일구인 격외선의 근기는 삼요를 들으면 즉 동시삼구와 부동시일구를 증득하고 융합하여 일미와 같아지기 때문이라는 것이다. 그리고 우담홍기는 삼구와 일구의 관계를 그 활용도에 따른 명칭으로 설명하였다. 곧 이근기가 제일구를 깨치면 동시삼구와 부동시일구가 그 가운데서 자재하여 三과 一을 모두 부정하는 것과 모두 긍정하는 것은 소위 살인도와 활인검이다. 그러나 둔근기가 제이구를 깨치면 삼현과 종문향상의 일구가 그 가운데서 자재하여 소위 오와 수를 모두 잊고서 일구인 법신을 증득한다. 따라서 일구의 법신은 삼구를 벗어난 일구가 아니라 이에 삼(三)과 일(一)을 통합한 일법계신(一法界身)이다. … 제일구는 무릇 삼요와 삼현이고, 제이구도 무릇 삼요와 삼현이지만, 권·실은 무릇 삼현의 이명(異名)일 뿐이지 삼현 이외에 별도로 권·실의 삼구가 있는 것은 아니다[462]고 말한다.

---

460) 『禪門證正錄』, (韓佛全10, p.1141下) "說話中有機用處 或有殺活然機用但活 而殺活体無二故 因便擧之"
461) 『禪文手鏡』, (韓佛全10, p.521上)
462) 『禪門證正錄』, (韓佛全10, p.1143中) "利機 則薦取第一句 同時三句

이에 대하여 설두는 『선문강요집』 청풍장로와 일우의 말을 인용하면서 다음과 같이 말한다.

체·용은 곧 제이구의 삼현이므로 句가 아니면 체·용이라는 말도 없었을 것이다. 그 때문에 구(句) 가운데 현(玄)을 갖추고 있다고 말한 것이다. 또한 이 체·용·중을 제일구를 향해서 활용한 즉 모든 대대(對待)를 단절하기 때문에 현(玄)을 전(轉)하여 요(要)라고 말했는데, 그 현(玄) 가운데는 요가 갖추어져 있다. 그렇지만 구·현·요의 셋[三者]은 본래 이역(移易)이 없은 즉 현·요를 나누어 제일구와 제이구의 양구에 배속해도 그 뜻은 서로 어긋나지 않는다. 그런즉 글[文]이 대단히 쉽게 이해되는데, 어째서 체·용·중을 삼구의 본명으로 삼는 것인가.463)

그런데도 우담은 『선문증정록』에서 모든 대대(待對)가 단절되어 있기 때문에 현(玄)을 전(轉)하여 요(要)라고 말한다는 것이다. 설두는 절제대대(絶諸待對)라는 말은 비록 동일하지만 그 뜻은 다름에도 불구하고 『선문증정록』에서는 절제대대를 일구로 삼아서 삼구와 일구는 곧 선문에 본

不同時一句 自在其中也 三一雙奪雙具 所謂殺人刀活人劍也 鈍機則薦
取第二句三玄 宗門向上一句 自在其中也 所謂悟修斯亡 證一句法身也
一句法身 非三句外一句 乃統三一之一法界身也 … 第一句則但三要三
句也 第二句則但三要三句也權實但三玄之異名也 非三玄外 別有權實三
句也"
463) 『禪源遡流』, (韓佛全10, p.676中) "體用是第二句三玄 而非句無以
言體用 故云句中具玄也 又此體用中 向第一句用得 則絶諸待對 故轉玄
名要 此玄中具要也 然三者 本不移易 則以玄要 分屬第一第二兩句 其
義不相乖戾也 然則文甚易曉 何以體用中爲三句之本名耳"

유한 문채라고 말하느냐는 것이다. 설두는 삼구와 일구는 그 용에 즉하여 결정되는 것으로 체에 말미암을 것이 아니라는 것이다.

　이상의 내용을 정리하자면, 설두는 백파의 견해에 전반적으로 동조하여 그 견해를 수용하고 있다. 본 『선원소류』는 전체적으로 백파의 견해를 옹호하는 부분과 그 비판에 대한 반박 등 두 부분으로 나누어져 있다. 나아가서 반박에 대해서도 초의와 우담의 문헌에 보이는 비판을 반박함으로써 궁극적으로 백파의 견해를 정착시키려고 하였다.

　그 바탕에서 초의가 비판한 견해에 대하여 조사선, 여래선, 삼처전심과 이선의 배대, 즉권명실(即權明實)은 격외선이 아님, 임제 제삼구는 의리선, 살과 활, 선종오가의 배대, 진공과 묘유 등 8가지 주제에 걸쳐 반박을 가하였다. 설두는 또한 우담이 백파의 견해에 가한 네 가지 주제의 비판 곧 삼처전심의 구별에 대한 비판, 여래선·조사선 및 의리선·격외선의 배대에 대한 비판, 살인도와 활인검의 적용에 대한 비판, 삼구와 일구의 관계에 대한 비판 등에 대해서 반박하였다.

　이처럼 설두가 반박한 이면에는 우선 경증으로 제시한 『염송설화』 및 『선문강요집』을 근거로 하고 있지만, 제불보살이 남겨둔 경론 및 제선지식이 서술한 구게를 널리 살펴보면서도 문구에 얽매이지 않고 문구를 활용하여 구경에 불편(不偏)·불이(不二)의 중도로 돌아가야 한다는 자세를 지니고 있었다. 그 때문에 설두는 마지막까지 초의와 우담에 대하여 "지금 『사변만어』 및 『소쇄선정록』은 모두 안목이 땅에 떨어져 방우(方隅)도 정하지 못하고 입처(立

處)가 없는 곳에 서 있고 함부로 떠드는 언설을 따르고 있으니, 그것으로 실지(實地) 및 의천(義天)에 대하여 어떻게 행해야 견해가 분명해지겠는가. 『사변만어』는 뜻은 비록 두찬일지라도 글은 현란하게 빛나서 사람들이 좋아하고 있으며, 소위 소쇄선정록은 뜻이 모두 낱낱이 영락(零落)하고 글도 또한 모두 갈등에 빠져 있어서 그 글과 뜻을 취할 것이 없고 득과 실에 대하여 살펴볼 것도 없다."464)고 질타하고 있다. 심지어 설두는 초의의순과 우담홍기에 대하여 "두 사람은 소위 사문(斯文)의 난적(亂賊)이고 불가(佛家)의 역손(逆孫)이다."465)고까지 말한다.

그러나 설두의 이와 같은 반박도 이후 축원진하의 『선문재정록』에서는 설두가 내세운 양중의 살·활이 비판받고, 살·활을 가지고 여래선과 조사선의 이선에 배대한 것도 비판받으며, 제이구는 권에 즉하여 실을 해명하는[卽權明實] 것 그리고 제일구에 있는 사조용(四照用)에서 그 조용부동시(照用不同時)를 버리고 단지 조용동시(照用同時)만 취하여 한편으로는 살을 내세우고 한편으로는 활을 내세우고 있는 점에 대해서 마찬가지로 비판을 받는다.

이러한 점을 감안해본다면 초의와 우담이 초백파(超白坡)의 견해를 지니고 비판을 가한 점에 비하여 설두는 즉백파(卽白坡)의 견해를 지니고 그것을 충실하게 계승하려 후손이었다. 그 때문에 설두는 특히 우담에 대하여 백파 -

---

464) 『禪源遡流』, (韓佛全10, pp.676上-677下) "今四辨漫語 掃灑先庭錄 皆眼沒着落 莫定方隅 脚無立處 隨言走殺 其於實地義天 如何行 得見了然 四辨漫語 義雖杜撰 文則炫燿 令人愛玩 而所謂掃灑先庭錄 義皆十零百落 文亦七藤八葛 不可取其文義 無足覈其得失"

465) 『禪源遡流』, (韓佛全10, p.677下) "二子可謂斯文之亂賊 佛家逆孫"

침명으로 계승되는 법손임에도 불구하고 '선사(先師)가 시
설한 것에 작은 흠만 있어도 그것을 척파한 까닭에 모름지
기 예악(禮樂)으로 보자면 스스로 자기의 덕을 존숭하지
못하여 선현을 하시(下視)한 것이다.'고 하여 의리(義理)를
저버린 사람으로까지 몰아댔다. 이와 같은 설두의 관점이
바로 『선원소류』를 저술하게 했던 근원이었던 것으로 보인
다.

Ⅴ. 축원진하의 비판과 수렴

『선문재정록(禪文再正錄)』의 저자인 축원진하(竺源震河: 1861-1926)의 속성은 서(徐)씨로서 속리산 법주사에 주석하였다. 석주상운(石舟常運)에게 출가하였고, 벽암서호(蘗庵西灝)에게서 구족계를 받았으며, 대응탄종(大應坦鍾) 등에게서 교학과 선을 공부하였다. 진하는 『선문재정록』을 저술하여 한국선종사에서 고려시대 천책의 『선문강요집』으로부터 이후 조선 말기에 이르기까지 걸쳐 전개되어왔던 선리의 쟁점에 대하여 나름대로 종합적인 견해를 피력하였다. 따라서 일방적으로 한쪽의 견해를 수용만 한 것도 아니었고 또한 반박만 한 것도 아니었다. 각각 수용과 비판을 통하여 기존의 사가설(四家說)에 대한 비판적인 계승을 겨냥하였다.

기존에 몇몇 한국선종과 관련하여 선리논쟁에 대한 연구가 있었지만 『선문재정록』을 주제로 연구한 논문은 아직까지 보이지 않고 있다. 따라서 기존의 선리논쟁에 대한 미완성의 성격을 지니고 있는 까닭에 이전의 선리논쟁 텍스트가 일부분씩은 거의 언급되어 있는 점도 본 텍스트가 지니고 있는 종합적인 성격이다.

우선 백파긍선의 『선문수경』을 비롯하여 우담홍기의 『선문증정록』, 설두유형의 『선원소류』의 순서로 선리에 대한 기존의 쟁론에 대하여 종합적으로 비판하였다. 그러나 단순한 비판으로 그치지 않고 그 비판을 통하여 발전적인 방향을 언급함으로써 선리논쟁의 종지부를 겨냥하였지만, 결국은 딱히 어느 한 방향으로 결론을 내리지 못하고 전체적

인 쟁론에 대한 부분긍정과 부분부정을 수용함으로써 궁극
에는 미완성의 완성으로 끝나버렸다. 축원진하가 『선문재
정록』에서 보여준 이와 같은 비판 내지 수용의 시말을 살
펴보고 나아가서 그 성격이 무엇이었는가를 고찰해보고자
한다.

1. 조사선 · 여래선 분류에 대한 백파의 견해 비판

축원진하는 임제삼구[466]와 관련하여 고려 진정천책의 『
선문강요집』에 연원을 두고 있는 선리논쟁의 관점에 대하
여 『선문재정록』을 저술하여 나름대로 종합하고 궁극의 방
향을 제시하였다. 거기에는 기존의 여러 쟁점들에 대한 선
사(先師)들의 비판과 수용의 면모를 보여주고 있다. 『선문
재정록』의 내용 구성은 다음과 같다.

비판의 대상	비판의 주제	비판의 내용
백파긍선	조사선과 여래선	조사선·여래선과 삼종선의 배대
백파긍선·설두유형	격외선과 의리선	격외선·의리선의 기준
우담홍기	이종선	조사선·여래선과 격외선·의리선의 배대
백파긍선	삼처전심	여래선·조사선과 삼처전심의 배대
설두유형	살·활	살활과 여래선·조사선의 배대
백파초의·우담설두	사가의 종합	사가설의 비판적 계승

우선 축원진하는 조선 후기에 선리논쟁을 촉발시킨 도화
선이었던 백파긍선의 『선문수경』에 제시된 내용을 언급하
고 있다. 일찍부터 의리선과 격외선은 법(法)에 의거한 명

---

466) 臨濟三句는 본 선리논쟁의 연원이 되는 내용으로서 『臨濟錄』(大正
藏47, p.497上)의 第一句·第二句·第三句 대목과 眞佛·眞法·眞道(大正
藏47, pp.501下-502上)의 대목이 이에 해당한다.

칭이고, 여래선과 조사선은 인(人)에 의거한 명칭이었는
데, 이렇게 양중으로 내세운 것에는 제설에 동이점이 있다
고 전제한다. 진하는 이에 근거하여 백파가 삼종선으로 분
류한 견해를 비판한다.

　백파노인은 전체적으로 그러한 설이 잘못된 것이라고
　보아 양중을 개(開)·합(合)함으로써 특별히 자기의 견해
　를 펼쳐서 '곧 선에 삼종이 있다. 첫째는 조사선이고,
　둘째는 여래선인데, 이들을 합쳐서 격외선이라고 말한
　다. 셋째는 의리선이다.'고 말하였다.[467]

　이에 대하여 백파는 『임제록』의 삼구를 가지고 기준을
삼아 차례대로 삼종선에 배대하였다. 그러나 진하는 예로
부터 양중으로 내세운 명칭에서 인(人)에 의거한 것은 그
것을 합(合)한 것이었고 법(法)에 의거한 것은 그것을 개
(開)한 것으로 백파가 말한 격외선은 이에 여래선과 조사
선의 법인데, 그것이 어떤 사람의 법인지 그 뜻과 이치[義
理]가 자세하지 않다고 비판한다. 가령 범부의 법인지 아
니면 성현의 법인지 알 수가 없다는 것이다. 따라서 진하
는

　만약 人에 의거하지 않고 공연히 어떤 법을 의리선으로
　삼는다면 도리어 각각 인과 법을 개(開)하여 사종선(四
　種禪)으로 삼는 것만 못하다. 어찌 일법(一法:격외선)·

---

467)『禪文再正錄』(韓佛全11, p.868上) "坡老總非之開合兩重　特申己見
　　云　禪有三種　一祖師禪　二如來禪　合名格外禪　三義理禪　將臨濟三句　爲
　　準繩而如次配於三禪"

이인(二人:여래선과 조사선)이라고 하여 인과 법이 다
르다[人法不齊]는 실수를 범하는 것인가.468)

이에 대한 경증으로서 진하는 임제삼구를 해석한 『선문
강요집』 청풍장로의 말을 제시하여 비판한다.

구(句)는 언구(言句)의 구로서 구의 설명에는 차별이
있지만, 현(玄)은 유현(幽玄)의 현으로서 현은 변별할
수가 없으며, 요(要)는 생요(省要)의 요로서 요에는 다
(多)가 없습니다. 현(玄)과 요(要)는 구(句)에 있고,
<제삼구> 권(權)과 실(實)은 현(玄)에 있으며,<제이
구> 조(照)와 용(用)은 요(要)에 있다.<제일구> 이처
럼 각각 해당하는 바가 있어서 결코 흐리멍덩하지 않
다.469)

그런 연후에 진하는 자기의 견해를 다음과 같이 피력한
다.

대저 의리와 격외에는 모두 (여래선과 조사선의) 이선
이 갖추어져 있다. 의리와 격외는 곧 능구(能具)의 선
(禪)이고, 여래와 조사는 곧 소구(所具)의 선이다. 능구
는 허위(虛位)인데 무릇 제시해주는 스승[能示師] 및
깨침을 여는 제자[能悟資]의 입장으로부터 내세운 명칭
이고, 소구는 곧 제시해주는 스승 및 깨침을 얻는 제자

---

468) 『禪文再正錄』 (韓佛全11, p.868上) "若無約人 而空立一法爲義理禪
反不如各開人法 爲四種禪也 胡乃一法二人 有人法不齊之失耶"
469) 『禪門綱要集』, (韓佛全6, p.851中)

의 법체상(法體上)에 나아가서 내세운 명칭이다. 그러므로 시설된 여래선과 조사선을 가지고 곧 격외선과 의리선이라고 지목할 수는 없다.470)

곧 영리한 납자의 경우에는 언적(言迹)으로 말하지 않고 혹 몰도리(沒道理)의 일구를 내려주거나 혹 양구(良久)·방(棒)·할(喝)과 같은 부류로써 그것을 들어서 제시해주더라도 곧장 이해하지만, 어리석은 납자는 선지식이 노파심으로 현(玄)을 설해주고 要를 말해주면서 그 뜻을 곡진하게 해주더라도 명상(名相)과 의리(義理)와 전지(詮旨)의 흔적이 남아있어서 계합하지 못한다. 따라서 소오(所悟)의 법체에서는 여래선과 조사선을 의리선과 격외선이라고 차등을 둘 하등의 이유가 없다고 말한다. 거기에 차이가 있는 까닭은 종전부터 교화하는 입장에서 내세운 명칭일 뿐으로 사구와 활구는 명칭은 달라도 뜻은 동일하다고 말한다. 그럼에도 불구하고 백파가 인과 법에 따라서 도식적으로 각각 이종선으로 분류한 것은 차라리 사종선으로 분류한 것만 못하다는 것이다.

2. 격외선·의리선의 분류에 대한 백파와 설두의 견해 비판

백파에 의하면 여래선과 조사선의 명칭에 대하여 상근기를 상대하자면 낱낱의 언구라도 끝내 몰파비(沒巴鼻)로서

---

470)『禪文再正錄』(韓佛全11, p.868中) "請陳管見 夫義理格外中 皆具二禪 義理格外 是能具 如來祖師 是所具之禪 能具虛位 而但從能示師能悟資邊立名 所具卽就所示師所悟資法體上立名 不可所將具 卽目能具"

영원히 금시(今時)와 본분(本分)의 두각을 벗어나 있는 까
닭에 조사선이라고 말했고, 또한 조사문중의 사(事)로서
모든 법이 온전히 진실이라는 말은 여래가 설한 만법일심
(萬法一心)이라는 말과 완전히 동일하기 때문에 그것을 폄
하하여 여래선이라고 말했다. 이것은 단지 이선의 법체가
부동(不同)이라는 측면만 변별한 것이었지 인(人)에 의거
하여 내세운 명칭의 본의(本意)에 대해서는 분명한 말이
없었다. 그럼에도 불구하고 이와 같은 백파의 견해를 옹호
한 설두유형은 보다 구체적으로 비유를 들어서 말했다.

> 말하자면 여래의 깨침을 여래선이라고 말하고, 조사가
> 전한 것을 조사선이라고 말한다. 이런 까닭에 여래선은
> 조사선보다 하열하다.471)

곧 여래가 깨친 법이기 때문에, 그리고 2월 8일 밤에 견
성오도(見星悟道)했기 때문에 여래선이라고 말했고, 나아
가서 여래가 오도한 이후에 진귀조사를 심방하여 전수받은
법이기 때문에 조사선이라고 말했다. 그러나 이에 대하여
진하는 다음과 같이 비판한다.

> 이 설두[雪老]는 곧 이선을 변별함에 있어서 그것이 유
> 래한 연원에 대해서는 백파를 초월한[超師] 견해가 있
> 는데, 여래는 단독으로 석가에만 해당시키고, 조사는 다
> 만 진귀에만 해당시켰다. 그 법은 삼세의 불(佛)·조(祖)

---

471) 『禪源遡流』, (韓佛全10, p.653中) "謂如來悟底 名如來禪 祖師傳底
名祖師禪也是故如來禪 劣於祖師禪"

에 통용되는 선이 아니다. (그러나 설두는) 어리석은 사람이었기에 이선의 명칭이 처음에 언제부터 시작되었는지도 몰랐다.472)

이것은 백파와 설두를 싸잡아서 비판한 것으로 "이선의 경우 백파는 법으로써 명칭한 사람[人]이 아니라 사람[人]에 의거하여 내세운 명칭이라는 증좌가 아니겠는가."473)라고 말한다. 한편 백파의 설명으로는 사람[人]이 법보다 뛰어나다고 했음에 비하여, 설두의 견해에 대해서는 다음과 같이 말한다.

어리석은 사람(설두)의 설명에서는 곧 법이 사람[人]보다 뛰어나다.<선(禪)으로 작불하고 작조하기 때문이다. 주(主:法)에 의지하느냐[依主]냐 사람에 의지하느냐[依士]의 두 가지 해석에 차이가 있다> 만약 삼종근기에 배대하자면 비록 격외 가운데서도 깨침에 두각이 있으면 곧 여래선으로 중근기이고, 지해라는 장애마저 또한 없은 즉 곧 조사선으로 상근기이다. 의리선 가운데에도 비록 여래와 조사라는 법체가 있기는 하지만 죄다 정식(情識)의 오(悟)·수(修)이기 때문에 모두 하근기이다.474)

---

472) 『禪文再正錄』, (韓佛全11, p.869上) "此老則卞得二禪 所從之淵源 有超師之見 而以如來 獨當釋迦 祖師但爲眞歸 此法非三世佛祖通用之 禪也 愚則未知二禪之名 始自何時"

473) 『禪文再正錄』, (韓佛全11, p.869上) "此非以法名人約人立名之有證 處乎"

474) 『禪文再正錄』, (韓佛全11, p.869上) "愚則法勝於人也 <禪能作佛作 祖故也 依主依士 二禪之有異> 若配三根 雖格外中 悟有頭角者 是如

백파의 설명에 의하면 삼선 가운데 여래선과 조사선의
이선은 교외별전으로서 교외와 격외에 차별이 없다. 그러
나 설두는 대체적으로 백파의 견해를 옹호하는 입장이었지
만, 백파의 법손이면서도 교외와 격외의 동·별을 변별하여
말했다. 곧 교외와 격외는 혹 같기[同]도 하고 다르기[異]
도 하다고 말한다. 곧 같다[同]는 것은 여래와 조사의 이
선은 원래 그대로 교외이고, 의리선도 또한 교외라고 하
여, 『조문간정록(祖門刊正錄)』의 말을 빌려서 "심법은 문
자로써 의의(擬議)할 수 있는 것이 아니다. 그 때문에 교
외라고 말한다."475)고 주장하였다. 그리고 설두는 여래선
과 조사선의 이선에만 유독 격외라는 명칭을 붙였다.

이처럼 격외선과 의리선을 조사선과 여래선에 차별적으
로 나누어 배대한 설두의 견해에 대하여 진하는 의리선의
경우에 의리(義理)의 지해에 불과할지라도 가히 의리를 가
지고도 그것을 활용하는 측면에 따라서 여래선과 조사선으
로 배대가 가능하다는 증거를 들었다. 곧 반드시 교외별전
의 선이어야만 조사선을 충족한다는 설두의 주장을 정면으
로 비판하였다.

또한 설두는 "이사무애를 설하는 것이 곧 여래의 깨침이
고, 사사무애를 설하는 것이 곧 조사가 전승한 종지임을
알아야 한다."476)고 말하여 『화엄경』 속의 이사무애법계를

來禪中根也 解等亦亡 則是祖師禪上根也 義理禪中 雖有如來祖師之法
體 皆情識上悟修故 捻爲下根也"
475) 『禪門寶藏錄』 卷上, (韓佛全6, p.471上) "以是法 非文字所可擬議
故曰敎外" 참조.
476) 『禪源遡流』, (韓佛全10, p.654下) "故知說理事無碍 是如來悟底 說
事事無礙 是祖師傳底也"

가지고 여래선에 배대하고, 사사무애법계를 가지고 조사선
에 배대하고 있다. 이에 대하여 진하는 "만약 그렇다면 화
엄경에는 이선이 모두 갖추어져 있어서 화엄경이 그대로
교외인데 어찌 영산염화에 이르러 그것을 분기하여 별전의
표준을 삼는단 말인가."477)라고 반박한다. 설두의 주장은
『선문강요집(禪門綱要集)』의 설명에도 크게 어긋나는 것이
라고 말한다. 곧 진하는 『선문강요집』의 「일우설」에서는
"여래가 적멸도량에 머물며 비로소 정각을 성취하니 천장
(千丈)의 노사나신(盧舍那身)과 사십일위법신대사(四十一
位法身大士) 및 숙세에 근기가 성숙한 천룡팔부가 일시에
위요하여 마치 구름이 달을 가린 것과 같은 모습을 드러냈
는데, 이것이 제이구입니다."478)고 하여 여래가 설한 화엄
시를 임제의 제이구에 배대하였고, 또한 「이현화」에서도
제이구에 대하여 "제이구에서 그것을 변별하자면 이성(理
性)은 무변(無邊)하고 사상(事相)은 무외(無外)임을 보고
정지각(正知覺)을 갖추게 된다. 따라서 임제는 소위 제이
구에서 깨친다면 인간과 천상의 스승이 되는 사람이라는
것이다."479)는 것으로 경증을 삼았다.

따라서 진하에 의하면 오직 조사선만이 교외에 해당한다
는 것이다. 비록 여래선의 경우도 또한 격외라는 명칭이
가능하지만, 그 또한 아직은 교적(敎迹)을 벗어나지 못한

---

477) 『禪文再正錄』, (韓佛全11, p.869下) "若爾 花嚴皆具二禪 華嚴便是
敎外 何至靈山拈花 枝而爲別傳之標準也"
478) 『禪門綱要集』, (韓佛全6, p.855上) "如來在寂滅場中 初成正覺 現千
丈盧舍那身 四十一位法身大士 及宿世根熟 天龍八部 一時圍繞 如雲籠
月 是第二句"
479) 『禪門綱要集』, (韓佛全6, p.852上) "見理性無邊 事相無外 具正知覺
此所謂第二句薦得 與人天爲師者也"

다는 것이다. 왜냐하면 교(敎)에는 삼중(三重)의 심천(淺
深)이 있기 때문인데, 첫째는 설명하는[能詮] 문자이고,
둘째는 문내(文內)에서 설명되는[所詮] 의리의 뜻이며, 셋
째는 망언절려(亡言絶慮)의 뜻이기 때문이다. 곧 여래선의
경우는 능(能)과 소(所)가 모두 없지만 언(言)과 사(思)가
모두 단절된 소식에 불과하기 때문이다. 진하는 그에 대한
경증으로서 『염송설화』에서 말한 "만약 교외별전이라면 삼
구가 없어졌다는 것도 불가하다."[480]고 말하고, 순덕선사
는 "그 일미법계의 흔적마저도 없애버려야 또한 조사들이
보여준 일심이 드러난다."[481]는 것으로 언급하였다.

3. 우담의 이종선의 배대에 대한 비판

백파긍선이 『선문수경』에서 제시한 다양한 선리에 대하
여 우담홍기는 백파의 선리에 대하여 비판을 가하면서도
초의와는 전혀 다른 측면에서 독립적으로 비판을 가하였
다. 그 주제는 크게 삼처전심과 조사선·여래선의 배대, 조
사선·여래선 및 의리선·격외선의 분별, 살인도와 활인검의
분별, 삼구와 일구의 관계 등 네 가지에 걸쳐 있다. 이 점
은 초의가 삼종선의 분류, 삼종선과 임제삼구의 배대, 선
문오종의 배열, 조사선과 여래선의 분별, 격외선과 의리선
의 분별, 살인도와 활인검에 대한 분별, 진공과 묘유의 분
별 등의 주제에 대하여 비판을 가한 것과 대단히 다른 측

---

480) 『禪門拈頌拈頌說話會本』 卷2, (韓佛全5, p.50下) "若是敎外別傳 三
   句斯亡尙猶不可"
481) 『禪門寶藏錄』 卷上, (韓佛全6, p.471中) "拂此一味法界之跡 方現祖
   師所示一心 故知諸敎不直"

면에서 비판했음을 보여주고 있다.482)

진하는 그와 같은 우담홍기의 『선문증정록』의 내용에 대해서는 직접적으로 비판하기보다는 매우 완곡하게 진하 자신의 견해와 다른 점을 지적하는 정도에 그치고 있다. 그 관점은 정(定)과 혜(慧)의 의미에 대한 것이었다. 진하는 "우리의 보조국사는 『정혜결사문(定慧結社文)』을 집성하여 그것으로써 정과 혜를 닦았음[學]을 알 수가 있거늘, 오직 거기에 의리선만 있었겠는가."483)라는 관점에서 설령 의리선이라고 할지라도 그것은 의리선 속의 여래선이라고 말한다.

정·혜에 대한 이와 같은 관점에서 우담홍기의 "『염송설화』의 「서문」에서는 '선은 갖추어 말하면 선나인데, 번역하면 사유수이고 또한 정려이다. 이것은 모두 정·혜의 통칭이다.'고 말했다. 이것은 법(法)에 의거하여 의리선이라고 말한 것으로, 단지 명(名)을 드러낸 것이지 의(義)를 해석한 것은 아니다. 이렇게 보자면 곧 교외별전은 일미선이다. 이것도 법에 의거하여 격외선이라고 말한 것으로, 단지 명을 드러낸 것일 뿐이지 의를 해석한 것은 아니다."484)는

---

482) 우담홍기가 보여준 비판의 방향은 일찍이 초의가 보여주었던 관점에 대한 보완 내지 옹호가 아니었다. 초의와는 달리 기존의 『선문강요집』 및 『염송설화』에 근거하여 네 가지 주제에 대하여 독자적인 안목으로 백파의 견해에 비판을 가함으로써 백파가 주장한 선리의 관점 내지 오류를 드러내는 면모도 있었지만, 더욱 넓은 안목으로 보면 선리의 범주를 크게 확장시켜주는 결과를 보여주었다.

483) 『禪文再正錄』, (韓佛全11, p.870下) "我國普照國師 集定慧結社文 是知定慧之學 奚獨爲義理禪也"故我國普照國師 集定慧結社文 是知定慧之學 奚獨爲義理禪也

484) 『禪門證正錄』, (韓佛全10, p.1140上-中) "說話序云 禪者具云禪那 此云思唯修 亦云靜慮 斯皆定慧之通稱也 此約法名義理禪但票名不釋義也 當此看 則敎外別傳一味禪也 此約法名格外禪 但票名不釋義也"『禪

주장에 대해서는 옛날의 총림에서 말한바 法에 의거하여
의리선과 격외선이라고 말했음을 설명하고 있다.

또한 우담의 "삼승과 일승은 가르침이 비록 얕고 깊음의
차이가 있지만 모두 정·혜를 닦아 증입한 것이기 때문에
그것을 의리선이라고 말한다. 이에 대하여『선문염송(禪門
拈頌)』을 살펴보면 곧 오직 제일구인 교외별전의 일미선만
主인데, 깊음은 반드시 얕음을 갖추고 있기 때문에 또한
제이구인 의리선도 있다."485)는 주장에 대해서는 옛날의
총림에서 말한 바 人에 의거하여 여래선과 조사선이라고
말했음을 설명하고 있다. 진하는 이처럼 우담의 주장에 대
해서는 완곡하게 다음과 같은 말로 결론을 짓는다.

다만 법에 의거하고 인에 의거하여 내세운 명(名)에는
차이가 있지만 그 실(實)은 동일하다. 오직 조사선만
격외선이고, 여래선은 오히려 의리선이다. 무릇 이종선
을 내세우고 거기에 격외와 의리를 배대한 것에는 우담
과 설두 사이에 어긋나는 국면이 있다. 그 때문에 그것
이 설옹(雪翁:雪竇有炯]에게 비판되었다.486)

이 점에 대해서만큼은 축원진하가 우담홍기(優曇洪基)의
주장 그리고 우담홍기를 비판한 설두유형(雪竇有炯)의 견

門拈頌拈頌說話會本』「禪門拈頌集序」, (韓佛全5, p.1中) 참조.
485)『禪門證正錄』, (韓佛全10, p.1140中) "三乘一乘之敎 淺深雖異皆修
定慧而證入 故謂之義理禪 當此拈頌看 則唯第一句敎外別傳一味禪爲主
深必該淺 故亦有第二句義理禪也"
486)『禪文再正錄』, (韓佛全11, p.870下) "但約法約人 立名有异 其實同
也 唯祖師禪爲格外 如來禪猶爲義理 但立二種禪 其格外義理之配 有所
違局故 爲雪翁之所破也"

해에 대하여 비판하기보다는 둘 모두를 긍정하고 있다. 곧 우담의 주장은 백파의 삼종선 자체에 대해서는 부정하지 않고 그 의미에 대해서만 비판하기 때문이다. 이를테면 우담홍기의 삼종선에 대한 견해는 다음과 같다.

조사선은 삼처전심 모두를 교외별전이고 격외선이라고 말한다.[487] 소위 조사선은 세존이 증득한 것도 아직 진극(臻極)이 아님을 스스로 알고서 진귀조사(眞歸祖師)를 찾아가서 비로소 제일구인 몰파비(沒巴鼻)의 심인을 깨친 것이다. 이것은 세존이 진귀조사한테 터득한 것이기 때문에 조사선이라고 말한다. 이것은 뿌리까지 제거하여 몰파비인 제일구를 요달해서 영원히 상서를 드러냈고, 땅이 진동한 의리의 흔적을 벗어났으며, 또한 경교의 밖으로 벗어난 까닭에 격외선이라고 한다.[488]

그리고 소위 여래선은 여래가 정각산(正覺山)에서 명성(明星)을 보고 제이구를 증득한 것이다. 증득한 그대로 『화엄경』 등을 설하자 먼저 상서가 나타나고 땅이 진동한 것은 제이구를 직접 보여준 것이다. 이근(利根)은 돈증(頓證)했지만 둔근(鈍根)은 망조(罔措)했기 때문에 부득이하게 묘음(妙音) 및 선자(善字)로 설법을 드러냄으로써 경교(經敎)가 성립되었다. 그러나 상서를 보이고 땅을 진동시킨 본의는 제이구의 선을 직접 보여서 중생으로 하여금 오(悟)와 수(修)를 모두 잊고 제일구인 법신의 의미를 깨우

---

487) 『禪門證正錄』, (韓佛全10, p.1138中) "夫教外別傳 但有三處 而上第一段已知三傳 總屬於第一句祖師禪之格外"

488) 『禪門證正錄』, (韓佛全10, p.1138下) "所謂祖師禪者 世尊自知所證猶未臻極 尋訪眞歸祖師 始證第一句了沒巴鼻之心印 此是世尊 得之於眞歸祖師 故曰祖師禪也 此和根拔去 了沒巴鼻之第一句 永脫現瑞動地義理之迹 亦能出於經敎之外 故亦名格外禪也"

쳐주려는 것이었다. 이것은 여래가 자증한 선이기 때문에
여래선이라고 말한다.489) 여기에서 그 형태가 상서를 드러
내고 땅을 진동시킨다는 의리(義理) 및 경교(經敎)의 짐적
(朕迹)이기 때문에 또한 의리선이라고 말한다.490)

이에 우담홍기는 결론적으로 삼처전심은 모두 제일구인
조사선의 심인에 속하여 격외로 별전된 종지이고, 제이구
인 여래선은 여래가 증득하고 설법한 교내의 의리이며, 의
리선은 교내의 언교에 빠져 교중의 여래선을 증득하지 못
한 것이라고 말한다.

그리고 거기에 대하여 우담홍기는 "그런즉 삼전의 제일
구인 조사선은 교외의 격외선이 되었고, 제이구인 여래선
은 교내의 의리선이 된 것이 이처럼 분명한데, 어찌 제이
구인 여래선으로써 격외선을 삼고 또한 분반좌로써 제이구
인 여래선을 삼는단 말인가."491)라고 백파의 삼종선에 대
하여 비판한다.492) 나아가서 의리선과 격외선 등의 명칭을
바로잡으면 명칭 속의 실제는 자연히 바르게 될 것이라고
말한다.

이에 그 요지를 말하자면 우담홍기는 삼처전심(三處傳

489)『禪門證正錄』, (韓佛全10, p.1138中-下) "所謂如來禪者 如來於正覺
山前 見明星 而證得第二句 如證而說華嚴等經 而初現瑞動地 直示第二
句 利根頓證 鈍根罔措 故不得已 現說於妙音善字之中以成經敎 然其實
本意 現瑞動地 直示第二句之禪 使衆生 悟修斯<俱?>亡 欲證一句法身
之意也 此是如來自證之禪 故曰如來禪也"
490)『禪門證正錄』, (韓佛全10, p.1138下) "此是如來自證之禪 故曰如來
禪也 猶形於現瑞動地之義理 經敎之朕迹 故亦名義理禪也"
491)『禪門證正錄』, (韓佛全10, p.1140上) "然則三傳之第一句祖師禪 爲
敎外之格外禪 第二句如來禪 爲敎內之義理禪 如彼分明 奈之何 以第二
句如來禪 爲格外禪 又分半座 爲第二句如來禪耶"
492) 우담홍기는 그 經證으로서『염송』,『염송설화』,『화엄경』,『선문강
요집』등을 인용하고 있다.

心) 전체를 제일구로서 격외선으로 간주하고 있음에 비하여, 백파는 삼처전심 가운데 분반좌(分半座)를 가지고 중근기를 상대하는 여래선에 배대한 점을 비판하였다.

그런데 우담의 주장과 달리 설두는 삼처전심을 임제의 삼구와 결부시켜서 말한다. 그 까닭은 백장회해(百丈懷海)과 황벽희운(黃檗希運)이 대기(大機)와 대용(大用)을 터득한 것은 제일구로서 오직 살(殺:單活) 뿐인데, 세존의 삼처전심은 살(殺)·활(活)에 즉(卽)해 있은즉 제일구에 살과 활이 갖추어져 있기 때문이라는 것이다. 그래서 향엄지한((香嚴智閑)과 앙산혜적(仰山慧寂)의 여래선과 조사선에 대한 문답은 제이구로서 여래선으로 간주하였는데, 그 여래선은 곧 殺이라는 것이다.

이에 여래가 목보리수(木菩提樹) 밑에서 응열신(劣應身)을 드러내어 폐후의(弊垢衣)를 걸치고 49년 동안 수기설법하였다는 『선문강요집』의 내용은 제삼구라는 것이다. 이로써 제이구와 제삼구는 교내(敎內)이고 제일구는 교외(敎外)라고 간주한 것이다.[493]

그리고 여래의 공안에서는 이미 삼처전심으로 제일구를 삼았기 때문에 이후에 화엄을 설한 것으로써 제이구를 삼았고, 삼승을 설한 것으로써 제삼구를 삼았다. 이것은 교학의 근기를 이끌어 선으로 들어가도록 해주기 위함이었을 뿐이다. 그러나 달마의 공안에서는 조사선의 活로써 제일구를 삼았고, 여래선의 살(殺)로써 제이구를 삼았으며, 의리선으로써 제삼구를 삼았다.

이것이야말로 선문의 올바른 뜻이라고 하여 설두는 여래

---

493) 『禪源遡流』, (韓佛全10, pp.674下-675上)

와 달마의 삼처전심에 대한 양중공안(兩重公案)은 뒤섞어 활용해서는 안 된다고 말하였다.

4. 백파 여래선·조사선 및 삼처전심의 배대에 대한 비판

백파는 여래선과 조사선의 이선을 가지고 여래의 삼처전심에 분배하여 "다자탑전분반좌(多子塔前分半座)는 여래선을 보인 것이고, 영산회상염화미소(靈山會上拈花微笑)는 조사선을 보인 것이며, 사라수하곽시쌍부(沙羅樹下槨示雙趺)는 이선을 함께 보인 것이다. 이것은 곧 구곡노인의 의도이다."494)고 말했다. 진하는 이 점에 대하여 『염송설화(拈頌說話)』를 경증으로 인용하여 비판을 가한다. 곧 구곡각운(龜谷覺雲)이 내세운 여래의 삼처전심 가운데는 비록 단지 살인도와 활인검만 배대하였을 뿐이고 여래선과 조사선에 대해서는 말하지 않았고, 다만 달마의 삼처전심을 내세운 곳에서 이미 여래선과 조사선의 이선을 배대하였을 뿐이라는 것이다. 그러므로 동일한 일례에 대하여 구곡과 백파는 다르게 배열한 것이라고 말한다.

가령 구곡각운은 『염송설화』제37칙에서도 이미 삼처전심을 오(悟)·수(修)·증(證)으로 배대하는 것은 부처를 비방하고 조사를 비방하는 것으로 잘못된 이해라고 배척하였을 뿐만 아니라, "체·용·중을 가지고 삼구에 배대하기도 했지만 나 구곡각운은 또 그것도 불가하다고 말한다. 삼구는 곧 격식일 뿐이다. 만약 그것이 진정한 교외별전이

---

494) 『禪文手鏡』, (韓佛全10, p.519下) "分半座 如來禪 擧拈花 祖師禪 槨示雙趺 二禪齊示 此是龜谷老之意"

라면 삼구가 쪼개져 없어진 경우에도<向上> 오히려 불가
한데, 하물며 아직 격식도 벗어나지 못한 경우이겠는가
."495)라는 점을 들어서 진하는 백파가 삼처전심을 체ㆍ용
ㆍ중에 배대하는 것도 또한 잘못된 것이라고 비판하였다.
그러므로 진하는 이 체ㆍ용ㆍ중이라는 언설이야말로 임제
의 제이구 속의 소식이라고 말한다.496)

　　다시 진하는 『선문강요집』에서 임제의 제일구에 대한 일
우의 견해를 수용하여 들어서 "세존과 가섭의 삼처전심도
그 때문에 첫머리에 내보였는데 <제일구가 되기 때문이
다> 그 공안으로써 교외별전의 으뜸[宗]을 삼는다."497)고
말한다. 이에 의거하면 삼처가 모두 제일구 속에 들어 있
는 셈이 된다. 따라서 진하는 분좌(分座)의 살인도는 제일
구 속의 대기(大機)를 가리켜서 한 말이고, 염화(拈花)의
활인검은 대용(大用)을 가리켜서 한 말이며, 시부(示趺)는
기용제시(機用齊施)가 되는 근거를 다음과 같이 구곡각운
의 견해를 인증하여 주장한다.

　　제181칙의 재참화(再參話)에서는 '백장은 대기를 터득
하였고 황벽은 대용을 터득하였다.'498)고 말했다. 그러

---

495) 『禪門拈頌拈頌說話會本』 卷2, (韓佛全5, p.50下) "有以體用中三句
　　配之者 余以爲不可 三句是規模 若是敎外別傳 三句斯亡 <向上> 尙
　　猶不可 而況未離規模者哉 此體用中之言 豈非臨濟第二句中消息耶"
496) 구곡의 『禪門拈頌拈頌說話會本』을 인용하여 여래의 삼처전심을 이
　　종선에 배대한 백파의 견해가 오류임을 지적하고 있다. 곧 구곡의 견
　　해로는 삼처전심은 모두 제일구로서 조사선에 속하는 것이지 제이구인
　　여래선에 속하는 것이 아니라는 것이다.
497) 『禪門綱要集』, (韓佛全6, pp.854下-855上) "是世尊迦葉 三處傳心
　　所以首標 <爲第一句故> 此介公案 以立敎外別傳之宗也"
498) 『禪門拈頌拈頌說話會本』 卷6, (韓佛全5, p.182上)

한 경지에 도달한 시절에도 고인은 단지 그것을 살인도
및 활인검을 얻은 것뿐이라고 말했다. 제618칙의 읍좌
화(揖坐話)에서는 '제이구에 이르면 허다한 소식이 있
다. 그러나 만약 제일구에 의거한 즉 다만 살인도와 활
인검 뿐이다.'499)고 말했다. 제1008칙의 고불화(古佛
話)에서는 '곧 제일기(第一機)를 향하여 제지(提持)한
다면 곧 단지 살인도와 활인검만 터득했다고 말했지만,
부득이하게 제이기(第二機)를 향하여 시설(施設)한다면
곧 완성된 격칙으로서 체·용·중의 삼구와 같다.'500)고 말
했다.501)

이것은 진하가 천책의 『선문강요집』 한 곳과 구곡의
『선문염송염송설화회본(禪門拈頌拈頌說話會本)』 세 곳을
인용하여 삼처전심은 모두 제일구에 속한다는 점을 다시
강조한 것이다. 따라서 백파가 다자탑전분반좌를 격외선
가운데 여래선에 배대하고 여기에 법안종(法眼宗)·위앙종
(潙仰宗)·조동종(曹洞宗)의 종지를 포함시켰으며, 영산회상
염회미소 및 사라수하곽시쌍부를 격외선 가운데 조사선에
배대하고 여기에 운문종(雲門宗)과 임제종(臨濟宗)의 종지
를 포함시킨 것은 옳지 않다는 것이다.

---

499)『禪門拈頌拈頌說話會本』卷16, (韓佛全5, p.482下)
500)『禪門拈頌拈頌說話會本』卷23, (韓佛全5, p.707中-下) 내용 발췌.
501)『禪文再正錄』, (韓佛全11, p.871上) "再參話云 百丈得大機 黃蘗得
   大用 到這時節 古人只道得箇殺人刀活人釰 揖坐話云 至第二句 有許多
   消息 若約第一句 則但殺人刀活人釰而已 古佛話云 直向第一機 提持則
   只道得箇殺人刀活人釰 不得已 向第二機施設 則完成格則 如體用中三
   句也"

5. 설두의 살 · 활에 대한 비판

진하는 설두유형이 "이 제일구에서 해명한 살·활도 또한 특별한 기·용일뿐이지, 저 삼처전심의 살·활은 아니다."[502] 고 말한 점에 주목한다. 이에 대하여 진하는 "그것은 염송 설화의 일부에 해당한다. 그런데도 설두는 이미 살·활이 삼 처전심의 살·활이 아니라면서도 여래선과 조사선의 이선에 맞추어 배대하였다."[503]고 지적한다.

그리고 이와 같은 살·활은 기(機)·용(用)의 이명(異名)으 로서 도(刀)와 인(釼)의 두 글자는 그 단(單)과 겸(兼)을 비유한 것인데, 도(刀)는 단지 살인(殺人)만 있지만 인 (釼)은 살인(殺人)도 있고, 또한 활인(活人)도 있어서 체 에는 불변의 체가 있지만 용에는 체가 없는 수연은 없는 데, 용은 반드시 체를 겸한다는 것을 비유로 들어 설명한 다. 곧 도(刀)와 인(釼)을 가지고 그 살과 활로 나눈 것이 다. 따라서 축원진하는 그 살·활이 결코 삼처의 살·활이 아 니라고 비판한다.

만약 설두유형이 말한 바처럼 도(刀)·인(釼)의 살·활이 그 체에 본래부터 차이가 있다면 인(釼) 속의 살·활은 단지 그 일가(一家)만의 용이므로 살도 또한 인(釼)이 고 활도 또한 인(釼)이 된다. 그 어찌 양민을 짓밟아서 천민으로 만들어버리는 경우의 도(刀)가 아니겠는가.

---

502) 『禪源溯流』, (韓佛全10, p.675下) "此第一句中所明殺活 特機用而已 非彼三處傳心之殺活"

503) 『禪文再正錄』, (韓佛全11, p.871上) "而說話一部 旣無殺活 的配如 來祖師二禪"

그러면 이선(二禪)이 서로 혼람(混濫)하는 과실이 되어
버리고 만다.504)

나아가서 진하는 『선문강요집』과 『염송설화』에 근거하여
설두가 살·활을 가지고 이선에 배대한 것을 비판한다.

일우가 삼처의 전체를 가지고 제일구에 배대한 것은 염
송설화에서 삼처를 가지고 살·활에 배대한 것과 지극히
잘 부합되는데, 설두유형의 경우에 어떻게 살·활을 가지
고 여래선과 조사선의 이선으로 삼는단 말인가. 만약
삼처를 가지고 이선(二禪)에다 나누어 배대한 즉 대단
히 불편한 점이 있다.505)

말하자면 일우는 제이구에다 또한 여래가 설한 화엄시
(花嚴時)를 배대하였다. 저 세존이 명성(明星)을 봄으로
인하여 오도(悟道)한 이후는 여래선에 해당한다. 곧 칠일
동안 사유하며 자수법락(自受法樂)하여 그 법을 전수하였
는데, 적멸도량에서 근숙보살에게 화엄을 연설하여 모두
법계에 증입하도록 하였다506)는 것이다. 그런데도 만약 기

---

504) 『禪文再正錄』, (韓佛全11, p.871上-中) "若如所言 刀釰之殺活 其體
自异 釰中殺活 只是一家之用殺亦釰活亦釰也 豈可壓良爲賤刀也 有二
禪相濫之 失也"

505) 『禪文再正錄』, (韓佛全11, p.871中) "一愚之以三處 捻配第一句 說
話之配殺活 極爲相符 何將殺活 爲如來祖師二禪也 若以三處 分配二禪
則有多未便"

506) 『禪門綱要集』, (韓佛全6, p.855上) "여래가 적멸도량에 머물며 비로
소 정각을 성취하니, 千丈의 盧舍那身과 四十一位法身大士 및 숙세에
근기가 성숙한 天龍八部가 일시에 위요하여 마치 구름이 달을 가린
것과 같은 모습을 드러냈는데, 이것이 제이구입니다." 참조.

·용의 이명인 살·활을 가지고 이선에다 분배한다면 그 이선
은 살 뿐[單殺]이고 활 뿐[單活]이어야 할 것이다.

가령 조사선을 그대로 활[是活]이고 그대로 용[是用]이
라고 말한즉 제일구 속에 살·활·기·용 등 삼요(三要)의 명칭
이 갖추어져 있다고 말할 수 있는 근거가 없다는 것이다.
그리고 여래선을 그대로 살[是殺]이고 그대로 기[是機]라
고 말한즉 제이구 속에 체·용·권·실 등 삼현(三玄)의 명칭이
갖추어져 있다고 말할 수 있는 근거가 없다는 것이다. 따
라서 진하는 다음과 같이 말한다.

만약 제이구는 권에 즉하여 실을 해명하는[卽權明實]
것으로서 그 권을 버리고 단지 그 실만 취하고, 제일구
에 있는 사조용(四照用)에서 그 조용부동시(照用不同
時)를 버리고 단지 조용동시(照用同時)만 취하여 한편
으로는 살을 내세우고 한편으로는 활을 내세운다고 말
한다면, 그 어찌 내세운 명칭이 조화로운 일이 아니겠
는가. 그런데도 백파는 『선문수경(禪文手鏡)』에서 매
번 공(空)·천(天)·일물(一物) 등의 사(事)를 곧 여
래선에 배대하였다. 만약 그렇다면 어찌하여 대혜종고
(大慧宗杲: 1089-1163)는 삼종근기를 가지고 삼인(三
印)에 배대했을 때 허공을 조사선에 배대하고 물을 여
래선에 배대한 것인가. 차라리 모른다고 하는 편이 좋
다.507)

---

507) 『禪文再正錄』, (韓佛全11, p.871中) "若云第二句卽權明實 捨其權而
單取其實 第一句中 有四照用 而捨其不同 單取同時一立殺一立活 何立
名之不齊乎 白老每於禪文 中 空天一物等事 便配如來禪 若然者 何以
大慧以三根 配三印時 以空配祖師禪 以水配如來禪乎 乍可不知"

진하의 말에 의거하자면 여래선은 곧 일심의 흔적을 벗어나지 못하여 교격(敎格)에 머물러 있는 까닭에 교(敎)에 의거하여 체·용 등의 명칭을 내세우지만, 조사선은 곧장 존귀를 초월하여 끝내 몰파비(沒巴鼻)이기 때문에 교외(敎外)의 기(機)·용(用)·살(殺)·활(活) 등으로써 명칭을 내세운다는 것이다.

6. 사가설의 비판적 계승

이처럼 진하는 기존의 여러 선사(先師)가 보여준 선리에 대한 견해를 부분적으로 취하여 거기에 대한 자신의 견해를 붙여서 지적 내지 비판을 가하였다. 위에서 살펴보았듯이 진하는 백파의 『선문수경』을 강하게 비판했던 초의의순과 우담홍기, 그리고 초의의순과 우담홍기를 강하게 비판했던 설두유형과 같은 어조로 비판을 가한 것은 아니었다. 거기에는 선사(先師)들의 주장에 나름대로 취할 점을 인정하는 자세를 보여준 것으로 기존의 선리논쟁에 대한 중도적인 입장을 취한 것이었다. 따라서 진하는 기타 여러 가지 논쟁의 관점에 대해서 더 이상 논의를 진행시키지 않고 전체적인 관점으로 조망하려는 태도를 보여주었다.

그 밖의 변별과 해석에 대해서는 백노(白老:백파긍선)가 집성한 『선문수경』, 中孚子가 저술한 『사변만어』, 우담사(優曇師:우담홍기)가 저술한 『소쇄선정록』, 설두로(雪竇老:설두유형)가 저술한 『선원소류』

에서 각각 그 장점[美]을 다하였기 때문에 다시는 번거롭게 할 필요가 없다. 단지 몇 가지 의문점을 주워서 그것을 해결하였고, 모든 사가(四家:백파·초의·우담·설두)의 뒤를 이었다.508)

이런 점에서 진하는 기존에 보여준 백파·초의·우담·설두 등의 논점을 무조건 배격만 한 것은 아니었다. 나아가서 나름대로 각각의 장점을 취함으로써 이미 제기되었던 의문점이 해소되었다는 점을 높이 평가하고 있다. 이런 점에서 진하의 견해는 조선 후기 선리논쟁의 역사에서 새로운 논쟁을 불러일으키는 대신에 오히려 다양한 선리논쟁에 대한 긍정과 부정의 상호보완의 자세를 보여주었고, 나아가서 전통적으로 내려왔던 치열한 논쟁에 대한 종합적인 자세를 보여주었음을 엿볼 수가 있다.

이상의 내용을 정리하자면, 축원진하는 한국선종사에서 전개된 선리논쟁에 대하여 방점을 찍는다는 자세로 기존의 선사(先師)들이 보여준 주장과 견해에 대하여 백파와 우담과 설두의 견해를 낱낱이 검토하였다. 거기에는 긍정적인 측면이 있는가 하면 부정적인 측면도 아울러 드러나 있기 때문에 대부분이 비판을 위주로 전개되었던 이전의 선리논쟁과는 다른 성격을 보여주고 있다. 그런 가운데서도 유독 초의의순의 견해에 대해서는 직접적인 긍정 및 부정의 모습이 보이지 않고 있다. 그것은 초의의 견해에 전적으로 근거하고 있다는 것인지 아니면 아예 초의를 무시하고 건

---

508) 『禪文再正錄』, (韓佛全11, p.871下) "其餘卞釋白老集禪文手鏡 中孚子著四辨漫語 優曇師述掃洒先庭錄 雪竇老述禪源溯流 各盡其美不可復贅 只撾數疑處決之 續諸四家之後"

너뛰어 선리논쟁을 전개한 것인지 분명하지 않다. 다만 초의를 전적으로 무시하지는 않았다는 점은 마지막 대목에 드러나 있다.

축원진하는 우선 진정천책의 『선문강요집』과 구곡각운의 『염송설화』의 견해에 대해서는 경증으로 삼고 있는 까닭에 전적으로 수용하는 자세를 보여주고 있다. 그러나 백파의 견해에 대해서는 조사선·여래선을 삼종선에 배대한 문제, 조사선·여래선을 삼처전심에 배대한 문제, 격외선·의리선을 분류한 기준 등으로 나누어 세 가지 점을 중심으로 비판을 가하였다. 또한 설두유형의 견해에 대해서는 격외선·의리선의 기준에 대하여 백파의 견해와 관련하여 비판을 가하였다. 나아가서 진하는 우담홍기의 견해에 대해서는 조사선·여래선과 격외선·의리선의 배대 문제에 대하여 비판을 가하였다.

그럼에도 불구하고 초의의순의 견해에 대해서는 아무런 입장을 표명하고 있지 않다. 그것은 초의의 견해를 직접적으로 수요 내지 긍정의 표현을 하지는 않았을지라도 백파에 대한 비판을 보여주고 있는 점에서 본다면 아무래도 초의의 견해를 긍정했던 것으로 보인다. 나아가서 백파의 견해를 비판함에 있어서 우담홍기의 견해를 전폭적으로 수용하고 있는 점을 감안한다면 비록 초의와 우담이 동일한 관점은 아닐지라도 백파를 비판했다는 점에서는 노선을 같이하고 있었음을 은근히 노출시켜주고 있다.

진하가 『선문재정록』이라고 제명을 붙인 것은 이전의 숱한 선리와 그에 대한 논쟁의 종식을 겨냥하여 거듭 바로잡는다는 의미를 내세운 것이었다. 그 결과로서 『선문강요집

』을 원류로 하여 『선문수경』이 출현하고, 그에 대한 비판
으로 『선문사변만어』에서부터 본격적으로 촉발된 논쟁의
완성을 이끌어내지는 못했을지라도, 100여 년간에 걸친 선
리논쟁에 대하여 그 변별과 해석을 부분적으로 수용함으
써 백파와 초의와 우담과 설두의 각각 장점을 취합했다는
평가를 내릴 수가 있다.

　이런 점에서 축원진하가 보여준 선리논쟁에 대한 성격은
어느 한편의 일방적인 비판도 아니었고, 선리에 대하여 단
순한 긍정만도 아니었고 부정만도 아니었다. 그것은 선리
에 대하여 입장을 피력했던 선사(先師)들의 각각의 관점에
나타난 주장과 견해가 다양하게 전개될 수 있는 근거를 확
보해주는 것이었다. 이런 점에서 이후 또 다른 선리의 논
쟁에 대한 길을 열어 놓은 것이었다.

Ⅵ. 선리논쟁의 양상과 성격

한국 선법의 초전은 8세기 중엽에 중국선종의 동산법문을 처음으로 전승한 법랑(法朗)으로 간주한다. 그 이유는 선종의 전승에서 정법안장(正法眼藏)의 전승을 조사로 불리는 인물에 의거하기 때문이다. 이런 점에서 법랑은 중국 동산법문의 선법을 계승한 조사로서 신라에 귀국한 인물로서 최초에 해당한다. 법랑의 선법이 당시에는 크게 호응을 받지 못했지만, 신행(神行: 704-779)을 비롯하여 이후로 점차 선법의 전승이 상속됨으로써 한국선법은 그 연원을 이루게 되었다.

한국에서 선법이 처음으로 전승되던 당시에는 의도적인 선교차별(禪敎差別)의 모습을 노출시킴으로써 선법의 존재감을 일깨우는 계기로 삼았다. 그러한 선법은 또한 중국선으로부터 많은 사람으로부터 지속적으로 전승되어 9세기 중엽부터 10세기 중엽에 걸쳐서 소위 구산선문(九山禪門)의 형성으로 나타났다. 구선선문의 대부분은 당말 및 오대에 걸쳐 형성된 중국선의 선종오가와 더불어 동일한 시기에 신라에서 독자적으로 형성되었다는 의의를 지니고 있다. 구산선문이 형성되는 과정에서 때로는 선교차별의 모습이 주장되기도 하였고 때로는 선법 가운데서도 조사선(祖師禪)과 여래선(如來禪) 등으로 그 교화방식의 차별을 보여주기도 하였다.

이와 같은 선교의 차별 내지 선법교화의 방식에 따른 차이법 등은 선법이 이 땅에 처음으로 정착하고 토착화하는 과정에서 드러난 방편적인 성격도 아울러 지니고 있음은 부정할 수가 없다. 그리고 이들 차별 내지 차이는 대립되는 양자 사이의 논쟁이라는 성격보다는 차라리 서로 다른 정체성을 구현해가는 입장에 속하는 문제들이었다.

그러나 이러한 모습과는 다르게 조선 후기에는 전승되어 오던 임제삼구의 의미를 중심으로 하여 기타 몇 가지 선리의 이해와 그것을 적용하는 방식의 차이로부터 소위 선리논쟁의 모습이 부각되었다. 그 직접적인 맹아는 백파긍선(白坡亘璇: 1767-1852)의 『선문수경(禪文手鏡)』의 내용에 대하여 초의의순(艸衣意恂: 1786-1866)이 『선문사변만어(禪門四辨漫語)』에서 보여준 비판의 모습으로부터 찾아볼 수가 있다. 그러나 조선 후기 선리논쟁에 대하여 보다 근원적인 모습은 이미 고려시대 진정천책(眞靜天頙: 1206-?)의 『선문강요집(禪門綱要集)』에서 보여준 임제삼구의 이해방식 및 각운의 『염송설화』에서 제기된 내용들에 근거하여 백파가 『선문수경』을 통하여 자신의 안목으로 새롭게 주창한 다양한 선리의 전개로부터 찾아볼 수가 있다.

이제 조선 후기에 촉발된 선리논쟁의 발단이 된 백파의 『선문수경』과 그에 대한 비판의 성격을 지니고 있는 초의의순의 『선문사변만어』 및 우담홍기(優曇洪基: 1822-1881)의 『선문증정록(禪門證正錄)』, 백파의 견해를 옹호하면서 초의와 우담의 견해에 대한 반박의 입장을 주장한 설두유형(雪竇有炯: 1824-1881)의 『선원소류(禪源遡流)』, 선리의 주장에 대하여 백파로부터 설두에 이르는 제반 논쟁을 나름의 안목을 가지고 종합적인 통합을 도모하려고 했던 축원진하(竺源震河: 1861-1926)의 『선문재정록(禪文再正錄)』 등 일련의 선리논쟁과 관련한 문헌을 통하여 거기에서 찾아볼 수가 있는 선리에 대한 논쟁의 양상과 그 성격은 어떤 것이었는가 하는 점에 대하여 고찰해 보고자 한다.

1. 『선문수경』에 대한 초의의순의 비판과 그 성격

한국의 선리논쟁에 대하여 한국선종사 전체의 입장에서 일찍이 한기두는 조선 후기 선문논쟁(禪門論爭)에 대하여 "어쩌면 이 논쟁은 선의 보다 새로운 방향을 모색하는 중대한 계기가 되었는지도 모를 만큼 중요한 선론이었다."[509]고 그 의의에 대하여 평가하였다. 이와 같은 평가는 기존 한국선종사의 측면에서 조선 후기에 출현한 많은 선문헌, 곧 『선문수경』, 『선문사변만어』, 『선문증정록』, 『선원소류』, 『선문재정록』 등을 망라하여 언급하고 그 내용을 개괄함으로써 가능했던 결과였다.[510] 때문에 조선 후기의 선리논쟁에 대한 종합적인 파악이라는 점에서 의미를 지니고 있다.

한편 한국사의 입장에서 김용태는 "이처럼 선 논쟁은 조선 후기 불교의 교학 중시 흐름 속에서 그 배경과 성격을 파악할 수 있으며 선에 대한 판석 형식을 취하였지만 내용상으로는 선종과 교학을 아우르는 선교판석의 의미를 갖는다."[511]고 말하였다. 이 점에 대해서는 선리논쟁을 선교판

---

509) 한기두, 『한국선사상연구』 p.547. 서울: 일지사. 1993.
510) 한기두의 평가 가운데서 우담홍기의 입장에 대하여 초의의 입장에서 백파의 견해를 비판했다고 말한 내용 곧 '어디까지나 초의의 입장에서 백파를 논평했다.'(한기두, 『한국선사상연구』, p.568)는 대목은 재고할 필요가 있다. 왜냐하면 우담은 초의의 견해와 다른 입장에서 비판을 가했기 때문이다.

석의 의미로까지 확대해석한 경우로서 논쟁의 범주로부터 약간 벗어나 있지만, 교학적인 배경과 결부시켜 관찰한 점은 고무적이다. 이후로 조선 후기의 선리논쟁에 대해서는 주로 백파의 『선문수경』과 초의의 『선문사변만어』를 중심으로 널리 전개되었다.

또한 선리논쟁사의 입장에서 희철은 "임제삼구에 대한 백파와 초의의 사상적인 차이는 두 사람이 어떤 위치에서 전개하는가에 있다. 즉, 선지식으로서 접근한 것인지, 수행자로서 전개한 것인지, 그 관점의 차이라고 할 수 있다. 백파는 수행자의 깨달음을 성취하는 길을 열고자 하는 차제적인 계위를 설정하여 깨달음을 향하는 相入에 초점을 맞추었고, 초의는 깨달음에 상즉(相卽)하는 것에 초점을 맞추었다."512)고 하여 백파와 초의의 견해에 대하여 교육자의 입장과 피교육자의 입장의 관점으로 파악한 것은 신선하다. 그러나 이 경우는 임제삼구에만 국한된 것이라는 한계를 지니고 있다.

이처럼 한국선종사와 한국사와 선리논쟁사 등 세 가지 측면에서 살펴본 조선 후기의 선리논쟁에 관한 몇 가지 관점은 나름대로 의미가 있다. 그 때문에 여기에서는 이들의 견해를 대체적으로 수용하면서 『선문수경』으로부터 『선문재정록』에 이르는 문헌을 통해서 종합적인 면모를 고찰하여 그 양상과 성격을 고찰해보며 다음과 같다.

우선 선리논쟁의 발단이었던 백파513)와 초의의 견해는

---

511) 김용태, 『조선 후기 불교사 연구』 서울: 신구문화사. 2010. p.301.
512) 희철, 『조선 후기 선리논쟁 연구』 서울: 해조음. 2012. p.197.
513) 백파가 제기한 다양한 선리의 관점은 조선 후기에 선종에 대한 관심을 불러일으키고 임제종임을 자부하는 조선불교의 자기정체성에 대

어떤 점에서 전개되었는지 고찰해보기로 한다. 백파는 그의 나이 60세(1826)에 『선문수경』을 저술하였는데, 23개 항목으로 내용을 전개하였다. ① 임제의 삼구도(三句圖)에 대한 설명을 필두로 하여 ② 향상본분진여, ③ 향하신훈삼선, ④ 의리선 삼구송, ⑤ 삼구도시, ⑥ 의리선격외선변, ⑦ 말후구최초구변, ⑧ 신훈본분변, ⑨ 살활변, ⑩ 원상설, ⑪ 삼성설, ⑫ 일촉파삼관유오중, ⑬ 배금강사구게, ⑭ 배삼신유삼중, ⑮ 배오분법신, ⑯ 배사홍원, ⑰ 배좌선선정사자, ⑱ 달마불립문자직지인심견성성불, ⑲ 달마삼처전심, ⑳ 선실삼배설, ㉑ 간당십통설, ㉒ 무자간병론과해, ㉓ 선교대지불출진공묘유대기대용 등이다.

이 가운데서 초의가 『선문사변만어』를 통해서 비판한 직접적인 내용은 첫째는 삼처전심에 대한 입장, 둘째는 삼종선과 임제삼구의 배대, 셋째는 조사선과 여래선의 이선과 선문오종의 배대, 넷째는 조사선과 여래선의 유래, 다섯째는 격외선과 의리선의 이해, 여섯째는 살인도와 활인검의 의미, 일곱째는 진공과 묘유의 의미 등 일곱 가지 주제이다. 따라서 백파의 견해에 대한 직접적인 대상이 된 항목은 ④, ⑥, ⑧, ⑨, ⑲, ㉓이다.

백파의 견해에 대한 초의의 비판에 대하여 먼저 살펴보

한 고민을 촉발한 것이라는 견해도 있다. 박해당, 「조선 후기 불교의 선 논쟁」, (『간화선, 그 원리와 구조』동국대 불교학술원 종학연구소. 2011) ; 그리고 박재현은 『선문수경』을 통해서 백파가 의도한 것은 "이와 같은 백파의 입장을 근거로 해서 그가 교학 보다 선을 우월한 것으로 봤고, 오가를 분류한 결과로 볼 때 임제선 제일주의자에 가깝다는 평가가 대부분이다."고 하여 교학보다는 선종의 중심 그리고 선종에서는 임제종 중심이라는 견해를 보이고 있다. 박재현, 「조선 후기 선(禪) 논쟁에 내포된 원형지향성」,『불교학연구』7, 2003.

기로 한다.

첫째, 백파는 여래의 삼처전심에서 분반좌는 살(殺)만 있고 활(活)이 없으므로 격외선 가운데 여래선에 속하고, 염화미소는 살(殺)과 활(活)을 겸비하므로 격외선 가운데 조사선이라고 말한다.514) 이에 대하여 초의는 분반좌는 살 뿐이고 염화미소는 살활을 겸비했다고 구곡각운의 말은 발견되지 않는다고 비판한다.515)

둘째, 백파는 의리선의 삼구송 대목을 통해서 선에는 조사선과 여래선과 의리선의 삼종이 있는데, 삼종선을 각각 임제삼구에 배대한다. 곧 조사선은 제일구이고, 여래선은 제이구이며, 의리선은 제삼에 해당한다고 말한다.516) 이에 대하여 초의는 곧 백파가 『선문강요집』의 일우설(一愚說)에 근거하여 임제삼구를 신훈만 있고 본분이 없다는 의미에서 의리선으로 배대한 것에 대하여 일우설에는 그런 말이 없다고 비판한다.517)

셋째, 백파는 선종오가 가운데 임제종과 운문종은 조사선에 속하고, 조동종과 위앙종과 법안종은 여래선에 속한다고 말한다.518) 초의는 기(機)와 용(用)을 기준으로 그것이 있으면 조사선이고 없으면 여래선이라는 판단은 근거가 없는 말이라고 비판한다.519)

넷째, 백파는 조사선과 여래선이라는 용어를 삼처전심에다 붙여서 활용하고 있는데, 초의는 정작 그 유래는 앙산

---

514) 『禪文手鏡』, (韓佛全10, p.519下)
515) 『禪門四辨漫語』, (韓佛全10, p.820下)
516) 『禪文手鏡』, (韓佛全10, pp.515下-516下)
517) 『禪門四辨漫語』, (韓佛全10, p.821下)
518) 『禪文手鏡』, (韓佛全10, p.519下)
519) 『禪門四辨漫語』, (韓佛全10, p.824上)

혜적에게서 처음으로 비롯되었다고 비판한다.520)

　다섯째, 백파가 활용하고 있는 격외선과 의리선의 용어에 대하여, 초의는 예로부터 격외라는 말은 있었지만 격외선이라는 말은 없었고, 의리라는 말은 있었지만 의리선이라는 말은 없었다고 비판한다. 곧 초의는 말에 의거하지 않고 이심전심한 것을 조사선이라고 하는데 이것을 격외선이라고 말할 수가 있고, 말을 통하여 뜻을 설명하거나 말을 따라서 이치를 깨치는 것을 여래선이라고 하는데 이것을 의리선이라고 말할 수가 있다고 하여, 이것이 바로 격외선과 여래선의 명칭이 유래된 것이라고 비판한다.521)

　여섯째, 초의는 살(殺)은 본체에 의거하여 내세운 것이고, 활(活)은 작용에 의거하여 내세운 것이고,522) 수증관에서 혜(慧)로 미혹을 단제하는 것이 설(殺)이고 지(智)로 진실을 관조하는 것을 활(活)이라고 말한다.523) 이런 점에서 백파가 분반좌를 임제의 제이구와 관련하여 살인도에 배대하고 활인검을 임제의 제일구와 관련하여 염화미소에 배대한 것524)은 잘못이라고 비판한다.

　일곱째, 백파는 일심의 본체에 불변과 수연이 갖추어져 있는데 불변은 진공이고 수연은 묘유라고 말한다.525) 이에 대하여 초의는 영가현각, 장사경잠, 『대승기신론』 등을 인용하면서,526) 결론적으로 『화엄기』를 인용하여 진공과 묘

520)『禪門四辨漫語』, (韓佛全10, pp.826下-827上)
521)『禪門四辨漫語』, (韓佛全10, p.827下)
522)『禪門四辨漫語』, (韓佛全10, p.828下)
523)『禪門四辨漫語』, (韓佛全10, p.829中)
524)『禪文手鏡』, (韓佛全10, p.520中)
525)『禪文手鏡』, (韓佛全10, p.527中)
526)『禪門四辨漫語』, (韓佛全10, pp.829下-830上)

의 의미를 판단한다.

『화엄기』에서 말한다. "자성청정심이 망(妄)과 하합하지 않은 즉 진공이라 말하고, 자성에 만덕을 갖추어져 있는 즉 묘유라고 말한다."527) 그런데 이것은 무릇 진심에 의거하여 공(空)과 유(有)를 논한 까닭에 진공(眞空)·묘유(妙有)라고 말한다. 만약 망심에 의거하여 공(空)과 유(有)를 말한즉 반드시 단공(斷空)·가유(假有)라고 말하지 진공(眞空)·묘유(妙有)라고 말하지 않는다.528)

이처럼 초의는 일곱 가지 주제에 걸쳐 백파의 견해를 비판하고 있다. 이들 비판의 성격을 보면 첫째부터 셋째까지는 『선문수경』에 표현되어 있는 문장을 직접 인용하면서 그에 대하여 축자적인 입장에서 비판을 하고 있지만, 넷째부터 일곱째까지는 문맥에 흐르고 있는 내용을 가지고 전체적인 경향을 가지고 비판하고 있다. 따라서 전자의 경우는 『선문사변만어』에서 구체적인 대목을 확인해볼 수가 있지만, 후자의 경우는 그와는 달리 백파의 사상적인 경향에 대한 비판과 관련하여 비판이 진행되어 있다. 이런 점에서 초의가 백파의 견해에 대하여 비판한 성격은 단순히 백파

---

527) 清涼澄觀,『華嚴經疏鈔』卷24, (大正藏36, p.185下) 참조.

528)『禪門四辨漫語』, (韓佛全10, p.830上) "華嚴記云 自性清淨心 不與 妄合 即名眞空 性具萬德 即名妙有 然此但約眞心而論空有 故曰 眞空 妙有 約妄心而言空有 則必曰 斷空假有 不曰 眞空妙有 何以知其然也 永明云 眞心妄心 各有性相 且眞心以靈知寂照爲心 不空無住爲體 實相 爲相 <此則空是妙有之空故 有是眞空之有也> 妄心以六塵緣影爲心 無 性爲體 攀緣思慮爲相 <此則有是虛僞之有故 空亦斷空之空> 如此緣慮 覺了能知之妄心 元無自體 但是前塵隨境有無 境來則生 境去則滅 境境 心心 各自無性 唯是因緣而已"

개인의 견해만이 아니라 당시의 선문에서 일반적으로 행해
지고 있는 경향에 대한 초의 자신의 견해를 내보인 것이기
도 하다.

2. 『선문수경』에 대한 우담홍기의 비판 성격

우담홍기(優曇洪基: 1822-1881)는 『선문증정록(禪門證
正錄)』을 통해서 초의의순과는 독립적으로 『선문수경』의
내용에 대하여 비판을 가하였다.[529] 우담은 백파의 다양한
주장 가운데서 네 가지를 비판하고 있다. 첫째는 달마의
삼처전심에 대하여 제일처전심으로 제연단부문답(諸綠斷否
問答) 및 여래의 삼처전심에 대하여 제일처전심으로 분반
좌를 내세우고 있는 점이다. 둘째는 조사선과 여래선 및
의리선과 격외선의 변별 기준에 대한 것이다. 셋째는 살인
도와 활인검을 분별하는 기준이다. 넷째는 삼구와 일구의
관계에 대한 차이 등이다.

일찍이 초의의순(1786-1866)이 보여준 백파의 견해에
대한 비판에 대하여 우담홍기의 『선문증정록』에 「서문」
(1900)을 붙였던 혜근(惠勤)의 말에 "『선문사변만어』가
출현하자, 의심의 막에 휩싸여 납자들의 병통이 되었다
."[530]는 것을 보면 백파긍선의 설과 초의의순의 비판에 대
하여 당시의 수행자들이 누구의 견해가 옳은 것인지 분별
할 수가 없었다는 점이 엿보이고 있다. 이에 우담홍기는

---

529) 『掃灑先庭錄』은 1874년에 저술되었지만, 이후에 혜근의 「서문」과
　　보정의 「발문」이 붙은 형태로 1913년 7월 20일 錦溟寶鼎(1861-1930)
　　이 昌文社에서 간행하였다.
530) 『禪門證正錄』序, (韓佛全10, p.1136中) "之出疑膜交蔽 學者病之"

백파의 문하에 속하는 사람이었지만 초의의 비판과 더불어 백파의 견해에 대하여 비판하는 입장을 취하였다. 우담홍기는 처음에 『소쇄선정록』이라고 제목을 붙였지만, 이후에 그것을 고쳐서 『선문증정록』이라고 하였다. 백파의 견해에 대한 초의와 우담의 비판은 그 성격과 방향을 보면 독립적인 안목으로 제기된 것이었다.

첫째로 비판의 내용을 보면 임제삼구를 삼처전심과 배대하는 문제에 대하여 비판을 하였다. 이에 대하여 우담은 여래의 삼처전심과 달마의 삼처전심의 구조와 관련시켰다. 우담홍기는 여래와 달마의 삼처전심을 모두 제일구로서 격외선이고 조사선이라고 보았다는 점에서 백파의 견해와 다르다. 가령 백파가 삼처전심의 순서를 분좌소식(分座消息)531) · 염화소식(拈華消息)532) · 시부소식(示趺消息)533)으로 나열하고, 각각에 대하여 법공좌(法空座) · 묘유(妙有) · 살활(殺活)의 내용으로 간주하였다.534) 이에 대하여 우담홍기는 여래의 삼처전심에 대하여 언급하면서 그 경증으로서 『염송설화』를 인용하고,535) 달마의 삼처전심에 대해서도 마찬가지로 『염송설화』를 경증으로 인용하였다.536) 백파가 분반좌를 여래선에 배대하여 법안종 · 위앙종 · 조동종 등 삼종의 종지로 간주했고, 염화시중 및 곽시쌍부를 조사선에 배대하여 운문종 · 임제종 등 이종의 종지로 간

---

531) 『長阿含經』 卷11, (大正藏1, p.66下)
532) 『大梵天王問佛決疑經』, (卍新續藏1, p.442下)
533) 『大般涅槃經後分』 卷下, (大正藏12, p.909中-下) ; 『祖庭事苑』 卷1, (卍新續藏64, p.317中)
534) 『禪文手鏡』, (韓佛全10, p.519下)
535) 『禪門證正錄』, (韓佛全10, p.1137中)
536) 『禪門證正錄』, (韓佛全10, p.1137中)

주했음에 비하여,537) 우담은 불·조(佛·祖)의 삼처전심을 모두 제일구로서 조사선이고 격외선이라고 주장함으로써 그 견해를 비판하고 있다. 이 점은 초의가 살(殺)과 활(活)의 문제와 관련하여 백파의 견해를 비판한 것과 차이가 보인다.

둘째로 조사선과 격외선을 같은 등급에 놓고, 여래선과 의리선을 같은 등급에 놓아 조사선과 여래선 그리고 의리선과 격외선의 차이에 대하여 논의한다.

우담홍기는 삼종선 자체에 대해서는 부정하지 않지만, 그 의미에 대해서는 백파의 견해를 비판한다. 우담홍기의 삼종선에 대한 견해는 다음과 같다.

조사선은 삼처전심 모두가 교외별전이고 격외선이라고 말하면서538) 세존이 진귀조사를 찾아가서 제일구인 몰파비(沒巴鼻)의 심인을 깨친 것이라고 말한다.539) 그리고 여래선은 여래가 정각산(正覺山)에서 명성을 보고 제이구를 증득한 것이라고 말하면서 여래가 자증한 선이기 때문에 여래선이라고 말한다.540) 나아가서 의리선은 여래가 깨침을 터득했을 때 상서를 드러내고 땅을 진동시킨다는 의리(義理) 및 경교(經敎)의 짐적(朕迹)이기 때문에 또한 의리

---

537) 『禪文手鏡』, (韓佛全10, p.519下) "曰如來禪 … 即分座(法空座)消息 而爲法眼潙仰曹洞三宗旨也 二祖師禪 … 即拈華(妙有)消息 而爲雲門臨濟二宗旨也 第三示趺(殺活)消息"
538) 『禪門證正錄』, (韓佛全10, p.1138中) "夫敎外別傳 但有三處 而上第一段已知三傳 總屬於第一句祖師禪之格外"
539) 『禪門證正錄』, (韓佛全10, p.1138下) "所謂祖師禪者 世尊自知所證 猶未臻極 尋訪眞歸祖師 始證第一句了沒巴鼻之心印 此是世尊 得之於 眞歸祖師 故曰祖師禪也"
540) 『禪門證正錄』, (韓佛全10, p.1138中-下) "所謂如來禪者 如來於正覺 山前 見明星 而證得第二句 … 此是如來自證之禪 故曰如來禪也"

선이라고 말한다.541)

그리고 우담홍기는 백파의 삼종선에 대하여 "그런즉 삼전의 제일구인 조사선은 교외의 격외선이 되었고, 제이구인 여래선은 교내의 의리선이 된 것이 이처럼 분명한데, 어찌 제이구인 여래선으로써 격외선을 삼고 또한 분반좌로써 제이구인 여래선을 삼는단 말인가."542)라고 비판한다. 곧 우담홍기는 삼처전심 전체를 제일구의 격외선으로 간주하고 있음에 비하여, 백파는 삼처전심 가운데 분반좌를 여래선에 배대했던 점을 비판하고 있다. 이것은 초의가 삼종선 자체를 비판한 점과는 다른 각도에서 백파의 견해를 비판한 것에 해당한다.

셋째로 살인도와 활인검은 삼구를 획득하느냐, 그리고 동시삼구(同時三句)와 부동시일구(不同時一句)를 획득하느냐의 여부에 따라서 살인도가 되기도 하고 활인검에 되기도 한다는 점을 논의한다. 초의는 백파의 살활에 대하여 직접적인 비판보다는 살과 활의 적용 내지 의미를 중심으로 차별화하였다.543) 그러나 우담홍기는 직접적으로 백파의 살활관에 대하여 다음과 같이 두 가지 점에서 비판을

---

541) 『禪門證正錄』, (韓佛全10, p.1138下) "猶形於現瑞動地之義理 經敎之眹迹 故亦名義理禪也"

542) 『禪門證正錄』, (韓佛全10, p.1140上) "然則三傳之第一句祖師禪 爲敎外之格外禪 第二句如來禪 爲敎內之義理禪 如彼分明 奈之何 以第二句如來禪 爲格外禪 又分半座 爲第二句如來禪耶"

543) 『禪門四辨漫語』, (韓佛全10, pp.828下-829下) 초의는 殺과 活에 대하여 살은 體에 의지하여 내세운 것이고, 활은 用에 의지하여 내세운 것, 說과 聽의 기연으로 말하자면 塗毒鼓의 비유, 覺範慧洪의 삼현과 삼요의 법문의 비유, 문수와 선재동자의 문답에서 약이 사람을 죽일 수도 있고 살릴 수도 있다는 비유, 번뇌를 끊는다는 관점에서 말하여 慧로 번뇌를 끊는 작용은 살이고 智로 진실을 관조하는 작용을 활이라고 보았다.

가하고 있다.

하나는 우담홍기가 말하는 살과 활은 삼처전심이 모두 제일구에 포함된다는 것에 비하여, 백파는 삼처전심 가운데 염화미소를 제이구로 간주한다. 그리고 우담홍기는 삼구와 일구를 모두 갖추고 있는 경우를 활인검이라고 말하고, 삼구와 일구를 모두 갖추지 못한 경우를 살인도라고 말한다.544)

둘은 우담홍기는 살과 활에 대하여 제일구에서 동시삼구 (同時三句)와 부동시일구(不同時一句)를 모두 얻을 수 없는 경우를 殺이라 말하고, 동시삼구와 부동시일구를 모두 얻을 수 있는 경우를 活이라 말한다. 그런즉 대기(大機)로써 살(殺)을 삼고 대용(大用)으로써 활(活)을 삼는다는 백파의 "살을 벗어나 따로 활이 없기 때문에 백장회해는 대기만 얻고 … 활을 벗어나 따로 살이 없기 때문에 황벽희운은 대용만 얻었다."545)는 견해는 옳지 않다고 말한다. 이처럼 살활관에 대하여 우담은 직접적으로 비판한 점이야말로 초의가 간접적으로 비판한 관점과 다른 성격을 지니고 있다.

넷째는 임제의 삼구와 일구의 관계에 대하여 체·용·중에 대비시켜 설명하면서도 궁극적으로 삼구는 곧 일구임에 대하여 논의한다. 일찍이 백파는 삼구와 일구의 관계에 대하여 다섯 가지로 동일하지 않음을 설명하였다.546)

---

544) 『禪門證正錄』, (韓佛全10, p.1140中) "夫殺人刀活人劒者 … 不分獨在第一句中 三不得謂之殺人刀三得謂之活人劒也"

545) 『禪文手鏡』, (韓佛全10, p.520中) "以殺外無活 故百丈得大機 … 以活外無殺故"

546) 『禪文手鏡』, (韓佛全10, p.521上)

그러나 우담홍기는 일구가 삼구보다 깊은 것이 아니고, 또한 일촉파삼관(一鏃破三關)은 오직 제이구인 의리선의 근기에만 활용된 것이라고 말하고, 임제의 사할(四喝)을 도입하여 다음과 같이 말한다.

삼과 일의 체가 무이이므로 일은 삼 밖에 있지 않고, 또한 (일은) 삼의 뜻보다 깊은 것도 아니다. 그 때문에 지금 사할에 의거하여 그것을 설명하자면, 앞의 삼할 (金剛王寶劍喝·踞地獅子喝·探竿影草喝)은 삼구이고, 제사 할(一喝不作一喝用喝)은 일구이다.[547]

이것은 백파가 삼구와 일구의 차별을 중심으로 설명한 것에 비하여 우담홍기는 삼구와 일구의 관계를 그 활용도에 따른 명칭으로 설명하였다. 이에 우담홍기는 일구를 들면 삼구가 수렴되고, 삼구를 들면 일구가 수렴되며, 최초구를 들면 말후구가 수렴되고, 말후구를 들면 최초구가 수렴된다고 말하여, 백파가 삼구와 일구의 관계를 어지럽게 섞어놓음으로써 조리를 상실하고 근본에도 미혹하고 지말에도 미혹하게 만들어 혼란을 초래하였다고 비판한다.

이처럼 우담홍기는 단순히 백파의 선리를 비판만 한 것이 아니라 기존의 선문헌에 근거한 근본적인 단서에 관심을 보여주었다. 이로써 우담홍기가 백파의 견해를 비판한 성격은 일찍이 초의가 보여주었던 관점에 대한 보완 내지 옹호가 아니었다. 초의와는 달리 기존의 『선문강요집』 및

---

547) 『禪門證正錄』, (韓佛全10, p.1143上) "三一體無二 而一不在於三外 亦不深於三之義 故今約四喝而明之 前三喝三句也 第四喝一句也"

『염송설화』에 근거하여 독자적인 안목으로 백파의 견해에 비판을 가했다는 점에서 의의를 찾아볼 수가 있다.

3. 초의와 우담의 비판에 대한 설두유형의 반박

백파의 제5대 후손인 설두유형(雪竇有炯: 1824－1889)은 『선원소류(禪源遡流)』(1889)에서 초의와 우담의 견해에 반박하고 백파의 견해를 옹호하였다. 우선 초의가 백파를 비판한 것에 대해서는 조사선과 여래선, 삼처전심과 이선의 배대, 권(權)에 즉하여 실(實)을 해명하는 것은 격외선이 아니라는 것, 임제의 제삼구는 의리선이라는 것, 살과 활의 구별, 선종오가의 배열, 진공과 묘유의 내용 등 총 여덟 가지에 걸쳐 반박하였다. 그리고 또한 우담이 백파를 비판한 것에 대해서는 삼처전심의 구별, 여래선·조사선 및 의리선·격외선의 배대, 살인도와 활인검의 적용, 삼구와 일구의 관계 등 네 가지 비판에 대하여 반박하였다.

1) 초의의 견해에 대한 반박

설두는 『사변만어』와 『선문증정록』에 보이는 초의와 우담의 견해를 비판하는 처음 대목에서 "어떤 한가로운 장로들이 서술한 말을 기록하여 마침내 몇 가지 조항의 설명으로 판별하였는데, 그것은 아마 어목(魚目)이 아닐까 싶다."[548]는 말로 시작한다. 나아가서 "이제 그 『어(語)』[사변

---

548) 『禪源遡流』, (韓佛全10, p.667下) "有箇閒長老 述成語與錄 逐條說 又辨 或恐認魚目"

만어]에 대하여 설(說)하고 그『록(錄)』[소쇄선정록]에 대하여 변(辨)해보겠다."549)고 그의 입장을 드러낸다. 설두는 선지(禪旨)와 선전(禪詮)을 구별하고 선전에 대하여 사해(邪解)를 타파하겠다고 하여 여덟 가지를 반박한다. 그 형식은 우선 초의가 『선문수경』에 드러난 백파의 말을 인용한 대목을 제시하고, 그에 대하여 초의가 비판한 내용을 제시하며, 설두 자신의 견해를 피력하여 초의의 비판에 대한 재반박하는 삼단형식으로 되어 있다.

첫째는 조사선에 대한 초의의 견해에 대하여 "그것은 선전(禪詮)에 의거한 것이다. 『염송설화』에서 또한 말한 '만약 제상을 진상이 아니라고 본다면 곧 여래를 보지 못한다.'는 것은 곧 조사선이다. 그러나 이것은 언구로써 명칭을 삼은 것이 아니다."550)고 반박한다.

둘째는 여래선에 대한 초의의 견해에 대하여 "살·활이 모두 곧 조사문중의 사(事)로서 여래선과 조사선의 이선(二禪)에 우열의 변별은 없다. 남악과 청원에 이르러 살·활로 나뉘어 전수되었기 때문에 비로소 여래선과 조사선이라는 이선의 명칭이 성립되었다. 살은 곧 여래의 깨침이기 때문에 여래선이라고 말한다."551)고 반박한다. 이것은 백파가 말한 여래선이란 여래를 깎아내려 폄하한 용어가 아니라는

---

549) 『禪源遡流』, (韓佛全10, p.667下) "故今說其語 辨其錄 名曰四辨漫語說(說者如屛 山李純甫鳴道集說) 掃灑先庭錄辨"

550) 『禪源遡流』, (韓佛全10, p.669上) "此依禪詮也 說話亦云 若見諸相非相 即不見如來云者 是祖師禪 此非以言句爲名耶"

551) 『禪源遡流』, (韓佛全10, p.669中) "故殺活皆是祖門中事也 無有二禪優劣之辨矣 至南嶽淸源<靑原?> 分傳殺活 故始立二禪之名 以殺是如來悟底 故名爲如來禪"

것이다.

셋째는 삼처전심과 이선(二禪)의 배대인데, "구곡은 세존의 삼처전심을 해석하여 살인도와 활인검을 전수한 것이라고 말한다. 그리고 혜가의 삼처전심을 해석하여 여래선과 조사선을 터득한 것이라고 말한다."[552]고 반박한다. 이것은 초의가 구곡의 말을 백파의 주장으로 오해했다는 것인데 또한 구곡의 말도 옳다는 것이다.

넷째는 권(權)에 즉하여 실(實)을 설명하는 것은 격외선이 아니라는 것에 대하여 "의미로 말하자면 깨치는 것은 곧 실이고, 깨친 이후에 삼현이라는 방편[창과 갑옷]을 시설한 것은 인간과 천상을 위한 것인데 이것은 권이다."[553]고 하여 『법화경』의 경우와 마찬가지라고 반박한다.

다섯째는 임제의 제삼구야말로 의리선이라는 것에 대하여 "그런즉 제삼구야말로 어찌 이로(理路)를 초월해서 들어간 것이 아니겠는가. 대개 삼구로써 삼선을 삼은 것이 곧 임제의 본의(本意)였다. 그 때문에 일우는 그것을 배대하여 단지 제이구인 형체[現]만 여래선에 배대하였다. 그리고 제일구와 제삼구로는 각각 영상[影]과 형체[現]를 드러내려는 까닭에 조사선과 의리선에 대하여 언급하지 않았다."[554]고 반박한다.

여섯째는 살과 활에 대하여 "대개 기와 용의 경우에 기

---

552) 『禪源遡流』, (韓佛全10, p.669中) "龜谷釋世尊三處傳心云 傳殺人刀活人劒 釋慧可三處傳心云 得如來禪祖師禪 佛祖傳心"
553) 『禪源遡流』, (韓佛全10, p.669下) "意謂薦得底 是實也 薦得後 施設三玄戈甲"
554) 『禪源遡流』, (韓佛全10, p.670上) "然則第三句 豈非涉理路爲入底耶 蓋以三句爲三禪 是臨濟之本意 故一愚配之 但第二句現 配如來禪 第一句第三句 欲爲影現故不言"

와 용은 서로 의지[資]한다. … 그러나 살과 활은 곧 그렇지 않다. … 비유하면 사람의 경우에 전신(全身)은 체이고, 동용(動用)은 용인 것과 같다. 만약 전신이 무사한처(無事閒處)에 있은즉 그것은 곧 체 뿐이지만, 기(起)·래(來)·동(動)·용(用)은 즉 그것은 용이다. 그리하여 체에 의거하여 용을 일으키기 때문에 반드시 체를 겸한다."555)고 반박한다.

일곱째는 선종오가를 조사선 및 여래선에 배대한 것에 대해서는 "무릇 살로써 도달한 것인즉 살인데 그 가운데 활이 갖추어져 있기 때문에 제종에서 간혹 조사선을 드러낸 것이라고 염롱한다. 그러나 그것은 (조사선의) 종지가 아니다. (조사선의) 종지를 말하자면 그 밖의 법[餘法]을 모르는 것은 아니지만 무릇 일법으로써만 종지를 삼는다. 그 때문에 조동종이 향상을 해명하고, 위앙종은 체와 용을 해명하며, 법안종은 유심을 해명한 것은 모두 그 종지가 여래선이다."556)고 반박한다.

여덟째는 진공과 묘유에 대해서는 "노사[백파긍선]가 어찌 단공(斷空)과 완유(頑有)를 진공과 묘유로 간주했겠는가. 노사[백파긍선]는 일심의 수연이 곧 만법을 건립한다고 말한다. 이미 진심의 수연이 만유가 된 즉 만법은 곧 그대로 진심이기 때문에 묘유가 된다."557)

---

555) 『禪源遡流』, (韓佛全10, p.670上) "盖機用 機用相資 … 殺活則不然 … 譬如人之全身 體也 動用 用也 若全身無事閒處 則是單體也 起來動用則是用 而依體起用 故必兼體也"
556) 『禪源遡流』, (韓佛全10, p.671上) "盖以殺到底 則殺中具活 故諸宗 或弄現祖師禪也 然非其所宗也 言宗者 非不知餘法 但以一法爲宗也 故曹洞宗明向上 僞<潙?>仰宗明體用 法眼宗明惟心 皆宗如來禪也"
557) 『禪源遡流』, (韓佛全10, p.671中) "老師豈以斷空頑有 爲眞空妙有耶

이처럼 설두가 반박한 여덟 가지의 반박은 『사변만어』에 보이는 네 가지 비판보다 광범위에 걸친 반박이다.558)

2) 우담홍기의 견해에 대한 반박

『선문증정록』에서 우담은 초의의 견해와는 독립적으로 백파의 견해를 비판한다. 그 주제는 삼처전심의 구별, 여래선·조사선 및 의리선·격외선의 배대, 살인도와 활인검의 적용, 삼구와 일구의 관계 등 네 가지 비판으로 되어 있다.

첫째로 우담의 삼처전심에 대하여 반박하는데, 여래의 삼처전심이 아닌 달마의 삼처전심에 대한 것이다. 우담은 달마의 삼처전심의 설정에서 제일은 멱심부득(覓心不得)으로 살인도이고, 제이는 삼배득수(三拜得髓)로 활인검이며, 제삼은 웅이유리(熊耳留履)로 살활제시라고 말한 것559)에 대하여, 설두는 특히 제삼 웅이유리에 대하여 "가섭은 示跌하는 곳에서 삼배의 예배를 드리고 자기의 깨침을 드러내보였지만, 혜가는 유리(留履)의 처소에서 깨침을 드러내보였던 흔적이 없는데 어떻게 득법을 했겠는가."560)라고

老師云 心隨緣則建立萬法 旣眞心隨緣爲萬法 則萬法卽是眞心 故爲妙有也"

558) 초의는 『선문사변만어』에서 첫째는 조사선과 여래선의 유래에 대한 백파의 견해를 비판하였고, 둘째는 격외선과 의리선의 유래에 대한 백파의 견해를 비판하였으며, 셋째는 살과 활의 적용에 대한 백파의 견해를 비판하였고, 넷째는 진공과 묘유에 대한 백파의 견해를 비판하였으며, 기타 삼처전심을 임제삼구에 배대하는 문제 및 삼종선을 선종오가에 배대하는 문제 등에 대해서도 그 견해를 비판하였다.

559) 『禪門證正錄』, (韓佛全10, pp.1237中-1238中)

560) 『禪源遡流』, (韓佛全10, p.671下) "迦葉於示跌處 三拜作禮 呈己所

말한다.

둘째로 의리선·격외선 및 여래선·조사선에 대한 견해에 대하여 반박한다. 백파가 삼종선으로 삼은 것에 대하여 설두는 법(法)에 의한 의리선과 격외선이 있고, 이 격외선 가운데 여래선과 조사선이 있으므로 결국 의리선·여래선·조사선의 삼종선이라고 말한다. 그리고 설두는 임제의 삼구와 결부시켜서 반박한다. 백장과 황벽이 대기와 대용을 얻은 것은 제일구로서 오직 살[單活] 뿐이다. 세존의 삼처전심은 살·활에 즉해 있어서 제일구에 살과 활이 갖추어져 있다. 여래선과 조사선에 대한 향엄지한과 앙산혜적의 문답은 제이구로 여래선을 삼는데 여래선은 곧 살이다. 여래가 폐후의(弊垢衣)를 걸치고 목보리수(木菩提樹) 밑에서 응열신(劣應身)을 드러내어 49년 동안 수기설법하였다는 『선문강요집』의 내용은 제삼구이다. 이처럼 제이구와 제삼구는 교내(敎內)이고 제일구는 교외(敎外)라는 것이다.561)

셋째로 살인도와 활인검의 견해에 대한 반박이다. 살과 활의 문제를 체와 용의 문제와 결부시켜서 우담홍기는 삼처전심은 모두 제일구이고 조사선이기 때문에 살인도와 활인검이 모두 그 속에 갖추어져 있다고 말한다. 곧 세존의 분반좌는 살인도이고 염화미소는 활인검인데 이것이 가섭을 거쳐 혜능에 이르기까지는 한 사람에게만 전승되었지만 혜능 이후에는 청원행사에게는 살인도가 전승되었고, 남악회양에게는 활인검이 전승되었다고 말한다. 이에 설두는 살·활은 모두 제일구에서 뜻[義]을 둘로 나누어 전승한 것

悟 而慧可於留履處 無呈悟之跡 何謂之得法耶"
561)『禪源遡流』, (韓佛全10, pp.674下-675上) 참조.

일 뿐 본체[體]는 곧 하나[562]라고 반박한다.

넷째로 삼구와 일구의 견해에 대하여 반박한다. 우담홍기는 삼구와 일구의 관계를 그 활용도에 따른 명칭으로 설명하였다. 이에 대하여 설두는 『선문강요집』 청풍장로와 일우의 말을 인용하여[563]에 근거해서, 우담이야말로 『선문증정록』에서 모든 대대(待對)가 단절되어 있기 때문에 현(玄)을 전(轉)하여 요(要)라고 말한다는 것은 잘못이라는 것이다. 곧 설두는 삼구와 일구는 그 용에 즉하여 결정되는 것으로 체에 말미암을 것이 아니라는 것이다.

이처럼 설두는 백파의 견해에 근거하여 초의와 우담의 문헌에 보이는 비판을 반박함으로써 백파의 견해를 정착시키려고 하였다. 이러한 점을 감안해 본다면 초의와 우담이 초백파(超白坡)의 견해를 지니고 비판을 가한 점에 비하여, 설두는 즉백파(卽白坡)의 견해를 지니고 그것을 충실하게 계승하려는 후손이었다.

4. 축원진하의 논쟁 수렴

1890년 무렵에 저술한 『선문재정록(禪文再正錄)』을 통해서 백파와 우담과 설두 등 세 사람의 견해에 대하여 나름대로 안목을 가지고 비판을 가하였다. 백파긍선의 『선문수경』에 대해서는 조사선·여래선을 삼종선에 배대한 문제점, 조사선·여래선을 삼처전심에 배대한 문제점, 격외선·의

---

562) 『禪門證正錄』, (韓佛全10, p.1141中) "然殺活皆第一句上 義分兩傳而體則一"
563) 『禪源遡流』, (韓佛全10, p.676中)

리선을 분류한 기준점의 세 가지에 대하여 비판하였다. 또한 우담홍기의 『선문증정록』에 대해서는 조사선·여래선과 격외선·의리선의 배대 문제에 대하여 비판하였다. 그리고 설두유형의 『선원소류』에 대해서는 격외선·의리선의 기준에 대하여 백파의 견해와 관련하여 비판하였다. 그러나 초의의 견해에 대해서는 비판의 모습이 보이지 않는다.

여기에서 진하의 『선문재정록』은 이전의 다양한 선리와 그에 대한 논쟁을 끝내겠다는 의미로서 거듭하여 바로잡는다는 의미를 붙여둔 것이다. 여기에서 진하는 조선 후기에 벌어진 선리논쟁에 대하여 각자의 변별과 해석을 일정 부분 수용하였는데, 결론적으로는 백파와 초의와 우담과 설두의 견해에 대하여 각각 장점을 취합했던 점이 엿보인다. 그런 까닭에 진하의 『선문재정록』의 성격은 어느 한편의 일방적인 비판도 아니었고, 선리에 대하여 단순한 긍정만도 아니었으며 부정만도 아니었다. 따라서 한편으로 보면 선리논쟁에 대한 미완성에 머물고 말았다. 그러나 진하의 비판에 보이는 성격은 이전의 여러 주장 내지 견해가 다양하게 전개될 수 있는 가능성을 제시해준 것이었다는 점에서 고무적인 평가를 내릴 수가 있다.

1) 우선 백파의 조사선과 여래선 분류에 대하여 비판하였다.

백파가 삼종선으로 분류한 견해에 대하여 진하는 예로부터 양중으로 내세운 명칭에서 인(人)에 의거한 것은 그것을 합(合)한 것이었고 법(法)에 의거한 것은 그것을 개

(開)한 것으로 백파가 말한 격외선은 이에 여래선과 조사선의 법인데, 그것이 어떤 사람의 법인지 그 뜻과 이치[義理]가 자세하지 않다고 비판한다.

　　설령 인에 의거하지 않고 괜히 어떤 법을 의리선으로 삼으면 외려 각각 인과 법을 개하여 사종선으로 삼느니만 못하다. 어찌 일법(격외선) 및 이인(여래선과 조사선)이라고 하여 인과 법이 다르다는 실수를 범하는가.564)

　이에 대하여 진하는 "의리와 격외에는 모두 여래선과 조사선이 갖추어져 있다. 의리와 격외는 곧 능구(能具)의 선(禪)이고, 여래와 조사는 곧 소구(所具)의 선이다. … 그러므로 시설된 여래선과 조사선을 가지고 곧 격외선과 의리선이라고 지목할 수는 없다."565)고 말한다. 소오(所悟)의 법체에서는 여래선과 조사선을 의리선과 격외선이라고 차등을 둘 하등의 이유가 없다는 것이다. 그래서 차이가 나는 까닭은 종전부터 교화하는 입장에서 내세운 명칭일 뿐으로 사구와 활구는 명칭은 달라도 뜻은 동일한데도 불구하고 백파가 인과 법에 따라서 도식적으로 각각 이종선으로 분류한 것은 차라리 사종선으로 분류한 것만 못하다는 것이다.

---

564) 『禪文再正錄』(韓佛全11, p.868上 "若無約人 而空立一法爲義理禪 反不如各開人法 爲四種禪也 胡乃一法二人 有人法不齊之失耶"
565) 『禪文再正錄』(韓佛全11, p.868中)"夫義理格外中 皆具二禪 義理格外 是能具 如來祖師 是所具之禪 … 不可所將具 卽目能具"

2) 다음으로 우담의 이종선의 배대에 대하여 비판한다.

진하는 우담홍기의 『선문증정록』의 내용에 대해서는 직접적으로 비판하기보다는 매우 완곡하게 진하 자신의 견해와 다른 점을 지적하는 정도에 그쳤다. 그 관점은 정(定)과 혜(慧)의 의미에 집중되었다. 진하는 "우리의 보조국사는 『정혜결사문(定慧結社文)』을 집성하여 정과 혜를 닦았다는 것을 알 수가 있는데, 오직 거기에 의리선만 있었겠는가."[566]고 하여 설령 의리선이라고 할지라도 그것은 의리선 속의 여래선이라고 말한다.

또한 우담이 "삼승과 일승은 가르침이 비록 얕고 깊음의 차이가 있지만 모두 정·혜를 닦아 증입한 것이기 때문에 그것을 의리선이라고 말한다. 이에 대하여 『선문염송(禪門拈頌)』을 살펴보면 곧 오직 제일구인 교외별전의 일미선만 주(主)인데, 깊음은 반드시 얕음을 갖추고 있기 때문에 또한 제이구인 의리선도 있다."[567]고 주장하는 것에 대하여, 진하는 옛날의 총림에서 말한 바 인(人)에 의거하여 여래선과 조사선이라고 말했음을 설명하면서 우담의 주장에 대해서는 완곡하게 다음과 같은 말로 결론을 짓는다.

다만 법에 의거하고 인에 의거하여 내세운 명(名)에는 차이가 있지만 그 실(實)은 동일하다. 오직 조사선만

---

566) 『禪文再正錄』, (韓佛全11, p.870下) "我國普照國師 集定慧結社文 是知定慧之學 奚獨爲義理禪也"故我國普照國師 集定慧結社文 是知定慧之學 奚獨爲義理禪也

567) 『禪門證正錄』, (韓佛全10, p.1140中 "三乘一乘之敎 淺深雖異皆修定慧而證入 故謂之義理禪 當此拈頌看 則唯第一句敎外別傳一味禪爲主 深必該淺 故亦有第二句義理禪也"

격외선이고, 여래선은 오히려 의리선이다. 무릇 이종선을 내세우고 거기에 격외와 의리를 배대한 것에는 우담과 설두 사이에 어긋나는 국면이 있다. 그 때문에 그것이 설옹(雪翁, 雪竇有炯)에게 비판되었다.568)

이와 같은 비판은 진하가 우담홍기(優曇洪基)의 주장과 우담홍기를 비판한 설두유형(雪竇有炯)의 주장을 비판보다는 모두 긍정하는 말이기도 하다. 왜냐하면 우담의 주장은 백파의 삼종선 자체에 대해서는 부정하지 않고 그 의미에 대해서만 비판하기 때문이다.

3) 다음으로 설두의 격외선과 의리선의 분류에 대하여 비판한다.

설두가 "말하자면 여래의 깨침을 여래선이라고 말하고, 조사가 전한 것을 조사선이라고 말한다. 이런 까닭에 여래선은 조사선보다 하열하다."569)고 주장한 것에 대하여 진하는 "이 설두[雪老]는 곧 이선을 변별함에 있어서 그것이 유래한 연원에 대해서는 백파를 초월한[超師] 견해가 있는데, 여래는 단독으로 석가에만 해당시키고, 조사는 다만 진귀에만 해당시켰다. 그 법은 삼세의 불·조(佛·祖)에 통용되는 선이 아니다. (그러나 설두는) 어리석은 사람이었기

---

568) 『禪文再正錄』, (韓佛全11, p.870下) "但約法約人 立名有异 其實同也 唯祖師禪爲格外 如來禪猶爲義理 但立二種禪 其格外義理之配 有所違局故 爲雪翁之所破也"
569) 『禪源遡流』, (韓佛全10, p.653中) "謂如來悟底 名如來禪 祖師傳底 名祖師禪也 是故如來禪 劣於祖師禪"

에 이선의 명칭이 처음에 언제부터 시작되었는지도 몰랐다."570)고 설두의 잘못을 지적한다. 이것은 사실 백파와 설두를 싸잡아서 비판한 것이기도 하였다.

이처럼 격외선과 의리선을 조사선과 여래선에 차별적으로 나누어 배대한 설두의 견해에 대하여 진하는 의리선의 경우에 의리(義理)의 지해에 불과할지라도 가히 의리를 가지고도 그것을 활용하는 측면에 따라서 여래선과 조사선으로 배대가 가능하다는 증거를 들었다. 곧 반드시 교외별전의 선이어야만 조사선을 충족한다는 설두의 주장을 정면으로 비판하였다.

진하는 다시 백파의 여래선·조사선과 삼처전심의 배대에 대해서는 백파가 여래선과 조사선의 이선을 가지고 여래의 삼처전심에 배대하여 "다자탑전분반좌(多子塔前分半座)는 여래선을 보인 것이고, 영산회상염화미소(靈山會上拈花微笑)는 조사선을 보인 것이며, 사라수하곽시쌍부(沙羅樹下槨示雙趺)는 이선을 함께 보인 것이다. 이것은 곧 구곡노인의 의도이다."571)고 말한 것에 대하여 비판을 가한다. 곧 이에 대하여 진하는 『염송설화(拈頌說話)』를 경증으로 인용하여 비판을 가한다. 곧 구곡각운(龜谷覺雲)이 내세운 여래의 삼처전심 가운데는 비록 단지 살인도와 활인검만 배대하였을 뿐이고 여래선과 조사선에 대해서는 말하지 않았고, 다만 달마의 삼처전심을 내세운 곳에서 이미

---

570) 『禪文再正錄』, (韓佛全11, p.869上) "此老則卞得二禪 所從之淵源 有超師之見 而以如來 獨當釋迦 祖師但爲眞歸 此法非三世佛祖通用之 禪也 愚則未知二禪之名 始自何時"

571) 『禪文手鏡』, (韓佛全10, p.519下) "分半座 如來禪 擧拈花 祖師禪 槨示雙趺 二禪齊示 此是龜谷老之意"

여래선과 조사선의 이선을 배대하였을 뿐이라는 것이다.

진하는 다시 설두의 살활에 대해서도 비판한다. 곧 설두
유형이 "이 제일구에서 해명한 살·활도 또한 특별한 기·용
일뿐이지, 저 삼처전심의 살·활은 아니다."572)고 말한 점에
대하여, 진하는 "그것은 염송설화의 일부에 해당한다. 그런
데도 설두는 이미 살·활이 삼처전심의 살·활이 아니라면서
도 여래선과 조사선의 이선에 맞추어 배대하였다."573)고
지적한다. 진하는 여래선은 일심의 흔적을 벗어나지 못하
여 교격(敎格)에 머물러 있는 까닭에 교(敎)에 의거하여
체·용 등의 명칭을 내세우지만, 조사선이야말로 곧장 존귀
를 초월하여 끝내 몰파비(沒巴鼻)이기 때문에 교외(敎外)
의 기(機)·용(用)·살(殺)·활(活) 등으로써 명칭을 내세운다
는 것이다.

이처럼 진하는 백파와 우담과 설두의 견해에 대하여 비
판을 가하였다. 그러나 진하는 나아가서 자신이 비판한 백
파와 우담과 설두의 견해만이 아니라 초의의 견해까지 끌
어들여 비판적으로 계승한 모습을 보여주었다. 진하가 비
판한 성격은 대체적으로 백파의 『선문수경』을 강하게 비판
했던 초의의순과 우담홍기, 그리고 초의의순과 우담홍기를
강하게 비판했던 설두유형과 같은 어조로 비판을 가한 것
은 아니었다. 거기에는 각자의 주장에 나름대로 취할 점을
인정하는 자세를 보여준 것으로 기존의 선리논쟁에 대한
중도적인 입장을 보여주었다. 이와 같은 진하의 태도는 여

572) 『禪源溯流』, (韓佛全10, p.675下) "此第一句中所明殺活 特機用而已
非彼三處傳心之殺活"
573) 『禪文再正錄』, (韓佛全11, p.871上) "而說話一部 旣無殺活 的配如
來祖師二禪"

러 가지 논쟁의 관점에 대하여 논의를 크게 확대시키려고 하지 않고 총체적인 입장에서 선리논쟁의 긍정적인 방향으로 조망하려는 것이었다. 이에 다음과 같이 말한다.

> 기타 변별과 해석에 대하여 백파노인이 집성한 『선문수경』, 중부자(中孚子)가 저술한 『사변만어』, 우담홍기가 저술한 『소쇄선정록』, 설두유형이 저술한 『선원소류』에서 각각 그 장점을 다하였기 때문에 거듭하여 번거롭게 비판한 필요가 없다. 단지 몇 가지 의문점을 주워서 그것을 해결하였고, 모든 사가(백파·초의·우담·설두)의 뒤를 이었다.[574]

이로써 보자면 진하는 백파 · 초의 · 우담 · 설두 등의 관점을 무조건 배격만 한 것은 아니었다. 진하 나름대로 장점을 취해서 이미 제기된 의문점을 해소하려고 노력했던 태도를 높이 평가하였다 진하의 견해는 조선 후기 선리논쟁에서 새로운 논점의 제기보다는 다양한 선리논쟁에 대한 긍정적인 측면으로 상호 보완하려는 자세를 보여주었고, 전통적으로 내려왔던 논쟁에 대하여 종합하려는 태도를 보여주었다.

지금까지 고찰해본 것처럼 한국선의 역사에서 조선 후기에는 수많은 사기(私記)의 출현과 함께 그로부터 전개된 다양한 선리의 발전이 출현하였다. 그 가운데 백여 년이 넘도록 지속되었던 선리의 논쟁은 단연 돋보이는 것이었

---

574) 『禪文再正錄』, (韓佛全11, p.871下) "其餘卜釋白老集禪文手鏡 中孚子著四辨漫語 優曇師述掃洒先庭錄 雪竇老述禪源渻流 各盡其美不可復贅 只撫數疑處決之 續諸四家之後"

다. 특히 백파의 선리논쟁에 드러난 주장에 대하여 초의가
『선문사변만어』를 통해서 비판했던 주제들, 가령 임제삼구
에 근거하여 그것을 삼종선과 관련시키는 문제로부터 삼처
전심, 조사선과 여래선의 이선과 선문오종의 배대, 조사선
과 여래선의 유래, 격외선과 의리선, 살인도와 활인검, 진
공과 묘유의 의미 등 일곱 가지 주제가 선리논쟁의 직접적
인 발단이 되었다. 초의가 비판한 성격은 일곱 가지에 걸
쳐 있는데, 대부분은 백파가 주장한 내용 및 용어에 대하
여 문헌의 근거와 관련하여 비판한 것이 많았지만, 백파가
보여준 도식적인 견해에도 거부감이 있었다.

한편 우담홍기는 초의와는 개별적으로 백파의 견해에 대
하여 삼처전심, 조사선과 여래선 및 의리선과 격외선의 변
별 기준, 살인도와 활인검을 분별하는 기준, 삼구와 일구
의 관계 등 네 가지 주제에 걸쳐 비판을 가하였다. 우담홍
기는 단순히 백파의 선리를 비판만 한 것이 아니라 기존의
선문헌에 근거한 근본적인 단서에 관심을 보여주었다.

백파의 제5세 법손이었던 설두유형은 백파의 견해를 옹
호하면서 초의와 우담의 비판에 반박하면서 그 근거도 백
파의 견해에다 두었다. 설두는 초의에 대해서는 조사선과
여래선, 삼처전심과 이선의 배대, 권(權)에 즉하여 실(實)
을 해명하는 것은 격외선이 아니라는 것, 임제의 제삼구는
의리선이라는 것, 살과 활의 구별, 선종오가의 배열, 진공
과 묘유의 내용 등 총 여덟 가지에 걸쳐 반박하였다. 또한
우담에 대해서는 삼처전심의 구별, 여래선·조사선 및 의리
선·격외선의 배대, 살인도와 활인검의 적용, 삼구와 일구의
관계 등 네 가지 비판에 대하여 반박하였다.

또한 축원진하는 기존의 오랜 논쟁에 대한 종합적인 태도를 취함으로써 백파·초의·우담·설두 등의 관점을 무조건 배격만 한 것이 아니었다. 진하는 이미 제기된 의문점을 해소하려고 노력함으로써 선리논쟁의 의미를 긍정적인 측면으로 유도하려는 자세를 보여주었다.

조선 후기에 출현했던 이들 선리의 논쟁의 성격은 한국 선종사에서 어떤 논쟁보다도 다양한 주제에 걸쳐서 오랫동안 지속적으로 심화된 모습을 보여줌으로써 한국선의 특색을 잘 드러내준 사건이었다. 이 선리논쟁은 임제선종이 주류를 형성해왔던 한국선의 정체성과도 무관하지 않은 주제로서 중국의 초기선종 시대에 보였던 남종과 북종의 정통 논쟁, 그리고 반야다라의 예언에 근거하여 홍주종을 중심으로 법맥을 확장하려고 했던 논쟁 등에 비견되는 사건이기도 하였다.

VII. 선리논쟁의 착종과 날줄

8세기 중반에 동산법문(東山法門)이 법랑(法朗)에 의해 수입된 이래로 한국선은 몇 가지 측면에서 특수한 측면으로 전개되었다. 우선 선과 교의 관계에서 보면 수입기에는 의도적인 선교차별의 성격이 강하게 드러났다. 이후 점차 선과 교의 일치 내지 융합의 견해도 있었지만, 궁극적으로는 선주교종(禪主敎從)의 성격을 벗어나지는 않았다. 그것은 선종이라는 정체성을 표방한 것에 근원적인 이유가 있었기 때문에 지극히 당연한 결과였다.

또한 선종 가운데서도 조계혜능(曹溪慧能: 638-713)의 남종선(南宗禪)의 도입으로 본격적인 출발을 보여주었다. 그로부터 전개된 중국의 선종오가(禪宗五家)가 고려전기까지 모두 수입되었는데, 특히 임제종(臨濟宗) 중심의 역사로 전개되어 왔다. 따라서 고려 후기 이후부터 오늘날까지 임제종풍을 정통으로 표방하고 기타는 방계로 취급하는 전통이 주류를 형성하였다. 이와 같은 까닭에 선리(禪理)의 측면에서도 임제종의 선리에 대한 관심과 우월성이 크게 부각되었다.

그 시작은 고려시대 진정천책(眞靜天頙: 1206-?)의 『선문강요집(禪門綱要集)』에서 찾아볼 수가 있다. 『선문강요집』은 임제삼구에 대한 논의가 중심을 이루고 있고, 기타 운문삼구의 선리에 대한 논의가 함께 수록되어 있다. 이들 임제삼구(臨濟三句)와 운문삼구(雲門三句)에 대한 논의는 한국선리의 논쟁의 시원이 되었는데, 그것이 조선 후기에 이르러 새롭게 다양한 측면으로 전개되는 데에는 白坡亘璇

(1767-1852)의 임제종 중심의 우월관념이 크게 작용하였다.

여기에서는 백파긍선의 『선문오종강요사기(禪門五宗綱要私記)』와 『선문수경(禪文手鏡)』이 출현한 이래로 그 선리가 초의의순(草衣意恂: 1786-1866)의 『선문사변만어(禪門四辨漫語)』에서 비판됨으로써 불거진 소위 선리논쟁의 전개와 그 쟁점에 대하여 우담홍기(優曇洪基: 1822 - 1881)의 『선문증정록(禪門證正錄, 掃灑先庭錄)』, 설두유형(雪竇有炯: 1824-1889)의 『선원소류(禪源溯流)』, 축원진하(竺源震河: 1861-1926)의 『선문재정록(禪文再正錄)』등 일련의 논쟁서를 중심으로 전개된 비판의 내용 가운데서 착종과 그들 모든 사람에게 통시적으로 관통하는 일련의 주제에 주목하여 고찰해보고자 한다.

1. 선리논쟁의 직접적인 발단

조선 후기 선리논쟁의 양상은 다양한 주제와 여러 사람에 의하여 상호 비판과 옹호와 반작을 거치면서 확산되고 심화되며 수렴되는 모습으로 전개되었다. 그 논쟁의 발단은 백파가 『선문수경』을 통해서 제시한 23가지 항목에 기인한다.

곧 ① 임제의 삼구도(三句圖)에 대한 설명을 필두로 하여 ② 향상본분진여, ③ 향하신훈삼선, ④ 의리선 삼구송, ⑤ 삼구도시, ⑥ 의리선격외선변, ⑦ 말후구최초구변, ⑧ 신훈본분변, ⑨ 살활변, ⑩ 원상설, ⑪ 삼성설, ⑫ 일촉파삼관유오중, ⑬ 배금강사구게, ⑭ 배삼신유삼중, ⑮ 배오분

법신, ⑯ 배사홍원, ⑰ 배좌선선정사자, ⑱ 달마불립문자직
지인심견성성불, ⑲ 달마삼처전심, ⑳ 선실삼배설, ㉑ 간당
십통설, ㉒ 무자간병론과해, ㉓ 선교대지불출진공묘유대기
대용 등이다.

이러한 『선문수경』의 내용에 대하여 草衣意恂(1786 –
1866)이 『선문사변만어』를 통해서 일곱 가지에 대하여 비
판을 가한 것으로부터 조선 후기의 선리논쟁이 본격적으로
시작되었다.

> 영남에서 온 어떤 객이 자기는 목부산 육은노인의 법제
> 자[法胤]라고 말했다. 비 때문에 열흘 정도 묶으면서
> 그 스승[육은노인]의 선론에 대하여 많은 말을 하였다.
> 그런데 전통적인 이치와 어긋나는 것이 있기에 문헌
> [本]을 인용해서 증명하고 바로잡겠다.575)

초의가 비판을 가한 직접적인 원인은 '전통적인 이치와
어긋나는 것이 있기 때문'이라는 것이고, 그에 대한 대응책
은 '문헌을 인용해서 증명한다'는 것이었다.
이것은 초의가 보여준 선리비판의 대의와 그 방식에 해
당한다. 이에 초의가 비판한 주제는 ① 여래의 삼처전심에
대한 살·활의 관계 및 여래선·조사선의 관계 ② 임제삼구
와 삼종선의 관계 ③ 삼종선과 선종오가의 관계 ④ 삼처전
심에 붙인 조사선·여래선의 유래 ⑤ 격외선과 의리선의 용
어에 대한 유래 ⑥ 임제삼구와 살인도·활인검의 관계 ⑦

---

575)『禪門四辨漫語』, (韓佛全10, p.820下)"有客自嶺南來者 自言木浮山
六隱老之法胤 滯雨十餘日 盛言其師之禪論 有反古義處 引本證正"

불변·수연 및 진공·묘유의 관계 등이었다.

	주제	내용
1	삼처전심,살활, 격외(조사선,여래선)	분반좌는 살이고 염화미소는 살활겸비라는 백파의 말은 근거가 없다
2	삼종선과 임제삼구	신훈만 있고 본분이 없으므로 의리선이라고 말한 근거가 일우설에 없다
3	삼종선과 선종오가	기용을 기준으로 그 유무에 따라 조사선과 여래선으로 분류하는 것은 근거가 없다
4	조사선과 여래선을 삼처전심의 배대	그 유래는 앙산에게서 비롯되었기 때문에 오류다
5	격외선과 의리선	이심전심에 의거하는 것은 조사선이고 언설과 이치에 의거하는 것은 의리선이다
6	삼처전심, 임제삼구, 살활	살은 본체, 활은 작용, 慧에 의거하는 것은 살이고, 智로 관조하는 것은 활이다
7	불변수연, 진공묘유	자성이 망과 화합하지 않으면 진공이고, 자성에 만덕을 갖추고 있으면 묘유다

이들 일곱 가지 주제에 대한 비판은 초의가 백파의 다양한 주제 가운데 선택적으로 접근한 것이기 때문에 언급되지 않은 기타의 주제에 대해서는 논외로 남아있다.

첫째는 백파가 삼처전심에서 다자탑전분반좌(多子塔前分半座)는 살(殺)만 있고 활(活)이 없어서 격외선 중의 여래선이고, 영산회상염화미소(靈山會上拈華微笑)는 살(殺)과 활(活)의 겸비로서 격외선 중의 조사선이라는 주장576)에 대하여 초의는 비판한다. 초의는 구곡각운(龜谷覺雲)의 말에 분반좌는 살(殺) 뿐이고 염화미소는 살(殺)과 활(活)을 겸비했다는 것은 보이지 않는다고 말한다.577)

둘째는 백파가 임제의 제일구를 조사선에, 제이구는 여래선에, 제삼구는 의리선에 해당한다는 주장578)에 대하여 초의는 비판한다. 초의는 백파가 경증으로 내세운 『선문강

---

576) 『禪文手鏡』, (韓佛全10, p.519下)
577) 『禪門四辨漫語』, (韓佛全10, p.820下)
578) 『禪文手鏡』, (韓佛全10, pp.515下-516下)

요집』의 일우설(一愚說)에는 임제삼구를 신훈만 있고 본분
이 없기 때문에 의리선에 배대한 것은 그 근거를 찾아볼
수 없다고 말한다.579)

셋째는 백파가 조사선에는 임제종과 운문종이 속하고,
여래선에는 조동종과 위앙종과 법안종이 속한다는 주
장580)에 대하여 초의는 비판한다. 초의는 조사선과 야래선
의 판단의 기준을 기(機)와 용(用)의 유무를 가지고 평가
하는 것은 근거가 없다고 말한다.581)

넷째는 백파가 삼처전심의 항목에다 조사선과 여래선이
라는 용어를 붙이고 있지만, 초의는 본래 그 유래가 앙산
혜적(仰山慧寂: 807-883)의 말에서 처음 출현한 것이라
고 말한다.582)

다섯째는 백파가 말하는 격외선과 의리선이라는 용어의
경우도, 초의는 본래 격외는 있었어도 격외선이라는 말은
없었고, 의리는 있었어도 의리선이라는 말은 없었다고 말
한다.583)

여섯째는 백파가 분반좌를 임제의 제이구로 간주하여 살
인도에 관련시키고 활인검을 제일구로 간주하여 염화미소
에 관련시킨 것584)에 대하여, 초의는 살(殺)은 본체에 의
거한 것이고, 활(活)은 작용에 의거한 것이며,585) 혜(慧)
로 미혹을 없애는 것은 살(殺)이고, 지(智)로 진실을 조망

---

579)『禪門四辨漫語』, (韓佛全10, p.821下)
580)『禪文手鏡』,(韓佛全10, p.519下)
581)『禪門四辨漫語』, (韓佛全10, p.824上)
582)『禪門四辨漫語』, (韓佛全10, pp.826下-827上)
583)『禪門四辨漫語』, (韓佛全10, p.827下)
584)『禪文手鏡』, (韓佛全10, p.520中)
585)『禪門四辨漫語』, (韓佛全10, p.828下)

하는 것은 활(活)이라고 말한다.586)

일곱째는 백파가 수연은 묘유이고 불변은 진공이라는 주장587)에 대하여, 초의는 영가현각(永嘉玄覺: 665-713)과 장사경잠(長沙景岑)과 『대승기신론(大乘起信論)』에 근거하여 비판한다.588)

이들 일곱 가지 주제에 대한 초의의 비판은 두 가지로 드러나 있다. 하나는 앞의 세 가지 비판은 『선문수경』의 문장을 직접적으로 인용하여 축자적인 입장으로 비판한 것이다. 그래서 이 세 가지는 『선문사변만어』를 통해서 그에 해당하는 대목을 확인해볼 수 있다. 둘은 뒤의 네 가지 비판은 문맥에 함의되어 있는 내용과 전체적인 경향에 근거하여 비판한 것이다. 이것은 백파의 사상적인 경향에 대한 비판이기도 하다.

이것이 곧 조선 후기에 선종사에서 본격적으로 제기되어 백여 년 동안 전개된 한국선의 선리논쟁의 직접적인 모습이었다. 그것은 다름이 아니라 백파의 견해에 대한 초의의 반박의 성격으로부터 비롯되었다. 그런데 초의가 보여준 비판의 관점은 앞서 언급한 것처럼 명분으로는 전통적인 이치에 어긋난다는 것이었지만, 더욱 직접적인 원인으로는 임제삼구를 비롯한 기타 다양한 선리에 대하여 도식적으로 끌어다 맞추려는 인위적이고 의도적인 태도에 대한 비판이었음에 주목할 필요가 있다. 왜냐하면 백파는 『선문수경』을 저술함에 있어서 먼저 다양한 선리에 대하여 그것을 도식으로 표방하고 그 도식에 대하여 구체적으로 설명하는

---

586) 『禪門四辨漫語』, (韓佛全10, p.829中)
587) 『禪文手鏡』, (韓佛全10, p.527中)
588) 『禪門四辨漫語』, (韓佛全10, pp.829下-830上)

방식을 취하였기 때문이다.

2. 논쟁의 관점과 착종

이상에서는 백파의 견해에 대하여 초의가 비판을 가한 것으로부터 촉발된 점을 중심으로 고찰하였다. 그 이후로 제방에서 백파의 견해에 대한 추가적인 비판의 입장으로는 우담홍기(1822-1881)가 가세하였고,[589] 백파의 견해에 대하여 옹호하고 초의와 우담의 견해에 대하여 반박하는 입장으로는 설두유형(1824-1889)이 가세하였으며,[590] 초의의 견해에 대해서는 아무런 입장을 피력하지 않고 우담과 설두의 견해에 대하여 수렴하는 입장으로는 축원진하(1861-1926)가 가세하였다.[591] 이들 비판과 옹호와 반박과 수렴 등으로 착종(錯綜)된 논쟁의 면모에 대하여 고찰해 본다.

1) 우담의 백파 견해 비판

우담홍기의 『선문증정록(『소쇄선정록』)』은 1874년에 저술되었지만, 이후에 혜근(惠勤)의 「서문」과 보정(寶鼎)의 「발문」이 붙은 형태로 1913년 7월 20일 금명보정(錦溟寶鼎: 1861-1930)이 창문사(昌文社)에서 간행하였다. 우담

---

589) 김호귀, 「우담홍기의 『선문증정록』에 보이는 선리비판 고찰」, 『선문화연구』29, 2020. 12.
590) 김호귀, 「『선원소류』에 나타난 선리논쟁의 고찰」, 『동아시아불교문화』43, 2020.9.
591) 김호귀, 「『선문재정록』에 나타난 선리논쟁의 성격 고찰」, 『원불교사상과종교문화』85, 원광대학교 원불교사상연구원, 2020.9.

이 백파의 견해에 대하여 가한 비판의 성격은 초의와는 다른 관점에서 이루어졌다.592) 우담은 초의와는 다른 관점에서 백파의 견해에 대하여 네 가지 주제에 대하여 비판한다.

	비판의 주제	
1	삼처전심	여래의 삼처전신
		달마의 삼처전신
2	여래선·조사선, 및 의리선·격외선	
3	살인도·활인검	
4	삼구·일구	
5	총론적 비판	

하나는 달마의 삼처전심 가운데 제일처전심을 제법단부문답(諸綠斷否問答) 및 여래의 삼처전심 가운데 제일처전심을 다자탑전분반좌로 내세우고 있는 점에 대하여 비판한다. 백파가 여래선은 분반좌이고 조사선은 거염화와 곽시쌍부라는 주장에 대하여 우담은 삼처전심을 모두 조사선과 격외선과 제일구에 해당하는 것으로 보았다. 그 근거로 『염송설화』를 경증으로 들었다.

백파는 혹 여래분반좌(제일전) 곧 제일구인 조사선 및 살인도를 가지고 제이구인 여래선으로 삼고, 또한 모든 반연을 단절했는가 하는 문답을 가지고 달마의 초전을 삼았는데, 그와 같은 견해는 『경덕전등록』과 『염송설화』에 수록되어 있지 않은 줄도 모르고 그처럼 오판한 것이었다. 이에 선원(禪源)이 한번 흐려지자 여래선·조사

---

592) 이런 점에서 "어디까지나 초의의 입장에서 백파를 논평했다."(한기두, 『한국선사상』 서울: 일지사, 1993, p.568)는 한기두의 주장은 재고할 필요가 있다.

선, 살인도·활인검, 삼구·일구 등 천파·만류가 일시에 혼
탁해졌다. 내가[愚: 우담홍기] 지금 밝힌 것은 무릇 조
문(祖文)의 고석(古釋)을 인용하여 판별한 것이다. 따
라서 공이 조문(祖文)에 있지 어찌 나에게 있겠는
가.593)

백파의 삼처전심설에 대하여 우담은 조사선과 여래선의
문제에 결부시켜서 논의하였고, 초의는 살과 활의 문제에
결부시켜서 논의하였다.

둘은 조사선과 여래선과 의리선과 격외선을 나누는 기준
에 대하여 비판한다. 곧 백파의 견해에 대하여 삼종선 자
체는 부정하지 않고 의미에 대하여 우담은 비판을 가한다.
우담의 입장으로 보면 조사선의 경우에 삼처전심 모두 교
외별전이고 격외선이고,594) 여래가 자증한 선이므로 여래
선이며,595) 땅이 진동한 의리의 흔적을 벗어났고 경교를
벗어난 것이므로 격외선이다.596) 그런데 상서를 드러내고

---

593)『禪門證正錄』, (韓佛全10, p.1138中) "或以如來分半座第一句祖師禪
　　殺人刀爲第二句如來禪 又以諸緣斷否問答 爲達摩之初傳 不知傳燈拈頌
　　不載之義 如是誤辨 於是禪源一濁 如來禪祖師禪 殺人刀活人劍三句一
　　句等 千派萬流 一時渾濁愚今所淸者 但引祖文古釋 以辨之功在祖文 何
　　在於我哉"
594)『禪門證正錄』, (韓佛全10, p.1138中) "夫敎外別傳 但有三處 而上第
　　一段已知三傳 總屬於第一句祖師禪之格外"
595)『禪門證正錄』, (韓佛全10, p.1138中-下) "所謂如來禪者 如來於正覺
　　山前 見明星 而證得第二句 如證而說華嚴等經 而初現瑞動地 直示第二
　　句 利根頓證 鈍根罔措 故不得已 現說於妙音善字之中以成經敎 然其實
　　本意 現瑞動地 直示第二句之禪 使衆生 悟修斯<俱?>亡 欲證一句法身
　　之意也 此是如來自證之禪 故曰如來禪也"
596)『禪門證正錄』, (韓佛全10, p.1138下) "所謂祖師禪者 世尊自知所證
　　猶未臻極 尋訪眞歸祖師 始證第一句了沒巴鼻之心印 此是世尊 得之於
　　眞歸祖師 故曰祖師禪也 此和根拔去 了沒巴鼻之第一句 永脫現瑞動地

땅을 진동시키는 것은 의리(義理) 및 경교(經敎)의 짐적(朕迹)이므로 의리선이다.597) 소위 우담에게 삼처전심 전체는 제일구로 격외선이므로 백파가 분반좌를 여래선에 배대하는 것을 비판한다.

셋은 살인도와 활인검을 나누는 기준에 대하여 비판한다. 우담은 삼처전심을 모두 제일구로 보아 분반좌의 살인도와 염화미소의 활인검이 포함시킨다. 그러나 백파는 염화미소를 제이구에 포함시킨다.598) 또한 우담은 제일구에서 동시삼구(同時三句)와 부동시일구(不同時一句)를 얻을 수 없는 것을 살(殺)이라고 하고, 동시삼구와 부동시일구를 얻을 수 있는 것을 활(活)이라고 한다.

> 살을 벗어나 따로 활이 없기 때문에 백장회해는 대기만 얻고 … 활을 벗어나 따로 살이 없기 때문에 황벽희운은 대용만 얻었다.599)

곧 우담은 백파의 살활 주장에 대하여 "선문강요집과 염송설화 등 어디에서 살인도로써 제이구를 삼은 것이 있던가. … 또한 『선문수경』에서 여래의 초전인 분반좌(分半座)를 그리고 염송설화에서는 이미 살인도에 배대하였다. … 살·활의 극유(極喩)를 제이구에다 억지로 묶어둔 것은

義理之迹 亦能出於經敎之外 故亦名格外禪也"
597) 『禪門證正錄』, (韓佛全10, p.1138下) "此是如來自證之禪 故曰如來禪也 猶形於現瑞動地之義理 經敎之朕迹 故亦名義理禪也"
598) 『禪門證正錄』, (韓佛全10, p.1141中) "然殺活皆第一句上 義分兩傳而體則一"
599) 『禪文手鏡』, (韓佛全10, p.520中) "以殺外無活 故百丈得大機 … 以活外無殺故"

가소로운 일이다. 또한 단기(單機)와 단용(單用)에다 묶어
둔 것은 후학의 안목을 어둡게 만든 것인데 그렇게 한 연
유가 궁금하다. 그 때문에 이제 그 살·활의 극유를 바로잡
아서 오직 제일구에만 배치한다."600)고 비판한다.

넷은 삼구와 일구의 상호관계의 차이점에 대하여 비판한
다. 백파는 삼구와 일구를 다섯 가지의 점에서 동일하지
않다고 말한다.601) 그러나 우담은 『선문강요집』에 보이는
일우부(一愚夫)의 말을 인용하여 "일구는 삼구 이외에 별
도로 있는 것이 아니고, 이에 삼구의 체와 무이(無二)로서
하나를 들면 전체가 거두어지기[擧一全收] 때문에 그것을
일구이다."602)고 말한다. 곧 일구를 들어보면 삼구가 수렴
되고, 삼구를 들어보면 일구가 수렴되며, 최초구를 들어보
면 말후구가 수렴되고, 말후구를 들어보면 최초구가 수렴
되어 대단히 분명한데도 불구하고, 백파는 일구와 삼구를
어지럽게 섞어서 조리를 상실하고 근본과 지말에 미혹하게
만들어버렸다고 비판한다.

2) 설두의 옹호와 반박

---

600) 『禪門證正錄』, (韓佛全10, p.1142上) "綱要說話等何處有以殺人刀
爲第二句者乎 … 又如來初傳分半座 說話旣配殺人刀 … 嘻殺活極喩
壓累於第二句中 又累於單機單用 而昧目後學 不知其然 故今正其殺活
極喩 獨在乎一句中也"
601) 『禪文手鏡』, (韓佛全10, p.521上) "一第三句有無中爲三句 二第二句
三玄爲三句 本分爲一句也 三權實中爲三句 宗門向上爲一句也 四第一
句三要爲三句 向上一竅爲一句也 五向上眞空爲一句 妙有三要爲三句也
五重中 初一但三句 中三 先三句後一句 後一 先一句後三句也"
602) 『禪門證正錄』, (韓佛全10, p.1142下) "一句者非三句外別有也 乃三
句體無二 而擧一全收 故謂之一句也"

설두는 『선원소류』를 지어서 초의와 우담의 양자의 견해에 대하여 "어떤 한가로운 장로들이 서술한 말을 기록하여 마침내 몇 가지 조항의 설명으로 판별하였는데, 그것은 아마 어목(魚目)이 아닐까 싶다."[603]는 말로 비판을 시작한다.

	주제	내용
1	여래선과 조사선	선문강요집과 염송설화를 경증으로 설명
2	삼처전심	달마 삼처전심의 항목에 이견을 보임
3	살인도와 활인검	조사선-정전, 여래선-방전. 조사선과 여래선의 우열 인정
4	의리선과 격외선	격외선에 조사선과 여래선 인정. 의리선과 여래선의 분별
5	임제삼구의 변	백파의 견해. 설두 자신의 견해. 초의의 견해에 오류 지적
6	사변만어 비판	8가지로 초의의 견해를 비판
7	선문증정록 비판	우담이 비판한 네 가지 주제를 소개하고 그것을 비판
8	비판의 총결	사변만어와 선문증정록을 병합하여 평가

그리고 "이제 그 『어(語)』(선문사변만어)에 대하여 설(說)하고, 그 『록(錄)』(소쇄선정록)에 대하여 변(辨)해보겠다."[604]고 말한다.

우선 백파의 견해를 전적으로 수용해서 초의의 비판에 대하여 여덟 가지로 반박한다. 그 형식을 보면, 먼저 초의가 백파가 말한 인용의 대목을 들고, 그에 대한 초의의 비판을 들며, 설두 자신이 초의의 비판에 대해 반박하는 등 소위 삼단의 형식으로 진행되어 있다.

하나는 조사선에 대해서는 "그것은 선전(禪詮)에 의거한 것이다. 또한 『염송설화』에서 말한 '만약 제상을 진상이 아니라고 본다면 곧 여래를 보지 못한다.'는 것은 곧 조사선이다. 그러나 이것은 언구로써 명칭을 삼은 것이 아니

---

603) 『禪源遡流』, (韓佛全10, p.667下) "有箇閑長老 逑成語與錄 逐條說 又辨 或恐認魚目"
604) 『禪源遡流』, (韓佛全10, p.667下) "故今說其語 辨其錄 名曰四辨漫語說(說者如屛 山李純甫鳴道集說) 掃灑先庭錄辨"

다."605)고 초의의 비판에 반박한다.

둘은 여래선에 대해서는 "살·활이 모두 곧 조사문중의 사(事)로서 여래선과 조사선의 이선(二禪)에 우열의 변별은 없다. 남악과 청원에 이르러 살·활로 나뉘어 전수되었기 때문에 비로소 여래선과 조사선이라는 이선의 명칭이 성립되었다. 살은 곧 여래의 깨침이기 때문에 여래선이라고 말한다."606)고 초의의 비판에 반박한다.

셋은 삼처전심과 이선의 관계에 대하여 "구곡은 세존의 삼처전심을 해석하여 살인도와 활인검을 전수한 것이라고 말한다. 그리고 혜가의 삼처전심을 해석하여 여래선과 조사선을 터득한 것이라고 말한다."607)고 초의의 비판에 반박한다.

넷은 격외선에 대하여 "의미로 말하자면 깨치는 것은 곧 실이고, 깨친 이후에 삼현이라는 방편[창과 갑옷]을 시설한 것은 인간과 천상을 위한 것인데 이것은 권이다."608)고 초의의 비판에 반박한다.

다섯은 의리선에 대하여 "제삼구야말로 어찌 이로(理路)를 초월해서 들어간 것이 아니겠는가. 대개 삼구로써 삼선을 삼은 것이 곧 임제의 本意였다. 그 때문에 일우는 그것을 배대하여 단지 제이구인 형체[現]만 여래선에 배대하였

605) 『禪源遡流』, (韓佛全10, p.669上) "此依禪詮也 說話亦云 若見諸相非相 即不見如來云者 是祖師禪 此非以言句爲名耶"
606) 『禪源遡流』, (韓佛全10, p.669中) "故殺活皆是祖門中事也 無有二禪優劣之辨矣 至南嶽淸源<靑原?> 分傳殺活 故始立二禪之名 以殺是如來悟底 故名爲如來禪"
607) 『禪源遡流』, (韓佛全10, p.669中) "龜谷釋世尊三處傳心云 傳殺人刀活人劍 釋慧可三處傳心云 得如來禪祖師禪 佛祖傳心"
608) 『禪源遡流』, (韓佛全10, p.669下) "意謂薦得底 是實也 薦得後 施設三玄戈甲"

다. 그리고 제일구와 제삼구로는 각각 영상[影]과 형체[現]를 드러내려는 까닭에 조사선과 의리선에 대하여 언급하지 않았다."609)고 초의의 비판에 반박한다.

여섯은 살활에 대하여 "대개 기와 용의 경우에 기와 용은 서로 의지[資]한다. … 그러나 살과 활은 곧 그렇지 않다. … 비유하면 사람의 경우에 全身은 체이고, 동용(動用)은 용인 것과 같다. 만약 전신이 무사한처(無事閒處)에 있은즉 그것은 곧 체뿐이지만, 기(起)·래(來)·동(動)·용(用)인즉 그것은 용이다. 그리하여 체에 의거하여 용을 일으키기 때문에 반드시 체를 겸한다."610)고 초의의 비판에 반박한다.

일곱은 선종오가에 대하여 "무릇 살로써 도달한 것인즉 살인데 그 가운데 활이 갖추어져 있기 때문에 제종에서 간혹 조사선을 드러낸 것이라고 염통한다. 그러나 그것은 조사선의 종지가 아니다. 조사선의 종지를 말하자면 그 밖의 법[餘法]을 모르는 것은 아니지만 무릇 일법으로써만 종지를 삼는다. 그 때문에 조동종이 향상을 해명하고, 위앙종은 체와 용을 해명하며, 법안종은 유심을 해명한 것은 모두 그 종지가 여래선이다."611)고 초의의 비판에 반박한다.

여덟은 진공묘유에 대하여 "노사[백파긍선]가 어찌 단공

---

609) 『禪源遡流』, (韓佛全10, p.670上) "然則第三句 豈非涉理路爲入底耶 盖以三句爲三禪 是臨濟之本意 故一愚配之 但第二句現 配如來禪 第一句第三句 欲爲影現故不言"

610) 『禪源遡流』, (韓佛全10, p.670上) "盖機用 機用相資 … 殺活則不然 … 譬如人之全身 體也 動用 用也 若全身無事閒處 則是單體也 起來動用則是用 而依體起用 故必兼體也"

611) 『禪源遡流』, (韓佛全10, p.671上) "盖以殺到底 則殺中具活 故諸宗或弄現祖師禪也 然非其所宗也 言宗者 非不知餘法 但以一法爲宗也 故曹洞宗明向上 僞<潙?>仰宗明體用 法眼宗明惟心 皆宗如來禪也"

(斷空)과 완유(頑有)를 진공과 묘유로 간주했겠는가. 노사
[백파긍선]는 일심의 수연이 곧 만법을 건립한다고 말한
다. 이미 진심의 수연이 만유가 된즉 만법은 곧 그대로 진
심이기 때문에 묘유가 된다.”612)고 초의의 비판에 반박한
다.

다음으로 우담의 네 가지 비판에 대하여 반박한다.

하나는 달마의 삼처전심에 대하여 반박한다. 우담이 멱
심부득(覓心不得), 삼배득수(三拜得髓), 웅이유리(熊耳留
履)라고 말한 것613)에 대해, 설두는 웅이유리에 대하여
“가섭은 시부(示趺)하는 곳에서 삼배를 드리고 자기의 깨
침을 보였지만, 혜가는 유리(留履)의 처소에서 깨침을 보
였던 흔적이 없는데 어찌 득법을 했겠는가.”614)라고 반박
한다.

둘은 법(法)에 의한 의리선과 격외선이 있고, 격외선 가
운데 여래선과 조사선이 있으므로 결국 의리선·여래선·조사
선의 삼종선이 되어 백파의 견해가 옳다고 반박한다.

셋은 살과 활은 모두 제일구가 나뉘어 전승된 것일 뿐이
지 본체는 그대로 같다615)고 반박한다.

넷은 『선문강요집』을 인용하여 우담이 『선문증정록』에서
모든 대대(待對)가 단절되어 있으므로 현(玄)을 전(轉)하

---

612) 『禪源遡流』, (韓佛全10, p.671中) “老師豈以斷空頑有 爲眞空妙有耶
老師云 心隨緣則建立萬法 旣眞心隨緣爲萬法 則萬法即是眞心 故爲妙
有也”
613) 『禪門證正錄』, (韓佛全10, pp.1237中-1238中)
614) 『禪源遡流』, (韓佛全10, p.671下) “迦葉於示趺處 三拜作禮 呈己所
悟 而慧可於留履處 無呈悟之跡 何謂之得法耶”
615) 『禪門證正錄』, (韓佛全10, p.1141中) “然殺活皆第一句上 義分兩傳
而體則一”

여 요(要)라고 말한 것은 잘못이라고 반박한다.616)

이처럼 설두는 백파의 견해에 따라서 우담과 초의의 비판에 반박함으로써 백파의 견해를 정착시키려고 하였다.

3) 축원의 비판적 수렴

축원진하는 1890년 무렵에 저술한 것으로 보이는 『선문재정록』에서 초의에 대해서는 별도로 언급하지 않고 백파, 우담, 설두의 세 사람의 견해에 대하여 전체적으로 논의하지 않고 논의점이 명백한 주제를 선별하여 종합 내지 수렴하려는 모습으로 각각 비판을 가하였다. 일방적으로 어떤 견해를 수용만 하거나 반박만 한 것이 아니라 각각 수용과 비판을 통해서 기존의 논쟁에 대하여 수렴하는 입장에서 비판하고 계승하는 모습을 보여주고 있다.

대상	주제	비판 및 수렴의 내용
백파긍선	조사선과 여래선	조사선·여래선과 삼종선의 배대
백파긍선·설두유형	격외선과 의리선	격외선·의리선의 기준
우담홍기	이종선	조사선·여래선과 격외선·의리선의 배대
백파긍선	삼처전심	여래선·조사선과 삼처전심의 배대
설두유형	살활	살활과 여래선·조사선의 배대
백파·초의·우담·설두	사가의 종합	사가설의 비판적 계승

백파에 대해서는 세 가지 관점, 곧 삼종선에다 조사선과 여래선을 관련시킨, 삼처전심을 조사선과 여래선과 관련시킨 점, 격외선과 의리선을 나눈 기준점에 대하여 나름대로 안목을 발휘하여 비판을 가하였다. 그리고 우담에 대해서는 조사선과 여래선과 격외선과 의리선으로 분류한 근거에 대하여 비판하였다. 나아가서 설두에 대해서는 격외선과

---

616) 『禪源遡流』, (韓佛全10, p.676中)

의리선으로 나눈 근거에 대하여 비판하였다. 유독 초의가 보여준 백파에 대한 비판에 대해서는 아무런 언급도 하지 않고 있다.

우선 백파의 조사선과 여래선 분류에 대해서는 다음과 같이 말한다.

> 설령 인(人)에 의거하지 않고 팬히 어떤 법을 의리선으로 삼으면 외려 각각 인과 법을 개(開)하여 사종선으로 삼느니만 못하다. 어찌 일법(격외선) 및 이인(여래선과 조사선)이라고 하여 인과 법이 다르다는 실수를 범하는가.617)

이에 대하여 "의리와 격외에는 모두 여래선과 조사선이 갖추어져 있다. 의리와 격외는 곧 능구(能具)의 선(禪)이고, 여래와 조사는 곧 소구(所具)의 선이다. … 그러므로 시설된 여래선과 조사선을 가지고 곧 격외선과 의리선이라고 지목할 수는 없다."618)고 평가한다. 한편 우담의 이종선에 대해서는 정(定)과 혜(慧)의 의미를 가지고 직접적으로 비판한 것이 아니라 완곡하게 견해가 다르다는 정도로 언급하고 있다.

> 다만 법에 의거하고 인에 의거하여 내세운 명(名)에는 차이가 있지만, 그 실(實)은 동일하다. 오직 조사선만

---

617) 『禪文再正錄』(韓佛全11, p.868上) "若無約人 而空立一法爲義理禪 反不如各開人法 爲四種禪也 胡乃一法二人 有人法不齊之失耶"
618) 『禪文再正錄』(韓佛全11, p.868中) "夫義理格外中 皆具二禪 義理格外 是能具 如來祖師 是所具之禪 … 不可所將具 卽目能具"

격외선이고, 여래선은 오히려 의리선이다. 무릇 이종선
을 내세우고 거기에 격외와 의리를 배대한 것에는 우담
과 설두 사이에 어긋나는 국면이 있다. 그 때문에 그것
이 설두에게 비판되었다.619)

이 점에 대해서는 축원이 우담의 주장과 그것을 반박한
설두의 견해에 대하여 비판하기보다는 둘 모두를 긍정하고
있다. 왜냐하면 우담은 백파의 삼종선 자체에 대해서 부정
한 것이 아니라 그 의미에 대해서만 비판하기 때문이다.
　다음으로 설두가 "말하자면 여래의 깨침을 여래선이라고
말하고, 조사가 전한 것을 조사선이라고 말한다. 이런 까
닭에 여래선은 조사선보다 하열하다."620)고 반박한 것에
대해서는 "이 설두는 곧 이선의 변별에 대하여 그 연원에
대해서는 백파를 초월한 견해가 있는데, 여래는 단독으로
석가에만 해당시키고, 조사는 다만 진귀에만 해당시켰다.
그 법은 삼세의 불·조에 통용되는 선이 아니다. 그러나 설
두는 어리석은 사람이었기에 이선의 명칭이 처음에 언제부
터 시작되었는지도 몰랐다."621)고 비판적으로 지적한다.
이것은 백파와 설두를 모두 비판한 측면이기도 하다.
　그리고 설두가 "이 제일구에서 해명한 살·활도 또한 특별

---

619) 『禪文再正錄』, (韓佛全11, p.870下) "但約法約人 立名有异 其實同
　　也 唯祖師禪爲格外 如來禪猶爲義理 但立二種禪 其格外義理之配 有所
　　違局故 爲雪翁之所破也"
620) 『禪源遡流』, (韓佛全10, p.653中) "謂如來悟底 名如來禪 祖師傳底
　　名祖師禪 也是故如來禪 劣於祖師禪"
621) 『禪文再正錄』, (韓佛全11, p.869上) "此老則卞得二禪 所從之淵源
　　有超師之見 而以如來 獨當釋迦 祖師但爲眞歸 此法非三世佛祖通用之
　　禪也 愚則未知二禪之名 始自何時"

한 기·용일 뿐이지, 저 삼처전심의 살·활은 아니다."622)고 반박한 말에 대해서 축원은 "그것은 염송설화의 일부에 해당한다. 그런데도 설두는 이미 살·활이 삼처전심의 살·활이 아니라면서도 여래선과 조사선의 이선에 맞추어 배대하였다."623)고 비판한다.

이처럼 축원은 세 사람의 견해에 대하여 평가하면서 비판적으로 계승한 모습을 보여주었다. 그가 비판한 성격을 보면 초의와 우담과 설두처럼 강도 높게 비판한 것이 아니라, 각각의 견해에 대하여 중도적인 입장을 보여주었다.

기타 변별과 해석에 대하여 백파노인이 집성한 『선문수경』, 중부자가 저술한 『사변만어』, 우담홍기가 저술한 『소쇄선정록』, 설두유형이 저술한 『선원소류』에서 각각 그 장점을 다하였기 때문에 거듭하여 번거롭게 비판한 필요가 없다. 단지 몇 가지 의문점을 주워서 그것을 해결하였고, 모든 사가(백파·초의·우담·설두)의 뒤를 이었다.624)

이것으로 보면 축원은 기존의 비판적인 견해를 통해서 향상적인 입장을 도출하여 이미 제기되어 있는 문제점을 타개하려는 태도를 보여주고 있다. 이로써 축원은 논쟁을

---

622) 『禪源溯流』, (韓佛全10, p.675下) "此第一句中所明殺活 特機用而已 非彼三處傳心之殺活"
623) 『禪文再正錄』, (韓佛全11, p.871上) "而說話一部 旣無殺活 的配如來祖師二禪"
624) 『禪文再正錄』, (韓佛全11, p.871下) "其餘卞釋白老集禪文手鏡 中孚子著四辨漫語 優曇師述掃洒先庭錄 雪竇老述禪源溯流 各盡其美不可復贅 只撫數疑處決之 續諸四家之後"

벌이기보다는 다양한 견해를 통하여 상호 보완하고 수렴하려는 자세를 취하였다.

3. 논쟁의 통시적 구심점

백파의 견해에 대하여 초의와 우담과 설두와 축원에 의하여 제기된 일련의 선리논쟁의 근거에는 임제삼구와 삼처전심과 살활과 선의 종류 등에 네 가지 주제에 대한 문제가 통시적이고 지속적으로 상호 관련 및 배대에 대한 문제가 날줄처럼 깔려 있다. 우선 백파는 임제삼구와 관련하여 다음과 같이 말한다.

임제의 삼구는 일대 선과 교의 말씀과 종지를 널리 섭수하지 않음이 없기 때문에 온총(蘊摠)의 삼구(三句)라고 말한다. … 환성지안(喚惺志安) 노사는 '임제의 삼구는 임제종풍에만 특정된 것이 아니라 위로 제불로부터 아래로 중생에 이르기까지 모든 사람에 해당한다. 만약 이 설법을 벗어나면 모두 망설이다.'고 말했다. 그러므로 삼세제불과 역대조사 내지 천하의 선지식이 남겨둔 언구도 모두 이 삼구를 결코 벗어나지 않는 줄 알아야 한다.[625]

이런 까닭에 삼구를 도형으로 만들어서 선문어구(禪文語

---

625) 『禪文手鏡』, (韓佛全10, pp.514下-515上) "臨濟三句者 一代禪敎詮旨 無不該攝 故名曰蘊摠三句 … 喚惺師翁曰 臨濟三句 非特臨濟宗風 上自諸佛 下至衆生 皆分上事 若離此說法 皆是妄說 是知 三世諸佛 歷代祖師 乃至天下善知識 所留言句 必不離此三句也"

句)를 총괄하였다는 것이다. 그리고 '임제삼구도'라는 명칭으로 제시하였다. 여기에서 '삼세제불과 역대조사 내지 천하의 선지식이 남겨둔 언구도 모두 이 삼구를 결코 벗어나지 않는 줄 알아야 한다.'는 말은 이후에 전개되는 선리논쟁의 쟁점이 모두 임제삼구로 통한다는 것을 암시해준 말이기도 한다. 백파의 이 말은 실제로 현실화되어 갔다. 가령, 『선원소류』에서는 다음과 같이 말한다.

> 임제는 삼구를 송으로 말했는데, 삼선은 삼구 가운데 들어있다. 노사[백파긍선]는 그것을 『선문수경』을 지어 그것에 비추어서 종풍을 거양하였다.626)

또 "노화상[백파긍선]은 이 삼구를 가지고 『선문수경』을 지어서 그것을 제가(諸家)의 장소(章疏)에 비추어 그 제가의 종풍을 발양하였다."627)고도 말한다. 이에 이와 같은 임제삼구의 근거가 초의 이하 제사(諸師)의 비판에서 어떻게 작용하고 있는가 살펴보기로 한다.

1) 초의의 백파 삼종선 비판

초의의순은 백파가 제기한 삼종선의 분류에 대하여 비판한다. 이에 대한 백파의 견해는 다음과 같다.

---

626) 『禪源遡流』, (韓佛全10, p.661上) "臨濟頌三句 三禪在句中 老師爲手鏡 拖照揚宗風"
627) 『禪源遡流』, (韓佛全10, p.661上) "故老和尚 以此三句 爲禪文手鏡 拖照諸家章疏 發揚其諸家之宗風也"

육은노인은 선에 삼종이 있다고 말한다. 첫째는 조사선이고, 둘째는 여래선인데, 이상 조사선과 여래선을 모두 격외선이라고 말한다. 셋째는 의리선이다. 이 삼종선을 가지고 임제삼구에 배대한다. 첫째 조사선은 곧 제일구인데, 이미 기(機)·용(用)을 갖추고 살(殺)·활(活)을 겸전(兼全)한다. 둘째 여래선은 제이구인데, 단지 살(殺)만 있고 활(活)은 없다. 셋째 의리선은 제삼구인데, 단지 신(新)만 있고 본(本)이 없다.[628]

그리고 이에 대하여 초의는 다음과 같이 말한다.

조사선도 본래 언구로써 명칭을 얻은 것인가. … 또 여래선으로 조사선과 함께 격외선을 삼아 분반좌에 배대하여 그것을 구곡의 뜻이라고 말했는데, 구곡의 말에 분반좌로써 여래선이라 지칭한 것이 있던가. 또 '여래선은 제이구이다. 권(權)에 즉하여 실(實)을 설명한다'고 말했는데, 이것을 격외라고 말할 수 있는가. 또 임제삼구에 대하여 제삼구에는 단지 신훈만 있고 본분이 없다는 뜻으로써 멋대로 그것을 판단하여 의리선을 삼았다. 그러면서 백파는 '일우설(一愚說)에 의하여 기준을 삼았다.'고 말했지만, 일우설에 일찍이 의리선이라는 명칭이 있었던가.[629]

---

628) 『禪門四辨漫語』, (韓佛全10, p.821上) "六隱老人曰 禪有三種 一祖師禪 … 二如來禪 … 上二禪合名格外 … 三義理禪 … 以此三禪 配臨濟三句 一祖師禪 卽第一句 旣具機用 殺活兼全 … 二如來禪 卽第二句 但殺無活 … 三義理禪 第三句 但新無本故"

629) 『禪門四辨漫語』, (韓佛全10, p.821下) "祖師禪 本以言句得名耶 … 又以如來禪爲格外禪 配之分座 謂之龜谷義 龜谷說中 有以分座 指爲如

이처럼 임제삼구에 대하여 삼종선을 배대한 백파의 견해는 초의에게 철저하게 비판되어 있다. 초의는 백파의 삼종선에 대하여 '조사선은 상근기를 상대한 것으로 허공에다 도장을 찍는 것과 같아서 몰종적이고, 여래선은 중근기를 상대한 것으로 물에다 도장을 찍는 것과 같아서 만법을 통괄하여 일심을 해명하는 것이며, 의리선은 하근기를 상대한 것으로 진흙에다 도장을 찍는 것과 같아서 돈오·점수·의리·교격을 완전하게 갖추고 있다. 그리고 조사선과 여래선을 격외선에 배대하고, 나아가서 임제삼구에 대하여 제일구는 조사선이고, 제이구는 여래선이며, 제삼구는 의리선이다.'630)고 진단한다.

이와 같은 백파의 견해 대하여 초의는 조사선의 경우 언구를 사용하지 않음에도 불구하고 백파는 언구를 활용한다고 비판하고, 여래선의 경우 모든 법이 그대로 깨침의 말로서 여래가 설한 말과 완전히 동일함에도 불구하고 그것을 폄하하여 여래선으로 간주한다고 비판한다. 또 조사선과 여래선을 격외선의 범주에 넣은 것에 대해서, 여래선을 임제의 제이구에 배대하여 권(權)에 즉하여 실(實)을 설명한다는 것은 三玄이라는 창과 갑옷을 시설하여 편의에 따라 수단으로 삼는 것인데도 불구하고 격외선이라고 말할 수 있느냐고 비판한다.631) 곧 초의는 백파의 삼종선에 대

來禪之言乎 … 又曰 如來禪 卽第二句 卽權明實 夫卽權明實者 … 是可謂之格外乎 … 又於第三句中 以但新無本之義 獨判之 爲義理禪 言依一愚爲準 一愚說中 曾有義理禪之名字乎"

630)『禪門四辨漫語』, (韓佛全10, p.821上-中) 내용 요약.
631)『禪門四辨漫語』, (韓佛全10, p.821中) 내용 요약.

한 분류 자체를 부정하는 셈이다. 이런 점에서 임제삼구는
초의가 비판한 관점에 면면하게 흐르고 있다.

2) 우담의 백파 삼구관 비판

한편 우담홍기는 임제삼구와 관련하여 다음과 같이 비판
의 입장을 보여준다.

> 근래에 백파노인이 제연단부(諸綠斷否)의 문답으로써
> 달마의 초전을 삼고, 또한 여래의 초전 곧 분반좌의 제
> 일구인 살인도로써 임제의 제이구를 삼았으며, 또한 여
> 래선으로써 격외선을 삼아 여래선으로써 명(名)·의(義)
> 를 천착하였는데, 그것은 결코 여래가 증득한 그대로
> 설법한 것이 아니라 화엄일승교의 선이다. 또한 백파노
> 인은 살(殺)에도 두 종류가 있다고 하여 제이구로써 살
> 을 삼기도 하고, 또한 제일구 가운데 대기로써 살을 삼
> 기도 하였다. (앞의 살은 單殺이지만 뒤의 살은 兼活이
> 다) 또한 제이구 가운데에도 두 종류의 삼구 (삼현삼구
> 와 권실삼구)를 내세웠다. 또한 제삼구에도 별도로 삼
> 구를 내세웠으니(유무의 격별삼구) 참으로 의심스럽다.
> 이상에서 판별한 것은 무릇 근본적인 단서가 되는 것
> [大端之處]만 언급한 것이고 그 밖의 소절(小節)에 대
> 해서는 더 이상 번거롭게 하고 싶지 않다.632)

---

632)『禪門證正錄』, (韓佛全10, p.1145上) "近老以諸綠斷否問答 爲達摩
　　初傳 又以如來 初傳分半座之第一句殺人刀爲第二句 又以如來禪 爲格
　　外禪 以如來禪 名義穿鑿 決不爲如來之如證所說 華嚴一乘敎中之禪也
　　又爲殺有二種 以第二句爲殺 而又以第一句中大機爲殺(前殺單殺後殺兼

  백파는 『선문수경』에서 삼구와 일구의 관계에 대하여 다섯 가지의 점에서 동일하지 않음을 다음과 같이 설명하였다. ① 제삼구는 유·무·중이 삼구이다. 비록 본분일구가 있지만 드러나지 않으므로 … 단지 삼구만 있다. ② 제이구는 삼현이 삼구이고 본분이 일구이다. ③ 권·실·중이 삼구이고, 종문의 향상이 일구이다. ④ 제일구는 삼요가 삼구이고, 향상의 일규가 일구이다. ⑤ 향상의 진공이 일구이고, 묘유의 삼요가 삼구이다. 다섯 가지 가운데 ①은 단지 삼구만 있다. 중간의 ②와 ③과 ④는 앞이 삼구이고 뒤가 일구이다. ⑤는 앞이 일구이고 뒤가 삼구이다.633)

  백파의 이 말에 대하여 우담은 "말하자면 일구는 삼구 밖에 별도로 있는 것이 아니고, 이에 삼구의 체와 무이(無二)로서 하나를 들면 전체가 수렴되기[擧一全收] 때문에 일구라고 말한다. 말하자면 心印에서 삼구를 언급하는 말을 들어도 어리석은 사람은 삼구라는 규모에 막혀 삼구에 증입하지 못한다. 그 때문에 일구를 세우고 그것을 타파하여 삼구에 들어가게 해준다. 그래서 그것에 대하여 한 개의 화살로 세 개의 관문을 타파한다[一鏃破三關]고 말한다. 이것은 말하자면 제이구인 종문향상(宗門向上)의 일구

<hr>

活) 又以第二句中 立兩種(三句三玄三句)權實三句 又第三句中 別立三句(有無隔別三句)也 甚可訝焉 如上所辨者 但擧大端之處 其餘小節 不欲甚煩也"

633) 『禪文手鏡』, (韓佛全10, p.521上) "一第三句有無中爲三句 雖有本分一句 隱而不現 … 故但有三句也 二第二句三玄爲三句 本分爲一句也 三權實中爲三句 宗門向上爲一句也 四第一句三要爲三句 向上一竅爲一句也 五向上眞空爲一句 妙有三要爲三句也 五重中 初一但三句 中三先三句後一句 後一 先一句後三句也" 참조.

이다. 그러나 혹 그 일구의 규모에 집착한다면 삼구에 집
착하는 것과 같아서 끝내 증입하지 못한다."[634]고 말한다.
  이런 까닭에 우담은 삼구보다 일구가 깊은 것이 아니고,
또 일촉파삼관(一鏃破三關)은 오직 제이구 곧 의리선의 근
기에만 활용된다고 말한다. 제일구 곧 격외선의 근기가 삼
요를 들으면 곧 동시삼구(同時三句)와 부동시일구(不同時
一句)를 터득하고 융합하여 일미와 같아지기 때문이라고
말한다.

  3) 설두의 초의와 우담 삼구관 반박

  다음으로 설두가 초의와 우담의 견해에 대하여 반박한
내용을 살펴본다. 임제삼구와 관련하여 초의가 "또 임제삼
구에서 제삼구에는 단지 신훈[新]만 있고 본분[本]이 없다
는 뜻으로써 멋대로 그것을 판단하여 의리선을 삼았다. 백
파는 일우설(一愚說)에 의하여 기준을 삼았다고 말했지만,
일우설에 일찍이 의리선이라는 명칭이 있었던가."[635]라는
견해에 대하여 설두는 임제의현과 대혜종고와 일우설의 내
용을 인용한 후에 다음과 같이 반박한다.

  그런즉 제삼구야말로 어찌 이로(理路)를 초월해서 들어

---

634) 『禪門證正錄』, (韓佛全10, p.1142下) "一句者非三句外別有也 乃三
   句體無二 而擧一全收 故謂之一句也 謂聞擧心印上三句 鈍者滯於三句
   規模 而不能證入三句 故乃立一句而破之 令證入三句 故謂之一鏃破三
   關也 所謂第二句宗門向上之一句也 若執一句規模 則如執三句 終不證
   入也"
635) 『禪門四辨漫語』, (韓佛全10, p.821下) "語云以第三句 但新無本之義
   獨判爲義理禪 言依一愚爲準 一愚說中 曾有義理禪之名字乎"

간 것이 아니겠는가. 대개 삼구로써 삼선을 삼은 것이
곧 임제의 본의(本意)였다. 그 때문에 일우는 그것을
배대하여 단지 제이구인 형체[現]만 여래선에 배대하였
다. 그리고 제일구와 제삼구로는 각각 영상[影]과 형체
[現]를 드러내려는 까닭에 조사선과 의리선에 대하여
언급하지 않았다. 글의 근본[體]을 해석해보면 그것을
수용할 수 있을 것이다. 범학(泛學)들의 경우에 사자는
사람을 물어뜯고 똥개는 흙덩어리를 쫓아간다는 이치를
어찌 알겠는가.636)

일찍이 백파가 삼구 및 일구의 관계에 대해 다섯 가지의
점에서 동일하지 않음을 말한 것637)에 대하여, 우담이 『선
문증정록』에서, 일구가 삼구보다 깊은 것이 아니고 또한
일촉파삼관(一鏃破三關)은 오직 제이구인 의리선의 근기에
만 활용된 것이라고 비판한 점에 대해서는 위에서 고찰하
였다.
　이와 더불어 우담이 "체(體)·용(用)·중(中)은 곧 삼구의
본명(本名)이고, 삼현(三玄)·삼요(三要)는 곧 심(深)·천
(淺)의 다른 명칭이다. 또 일구이므로 낱낱이 모든 대대
(待對)를 단절해 있다고 말한다. 하나를 들면 전체가 섭수
되기 때문에 삼에 즉하면 그대로 일이므로 일은 삼을 벗어
나 있지 않다."638)고 임제삼구를 비판한 말에 대하여, 설

636) 『禪源遡流』 (韓佛全10, p.670上) "然則第三句 豈非涉理路爲入底耶
　　 葢以三句爲三禪 是臨濟之本意 故一愚配之 但第二句現 配如來禪 第一
　　 句第三句 欲爲影現故 不言祖師禪義理禪 釋文之體容爾也 泛學安知獅
　　 子咬人 韓獹逐塊"
637) 『禪文手鏡』, (韓佛全10, p.521上)
638) 『禪門證正錄』, (韓佛全10, p.1142下) 내용 발췌.

두는 청풍법사의 말639)을 인용하여 다음과 같이 반박한다.

　이것은 곧 임제의현의 본의(本意)이고, 또한 곧 원오극
근과 대혜종고도 공언(共言)한 것이기도 하다. 그 때문
에 이 삼인(三印)은 그 공능을 말한 것인즉 끝내 짐적
(朕迹)이 없고, 완연하게 문채가 성취되며, 흔적이 온전
히 드러나는데 그 차서(次序)에 따라서 그 명칭을 내세
운 것이다. 직명(直名)은 삼요이지만 전(轉)하여 삼현
이라고 말하였고, 또 전(轉)하여 삼구라고 말한 것에도
역시 차서가 있는데, 사실인즉 조사심인 가운데 본래
갖추고 있던 삼요이다. 그런즉 삼요가 곧 본유의 문채
이다. 그런데 어찌 체(體)·용(用)·중(中)의 삼구로써 본
유의 문채를 삼는 것인가. 이것이야말로 소위 강퍅(强
愎)하고 불손(不遜)한 것이다.640)

　그리고 다시 일우설641)을 인용하여 다음과 같이 반박한
다.

　말하자면 승은 이미 구(句) 가운데 현(玄)이 갖추어져
있고 현(玄) 가운데 요(要)가 갖추어져 있다는 것에 의
거하여 질문한 것이기 때문에 일우는 답변에서 체·용에

639)『禪門綱要集』, (韓佛全6, p.852上)
640)『禪源遡流』, (韓佛全10, p.676中) "此是臨濟之本意 亦是圓悟 大慧
　　之所共言者也 故此三印 言其功能 則了無朕迹 宛成文彩 痕縫全彰 自
　　有次序 立其名也 直名三要 轉名三玄 又轉名三句 亦自有序 而其實祖
　　師心印中本具之三要也 然則三要是本有之文彩 何以體用中三句 爲本有
　　文彩耶 此所謂强愎不遜者也"
641)『禪門綱要集』, (韓佛全6, p.855中)

의거하여 말했다. 그런데 체·용은 곧 제이구의 삼현이므로 句가 아니면 체·용이라는 말도 없었을 것이다. 그 때문에 구(句) 가운데 현(玄)을 갖추고 있다고 말한 것이다. 또한 이 체·용·중을 제일구를 향해서 활용한즉 모든 대대(待對)를 단절하기 때문에 현(玄)을 전(轉)하여 요(要)라고 말했는데, 그 현 가운데는 요가 갖추어져 있다. 그렇지만 구·현·요의 셋[三者]은 본래 이역(移易)이 없은즉 현·요를 나누어 제일구와 제이구의 양구에 배속해도 그 뜻은 서로 어긋나지 않는다. 그런즉 글[文]이 대단히 쉽게 이해되는데, 어째서 체·용·중을 삼구의 본명으로 삼는 것인가.642)

이처럼 설두는 임제삼구와 관련하여 백파를 비판한 초의와 우담의 견해에 대하여 반박하였는데, 그것을 총결적으로 다음과 같이 말한다.

무릇 납자라면 진정한 혜안을 갖추고 의천(義天)을 철견하며 굳은 선정을 바탕으로 실지(實地)를 밟은 연후에 제불보살이 남겨둔 경론(經論) 및 제선지식이 서술한 구게(句偈)를 널리 살펴보면서도 문구에 얽매이지 않고 문구를 활용하여 구경에 불편(不偏)·불이(不二)의 중도에 돌아가야 한다. 그런데 지금 『사변만어』 및 『소

---

642) 禪源遡流』, (韓佛全10, p.676中)“謂僧既約句中具玄 玄中具要而問 故 答中約體用而言 體用是第二句三玄 而非句無以言體用 故云句中具玄也 又此體用中 向第一句用得 則絕諸待對 故轉玄名要 此玄中具要也 然三者 本不移易 則以玄要 分屬第一第二兩句 其義不相乖戾也 然則文甚易曉 何以體用中爲三句之本名耳”

쇄선정록』은 모두 안목이 땅에 떨어져 방우(方隅)도 정하지 못하고 입처(立處)가 없는 곳에 서 있고 함부로 떠드는 언설을 따르고 있으니, 그것으로 실지(實地) 및 의천(義天)에 대하여 어떻게 행해야 견해가 분명해지겠는가. 『사변만어』는 뜻은 비록 두찬일지라도 글은 현란하게 빛나서 사람들이 좋아하고 있으며, 소위 『소쇄선정록』은 뜻이 모두 낱낱이 영락(零落)하고 글도 또한 모두 갈등에 빠져 있어서 그 글과 뜻을 취할 것이 없고 득과 실에 대하여 살펴볼 것도 없다.643)

설두는 이처럼 초의와 우담의 견해에 대하여 강하게 반박하였을 뿐만 아니라 심지어 이들에 대하여 "두 사람은 이를테면 사문(斯文)의 난적(亂賊)이고 불가(佛家)의 역손(逆孫)이다."644)는 인신공격의 말까지도 서슴지 않고 있다.

4) 축원의 사가 비판과 수렴

한편 축원의 『전문재정록』에서는 전체적으로 백파와 우담과 설두의 견해에 대하여 종합적으로 수렴하는 입장에서 비판을 가한다. 일찍이 백파가 인(人)에 의거하면 조사선

---

643) 『禪源溯流』, (韓佛全10, pp.676下-677上) "大凡學者 慧眼眞正 徹見義天 脚跟牢定 踏着實地然後 遍看諸佛菩薩所留經論 諸善知識所述 句偈 不爲文句所使 使得文句 竟歸於不偏不二之中道 而今四辨漫語 掃灑先庭錄 皆眼沒着落 莫定方隅 脚無立處 隨言走殺 其於實地義天 如何行 得見了然 四辨漫語 義雖杜撰 文則炫燿 令人愛玩 而所謂掃灑先庭錄 義皆十零百落 文亦七藤八葛 不可取其文義 無足覈其得失"

644) 『禪源溯流』, (韓佛全10, p.677上) "二子可謂斯文之亂賊 佛家逆孫"

과 여래선이 있고, 법(法)에 의거하면 격외선과 의리선이 있다고 하고, 다시 격외선에는 조사선과 여래선이 속한다고 보아 전체적으로 조사선, 여래선 의리선의 삼종선으로 배열하고 그것을 임제삼구 가운데 각각 제일구, 제이구, 제삼구에 해당한다는 견해를 다음과 같이 비판한다.

무릇 의리와 격외에는 모두 여래선과 조사선의 이선이 갖추어져 있다. 의리와 격외는 바로 능구(能具)의 선이고, 여래와 조사는 곧 소구(所具)의 선이다. 능구는 허위(虛位)인데 무릇 제시해주는 스승[能示師] 및 깨침을 여는 제자[能悟資]의 입장에서 세운 명칭이고, 소구는 바로 제시해주는 스승과 깨침을 얻는 제자의 법체상(法體上)에 나아가 세운 명칭이다. 그 때문에 시설된 여래선과 조사선을 가지고 격외선과 의리선이라고 지목할 수는 없다.[645]

이어서 축원은 또한 우담의 조사선과 여래선의 이종선에 대하여 비판한다. 우담은 "삼처전심은 모두 제일구인 조사선의 격외선에 속한 것을 알았다. 그런즉 그 제이구인 여래선은 교내의 의리선에 속하지 않을 수 없다는 것은 말하지 않아도 알 것이다."[646]고 말한다. 우담은 또한 의리선이라고 할지라도 여래선 속의 의리선으로 간주하였기 때문

---

645)『禪文再正錄』(韓佛全11, p.868中) "請陳管見 夫義理格外中 皆具二禪 義理格外 是能具 如來祖師 是所具之禪 能具虛位 而但從能示師能悟資邊立名 所具卽就所示師所悟資法體上立名 不可所將具 卽目能具"
646)『禪門證正錄』, (韓佛全10, p.1138中) "已知三傳 總屬於第一句祖師禪之格外 則其第二句如來禪 不可不屬乎教內之義理禪 不言而知也

에 결론적으로 조사선과 여래선의 이종선이라는 입장을 지니고 있었다. 그리고 백파가 삼처전심 가운데 분반좌를 가지고 중근기를 상대하는 여래선에 배대한 점에 대하여, 우담은 삼처전심 전체를 제일구로서 격외선으로 간주하고 있었다.

이에 대하여 축원은 우담에 대하여 직접 비판하기보다는 매우 완곡하게 축원 자신의 견해와 다른 점을 지적하는 것으로 그치는데, 그 관점은 정(定)과 혜(慧)의 의미에 대한 것이었다. 가령 축원은 "우리의 보조국사는 『정혜결사문(定慧結社文)』을 집성하여 그것으로 정과 혜를 닦았음[學]을 알 수가 있는데, 거기에 오직 의리선만 있었겠는가."647)라고 하여 설령 의리선이라고 할지라도 그것은 의리선 속의 여래선이라고 말한다. 정·혜에 대한 이와 같은 입장에서 우담의 "『염송설화』의 「서문」에서 '선은 갖추어 말하면 선나인데, 번역하면 사유수이고 또한 정려이다. 이것은 모두 정·혜의 통칭이다.'고 말했다. 이것은 법(法)에 의거하여 의리선이라고 말한 것으로, 단지 명(名)을 드러낸 것이지 의(義)를 해석한 것은 아니다. 이렇게 보면 곧 교외별전은 일미선이다. 이것도 법에 의거하여 격외선이라고 말한 것으로, 단지 명(名)을 드러낸 것일 뿐이지 의(義)를 해석한 것은 아니다."648)는 주장에 대해서는 옛날부터 총

---

647) 『禪文再正錄』, (韓佛全11, p.870下) "我國普照國師 集定慧結社文 是知定慧之學 奚獨爲義理禪也"故我國普照國師 集定慧結社文 是知定慧之學 奚獨爲義理禪也

648) 『禪門證正錄』, (韓佛全10, p.1140上-中) "說話序云 禪者具云禪那 此云思唯修 亦云靜慮 斯皆定慧之通稱也 此約法名義理禪但票名不釋義也 當此看 則敎外別傳一味禪也 此約法名格外禪 但票名不釋義也" 기타 『禪門拈頌拈頌說話會本』「禪門拈頌集序」, (韓佛全5, p.1中) 참조.

림에서 전해온 法에 의거하여 의리선과 격외선이라고 말해왔다고 설명하는 것으로 그치고 있다.

또한 우담이 "삼승과 일승은 가르침에 비록 심천의 차이가 있지만 모두 정·혜를 닦아 증입한 것이므로 그것을 의리선이라고 말한다. 이에 대하여 『선문염송』을 살펴보면 곧 오직 제일구인 교외별전의 일미선만 주(主)인데, 심(深)에는 반드시 淺을 갖추고 있으므로 거기에는 또한 제이구인 의리선도 들어있다."[649]는 주장에 대해서는 옛날의 총림에서 말한 것처럼 인(人)에 의거하여 여래선과 조사선이라고 말했음을 설명하고 있다.

한편 축원은 설두가 살과 활을 가지고 조사선과 여래선에 배대하는 점에 대하여 비판을 가한다. 설두는 "이 제일구에서 해명한 살·활도 또한 특별한 기·용일 뿐이지, 저 삼처전심의 살·활은 아니다."[650]고 말한다. 축원은 이에 대하여 "그것은 『염송설화』의 부분일 뿐이다. 그런데도 설두는 이미 살·활이 삼처전심의 살·활이 아니라고 하면서도 그것을 여래선과 조사선의 이선에 맞추어 배대하였다."[651]고 비판한다. 축원은 여래선은 일심의 흔적을 벗어나지 못하고 교격(敎格)에 머물러 있으므로 교(敎)에 의거하여 체·용 등의 명칭을 세우지만, 조사선은 곧장 존귀를 초월하여 끝내 몰파비(沒巴鼻)이기 때문에 교외(敎外)의 기(機)·

---

649) 『禪門證正錄』, (韓佛全10, p.1140中) "三乘一乘之敎 淺深雖異皆修定慧而證入 故謂之義理禪 當此拈頌看 則唯第一句敎外別傳一味禪爲主 深必該淺 故亦有第二句義理禪也"

650) 『禪源溯流』, (韓佛全10, p.675下) "此第一句中所明殺活 特機用而已 非彼三處傳心之殺活"

651) 『禪文再正錄』, (韓佛全11, p.871上) "而說話一部 旣無殺活 的配如來祖師二禪"

용(用)·살(殺)·활(活) 등으로 명칭을 세운다는 입장이
었다.

그러면서도 축원은 다음과 같이 선리논쟁에 대한 기존의
견해를 종합적으로 수렴하는 자세를 보여주었다.

> 기타 변별과 해석에 대해서 백노(白老, 백파긍선)가 집
> 성한 『선문수경』, 중부자가 저술한 『사변만어』, 우
> 담사(優曇師, 우담홍기)가 저술한 『소쇄선정록』, 설두
> 노(雪竇老, 설두유형)가 저술한 『선원소류』에서 각각
> 그 장점[美]을 다하였으므로 다시는 번거롭게 할 필요
> 가 없다. 다만 몇 가지 의문점을 주워서 그것을 해결하
> 였고,   모든   사가(백파·초의·우담·설두)의   뒤를   이었
> 다.652)

이 점으로 보면 축원의 자세는 선사(先師)들의 견해에서
각각 취할 점을 수용하는 태도를 보여줌으로써 오랜 선리
논쟁에 대한 중도적인 입장을 취하였다. 그 때문에 축원은
제논쟁의 관점에 대해서 전체적인 관점에서 종합하려는 모
습을 보여주었다.

지금까지 조선 후기의 선리논쟁과 관련하여 이전의 몇몇
논문에서는 주로 비판하고 반박했던 사람들 사이의 논점을
중심으로 고찰하였다. 여기에서는 그러한 관점과 더불어
제반의 비판을 날줄처럼 통시적으로 일관된 주제의 구심점
에도 주목하였다. 이처럼 조선 후기에 지속적으로 전개되

---

652) 『禪文再正錄』, (韓佛全11, p.871下) "其餘卞釋白老集禪文手鏡 中孚
子著四辨漫語 優曇師述掃洒先庭錄 雪竇老述禪源游流 各盡其美不可復
贅 只撫數疑處決之 續諸四家之後"

었던 선리논쟁에 대해서 두 가지 점으로 파악해볼 수가 있다.

첫째는 횡적인 관점이다. 백파가 『선문수경』에서 임제삼구에 근거하여 선리에 대한 여러 관점을 내세운 것에 대하여 초의가 일곱 가지 주제에 대하여 비판을 하였고, 백파의 견해에 대하여 우담은 초의와 다른 시각에서 네 가지 주제에 대하여 비판을 하였으며, 설두는 백파의 견해를 옹호하며 초의의 견해에 대해서는 여덟 가지에 대하여 반박하였고, 우담의 비판에 대해서는 네 가지 주제에 대하여 반박하였다. 한편 축원은 한편으로는 기존의 백파와 우담과 설두의 견해에 대하여 비판을 가하면서도, 또 한편으로는 백파와 초의와 우담과 설두의 사가의 견해를 종합적으로 수렴하는 입장을 보여주었다.

둘째는 종적인 구심점이다. 백파로부터 축원에 이르기까지 통시적으로 끊임없이 이들 논쟁을 관통하는 주제는 임제삼구, 삼처전심 및 조사선·여래선·격외선·의리선의 관념과 배대, 살·활의 적용 등으로 연결되는 일련의 개념들에 대한 착종(錯綜)이다.

백파는 조사선(격외선, 제일구)과 여래선(격외선, 제이구)과 의리선(격내선, 제삼구)의 삼종선으로 분류하였다. 그리고 삼처전심 가운데서 제이처전심에 해당하는 염화미소(활인검)는 격외선으로 임제종과 운문종이 속하고, 제일처전심인 분반좌(살인도)와 제삼처전심인 곽시쌍부는 여래선으로 조동종과 위앙종과 법안종이 속하며, 의리선에는 선종오가 가운데는 해당하는 종파가 없다고 보았다.

초의는 삼처전심 모두 제일구에 속한다고 말한다. 그리

고 인명에 의거하면 조사선과 여래선이고, 법에 의거하면 격외선과 의리선이라고 하여 백파의 삼종선에 대하여 양중의 이종선의 개념을 내세운다.

우담은 백파의 삼종선 자체는 부정하지 않으면서도 그 의미에 대해서는 비판한다. 우담은 삼처전심을 모두 조사선이고 격외선이며 교외별전이고 제일구로 간주하기 때문이다. 그리고 제이구인 여래선은 여래가 증득하고 설법한 교내의 의리이며, 제삼구인 의리선은 교내의 언교에 빠져 교중의 여래선을 증득하지 못한 것이라고 말한다.

설두는 여래의 삼처전심의 경우에 제일처는 다자탑전분반좌인데 살인도(殺人刀)에 해당하고, 제이처는 영산회상염회미소인데 활인검(活人劍)에 해당하며, 제삼처는 사라수하곽시쌍부인데 살활제시(殺活齊施)에 해당한다고 말한다. 또한 백파의 살인도와 활인검의 개념을 수용하여 그것을 우열의 근거로 삼아서 살·활이 나뉘어 전수됨으로써 비로소 여래선과 조사선 이선의 우열에 대한 변별이 생겨났다고 말한다. 또한 인(人)에 의거하면 여래선과 조사선이고, 법(法)에 의거하면 의리선과 격외선이지만, 이 격외선 가운데에 여래선과 조사선이 들어있다고 말한 것은 백파의 경우와 마찬가지이다. 그러나 설두는 여기에서 특별히 의리선을 여래선과 동일하게 취급하기도 하는데, 그 경우의 여래선이란 조사선과 여래선의 구분에 해당하는 여래선이 아니라 특수한 경우에 한정하여 언급하는 것에 불과하여 일반적으로 의리선은 여래선이 아니라고 강조한다. 곧 의리선은 격내이고 여래선과 조사선은 격외라는 것이다. 그래서 단지 의리가 교외(敎外)의 의미로 활용되는 경우에 국한하여 그것이 여래선 및 조사선과 동일한 의미를 지닌다는 것이다.

축원은 의리와 격외에는 모두 여래선과 조사선의 이선이 갖추어져 있다. 의리와 격외는 능구(能具)의 선이고, 여래와 조사는 소구(所具)의 선이다. 그래서 조사선과 여래선을 각각 격외선과 의리선의 관계로 논할 수 없다고 부정한다. 왜냐하면 의리선이 의리(義理)의 지해에 불과할지라도 가히 의리를 가지고도 그것을 활용하는 측면에 따라서 여래선과 조사선으로 배대가 가능하기 때문이라고 말한다. 또한 축원은 여래선은 교격(敎格)에 머물러 있으므로 교에 의거하여 체·용 등의 명칭을 내세우지만, 조사선은 몰파비이므로 교외의 기·용·살·활 등으로 명칭을 내세운다고 말한다.

이처럼 조선 후기에 촉발된 선리논쟁의 양상은 횡적으로는 인물들 간의 비판과 옹호와 반박으로 착종된 모습을 보여주었지만, 종적으로는 삼구와 삼처전심과 선의 분류와 살활이 서로 일정 부분 관련된 모습으로 선리논쟁의 전체를 관통하는 통시적인 주제가 포함되어 있음을 고찰할 수 있었다. 조선 후기 한국의 선종사에서 제기된 이와 같은 선리논쟁의 모습은 8세기에 불거진 남종과 북종의 정통논쟁 그리고 명말 청초에 전개된 법맥의 논쟁 등 중국 선종사에서 출현했던 문정(門庭)의 우월의식을 중심으로 전개되었던 논쟁의 양상과 비교하여 비교적 순수한 선리에 대한 논쟁의 역사였다는 점에서 의미를 지니고 있다.

<참고문헌>

『禪門綱要集』, 韓國佛教全書6

『禪家龜鑑』, 韓國佛教全書7

『禪門五宗綱要』, 韓國佛教全書9

『禪門五宗綱要私記』 筆寫本

『臨濟錄』, 大正新脩大藏經47

『雲門匡真禪師廣錄』, 大正新脩大藏經47

『撫州曹山元證禪師語錄』, 大正新脩大藏經47

『筠州洞山悟本禪師語錄』, 大正新脩大藏經47

『袁州仰山慧寂禪師語錄』, 大正新脩大藏經47

『人天眼目』, 大正新脩大藏經48

『五宗原』, 卍新續藏經65,

『闢妄救略說』, 卍新續藏經65

『御製揀魔辨異錄』, 卍新續藏經65

『五家宗旨纂要』, 卍新續藏經65

『御選語錄』, 卍新續藏經68

『法門鋤宄』, 卍新續藏經86

김두재, 『선문수경』, 전북: 선운사 백파사상연구소, 2011.

김영욱, 『선문사변만어』, 서울: 동국대출판부, 2012.

김호귀, 『선과 선리』, 서울: 하얀연꽃, 2013.

─────, 『선리연구』, 서울: 하얀연꽃, 2015.

─────, 『한국 선리논쟁의 전개』, 서울: 중도, 2021.

성재헌, 『선문오종강요·환성시집』, 서울: 동국대출판부, 2017.

신규탁, 『선문수경』, 서울: 동국대출판부, 2012.

희철, 『조선 후기 선리논쟁 연구』, 서울: 해조음, 2012.

김영욱, 「조선말 삼종선 논쟁」, 『자료와 해설, 한국의 철학사상』, 예문서원, 2001.

김용태, 「환성지안의 종통계승과 선교융합」, 『남도문화연구』36, 순천대남도문화연구소, 2019.

김종진, 「환성지안을 기억하는 문학적 방식-통도사 백련암과 환성의 관련성을 중심으로-」, 『남도문화연구』36, 순천대남도문화연구소, 2019.

김호귀, 「선문오종강요」의 구성과 사상적 특징」, 『한국선학』15, 한국선학회, 2006.12.

─────, 「청허휴정의 오가법맥 인식의 배경에 대한 고찰」, 『한국선학』22, 한국선학회, 2009.4.

─────, 「『선문오종강요사기』의 구성과 대기·대용의 특징」, 『한국선학』32, 한국선학회, 2012.8.

─────, 「운문삼구의 전승에 대한 백파의 해석 고찰」, 『한국선학』33, 2012.12.

─────, 「『선문오종강요사기』에 나타난 백파의 임제삼구에 대한 해석 고찰」, 『정토학연구』18, 한국정토학회, 2012.12.

─────, 「백파긍선의 조동오위 해석과 그 특징 고찰」, 『한국선학』34, 한국선학회, 2013.8.

─────, 「백파긍선 『선문오종강요사기』의 위앙종 및 법안종 교의 고찰」, 『대각사상』24, 대각사상연구원, 2015.12.

─────, 「曹洞五位의 전승에 대한 一然과 淨訥의 대응 고찰」, 『불교연구』50, 한국불교연구원, 2019.

─────, 「『선원소류』에 나타난 선리논쟁의 고찰」, 『동아시아불교문화』43, 2020,9.

─────, 「『선문재정록』에 나타난 선리논쟁의 성격 고찰」, 『원불교사상과 종교문화』85, 원광대학교 원불교사상연구원, 2020,9.

─────, 「우담홍기의 『선문증정록』에 보이는 선리비판 고찰」, 『선문화연구』29, 한국불교선리연구원, 2020,12.

─────, 「조선 후기 선리논쟁의 양상과 성격의 고찰」, 『불교연구』54, 한국불교연구원, 2021,2.

─────, 「조선 후기 선리비판의 근원에 대한 고찰」, 『한국선학』62, 한국선학회, 2022,8.

─────, 「조선 후기 선리논쟁의 착종과 날줄」, 『한국교수불자연합학회지』28-1, 한국교수불자연합회, 2022,8.

박재현, 「조선 후기 선논쟁에 내포된 원형지향성」, 『불교학연구』7, 2003.

서재영, 「조선 후기 선문논쟁의 전개와 의의」, 『한국선학』22, 2009,4.

윤영해, 「환성지안과 통도사 연구」, 『한국불교학』87, 한국불교학회, 2018.

이종수, 「조선 후기 환성지안의 통도사 주석과 문도의 유풍 계승」, 『남도문화연구』36, 순천대남도문화연구소, 2019.

장희정(무각), 「환성지안 연구」, 동국대학교박사학위논문, 2022.

정영식, 「三玄三要의 개념에 대한 고찰」, 『한국선학』25, 한국선학회, 2010.

태기욱, 「조선말기 선리논쟁 연구: 백파와 초의의 논쟁을 중심으로」, 서울: 동국대박사학위논문, 2010.

한기두, 「근대선승 백파의 선문수경」, 『원광대논문집』4, 전북: 원광대학교, 1969.

─────, 「초의의 사변만어」, 『원광대학교논문집』5, 전북: 원광대학교, 1970.

─────, 「백파와 초의시대 선의 논쟁점」, 『한국불교사상사』, 숭산박길진박사화갑기념사업회 편찬, 전북: 원불교사상연구원, 1975.

─────, 「조선 후기의 선론」, 『한국선사상연구』, 서울: 一志社, 1991.

─────, 「조선 후기 선논쟁과 그 사상사적 의의」, 『한국불교문화사상사』상, 서울: 가산문고, 가산이지관스님화갑기념논총간행위원회편, 1992.

희철, 「백파긍선의 삼종선 고찰」, 『한국선학』15호, 한국선학회, 2006.

───, 「『선문강요집』에 나타난 임제삼구 고찰」」, 『보조사상』30, 보조사상연구원, 2008.

───, 「백파와 초의의 선리논쟁 연구」, 서울: 동국대박사학위논문, 2009.

< 한국 선리논쟁의 문헌과 계보 >

1. 선리논쟁의 원류

臨濟義玄(?-867)
  『臨濟錄』
    ↓
汾陽無德(947-1024)
  『汾陽錄』
    ↓
覺範慧洪(1071-1128)
『臨濟宗旨』(『禪林僧寶傳』:1123撰, 1331刊. 말미에 수록)
    ↓
晦巖智昭(12세기)
『人天眼目』(1188 刊)

2. 한국 선리논쟁의 발단

眞靜天頙(1206-?)
  『禪門綱要集』
    ↓
龜谷覺雲(조선초)
『禪門拈頌·拈頌說話會本』

3. 한국 선리논쟁의 전개

喚醒志安(1664-1729)
『禪門五宗綱要』(1749刊)
    ↓
     白坡亘璇(1767-1852)   玩虎倫佑(1758-1826)
①『禪門五宗綱要私記』(1825)·②『禪文手鏡』(1827) ↓
    ↓   艸衣意恂(1786-1866)   金正喜(1786-1856)
龜峰仁裕 翰醒枕溟(1801-1876)   ③『禪門四辨漫語』(1913刊) 『金秋史先生證白坡書』
    ↓
道峰國燦 優曇洪基(1822-1881)
  ↓ ④『禪門證正錄(掃灑先庭錄)』(1874)
正觀快逸
    ↓
雪竇有炯(1824-1881)
⑤『禪源溯流』(1889)   大應坦鍾(1830-1894)
                    ↓
          竺源震河(1861-1926)
         ⑥『禪文再正錄』(1890 무렵)

한국 선리논쟁의 연구

1판 1쇄 인쇄 / 2022년 12월 5일
1판 1쇄 발행 / 2022년 12월 8일

지은이 / 김호귀
발행인 / 향덕성
발행처 / 인쇄출판 토파민
주   소 / 서울 중랑구 용마산로 118길 109

이메일 / gsbus2003@hanmil.net
등   록 / 제 18 - 63호

ISBN 978-89-88131-83-1 03220

값 20,000원